Salvar a Luis XVI

W0318733

LA CRÍTICA INTERNACIONAL, SOBRE LA OBRA DE ANNE PERRY:

Un incomparable misterio psicológicamente complejo e históricamente excelente.

Publishers Weekly

La novela tiene un aire totalmente contemporáneo y está admirablemente bien escrita.

Guardian

Una trama compleja respaldada por una narración soberbia.

Scotland On Sunday

Anne Perry muestra una absoluta comprensión de la época.

Books Magazine

Una novela de misterio extraordinaria escrita por una autora de reputación creciente.

Sunday Independent

Una lectura satisfactoria, en ambos sentidos, como novela histórica o como novela de misterio, un trasfondo bien documentado e integrado de manera convincente en la narración.

Glasgow Herald

Caracterización sofisticada y suspense psicológico. El resultado es de primer orden.

New York Times Book Review

swing

SALVAR A LUIS XVI
Anne Perry

EL ÚLTIMO SECRETO DE DA VINCI
David Zurdo y Ángel Gutiérrez

EL LIBRO NEGRO DE LOS TEMPLARIOS
Laurent de Vargas

LOS HOMBRE ANDAN FLOJOS
Ana von Rebeur

ROLLING STONES
Stephen Davis

Otros títulos en preparación (segundo semestre 2006)

MOZART. Su vida y su obra
Ramón Andrés

EL ARTE DEL MASAJE ERÓTICO
Dr. Andrew Yorke

LA CONSPIRACIÓN DEL GRIAL
Lynn Sholes y Joe Moore

EL LEGADO DE JESÚS
David Zurdo y Ángel Gutiérrez

CÓMO PROLONGAR LA JUVENTUD
Dr. Nicholas Perricone

Salvar a Luis XVI

Anne Perry

Traducción de Eulàlia Gandía

swing

Título original: *The One Thing More*
© Anne Perry

© 2006, SWING

Cubierta: Opal Works
Fotografía de cubierta: Corbis
Producción y compaginación: MC producció editorial
ISBN: 84-935097-0-1
Depósito legal: B-27.285-2006
Impreso por Litografía Rosés, S.A. - Energía, 11-27 - 08850 Gavà (Barcelona)
Impreso en España - *Printed in Spain*

Quedan rigurosamente prohibidas, sin la autorización escrita de los titulares del *copyright* bajo las sanciones establecidas en las leyes, la reproducción total o parcial de esta obra por cualquier medio o procedimiento, comprendidos la reprografía y el tratamiento informático, y la distribución de ejemplares de la misma mediante alquiler o préstamo públicos.

A June Wyndham Davies,
con agradecimiento por
convertir los sueños en realidad.

Pero si supieras una sola cosa más...

Capítulo I

Célie Laurent estaba de pie en la oscuridad de la abarrotada galería pública de la Convención. Hacía ya tres días que los diputados debatían una sentencia para el rey, desde el 14 de enero. Esa noche tenían que emitir el veredicto, para lo que surgirían de entre las sombras uno a uno, subirían a la tribuna y tendrían su momento de gloria en la historia.

Observó al hombre que ahora estaba en la tribuna; la luz de las velas le alumbraba la cara mientras fijaba la vista en la sala llena de gente, agotado tras horas de discusión. Pronunció una única palabra, «muerte». Luego descendió las escaleras, sus pisadas resonaron sobre el suelo de madera y desapareció.

Otro diputado ocupó su lugar. Fuera, el tiempo era el propio de mediados de enero, pero dentro el aire estaba cargado y enrarecido por la presión de los cuerpos y la agitación. El siguiente hombre que subió tenía la piel pálida, brillante de sudor. Dudó unos momentos, ignorando el suave murmullo de impaciencia de los hombres apretujados en los asientos de las primeras filas.

—¡Muerte! —dijo con voz ronca, y luego bajó.

Resbaló y se aferró a la barandilla para encontrar un punto de apoyo antes de llegar abajo y ser engullido de nuevo por las sombras.

A Célie le preocupaba muchísimo lo que pasaba. No estaba a favor de la monarquía absoluta. Toda la vida había oído hablar de la ociosidad y el despilfarro de la corte en Versalles. Su padre lo criticaba con rabia y desaprobación, y su madre lo hacía con la pasión característica que volcaba en todas las causas de su vida. Célie recordaba la hermosa cara de su madre, la blanca piel encendida por el fervor mientras contemplaba a su padre: solo le veía a él, y escuchaba cada una de sus palabras. Recordaba su propia soledad y cómo la habían dejado al margen de sus sueños, incluso de la decepción que sobrevino más tarde.

Pero todo eso ya formaba parte del pasado. Ambos habían muerto. Tenía veintinueve años y era demasiado tarde para cambiarlo.

Había muchas cosas de la revolución en las que Célie creía. No había nacido en la pobreza, pero desde la muerte de su padre la conoció de bastante cerca. Trabajaba para sobrevivir, como cualquier trabajador o artesano que hubiera sufrido opresión generación tras generación, la opresión que finalmente había dado lugar a una noche como esta.

El siguiente diputado, de pie bajo el haz de luz, tenía la cara transparente de un albino: los ojos teñidos de rosa, las cejas y pestañas invisibles: era Joseph Fouché, el diputado de Nantes, en Bretaña. Tan solo ayer había prometido luchar por la vida del rey. Ahora pronunció solo una dura palabra: «¡Muerte!».

Célie se estremeció. Habían estado votando durante horas. Apenas nadie habló a favor de la vida, ni de encarcelar a los miembros de la familia real hasta que el último de ellos muriera a causa de la edad.

No era necesario quedarse más. El resultado era ya evidente. A la violencia inicial le había seguido más violencia desde que tomaron la Bastilla tres años y medio atrás, en 1789. Ahora casi se daba por supuesta. Las calles estaban llenas de gente asustada, la mayoría muertos de frío y de hambre. La furia de los siglos había estallado y arrasado todo lo que encontraba en su camino. ¿No era eso lo que Marat había dicho, «Yo soy la furia del pueblo»?

El recuerdo de Marat despertaba un extraño frío dentro de ella. Solo le había visto una vez, pero, al igual que todo el mundo, conocía su poder. Dirigía la Comuna y, lo que era más importante, la chusma de las curtidurías y los mataderos del Faubourg St-Antoine, con sus caras rojas y ojos hundidos, e incluso la de más allá de los suburbios a cada lado del río.

Hubo un murmullo de nerviosismo a su alrededor, un cambio de posiciones, cuellos que se estiraban asomándose cuando la figura de Georges-Jacques Danton subió a la tribuna para pronunciar su voto. Había llegado ayer de la guerra de Bélgica. Corrían rumores de que pediría clemencia para el rey. ¿Sería verdad?

Célie observó cómo entraba en el círculo de luz. Su cabeza y espalda parecían las de un toro, su cara estaba marcada por la viruela. Su vitalidad llenaba la sala. Podía sentirla como una descarga de electricidad antes de la tormenta. Se terminaron los carraspeos y los pasos. Todas las miradas se habían posado sobre Danton.

Las velas llamearon y el resplandor hacía que su cabeza pareciera una gárgola bajo la luz amarilla.

—Muerte —dijo simplemente.

Un suspiro de descanso se expandió por la sala. Algunos dejaron escapar una exclamación. Unas cuantas personas cambiaron de postura, como si finalmente se hubiera liberado la tensión. Habían sobrepasado un punto invisible sin vuelta atrás. Si Danton sentenciaba a muerte, significaba que eso era lo correcto.

Se adentró en las sombras y se perdió entre los cuerpos apretujados. Otro tomó su lugar bajo la luz y dijo la misma palabra, pero con mayor confianza. Ahora solo podía haber un veredicto.

Pero cada uno de los setecientos veintiún diputados debía pronunciarse. La farsa duraría hasta primeras horas de la mañana. La gente se impacientaba, inquieta por llegar hasta el final. Ahora ya era solamente un ritual. Las velas de la tribuna iluminaban cada vez menos. El ruido de pies que se arrastraban subiendo y bajando escaleras parecía interminable.

De repente se oyó un sonido diferente, el ruido seco de unos tacones altos. Célie prestó atención. El hombre que estaba bajo la luz iba vestido con esmero en distintos tonos de verde: una chaqueta de nanquín con solapas perfectamente recortadas, un chaleco alto y un fular anudado cuidadosamente. Llevaba el pelo rizado y empolvado al viejo estilo del *ancien régime*. Su pequeña cara tenía la nariz bien dibujada, expresión felina, y su piel era de un tono blanco poco saludable. Examinaba la penumbra de la estancia con mirada miope.

—Todos sabéis que me desagradan los largos discursos —empezó a decir. Precisamente era famoso por sus discursos interminables, su tono sibilante, pedante, tan bajo que los que le escuchaban tenían que acercarse para poder oír lo que decía. A menudo titubeaba, y la gente creía que había terminado. Entonces empezaba a disertar otra vez.

Pero nadie reía. Nadie se reía jamás de Maximilien Marie Isidore de Robespierre. Se habría considerado una blasfemia.

Como siempre, se extendió hablando de la pureza, los males de la aristocracia, la necesidad de justicia y de un nuevo camino, el renacer de la virtud, pero mayoritariamente habló de si mismo. Al final se resumía todo en una misma cosa: otro voto para mandar al rey a la guillotina.

No hacia falta que Célie se quedara. Nada haría cambiar la marea. Ya había oído lo que vino a averiguar. Se dio la vuelta y empezó a atravesar la multitud que estaba a su espalda. La gente estaba nerviosa y agitada, amontonada en grupos desordenados que bloqueaban las puertas de los pasillos que daban a la calle, pero se fijaron muy poco en ella. Con sus destacadas facciones, el cuerpo delgado y su pelo lacio, rubísimo, escondido a medias por una gorra, bajo la tenue luz la podían tomar por un muchacho.

—Disculpe —farfullaba, dando codazos para hacerse camino entre la gente—. ¡Perdone, ciudadano!

Cuando finalmente salió, el aire helado de la noche de enero la sorprendió; se apretó la chaqueta firmemente contra el pecho y se subió el cuello hasta la barbilla. Bajó las escaleras agachando la cabeza para evitar el viento.

Un hombre delgado con el pelo desgreñado estaba de pie justo en medio del foco de las luces. Tenía la espalda encorvada y se frotaba las manos nudosas para luchar contra el aire frío.

—¿Ya se marcha, ciudadana? —le preguntó, mirándola con curiosidad—. ¿Ya han acabado?

—No —respondió, evitando su mirada—. Nadie cambiará la sentencia, no se puede hacer nada.

—Gracias a... —empezó, pero se detuvo.

Había estado a punto de decir «Gracias a Dios», pero se había acordado justo a tiempo de que no había Dios, no había poder para resucitar a los muertos, nadie que consolara del dolor desgarrador por la pérdida de un bebé ni que prometiera la existencia de un cielo en algún lugar. La religión era contrarevolucionaria y, por lo tanto, se la consideraba delito. No se podía calcular con exactitud a cuántos clérigos habían asesinado en las masacres del último septiembre, cuando los marselleses enloquecieron y degollaron a hombres, mujeres y niños en las prisiones.

Claro que la religión era contradictoria y absurda, y que la Iglesia era codiciosa y estaba corrompida. Célie lo sabía, pero todavía le dolía haber perdido la fe, lloraba sola de noche por el vacío que esto le producía.

—Gracias, ciudadana —terminó el hombre forzadamente.

Fingió una sonrisa falsa y se apresuró a marcharse por la acera. Las luces de las tiendas y los cafés iluminaban las piedras mojadas. Era fácil ver hacia dónde se dirigía. Iba a ser mucho más difícil cuando estuviera al otro lado del río, en el distrito de Cordeliers.

Andaba deprisa. El aire de la noche era insoportablemente frío, y por lo menos la marcha mantenía su sangre en movimiento. Pisó un charco y resbaló sobre los cantos rodados. Había salido de la Rue St-Honoré y se había adentrado por una calle estrecha y oscura. Podía oler la humedad y la dentellada del hielo en el aire. Al menos habría antorchas a lo largo del muelle que reflejarían la superficie negra del agua y sería más fácil ver alguna cosa.

Por supuesto que le preocupaba el voto. Era una ciudadana francesa. Era su ciudad y su país. Pero había ido expresamente porque Bernave la había mandado. Él quería saber en qué momento el veredicto sería irrevocable. Mañana por la mañana era esperar demasiado. No sabía por qué le importaba tanto. Últimamente la había enviado a hacer recados extraños y urgentes, confiando en ella más de lo que muchos habrían confiado en sus sirvientes, sobre todo teniendo en cuenta que hacía solo unos meses que la conocía.

Estaba cerca del río. Delante de ella la calle se ensanchaba y podía ver la luz de una antorcha moviéndose apresuradamente, balanceándose en la oscuridad y dejando un rastro irregular de fuego. Un hombre gritó a alguien al que no veía.

—¿Has oído las noticias, ciudadano?

La respuesta surgió de más lejos.

—¡Sí! ¡La Convención ha votado ejecutar al rey! ¡Por fin llega la igualdad!

—¡Libertad! —respondió el otro y se puso a reír, su risa clara en el aire gélido deslizándose con una nota salvaje.

Célie cruzó la calle hacia el puente. Debajo estaba el agua negra y grasienta, donde el resplandor de la antorcha dibujaba largas cintas de oro.

Llegó al Quai de Conti, en la orilla más alejada, y se adentró rápidamente entre las sombras que llevaban al Boulevard St-Germain. Tendría que reducir la marcha, intuir el camino con más cuidado. Ya casi había llegado a casa, pero en esta parte no había antorchas ni rendijas por donde la luz saliera de las ventanas.

Cruzó el arco de la entrada, atravesó el trillado patio y dejó atrás la bomba de agua. Le habían dejado la puerta de la cocina sin cerrar y la abrió con facilidad, la volvió cerrar una vez dentro y esperó a oír el sonido de la aldaba al caer en su posición. A tientas buscó la vela encima de la mesa, por un momento en total oscuridad, y luego la encendió. El tenue halo de luz le reveló las suaves superficies de madera, desgastadas por el uso diario, las ollas lustrosas que colgaban de los ganchos y el contorno oscuro de la cocina de hierro. Todavía estaba caliente, y un ligero olor de hierbas secas flotaba en el aire.

Célie se quitó la chaqueta y la gorra, las colgó en la barra para que se secaran, cogió la vela y atravesó la cocina de puntillas hasta la puerta del despacho de Bernave. Golpeó la puerta con suavidad, apenas rozando la madera con los nudillos.

Hubo unos instantes de silencio, después el sonido de alguien al otro lado, y oyó que se alzaba el pasador. La puerta se abrió de par en par.

—Entra —le ordenó Bernave.

Obedeció, cerrando la puerta tras de si. La estancia estaba caldeada gracias a la estufa, y en ella quemaban cuatro velas.

Había un libro abierto encima de la mesa. Él le inspeccionó la cara y debió leer la respuesta en sus ojos, porque asintió con la cabeza casi imperceptiblemente, y sus labios se tensaron. Ya sabía qué podía esperar. Se lo imaginaba, las señales eran bastante claras.

—Han votado ejecutarlo —dijo ella en voz alta—. No me quedé hasta el final porque no habría tenido ningún sentido. Después de Danton, no habrá ningún cambio.

Bernave permaneció de pie sin moverse. No era un hombre corpulento, pero su energía llenaba la estancia, su inteligencia lo controlaba todo.

—Lo mismo han hecho los girondinos —añadió, en caso de que él todavía tuviera algún resquicio de duda.

Todos habían esperado mucho de los girondinos cuando alcanzaron el poder en la Convención. Representaban los ideales más nobles de los republicanos. Hablaban formidablemente. Recordaba sus discursos en casa de sus padres antes de casarse con Charles, antes de que naciera Jean-Pierre. Charles había muerto, pero fue la muerte de Jean-Pierre la que había sumido su mundo en un dolor total.

Los interminables gestos de los girondinos, su charlatanería, la agonía de la desilusión de su padre y la obstinación de su madre a creerlo, todo pertenecía a otra etapa de su vida. Cuando llegó el momento de aprobar leyes y tomar el control de aquella situación caótica, los girondinos demostraron ser indecisos, polemistas, preocupados solo por sí mismos y, al final, inefectivos.

—Ya hace mucho tiempo que he dejado de esperar alguna cosa de ellos.

La voz de Bernave la sacó de sus recuerdos, con un desaliento amargo. Mientras volvía a sentarse notó un decaimiento en los hombros de él que antes no había percibido.

—Tampoco van a durar mucho —añadió—. Si no logran tener un poco más de valor y mucho más cerebro, sus días están contados.

No preguntó qué les pasaría, ya lo sabía. Algunos de ellos, los más valientes, se aferrarían a su sueño hasta el último momento, ignorando la verdad... igual que su madre. Los otros, como su padre, cederían a la desesperación y finalmente caerían en el olvido.

—¿Cuándo será la ejecución? —preguntó Bernave, interrumpiendo el curso de sus pensamientos.

—El día veintiuno —respondió—. Dentro de cuatro días.

Tomó una bocanada de aire, larga y profunda, y lo soltó lentamente.

—Quiero que le lleves un mensaje a Georges Coigny. Ve y dile que ya han emitido el veredicto y que no van a cambiarlo. Tiene que comprobar cuidadosamente el primero y el segundo piso franco, y St. Felix se encargará del tercero. Yo iré mañana.

Ella pensó en las oscuras calles, las cloacas rebosantes y el frío viento que cortaba la piel.

—Ahora, Célie —dijo Bernave con calma—. Esta noche.

—¡Pero si ya es después de medianoche! —protestó—. ¡Hace un frío de muerte ahí fuera!

Quizá St. Felix estuviera preparado para salir a deambular por las calles a la hora que fuera. ¡Ella no!

—Ahora —repitió Bernave, su voz sonó como el acero—. No hay tiempo para dormir. Ve y dile a Coigny qué ha sucedido en la Convención, y lo que te he dicho.

La miró fijamente. Tenía una cara poderosa y delgada de huesos fuertes. La cara del hambre y la tragedia. Pero uno le habría supuesto unos ojos oscuros, y los suyos eran de un azul grisáceo, muy claros, como si se le pudiera leer el pensamiento a través de ellos, tanto las cosas buenas como las funestas.

Eran días de igualdad. Ella quería comprender por qué mandaba a St. Felix, que en principio era su amigo, a todo tipo de encargos atravesando el frío y la oscuridad. A menudo volvía a casa exhausto, a veces incluso herido, y parecía que iba por propia voluntad. Lo cierto es que nunca le discutía nada. Pero ¿por qué no iba el mismo Bernave alguna vez a tomar parte en una de estas misiones?

Bernave la observaba. Sonrió con una mueca torciendo los labios.

—Estás cansada y tienes frío, ¿verdad Célie?

—¡Pues claro! —respondió con vehemencia.

Le dolían las piernas y tenía los pies mojados e insensibles.

Se recostó un poco en la silla, sus ojos se cruzaron con los de ella sin apartarlos ni un milímetro.

—¿Amandine ya está en la cama?

Era lo último que esperaba que le preguntara. Era tan irrelevante.

—¿Perdón?

Sus ojos se agrandaron.

—Si Amandine ya está en la cama —repitió—. ¿No queda bastante claro? Tengo hambre. Como la mayor parte de los franceses, puedo trabajar con el estómago vacío, ¡pero no puedo pensar! ¡Quizá eso mismo les pasa a la mayoría de los ciudadanos de este país!

Un destello de humor le iluminó la cara por un momento mientras la observaba, pero estaba cargada de un conocimiento profundo del dolor.

—Le traeré pan y queso —le ofreció—, y una cebolla. ¿Le parece bien?

—¡Eres la única mujer de París que no sabe cocinar! —profirió con un suspiro, pero no había aspereza en su voz—. Has hecho bien, Célie. Eres inteligente y valiente. Ahora mismo, ya que no hay ni un poco de comida decente pero sí mucho trabajo por hacer, que es sobre todo un trabajo peligroso, tus cualidades nos serán más útiles para estas tareas. ¡Vaya un comentario sobre estos tiempos!

La miró directamente durante un momento para asegurarse de que había entendido lo que quería decir y volvió a su lectura. Era una orden para que se retirara.

Salió atravesando el vestíbulo para volver a la cocina, llevando la vela consigo, mientras los elogios de él todavía sonaban dulcemente en sus oídos. Habían dispuesto un rincón de la estancia para colocar la plancha y una cesta con agujas de coser, tijeras, hilos y alfileres para que ella se hiciera cargo de la ropa y si era necesario cosiera algún traje. Pero la zona de la cocina era territorio de Amandine.

Dejó la vela y encontró pan, un lujo extraordinario en el París de aquellos días, cortó una porción grande de los dos quesos que quedaban y media cebolla. Lo colocó en uno de los platos revolucionarios, pintado de color rojo, blanco y azul con dibujos de símbolos republicanos. Pensó que eran vulgares, pero todo el mundo los tenía en aquel entonces. Era políticamente recomendable, fueran cuales fueran las creencias verdaderas. Lo puso encima de una bandeja con un cuchillo, una copa y media botella de vino y luego, con la vela también sobre la bandeja, lo llevó al despacho y llamó a la puerta con el pie.

Bernave la abrió y ella dejó la bandeja encima de la mesa.

Los ojos de él parpadearon al verlo y esbozó una suave sonrisa.

—Gracias. Deberías haber traído dos copas.

No estaba segura de si la estaba invitando a quedarse, o era una orden para esperar nuevas instrucciones.

—¡Venga! ¡No te quedes ahí parada! —la miró y sonrió débilmente—. ¡Vete a buscar otra! Tengo algo más que decirte.

Obedeció en silencio y, al volver, lo encontró con la pluma en la mano, pero los papeles delante de él todavía en blanco.

—Sírvelo —le ordenó sin alzar la vista.

Lo hizo y tomó un sorbo con placer, notando su particular sabor en la lengua y su calidez bajando por la garganta. Seguía de pie. Sería una impertinencia olvidar que él era su señor y que esta era su casa y su despacho.

Finalmente, alzó la vista para mirarla.

—He decidido contarte para qué vas a salir esta noche.

Tragó saliva.

—Siéntate —le señaló la silla enfrente de él.

Obedeció. De repente estaba asustada. Tenía el cuello tenso, el corazón desbocado. ¿Qué iba a decirle? ¿Que Georges tendría que huir otra vez, marcharse de París? ¿O quizá dejar Francia? ¿Para qué servían los pisos francos? ¿Se iba a marchar también Bernave? Ese pensamiento no debería dolerle, le conocía desde hacía muy poco tiempo. Pero se había mostrado amable con ella, con una sinceridad clara y dura que admiraba.

—¿Sabes qué pasará cuando matemos al rey, Célie? —le preguntó.

Quería darle una respuesta inteligente, una por la que él pudiera sentir respeto. Pero ¿por qué le preguntaba? ¿Estaba poniendo a prueba su lealtad? ¿A qué, a quién?

—Seremos una república —le respondió ella, con un fino hilo de orgullo en su voz, apenas distinguible—. No más aristócratas, ni Iglesia, ni privilegios de cuna.

Le sorprendió lo que sentía. Creía que todas esas emociones habían muerto para ella. Y aunque de alguna manera despreciaba la revolución y la odiaba por todo lo que le había robado, sintió una chispa de la pasión de su madre por un nuevo orden, por la reforma, la justicia final.

—¿Y el privilegio de cuna es mucho peor que el privilegio de la fuerza, del dinero o de la astucia? —preguntó Bernave con curiosidad—. ¿Qué hay del privilegio de conquista?

Estaba confusa.

—No sé qué quiere decir.

—No, ya lo veo que no —admitió secamente—. Estamos en guerra contra Bélgica y contra Prusia al norte y con el Imperio Austríaco al este, y nuestros soldados tienen muy poca comida y aún menos municiones.

La voz salía con dureza de su garganta y se daba cuenta de que era por la ira.

—Estamos insatisfechos y asustados incluso aquí, en París. ¿Cuánto tiempo perdemos haciendo cola por el pan estos días, Célie?

Agitó la mano en señal de rechazo.

—No, no te molestes ni a contestarme. Ya lo sé. Y cuando hayamos ejecutado al rey será peor, porque empezaremos una guerra civil. No habrá gobierno que controle la situación desde el centro, así que habrá alzamientos en las provincias.

Quería responderle, pero no sabía casi nada de eso. Y pensaba que Bernave debía tener razón porque había oído a la gente decir cosas parecidas cuando hacía cola en la panadería, cuando ya casi no quedaba pan, o en las otras tiendas, cuando se acababa el jabón o las velas.

—Pero seguro que una vez hayan... —se apagó al ver su cara y se quedó en silencio por las emociones que esta reflejaba, aunque no las entendía.

Se acercó un poco a ella, en su voz había más urgencia.

—Célie, todos estos países a nuestro alrededor están gobernados por reyes. No solo Austria y Prusia, ¡también Inglaterra y España! ¡Todas las casas reales de Europa están aliadas por la sangre y por intereses comunes! ¡Si le cortamos el cuello al rey como a un criminal, y en su lugar colocamos a la chusma de la Comuna de Marat, que van por ahí como animales enloquecidos, sanguinarios, si no podemos ni dar de comer a nuestra propia gente o imponer ninguna ley excepto la de la carreta de los condenados y el cuchillo, entonces nos verán como a una nación de locos, una plaga que debe ser erradicada a toda costa antes de que se propague y toda Europa quede infectada!

Las palabras de él penetraron en su mente como plomo pesado, inmóviles, porque sabía que tenía razón.

—Estamos al borde del abismo, Célie —continuó, su voz se debilitaba—. Con tanta corrupción por una parte y anarquía por la otra. Inglaterra utilizará la ejecución del rey como pretexto. Les daremos una excusa fácil.

Sus ojos aparecían claros y tristes a la luz de la vela. La llama parpadeaba desmayadamente por la corriente de aire y su luz se dispersaba hasta las estanterías de libros religados en piel.

—No tienes ni idea de lo que hemos hecho esta noche, ¿verdad? —exclamó con amargura, inspeccionando su cara—. Solamente ves a un montón de gente alzarse contra siglos de opresión e injusticia, contra esa aristocracia amanerada que pasa el tiempo jugando en los palacios y jardines, preocupándose de las fruslerías de la moda mientras los pobres se mueren de hambre. Crees que la furia de Marat y de sus seguidores está justificada, y que cuando se responda con igualdad, esto se acabará.

—Está justificada —murmuró.

Nunca lo había dudado. Su herencia era la pasión de su madre por los pobres, los trabajadores sin voz que hacían rica la tierra y recibían muy poco a cambio.

Sonrió, como si la respuesta de ella le concediera un instante de humor.

—Claro que está justificada —admitió—. Pero esa no es la cuestión.

—¿Y cuál es la cuestión, entonces? —exigió, pues había alterado alguna cosa dentro de ella que tenía por cierta y estaba aterrada.

—La cuestión, querida Célie —le respondió lentamente—, es que ahora ningún tipo de igualdad los satisfará, excepto la igualdad final que nos da la tumba. Danton era el único hombre sensato que quedaba que tenía deseos y necesidades iguales al resto de nosotros: ¡tierra, dinero, mujeres, propiedades, admiración!

Cogió la copa de vino y le dio vueltas entre los dedos, contemplando la luz que centelleaba a través del vino como si fueran rubíes. Hablaba en voz baja, con ecos de un dolor distante.

—Hay cosas que puedes conseguir, incluso que puedes conservar, si tienes suerte. Es comprensible. Para a cualquier hombre de la calle y pregúntale. Si fuera sincero, admitiría que las ambiciona, incluso que las necesita.

Alzó la copa y se bebió el vino que quedaba. Una de las velas flameó y se apagó.

—Las ideas políticas de Danton son sencillas: un techo para cada hombre y un pollo en cada puchero —continuó—. Igualdad ante la ley. Eliminar los privilegios de la Iglesia, pero seguramente no destruirla como institución. Su mujer es muy religiosa, como la mayoría de las mujeres de Francia.

Sus ojos se agrandaron un momento.

—¿Lo sabías? Por encima de todo creo que lo que quiere es estabilidad —su mano se aferró a la mesa—. Espacio para que la gente pueda volver a llevar una vida decente. Esas son las cosas reales.

—¿A lo mejor toma el poder en la Convención? —dijo ella, como tratando de convencerse.

—Hay muchas cosas que le gustan demasiado —respondió Bernave, con la mirada distante, como si hablara desde el fondo de su corazón—. Quiere beber el vino de la vida con avidez, disfrutar de todos los maravillosos artilugios que ha saqueado en Bélgica, apreciar las telas que llegan a París a carretadas, los cálices y relicarios de oro y plata y otras necesidades parecidas que tiene la gente civilizada.

Había risa en sus ojos, pero su voz estaba cargada de sarcasmo.

—Al menos es un patriota. Esta es la única esperanza que tenemos con él, ¡aunque además sea un insensato!

—¿Y Marat no es un patriota? —las palabras le habían brotado de la boca antes de haber tenido tiempo a pensarlas mejor.

Bernave soltó un gruñido de burla.

—Marat es medio suizo, medio sardo. ¿Por qué debería amar a Francia? ¿Quién crees que «desvió» las botas, los abrigos y las municiones destinadas al ejército del frente austríaco y los trajo a la Comuna de París?

—¿«Desvió»?

Bernave se encogió de hombros bruscamente.

—Robó, si lo prefieres —por un momento su rabia estaba al descubierto, su dolor en carne viva—. Y ese idiota de Pache no tiene ni poder ni talento para evitarlo. ¡Los soldados que luchan en los campos de batalla, protegiéndonos contra las invasiones, se mueren de frío y se defienden a sí mismos con unas pocas armas y todavía menos municiones porque sus provisiones han sido requisadas por el ejército popular de Marat! ¡Así podremos enfrentarnos unos a otros aquí mismo en París!

No dijo nada. El frío y la oscuridad de fuera parecían penetrar en la estancia, y la luz de la vela era demasiado débil para soportarlo. Solamente la voluntad de Bernave era lo suficientemente fuerte para hacerle creer en la posibilidad de algún tipo de esperanza.

¿Pero qué era lo que quería? ¡No que el rey volviera a Versalles con la corona sobre la cabeza! En Francia ya habían probado todas las clases de monarquía, y cada vez el rey les defraudaba echándose atrás de lo prometido, doblegado según el viento de la fortuna, y les mentía una y otra vez.

—Marat quiere gloria —continuó Bernave, hablando para sí mismo tanto como para ella—. Venganza por todos los años que la Academia Francesa le ha despreciado y le ha negado el acceso. Y más y más gloria, gloria infinita y sin límites.

Dotaba a sus palabras de una amargura inigualable.

—Quiere que su nombre sea inmortal, ser conocido como el hombre que liberó Europa de las cadenas de la esclavitud —sujetaba con fuerza el cuello de la copa entre sus dedos—. Y, por supuesto, venganza en general —añadió—. Mucha sangre. Ríos de sangre.

Ella le miraba fijamente. No se había dado cuenta hasta ese momento hasta qué punto, con qué profundidad, sus propias creencias estaban influidas por las de él. Había en él, en su interior, unas convicciones esenciales, una integridad intacta no afectada por las fiebres externas. Él era la roca a la que los demás se sujetaban cuando la marea subía y bajaba.

—¿Es que no hay nadie más? —preguntó desesperadamente.

—¿Robespierre? —le sorprendió el tono de su voz, cargada de acritud—. Ese menos que ningún otro. ¡La «virtud del pueblo»! Por Dios, ¿qué significa eso? ¿Crees que el mismo Robespierre sabe lo que significa, por no decir si lo sabemos el resto de nosotros?

—Seguramente significa lo que él quiera que signifique —respondió cruzando sus ojos con los de él.

Una expresión de consideración pasó por su cara.

—Tienes razón. Hoy una cosa, mañana otra, y ninguna verdadera. No se puede trabajar con un hombre así. No puedes anticiparte a sus movimientos, ni tratar de engañarlo, ni tener una causa en común con él, un propósito. No hay trato posible.

Se quedó en silencio un momento. Las finas líneas de su rostro se marcaban profundamente hacia abajo, como si recordara demasiado sufrimiento y demasiadas viejas batallas. Suspiró.

—Tal vez el rey tenga alma de tendero, pero los girondinos no sabrían cómo llevar una tienda aunque su vida dependiera de ello. ¡Qué extraño que alguien pueda ser tan provinciano y a la vez tan incompetente!

—Madame Roland escribe esas cartas maravillosas... —dijo instintivamente, hablando con las palabras de su madre, llenas de admiración ferviente, y quizá también porque quería defender a la única mujer que se había acercado al poder.

Le dirigió una mirada fulminante, sus ojos grises chispeaban.

—¡Siempre que no tengas una noción muy definida de lo absurdo! —su voz era ronca—. *¡Las cartas de una matrona romana!* Hubo un tiempo en que fuimos la nación más lúcida sobre la tierra... ¡y fíjate ahora! —se le curvaron los labios—. Haríamos llorar hasta a los ángeles. ¿Quizá este sea el mayor castigo? Hemos perdido nuestro sentido del humor. ¿Tú qué crees, Célie?

Se fijó en sus espaldas, un poco encorvadas, los brazos estirados delante de él sobre la mesa, y reparó en sus manos cerradas, los nudillos pálidos, donde se distinguían unas gruesas cicatrices de color más claro. Nunca le había contado el origen de esas cicatrices.

—Andan todos demasiado ocupados posando para la historia para darse cuenta de lo que están haciendo —prosiguió, ahora con la voz destilando desaprobación—. Que Dios nos ampare, no hay otra salida. Debemos salvar al rey, no por el trono, sino por el martirio. Llevarle a escondidas a un tranquilo pueblecito de Inglaterra, o de Italia, donde será otro viejo gordinflón que cuide del jardín y juegue con sus nietos.

Célie examinaba a Bernave con recelo, pero en el instante en que las palabras de incredulidad empezaban a salir de su boca, se dio cuenta de que existía esa posibilidad, con su lógica desesperada y su peligro insensato.

Sabía que la rabia corría desbordada por las calles. Ella lo había visto más de cerca de lo que el mismo Bernave había podido comprobar. Ella era la que salía a hacer las pequeñas compras de las pocas cosas que todavía se podían encontrar. Ella era la que hacía cola durante horas seguidas. Había oído rumores de guerra y había sentido cómo el miedo les alcanzaba a todos. Recordaba el pánico del día en que las murallas de la ciudad habían caído.

—¿Qué vamos a hacer? —susurró, como si incluso en esa habitación tan silenciosa la pudieran oír.

La escudriñó.

—Rescataremos al rey cuando esté camino del patíbulo —le respondió—. Y nos lo llevaremos de Francia a un lugar donde esté a salvo.

Era abrumador, irracional.

—¡Es imposible!

—No es imposible —le respondió con calma— si hay alguien preparado para ocupar su lugar. Solo hará falta que crean que es el rey durante unos segundos. Eso será suficiente.

Estaba atónita.

—¡Pero cuando se den cuenta de que no es él, le matarán! —protestó—. ¡Lo harán pedazos! —Estaba horrorizaba con solo imaginar la escena.

—Ya lo sé. Y él también lo sabe —sus ojos no dejaron de mirar en los de ella durante unos segundos—. Pero ama Francia. Sabe lo que nos pasará si matamos al rey: una guerra civil, hambre, violencia en las calles, miedo en todas partes, y a la larga los soldados extranjeros que invadirán nuestros campos y poblaciones, y entrarán en nuestras casas. Todo por lo que habremos luchado, la libertad y la justicia, destruidas bajo otra monarquía que ni tan solo será la nuestra. Lo hará, Célie. Le conozco bien.

Se inclinó un poco más adelante hacia la mesa, las mejillas y la amplia frente doradas por la llama de la vela.

—¡Ahora ve y dile a Georges Coigny que compruebe el primero y el segundo piso franco! Y si te mojas o resfrías, ¿qué es eso comparado con en el resultado final? ¡Nos quedan solamente tres días!

El frío del exterior golpeó a Célie en la cara como una bofetada, le hizo cerrar los ojos contra el viento. Temblaba por dentro de miedo y desasosiego. Ahora, todas las misiones en las que ella y St. Felix se habían visto envueltos por Bernave empezaban a tener sentido. Formaban parte de una conspiración descabellada para rescatar al rey y evitar que el caos se apoderara de Francia, arrasando todo lo que quedaba de esperanza y humanidad, y del sueño de una nueva era de libertad.

No podía darse más prisa, porque a la hora en que abandonó otra vez el Boulevard St-Germain estaba demasiado oscuro para ver algo. Se movía por pasajes que conocía desde hacía muy poco y habría sido fácil perderse, y más fácil todavía sería resbalar y caerse. El viento se acanalaba a lo largo de las paredes, afilado como un cuchillo, colándose por las aberturas entre los pliegues de la capa que llevaba sobre los hombros y bajo la gorra que llevaba en la cabeza.

Estaba en el distrito de Cordeliers, donde vivía Danton con su mujer e hijos. Tal vez había sido una estupidez poner todas sus esperanzas en él, pero ¡tantos lo habían hecho! Quizá hasta el mismo Bernave. La gente admiraba a Danton. Era un líder natural, un hombre de apetito pantagruélico por la comida, el dinero, la risa, el vino y la vida. Pero también un hombre apasionado por la justicia para los pobres, la gente corriente de la ciudad y del campo, los que trabajaban para ganarse el pan.

Ahora era demasiado tarde. Si Danton verdaderamente quería detener la marea de destrucción, la verdad es que había fracasado.

Célie dobló la esquina poco a poco, palpando la pared. Ahí estaba más protegida.

Marat era el verdadero poder detrás de todo. También vivía cerca de ahí, en la Rue de l'École-de-Médecine, trabajaba cada día en el periódico con titulares que clamaban venganza y sangre por tantos siglos de represión. Las cuadrillas le seguían, escuchaban cada una de sus palabras, se alimentaban de ellas y le creían.

Había pasado cierto tiempo en Europa en el anonimato, consumido por un deseo de gloria en el mundo académico que a cada intento se le denegaba. Bernave se lo había contado una noche que ella regresó llevándole mensajes. Se habían sentado juntos en la estancia colmada de libros cuando todos ya se habían ido a la cama, la casa en el silencio más absoluto excepto por el sonido del viento en los canalones. Le había explicado con una mueca de amarga alegría y con lo que le pareció un respeto forzado, cómo Marat había tomado la causa de los desposeídos al escribir su libro *Las cadenas de la esclavitud* y había encontrado su verdadera vocación. Ahora, su furia y el olor de la victoria lo mantenían vivo, a pesar del mal que consumía interiormente su cuerpo.

Cruzó el Boulevard St-Michel, vio durante unos instantes las antorchas llameantes y oyó las voces de los hombres; al final, se escurrió entre los edificios y volvió otra vez a los pasajes. Se quedó quieta hasta que sus ojos se hubieron acostumbrado a la oscuridad. Era el lugar perfecto para esconderse. Aquí, le había dicho Bernave, era donde Marat había vivido en tugurios y sótanos, a veces encogido dentro de un armario durante días, sobreviviendo solo con pequeños sorbos de agua, cuando en el pasado las autoridades le perseguían. La Fayette había mandado a tres mil soldados para hacerle salir de su escondrijo y matarlo; pero no lo habían conseguido. Ese pensamiento le produjo una gran satisfacción, no porque admirara a Marat, sino por el aspecto de comedia de situación y por cómo había ridiculizado al engreído La Fayette.

Dudó, insegura del camino ahora que casi había llegado. Los edificios eran muy antiguos. Cedían y crujían en la oscuridad. Goteaba lentamente agua de las cañerías, aunque hacía rato que no llovía. La humedad hacía que el frío penetrara en todos los rincones.

A la izquierda. Tenía que ir hacia la izquierda, entrar en el patio, subir la diminuta escalera que recorría la pared por fuera, hacia la puerta de más arriba, y luego hasta la buhardilla.

Había movimiento a su alrededor, como si hubiera muchísima gente despierta que la estuviera escuchando. ¡Era ridículo! Tenía que controlar sus pensamientos. Avanzó con determinación. Le castañeaban los dientes. ¿Miedo? ¡No, claro que no! Solamente frío. Había estado allí muchas veces antes para traer comida, velas, leña o noticias. Georges no tenía dinero ahora que estaba escondiéndose de la guardia nacional. Trató de ignorar la sensación de culpa que sentía por esta situación, pero, como siempre, le dolió igualmente.

Con la carestía de alimentos que imperaba, cada pequeño vecindario vigilaba celosamente su magro almacén. Los extraños no eran bien recibidos. Había muy poco que compartir. Además, alguien podría reconocer aquella cara de los carteles. Entregar a un hombre bajo orden de captura tenía su recompensa. Y, aparte de eso, si alguien se metía en problemas, conocer un nombre dentro de la Comuna podía significar la diferencia entre la libertad y la guillotina.

Se deslizó hasta el primer tramo de escaleras y luego el segundo, oyendo el crujido de cada tablón bajo su peso. Empezó a subir el tercero. Los peldaños estaban resbaladizos por la lluvia que impregnaba la madera enmohecida. Arriba del todo la puerta estaba cerrada. Era difícil abrirla, pero ya estaba acostumbrada a las rarezas de los pasadores, y, después de sacudirlo y girarlo, la puerta se abrió lo suficiente para que pudiera escurrirse en el hueco.

Estaba totalmente a oscuras, pero conocía el camino. Diez pasos adelante, luego hacia la derecha y había otra puerta. Esta vez alzó la mano y llamó suavemente.

Estaba abierta, y entró en un cuartucho no mucho más grande que una despensa, iluminado por una vela solitaria; era de grasa, no de cera auténtica y cara. El fogón no irradiaba ningún resplandor, ni de él llegaba calor. Debía de estar apagado. Georges Coigny estaba en medio de la estancia, en el suelo, con ojos desconfiados; la negrura de su pelo se perdía entre las sombras. Cuando la reconoció, se relajó. Como siempre, su sonrisa instantánea y cálida. A todos sonreía del mismo modo. Era un hábito, parte de su naturaleza.

—Entra.

Se acercó para cerrar la puerta tras ella. No había ningún mueble en la estancia excepto una mesa, una silla, un armario y un colchón relleno de paja en el suelo, al lado de la pared. Había dos o tres mantas encima y le cedió una, sujetándola mientras ella se quitaba la capa y la gorra mojadas. Luego ella se envolvió con la manta y se sentó en la silla.

Estaba de pie, esperando que ella hablara.

Movió la cabeza levemente.

—Muerte —le dijo ella, su voz sonó un poco ronca.

Vio en la cara de él que ya se lo esperaba, incluso quizá supiera que ella vendría esta noche, pero que tampoco había podido evitar tener esperanzas de lo contrario.

Parpadeó y se dio la vuelta un momento. Respiró lentamente y volvió a mirar en los ojos de ella, buscando una última confirmación.

—¿Incluso Danton?

Deseaba poder decirle cualquier otra cosa. Sentía una necesidad urgente de protegerlo de la verdad, lo que era ridículo. ¡Georges, de entre todas las personas! No era vulnerable, no tenía tanto miedo como ella. Él estaba seguro de todo, sobre todo de sí mismo. Tenía una especie de radiante fe interior que ni el caos del presente le arrebataría.

Escondió ese sentimiento dentro de ella.

—Lo siento... Votó por la ejecución lo mismo que los demás.

Georges miró a través de la ventana sin cortinas, la vela se reflejaba nítida y amarilla en los rasgos de su cara. Cuando habló lo hizo tranquilamente, más para si mismo que para ella.

—Dijo que no sacrificaría su vida por una causa perdida —se volvió hacia el interior y pudo ver la derrota y la ira en él—. Y esos girondinos no podrían ni organizar una velada literaria —continuó—. ¡Da igual! No importa ni la resistencia efectiva contra Marat, ni la Comuna, ni todos los que creen que la ejecución del rey significará el inicio del renacer de la libertad.

Se estremeció, aunque la manta la abrigaba. Debía entregarle el mensaje de Bernave. Le seguía con la mirada mientras tomaba asiento en el colchón delante de ella; resultaba extraño, pues quedaba más bajo que ella. Se echó otra de las mantas sobre los hombros. Parecía cansado, tenso, pero no estaba sorprendido. Ya se lo esperaba.

—¿Cuándo? —preguntó—. ¿Lo han anunciado?

—El día veintiuno.

Reaccionó levantando la cabeza repentinamente.

—¡Dentro de cuatro días!

Ella asintió.

Se hundió de hombros. Las manos sobre la cara, echándose el pelo atrás, con un gesto de inmensa derrota.

—Igualmente le vamos a rescatar —dijo Célie en medio del silencio—. Bernave lo ha planeado todo. Solo tenemos que ser más rápidos...

Era absurdo, una locura mayor de lo que los girondinos podrían haber ideado.

Se la quedó mirando fijamente, la incredulidad se transformó en sorpresa y apareció una nueva esperanza. Y se dio cuenta por primera vez de lo mucho que Bernave había confiado en ella.

—Bernave dice que se deben comprobar el primero y el segundo piso franco —le dijo poco a poco—. Ha mandado a St. Felix al tercero.

Esperó a que le respondiera.

Él cogió aire y lo soltó muy lentamente, todavía asimilando el plan.

—Nunca podremos sacarlo de la prisión de la Torre del Temple —le respondió—. El único momento será cuando vaya en carruaje a la plaza de la Revolución.

—Ya lo sé —admitió ella—. Bernave me contó hasta ahí. Poner a alguien en su lugar, el tiempo suficiente para distraer la atención.

Le recorrió un escalofrío al recordar la cara de Bernave a la luz de las velas y tener la certeza de lo que eso significaba: no solo una muerte segura, sino, además, ¡qué manera de morir! ¿Qué hombre estaba preparado para llevar a cabo ese propósito? ¡Cuánto deseaba saber quién sería! Aún así, saberlo le partiría el corazón.

—¿Pero cómo? —exclamó ella en voz alta—. ¿Y después, qué?

Él tomó una larga bocanada de aire.

—Las calles estarán llenas de soldados en guardia esperando cualquier tipo de problema. Todo París saldrá a la calle para verlo. Al fin y al cabo, ¿cuántas veces se ha visto a un rey dirigiéndose a su propia ejecución?

No sabía qué decir. ¿Qué sentía él? ¿Qué había en él que pudiera alcanzar o comprender? ¿Qué había perdido él con estos cambios terribles... o qué había ganado? ¿Su pasado era plácido o infeliz? ¿Solitario o lleno de gente a la que había amado y que no volvería a ver?

—¿Le conoces? —le preguntó—. ¿Al rey?

La miró. Sus ojos parecían negros bajo la suave luz.

—No demasiado —le respondió, divertido por su pregunta.

—¿Cómo es? —ella continuó.

—Tímido, muy corriente, como un actor que representa un papel para el que le faltan la mayor parte de las réplicas.

No es el tipo de comentario que ella esperaba. No parecía que hablara de un rey y menos aún de un tirano. En contra de su voluntad, despertó en ella algo parecido a la lástima.

—¡Cuatro días! —la voz de él interrumpió sus pensamientos—. Vamos a necesitar mucha gente para cubrir lo que vamos a hacer, pero solo una docena o así en quien realmente podamos confiar. Al menos en París...

—¿Tendremos tiempo? —preguntó, sintiendo ya la presión sobre ella de toda la trama complicada que se tenía que organizar, y dudando de si Bernave ya había planeado lo que tenían que modificar ahora que había menos tiempo.

—¿En quién podemos confiar? —prosiguió—. ¿En los realistas? ¿En la gente que cree en la monarquía por derecho divino?

Se sentía ridícula solo con decirlo, pero había quien lo creía, o quien lo había creído.

Georges se mordió el labio con ganas de reír.

—Los realistas son un caos. Nos hemos librado de la Iglesia, y los curas que quedan vivos estarán escondidos... como la mayoría de nosotros.

Era consciente de su situación y de que era ella la que la había provocado, pero no había tiempo para pensar en culpas ahora, por muy profunda que esta fuera. El tiempo corría con urgencia, era desesperadamente escaso. ¡Y aún así Bernave parecía seguro de tener una oportunidad!

—Bernave tiene a los cocheros —Georges se puso en marcha otra vez, su cara concentrada mientras pensaba—. Nos encargaremos de comprobar el primero y el segundo piso franco. Lo que importa es encontrar a gente que tome el carruaje cuando se dirija desde la prisión de la Torre del Temple hasta la guillotina, y luego a otros que bloqueen las calles laterales con carros para que la guardia nacional no pueda seguirlos.

—¿Conoces a gente suficiente para hacerlo? —le preguntó, tratando de imaginar cuánta confianza hacía falta para pedirle a alguien que hiciera una cosa como esa, decirles cómo y dónde, y sobre todo, por qué. Georges tenía no solo la vida del rey en sus manos, también la suya y la de todos los que iban a ayudarle. Y debían ser hombres y mujeres con muchos recursos, unos nervios de acero hasta en las situaciones más difíciles, incapaces de dejarse llevar por el pánico, y dispuestos a arriesgar su vida.

—Creo que sí —le dijo suavemente—. Yo... creo que sí.

—¿Y luego? —inspeccionó sus ojos, su cara—. Tendremos que sacarlo de Francia. ¿Llevarlo a Austria? ¿O a Inglaterra? Muchos aristócratas han huido a Inglaterra, al menos eso es lo que he oído. Es más rápido llegar a Calais antes que a cualquier otra frontera.

—Y también es más evidente —señaló Georges—. Será el primer lugar donde buscarán.

—¿Y España? —sugirió Célie—. ¿O Italia?

Él dudó. No se oía ningún otro ruido en la estancia aparte del agua que caía de los canalones del tejado y, de tanto en tanto, el sonido de la vela quemando el líquido grasiento. Ella no le interrumpió.

—Quizá sería mejor no saberlo —dijo al final—. Se lo dejaremos a ellos cuando llegue el momento.

Una sonrisa furtiva cruzó sus labios.

—Bernave tiene contactos. Ya lo habrá pensado. Sus negocios se extienden por toda Francia, importa seda de Italia y la vende a España, y a Inglaterra, lana y piel. ¡Al menos hasta que también estemos en guerra con ellos!

Se puso de pie y se ajustó la manta al cuerpo, temblando.

—Te ofrecería chocolate si tuviera y el fogón estuviera encendido. Pero como no tengo chocolate, ni el fogón funciona, ¿te apetece una copa de vino?

—Gracias —aceptó, observando como se acercaba al armario y sacaba dos copas y una botella. Las dejó sobre la mesa, descorchó la botella y sirvió el vino, midió con cuidado para que ella tuviera un poco más que él y le pasó la copa.

—Gracias —la cogió y bebió. Era áspero, pero al menos el calor que sentía mientras bajaba por la garganta hacía que el nudo gélido que sentía dentro se aflojara un poco.

—¿No hay ningún realista en quien podamos confiar?

No quería que se le notara la incredulidad en la voz, pero ella misma la podía percibir. Seguro que él también la había notado.

Volvía a sonreír de nuevo, sentado con una extraña pose y sujetando la copa entre las dos manos.

—No —dijo simplemente—. Quieren que vuelva al trono, o en su lugar poner al conde de Artois. De cualquier manera, quieren tener un monarca. No han aprendido nada. Ven la historia y les parece una comedia con los comentarios en otro idioma. No entienden nada.

En su cara había menosprecio y también impaciencia, y no estaba segura de si veía o no un rastro de pena.

Era muy consciente de que no sabía casi nada de él, excepto que era primo de Amandine y, al igual que ella, y descendiente de una antigua familia noble, en la que la interminable división de las tierras les había dejado derechos de herencia, pero nada de dinero.

Lo contempló sentado sobre el colchón, agachado frente a ella. ¿En qué había creído antes de que la revolución hubiese acabado con todos los antiguos valores, la seguridad pasada? No tenía manera de medir su valor o su humanidad más esencial. Solamente había visto su amabilidad más superficial y su lealtad a Amandine, y eso le recordaba demasiado a lo que ella había hecho y por lo que él estaba ahí encerrado ahora, temeroso de salir a la luz del día. Las líneas a ambos lados de la boca se le veían profundas a la luz amarilla, expresando su cansancio. Bebió lentamente de la copa y sus labios se tensaron con la acritud del vino.

—Lo más irónico de todo —continuó con el curso de sus pensamientos— es que no creo que al rey le preocupe demasiado la corona. Habría sido mucho más feliz siendo un pequeño granjero, o un tendero de un pueblecito de provincias: alguien de buen talante, miras estrechas, poco sentido del humor, doméstico, deseoso de complacer a los que le acompañan.

Escudriñaba el suelo, la cara vuelta a medias, pero podía sentir la tristeza de su voz.

—Habría sido un gran comerciante —continuó—. Habría caído bien a todos los parroquianos. Habría compartido algún chismorreo del pueblo y regalado manzanas a los niños, habría envejecido amado por todos, y prosperado con placidez —su tono cambió—. Por mala suerte, heredó el trono de Francia y nunca tuvo esa oportunidad. Así que dentro de cuatro días se dirigirá hacia su muerte, a menos que le salvemos. Y nos salvemos a nosotros mismos.

No le cuestionó ni discutió su opinión. La inmediatez de lo que les habían propuesto la absorbía por completo.

Se volvió hacia ella.

—Dile a Bernave que comprobaré los pisos francos. Hay al menos diez personas aquí en París a quien confiar el asalto del carruaje. Encontraremos carros y cocheros que salgan desde los pisos francos hasta las afueras de París y se dirijan a cada una de las fronteras asignadas. Pero nos faltarán los salvoconductos para salir de la ciudad.

—Se lo diré —dijo levantándose. Dejó caer la manta y bebió el último sorbo de vino.

Él también se alzó.

—Ve con cuidado —le dijo suavemente, mientras le tendía la capa y la gorra y se adelantaba hacia la puerta—. Desearía poder acompañarte al menos hasta el Boulevard St-Germain.

—Pero no puedes —puntualizó ella, mientras la ayudaba a ponerse la capa. Era culpa de ella que él no pudiera salir, y no soportaba que se lo recordaran.

—Ve con cuidado —le repitió, en su voz una nota de ansiedad imperiosa.

Ella se dio la vuelta para no verle la cara.

—Lo haré.

Tenía la mano sobre la aldaba.

—Dile a Bernave que lo conseguiremos —le pidió—. Tenemos que conseguirlo. Si no, solamente un milagro podrá evitar una guerra civil.

—¿Crees en Dios?

Cuando terminó de decirlo se dio cuenta de que no debería haberlo preguntado. Tal como estaban los ánimos, no era una pregunta que se pudiera hacer en Francia durante esos días. Pero ya era demasiado tarde, las palabras ya habían salido.

Alzó las cejas.

—¿Dios? No creo que tenga una idea muy clara de quién es —por un momento una expresión divertida iluminó su cara—. ¿Tú no dejarías de creer en la Iglesia? Yo lo he hecho con todo mi corazón.

Tenía ganas de llorar y reír a la vez.

—¡Entonces está bien que haya desaparecido! —exclamó ella.

No quería que viera, ni que tan solo notara, su confusión. Odiaba a la Iglesia, su hipocresía, su opresión y su codicia. Al mismo tiempo necesitaba, más que nada en el mundo, la promesa de un Dios que fuera benévolo, que le hubiera permitido bautizar a su niñito y que lo tuviera cerca de él, no enterrado en el frío foso, donde no podía ni llorar su muerte con dignidad. Mantuvo la cara apartada, para que no viera su pena. Georges se pasó la mano por el pelo, apartándoselo del rostro.

—¡Es algo muy extraño! —le respondió él—. Al menos Dios representaba cierto orden... ahí se podía encontrar...

—Corrupción —terminó ella con desdén—. ¿Sabes cuántas tierras tenía la Iglesia antes de que las recuperáramos?

Se acordó de que su madre lo había calculado con precisión.

—Sí —dijo él—. ¡Y cuanta moral retorcida, cuantos privilegios inmerecidos y cuanta culpa innecesaria! Aún así, representaba la creencia en un poder superior a nosotros. Brindaba esperanza a aquel que ya no tenía ninguna, y también fe en una justicia más allá de la que tenemos hoy... que a menudo es tan solo una farsa, o todavía peor. Si nosotros somos todo lo que queda —se encogió de hombros—, no tenemos demasiado, ¿verdad?

Se sintió abatida por un gran vacío.

—Si lo mejor de nosotros es todo lo que queda, no es demasiado... —sin querer, se volvió hacia él.

Georges le devolvió una sonrisa, los dientes brillando con la luz llameante.

—Pero si lo peor de nosotros es todo lo que queda, no está nada mal, ¿eh? Ya no necesitamos infierno, después del pasado septiembre.

—Y puesto que ya no tenemos Dios, no es muy probable que haya un milagro —le respondió secamente.

Y antes de que pudiera añadir algo más, se escurrió por la puerta y bajó las estrechas escaleras adentrándose en la oscuridad. No se giró a distinguir su silueta recortada contra la luz de la vela que se iba apagando.

Capítulo II

Célie se despertó de repente, la cabeza le estallaba, tenía el cuerpo encogido bajo las mantas. Afuera, todavía estaba oscuro y eso significaba que aún no eran las siete. Amandine estaba inclinada sobre ella, con una vela en la mano y la cara pálida por la angustia y la falta de sueño, su suave pelo como una nube que le envolvía la cabeza.

—¡Célie, despierta! ¡Tienes que venir a ayudarme! —su voz estaba encendida por la furia—. ¡Bernave ha mandado otra vez a St. Felix fuera toda la noche! ¡Acaba de llegar y le han dado otra paliza, esta vez peor! Los marselleses, no sé, esos borrachos de Marat. ¡Levántate y ayúdame, por favor! No para de sangrar y tiene muy mala pinta. ¡A veces mataría a Bernave!

—Van a ejecutar al rey —masculló Célie, desperezándose de los restos de sueño. Estaba tan cansada que se sentía como drogada. Tenía la garganta seca y lo veía todo borroso.

Amandine enmudeció de repente.

—Sí, me lo ha dicho. Dentro de tres días.

Célie se incorporó lentamente. Hacía un frío terrible. No había ninguna clase de calefacción en el cuarto y el aire parecía hielo sobre su piel. A estas horas probablemente no había ningún fuego encendido en toda la casa, excepto en la cocina. Seguro que Amandine ya tenía el fogón en marcha ahí abajo. La vivienda de Bernave era de las pocas que podían permitirse el lujo de tener las estancias caldeadas, al menos durante ciertas horas.

Se apartó el cabello de los ojos y estiró los brazos para alcanzar la ropa. Se la puso y se abrochó los botones con los dedos aún torpes.

Amandine tenía muy mal aspecto. Era más menuda y con el cuerpo más sinuoso que Célie, una cara de huesos delicados. Bajo sus ojos habían aparecido unas sombras oscuras. Estaba de pie con los brazos cruzados delante del pecho y la espalda encorvada.

Célie se anudó un mantón de lana marrón por encima de la blusa y la ancha y tosca falda. Era una indumentaria de campesina y la odiaba, pero en esos días de ostentación igualitaria era lo que se llevaba. El mantón era para calentarse, no para lucirlo. Le habría gustado que fuera rosa, o de un color amarillo bien brillante, algo personal y atrevido, y no de un color revolucionario. Pero sería una imprudencia llevarlo, aunque lo hubiera encontrado.

Amandine cambiaba de posición con impaciencia.

—¡Date prisa, por favor! Lleva la ropa rasgada y sucia, llena de sangre y casi no puede hablar. ¡Tú sabes más de medicina que yo!

Era cierto. Cuando el padre de Célie murió y acto seguido falleció su marido, la dejó con un niño de dos meses, por eso no tuvo más remedio que buscar el mejor empleo que pudo encontrar. Había sido un golpe de suerte que alguien tan extraordinario y con tanto talento como Madame de Staël la aceptara como doncella. Ella ya tenía sus hijos, y se compadeció de una madre joven y sola. Al servicio de Madame había mejorado de manera natural sus habilidades para coser, lavar, arreglar sombreros, escribir una carta impecable y galante, leer en voz alta, poner y servir la mesa correctamente. En alguna ocasión había oído por casualidad a los filósofos más importantes de la época hablando hasta altas horas de la noche en el salón de Madame, antes de que ese tipo de conversaciones civilizadas fuera un acto impensable.

Por supuesto, fue necesario aprender un poco de medicina y de cuidados de enfermería. Nadie llamaba a un doctor a menos que fuera irremediablemente necesario e hiciera falta operar. En efecto, una persona iba al hospital solo si la llevaban, cuando se sentía tan mal que era incapaz de oponer resistencia.

Amandine estaba ya en la puerta y Célie la siguió escaleras abajo hasta la cocina iluminada por una docena de velas y por el calor del fogón, que la envolvió en el momento en que entró adentro.

St. Felix estaba desplomado en una de las sillas de madera, con las piernas estiradas delante de él. Las botas de suave piel estaban manchadas de barro y de suciedad de las cloacas que transcurrían por la parte central de la mayoría de las estrechas callejuelas. La manga derecha del abrigo estaba desgarrada, como si se la hubieran intentado arrancar a la fuerza, y con manchas oscuras de sangre. También tenía algunas heridas en la mejilla. Su delicada cara de soñador mostraba un color cenizo, pálido; tenía los ojos cerrados, pero por la tensión de su cuerpo Célie podía asegurar que estaba consciente.

Célie cerró la puerta por si alguno de los inquisitivos niños Lacoste estuviera despierto y bajara para sacarle a Amandine un poco de chocolate caliente o cualquier otra exquisitez que les pudiera dar. Se acercó a St. Felix y lo inspeccionó de cerca.

Él abrió sus inmensos ojos de color verde grisáceo, claros como el mar.

La miró con los brazos cruzados sobre el pecho, aunque no se podía decir si era para ocultar una herida o simplemente para protegerse del frío.

—¿Dónde estás herido? —le preguntó con firmeza, como le preguntaría a un niño. Sabía que Amandine estaba detrás de ella, observando y esperando—. Pon la olla al fuego —le ordenó sin girarse—. Prepara un poco de chocolate caliente.

—Tengo vino...

—El chocolate será mejor —contestó Célie—. Y a ver si encuentras un poco de pan.

Escuchó a Amandine moverse para obedecerle. Ella se quedó mirando a St. Felix.

—¿Esta sangre es tuya o de otra persona? —le preguntó.

Él parpadeó y miró con sorpresa hacia la manga.

—¡Oh, casi toda es de otra persona, creo! Estoy bien, Célie.

Tenía una hermosa voz, perfectamente modulada incluso entonces, que se encontraba asustado y herido.

—Solo un corte con un cuchillo, no muy profundo, y unos cuantos moratones.

—¿Qué pasó?

Había ido al otro lado del río, recorriendo todo el camino hasta los suburbios y las curtidurías del Faubourg St-Antoine, a donde lo mandaba Bernave, pero Amandine desconocía el lugar, y era mejor así.

Hizo un pequeño gesto con la mano sin darle importancia, pero al hablar le tembló la voz.

—Me crucé con uno de los matones de Marat. Estaban celebrando el veredicto del rey e iban un poco borrachos. No había mala intención.

Sus ojos delataban la verdad por omisión. En él había una terrible y dolorosa soledad, como si no pudiera contar a nadie la pena que sentía.

—Será mejor que te quite el abrigo y me dejes ver.

Célie no podía dejarle como si nada. Estaba empezando a temblar por el miedo que había pasado y no estaba segura de cuánto había sangrado ni de lo profunda que era la herida. Quizá tenía algún hueso roto bajo las magulladuras.

—No es nada serio... —dijo mientras le castañeaban los dientes.

—Ah, qué bien —respondió ella con sarcasmo—. Si no me dejas ser tu médico, al menos como lavandera te voy a pedir que te saques esta ropa repulsiva antes de meterte en la cama, o tardaré una semana en dejar las sábanas limpias.

La sombra de una sonrisa le cruzó la cara por unos momentos y obedeció lentamente, descruzando los brazos y dejando que ella le desabrochara los botones y le tirara del abrigo con cuidado. Hizo una mueca de dolor y aguantó la respiración con fuerza cuando le tocó el hombro para sacar la manga ensangrentada del abrigo.

—Lo siento —se disculpó sin mirarle.

Él dejó que le apartara el abrigo, intentando sacárselo sin tener que mover el hombro otra vez. Cuando se lo hubo quitado, la camisa quedó expuesta a la vista, desde el antebrazo hasta la mano, empapada en sangre, pero era una sola herida que ya había empezado a secarse. Por lo que podía ver se trataba un corte limpio, como el que ocasionaban los cuchillos de carnicero o de curtidor.

Amandine se acercó con una taza de chocolate caliente. Era espeso y cremoso. Había usado los mejores ingredientes, Célie ya sabía que lo haría. Ni el mismísimo Bernave recibiría esos cuidados. De hecho, como los sentimientos de Amandine por Bernave no eran precisamente benévolos, podía darse por satisfecho de que no le diera nada que le produjera un fuerte dolor de estómago.

—Déjalo sobre la mesa —le dijo Célie—. Y tráeme un trapo limpio y agua caliente.

—¡Esto se tiene que acabar! —Amandine se giró hacia St. Felix y continuó con voz temblorosa—. ¡Demuestra mucha crueldad al enviarte por ahí! ¡Te podrían haber matado! Y ¿para qué? ¿Otro de sus tratos? ¿Para cobrar algunos *sous* más?

—Él no sabía que pasaría esto —argumentó St. Felix.

—¡Tonterías! —estalló ella; en su cara había un gesto de rabia y angustia, las ojeras bajo sus ojos estaban tan oscuras como su pelo—. Cualquiera con dos dedos de frente sabía que ayer por la noche esa chusma andaba por ahí. De todas maneras ¿a dónde te mandó? ¿Qué era tan urgente que no podía esperar a que se hiciera de día?

—¡Tráeme el agua! —le mandó Célie para que se diera prisa—. Lo podréis discutir luego.

—Los encargos son más seguros en medio de la noche —explicó St. Felix, evitando el tema.

—¡Pues claro! —dijo mordaz, volviéndose para seguir las instrucciones de Célie, aunque ya había puesto agua a calentar—. ¡No hay más que mirarte para darse cuenta de lo seguros que son!

—No fue un ataque personal —le contó, ignorando a Célie.

Le había abierto la camisa y examinaba atentamente los moratones de color púrpura de su cuerpo para ver si podía tener alguna costilla rota.

—Solo fue un poco de presunción y de torpeza —continuó.

Era evidente que le habían golpeado fuerte varias veces, lo habían zarandeado, abatido y pateado.

La incredulidad de Amandine se reflejaba claramente en su cara cuando volvió con un cuenco de agua que dejó sobre la mesa. También era evidente su angustia por el estado de él, como si las heridas y los golpes los sintiera en su propio cuerpo.

—No tenía que haber acabado así —insistió él, su cara se suavizó al ver la preocupación de ella—. Estaba en el sitio equivocado y confundieron mis intenciones. Estaban borrachos. ¡Pobre gente! Han soñado durante tanto tiempo y la realidad es tan precaria y dura... No lo entienden, y eso les asusta —su voz sonaba cansada, pero había un temblor de emoción contenida, de lástima y de fe absoluta—. Es tan fácil equivocarte cuando tienes miedo...

Los ojos de Amandine reflejaban la admiración que sentía por él y lo que la desesperaba era que, con su buen talante, defendiera incluso a los que le habían atacado.

—Estaban celebrando la ejecución del rey, de eso no hay duda —dijo ella—, y estaban deseando dar una paliza a cualquiera que pareciera un aristócrata, aunque llevara ropa de lo más corriente. ¿Se les habrá ocurrido alguna vez pensar que uno no puede remediar tener los orígenes que tiene, igual que ellos no pueden remediar los suyos?

—Lo dudo mucho —respondió con un gesto de dolor al tocarle Célie un verdugón en el pecho, donde se veía claramente que había ido a parar una bota—. El odio no reside en la razón, Amandine.

Pronunció su nombre con afecto, como si el sonido le produjera placer, dejando al descubierto una pequeña parte de su soledad. No hacía falta que Célie se diera la vuelta para mirarla, podía imaginar el placer en los ojos de Amandine al oírlo.

Célie los dejó solos, volvió al vestíbulo y subió a su cuarto a buscar algo con qué vendarle y el ungüento, una mezcla de hierbas curativas cuya receta había conservado de los días en que estuvo al servicio de Madame de Staël. Debía curarle la herida del cuchillo sin hacerla sangrar otra vez. De una manera u otra había que mantenerla cerrada, aunque no tuviera manera de coserla o inmovilizarla. La vendaría con tela. Por suerte la herida estaba en el brazo, y no en el pecho. Todo lo que le hacía falta estaba guardado bajo llave en su armario, a salvo de los ojos y dedos indiscretos del resto de los inquilinos de la casa.

Tardó varios minutos en subir y bajar los tramos de las escaleras, arrastrándose lentamente en la oscuridad y sorteando los tablones que sabía que estaban sueltos. Al regresar, Amandine y St. Felix se habían sentado cara a cara, apoyados en la mesa, y hablaban con una expresión de seriedad. Él tenía las manos alrededor de la taza, sujetándola —otra horrorosa pieza de cerámica revolucionaria—, y de tanto en tanto tomaba un sorbo. Amandine lo contemplaba, y su cara irradiaba una dulzura que la transfiguraba, dando fuerza a sus delicados rasgos y resaltando su belleza natural.

—Fue peligroso solamente por una desafortunada casualidad —le aseguraba él, mirando el chocolate—. Mala suerte. Si hubiese ido por otro lado los habría evitado y no habría pasado nada —alzó los ojos para mirarla—. No le eches la culpa a Bernave.

Había urgencia en su voz y en la posición de su cuerpo, apoyado sobre un solo codo y con los hombros tensos. Parecía importarle mucho que ella lo comprendiera.

—Eso no lo excusa —insistía ella, su cara estaba iluminada por la luz y reflejaba temor y preocupación.

De pie en la puerta, Célie se preguntaba si él se daba cuenta de eso o si su cabeza estaba llena de unos ideales que creía compartir con ella, su visión revolucionaria de una sociedad perfecta, y si veía que la pasión de ella era interesada. Los soñadores como él a veces estaban ciegos ante lo evidente y real de los sentimientos cotidianos de los demás.

Entró, se acercó al fogón y cogió la pesada olla de hierro del estante para hacerle una infusión que le ayudara a recuperar las fuerzas. Volvió a curarle con cuidado, le lavó a conciencia la mayor parte de la sangre seca de la herida, le puso el bálsamo y se lo vendó.

—Tienes que negarte a seguir haciendo este tipo de servicios —dijo Amandine de repente, con la voz llena de preocupación—, ¡no tienes ninguna obligación! Que Bernave lleve los mensajes él mismo.

St. Felix no le respondió. Célie sabía que no osaba confesarle a Amandine que sus acciones estaban encaminadas a salvar la vida del rey. Seguramente prefería protegerla. O quizá le había dado su palabra a Bernave. ¿Tenía idea de lo mucho que Célie sabía? Probablemente no. ¿Qué habría pensado de Bernave si supiera que había puesto su confianza en una lavandera?

¿Pero por qué no? ¿No se suponía que eran días de igualdad?

Era una idea nueva y grandiosa. Decirlo era una cosa, pero ponerlo en práctica, otra muy diferente. De todas maneras, la igualdad entre los hombres, entre aristócratas y trabajadores, entre académicos y analfabetos, era una cosa bien distinta de la igualdad entre un hombre y su esposa, y ya no digamos su sirvienta. Ya habían tenido algunos debates candentes sobre ese tema. Había una mujer llamada Claire Lacombe que había causado un gran revuelo exigiendo sus derechos, y otra mujer, una holandesa, Etta no sé qué, que también. Un día, cuando tuviera un poco de tiempo, lo investigaría. A Madame de Staël le habría parecido muy bien.

El agua ya hervía. La retiró del fogón y la echó encima de las hojas secas, esperando mientras se hacía la infusión

Amandine todavía estaba refunfuñando cuando se levantó de la mesa para ir a preparar el desayuno de todos. Cortó pan y queso, sacudió la lata de chocolate para aprovechar hasta la última pizca de polvo. A menudo comían juntos, era más económico, sobre todo porque gastaban menos leña.

St. Felix observaba a Amandine con cara sombría.

—Hago normalmente lo que tengo que hacer, lo que creo que está bien —dijo gravemente, en voz baja, retraído en si mismo.

Se había terminado la discusión. Él se había encerrado en esa región inaccesible donde habitaban los sueños y el dolor.

Célie comprendía que él creía en lo mismo que Bernave, que veía más allá de París, veía Europa y el mundo, era consciente del peligro de una invasión, incluso de la posibilidad de la derrota. Además, sabía que no se lo podía explicar ni a Amandine ni a nadie que creyera en la revolución, tanto si era alguien que quería creer como si solo lo necesitaba. Quizá tenía miedo del poder de los sentimientos de Amandine. Intentaba protegerla de si misma y de su rabia contra Bernave.

Pero lo que Célie no entendía era por qué aceptaba todos los trabajos sin quejarse, o por qué Bernave se los daba todos a él, en vez de encargarse él mismo de alguno. Había en ello una especie de crueldad que la confundía. Era contrario a lo que Célie sabía de los dos hombres; Bernave poseía una gran inteligencia y fortaleza, tenía un rostro de huesos elegantes y el pelo gris, escaso, pegado a la cabeza. Leía con voracidad y siempre había una nota de humor detrás de sus palabras, como si conociera una especie de broma cósmica que no podía compartir con nadie.

St. Felix era un poco más alto, de complexión ligera. Su cara tenía una belleza huidiza, como si hubiera sido testigo de una gran visión y viviera eternamente en busca de su realización. No se sentiría completo hasta que no la encontrara, y para ello se expondría al dolor. Se lo imaginaba por las estrechas callejuelas del Faubourg St-Antoine, donde estaban los mataderos de las curtidurías, donde al girar una esquina y sin previo aviso te topabas de cara con las cuadrillas de borrachos histéricos por derramar sangre, la sangre del rey. No pensaban en lo que hacían, solo tenían odio y emoción, se sentían ansiosos por demostrar su poder. París estaba en sus manos y podían hacer todo lo que quisieran. No había ley que los sometiera. Dios había desaparecido, la Iglesia también... ¿Quién se les opondría o les negaría algo?

Filtró la infusión en una taza y se la acercó a St. Felix.

—Esto te sentará bien —le prometió—. Deberías dormir una o dos horas al menos.

—Hasta el mediodía —la corrigió Amandine, mezclando el chocolate en polvo con los últimos restos de leche para formar una pasta.

St. Felix bebió sin parar la infusión que Célie le había preparado, absorbiendo el aroma con un ligero movimiento de nariz, y dejó la taza vacía sobre la mesa.

—Hay algunas cosas que debo hacer antes del mediodía —respondió, levantándose lentamente y haciendo muecas de dolor porque la ropa de la camisa sobre la piel le rozaba las heridas. Miró a Célie.

—Gracias. Eres muy amable.

Le dedicó una sonrisa, luego otra a Amandine, salió de la cocina y se dirigió a su cuarto, entumecido, con pasos irregulares sobre el suelo de piedra.

Célie se disponía a limpiar los restos del ungüento y los cacharros que había utilizado.

Los tiernos labios de Amandine estaban ahora tensos en una mueca de odio.

—Bernave lo hace porque le divierte —rechinó entre dientes—. ¡Le gusta saborear el poder, quiere ver si St. Felix le obedecerá! Si ve que tiene un poco de autoridad sobre alguien, la aprovecha para satisfacer su crueldad. Es como el peor de los revolucionarios ¡y tan tirano como cualquier rey!

—¡Cállate! —murmuró Célie muy preocupada por Amandine, más allá de su preocupación por St. Felix—. ¿Es que has perdido el juicio que te dieron al nacer?

No le hacía falta explicar nada. Amandine se la quedó mirando a los ojos fijamente, con los labios apretados.

—Tienes razón —admitió ásperamente, pero ahora en un susurro.

Célie cogió a Amandine del brazo.

—Hay muchas cosas que es mejor que no se digan en voz alta.

Para recalcar sus palabras, de repente se abrió la puerta de par en par y ahí de pie estaba Marie-Jeanne Lacoste, que sostenía una vela en la mano y con la otra sujetaba a su bebé, envuelto en una colcha de cuna, apretándolo bien contra su hombro. Era la hija de Bernave, pero en el rostro de ella no había ni rastro del sufrimiento de su padre, ni de su carácter duro, perspicaz. Estaba cansada y confusa, más de lo que deberían reflejar sus veintitrés años. El cabello castaño le caía despeinado sobre la frente y los ojos le brillaban llenos de miedo. Ya se había acostumbrado a las noches sin dormir. Tenía tres niños pequeños. Pugnaba una batalla constante para poder vestirlos, alimentarlos y mantenerlos a salvo, tanto como fuera posible, en esos tiempos violentos e inciertos. Para ella, la familia era lo único que importaba. Nadie hacía planes para el futuro ni tenía ninguna idea clara de lo que pasaría, solo sabían que vendría más frío, todavía quedaba mucho invierno, y que habría más escasez.

—¿Alguien sabe si van a ejecutar al rey? —preguntó, pasando su mirada de Célie a Amandine, y de vuelta a Célie. No tenía ni idea de que Célie había ido a la Convención. Lo preguntaba por si alguien que se hubiera levantado antes ya lo había oído en la calle.

—Sí —respondió Célie suavemente—. Lo harán. Dentro de tres días.

—Fernand ya lo dijo —Marie-Jeanne se refería a su marido. Sujetó al bebé con más fuerza al acercarse a la mesa.

—Estará contento. Temía que fueran a perder empuje.

—Marat no lo permitiría —la cortó Célie, colocando el último de los platos en el fregadero para lavarlo después junto con los platos del desayuno, cuando el agua estuviera más caliente.

A Marie-Jeanne se le escapó el significado de las palabras de Célie.

—Fernand está seguro de que Marat todavía salvará a Europa —respondió mientras doblaba la colcha para dejar encima al bebé, cerca de la chimenea—. Pero preferiría que no lo dijera delante de mi padre —dijo esta última palabra sin emoción, como si tan solo fuera un título y no un vínculo—. Papá Lacoste está totalmente de acuerdo con él —continuó, con una extraña mezcla de respeto y desprecio en su expresión.

—Tendrá usted que advertirle de que vaya con cuidado —respondió Amandine, y continuó preparando el chocolate—. Hay ciudadanos que piensan de otra manera. En estos días, es mejor ser discreto.

—Es lo que siempre le digo —asintió Marie-Jeanne, dejando al bebé encima de la colcha con cuidado, sonriéndole y haciéndole cosquillas muy suavemente hasta que se puso a reír. Luego se incorporó y preparó la mesa con la loza revolucionaria, con sus símbolos pintados: caras de antiguos romanos; la concha de color rojo, blanco y azul; el gallo encima del cañón, desafiante. Aunque le pareciera demasiado fea o ridícula, tenía demasiado tacto para manifestarlo.

Advirtió que Célie había encendido una vela de más para ver mejor la herida de St. Felix y la apagó con los dedos. Era un ama de casa frugal. Quizá Fernand no se daba cuenta de lo afortunado que era al tenerla. Tenía buen carácter, era trabajadora y sabía cocinar comidas aceptables para toda la familia; con solo unas hierbas y verduras preparaba sopas que siempre sabían distinto.

No le interesaba la política para nada, pero en la cocina tenía estilo, una aptitud natural y una curiosidad, incluso una especie de inventiva, que podía considerarse un talento. Como a la mayoría de las mujeres corrientes de Francia, lo que más le importaba era su familia. Lo que hacían en el Palacio de Versalles, en la Convención o en la plaza de la Revolución, con la guillotina expuesta severamente, le importaba solamente hasta el punto en que podía influir en su vida familiar en el Boulevard St-Germain.

Célie a menudo se preguntaba si sería tan pía como la mayoría de las mujeres. La religión iba de la mano de la decencia habitual de la vida familiar. Ella no se habría atrevido a mencionar el tema de la religión delante de su marido o de su suegro, pero Bernave no le habría puesto ninguna objeción. Sin embargo, quizá Marie-Jeanne no lo sabía. Puede que Célie fuera la única que había visto el viejo y desgastado breviario en su despacho, la que había observado que él nunca tomaba el nombre de Dios a la ligera o en vano.

—Dentro de unos días ya se habrá acabado —Amandine sonrió débilmente—. Entonces volveremos a la normalidad.

—Ya no podemos «volver» a nada —la contradijo Célie—. Solo podemos salir adelante con lo que nos venga, sin Dios ni rey.

Amandine le lanzó una mirada de aviso.

Marie-Jeanne se volvió a Célie, con sus ojos de intenso azul abiertos por la sorpresa.

—¿Tú no crees que todo será mejor?

Célie se dio cuenta con qué facilidad se le había ido la lengua en su presencia. Debía ser más cautelosa. Marie-Jeanne, sin mala intención, podía repetir sus palabras.

Se oyeron unos pasos pesados sobre el suelo de la sala de al lado, y unos instantes después Monsieur Lacoste abrió la puerta. Era hombre de pocas palabras, sus emociones las guardaba para él. Tenía poco más de cincuenta años y las cicatrices de la vida habían dejado una profunda marca en su cara huesuda. No conocía la autocompasión, y la cólera estaba a poca profundidad de la superficie de su paciencia. ¿Qué dolor o injusticia del pasado se escondía entre sus recuerdos, que no había compartido con nadie? Llevaba un pantalón de color marrón oscuro, una camisa desgastada y un jubón de piel, listo para trabajar.

—¿Qué estáis haciendo todas a estas horas levantadas tan temprano? —cuestionó—. ¿Ha pasado algo? ¿Hay alguna novedad?

—Solo lo que ya esperábamos, papá —respondió Marie-Jeanne, asintiendo ligeramente con la cabeza—. Van a mandar al rey a la guillotina.

—¡Pues claro! —replicó, encogiéndose de hombros bruscamente—. ¿Es que alguien había imaginado otra cosa? De todas maneras, ¿tú cómo lo sabes? ¿Quién te lo ha dicho?

—Célie —respondió.

Se dio la vuelta y su mirada fue a parar al bebé dormido. Su arrebato desapareció.

—¿Y tú cómo lo has sabido? —inquirió.

—He salido —explicó; no podía decirle la verdad—. Oí decirlo en la calle.

Sus ojos se estrecharon y volvió a aparecer la desconfianza.

—¿Y qué hacías fuera a esas horas de la mañana? ¡Es demasiado temprano para ir a buscar el pan!

—Un encargo para Bernave ayer por la noche —respondió intentando mantener la naturalidad en su voz. Tenía que parecer que no le importaba la pregunta.

—¡No entiendo por qué no puede resolver sus asuntos durante el día, como todo el mundo! —dijo cortante, dándole la espalda y volviéndose hacia la mesa—. No debería mandarte afuera a todas horas. No está bien. Te podría pasar cualquier cosa.

Quería decir algo más, pero no sabía qué.

—¡Nadie debería hacerlo! —estalló Amandine con enfado mal disimulado.

Monsieur Lacoste se olvidó del tema y centró su atención en las noticias.

—Así que Marat ha ganado finalmente.

Sus labios se curvaron levemente, pero a la luz de las velas era imposible distinguir si era o no de satisfacción.

Nadie le respondió. Célie recordó los cambios de fortuna de distintos líderes que se habían ido sucediendo, y cómo cada vez la gente había puesto sus esperanzas en ellos. Primero habían sido Necker y Mirabeau, con sus grandes sueños de orden y estabilidad financiera, y fracasaron. Luego fue La Fayette, con sus palabras de gloria y libertad, que el pasado agosto había desertado y se había pasado al bando de los austríacos. Ahora Bissot y los girondinos estaban en el poder, los que una vez fueron los ídolos de su padre pero que ahora eran solo un nombre, una fachada. Sabían hablar con palabras grandilocuentes, su oratoria era equiparable a la de Cicerón y a la de los antiguos romanos —al menos era lo que ellos creían—, pero a su vez tenían que resolver sus destructivas discusiones internas. Habían estado tan ocupados con las disputas entre ellos que Marat les había arrebatado el control.

Madame Lacoste entró silenciosamente. Era una mujer delgada de estatura normal. Sus rasgos eran fascinantes: la nariz recta, las cejas arqueadas y los ojos profundos de color casi negro. Era una cara de pasión y fortaleza, y en algunas ocasiones también mostraba una sorprendente y repentina vulnerabilidad. Célie la conocía muy poco. Raras veces hablaba de si misma, de dónde había crecido, aunque a menudo hablaba de sus creencias. A diferencia de su marido o de su hijo, sus temas eran morales y no políticos, conversaciones sobre lo que estaba bien o mal, cuestiones sobre el amor humano, el honor y el deshonor. No tenía paciencia con el concepto de virtud dictado por una ley social, como predicaba Robespierre. Célie esperaba que tuviera el suficiente sentido de autoprotección como para no manifestarlo demasiado abiertamente. ¡Al menos, era lo suficientemente cuidadosa para no mencionar el nombre de Dios!

—Supongo que ya han emitido un veredicto —inquirió Madame, mirando a cada uno de ellos y luego a la mesa, dispuesta para el desayuno. Sus labios se tensaron—. No sé qué esperábais. Ahora ya no se podían echar atrás, ¿verdad? Lo mejor habría sido buscar evasivas y entonces decidirlo una semana o un mes después. ¡Cómo si hubiera habido alguna diferencia! No habría sido un perdón, solo su habitual ineptitud para tomar una decisión. ¿Ya está listo el chocolate, Amandine?

—Podrían haber perdido impulso —replicó Lacoste—. Ponerse de acuerdo para mandarlo a prisión.

La cara de ella, ensombrecida en la luz incierta, expresaba burla.

—Se necesita más valor para decirle a la gente que no llevarán a cabo su propósito de matar al rey que para hacer el gesto final y condenarlo —le dijo lacónicamente—. Ya han ido demasiado lejos para desdecirse ahora.

—No sabes nada de política —se distanció él—. Tiene su propia manera de funcionar.

—Son personas —le respondió ella mientras Amandine traía el chocolate a la mesa—. No cambian interiormente solo por estar delante de un estrado o de un púlpito.

Él giró sobre sus talones para mirarla.

—¡No hables de política como si fuera una religión! ¡Esos hombres no están arriesgando su vida para liberar a la gente y conseguir así una seguridad para el resto de sus vidas y un cómodo sillón en el cielo!

—Ni tan solo ellos parecen ser tan bobos como para creer eso —dijo secamente cogiendo la jarra y llenando las tazas—, ¡cuando acaban de asesinar a la mitad de los curas de Francia!

—¡Suzanne! ¡Frena tu lengua! —le advirtió acercándose a ella, alzando el brazo en un gesto muy particular que era mitad de enfado, mitad de protección. Lo sostuvo un instante sobre la espalda de ella, a punto de tocarla, y se apartó—. ¡Digas lo que digas, la revolución es un hecho! No hables de lo que no entiendes.

—¿Tienes miedo de que defienda a la Iglesia? —le dijo con desdén—. No te preocupes, a mí me parecían tan corruptos como a ti. Incluso más.

Él pareció un poco sorprendido, pero también aliviado.

—Nunca lo habías dicho...

—No se trata de política —le respondió sonriendo para si misma como si solo ella entendiera la gracia—. Siéntate y come.

—¡Se acabó! —anunció Lacoste con un súbito cambio entusiasta.

Sus ojos se posaron en el bebé unos instantes.

—Es el principio de una nueva era —empezó con suavidad—. Dentro de unos días, Francia será una república. La gente gobernará.

Le dirigió una sonrisa a Marie-Jeanne, su expresión había cambiado totalmente.

—¡Ya no habrá nada que temer! Vuestros hijos crecerán en libertad, podrán decidir lo que quieren hacer, convertirse en lo que deseen.

Hacía amplios gestos con las manos, todavía de pie.

—¡No más profesiones privilegiadas que solo puedan ejercer los aristócratas, no más rechazos a las promociones en el ejército porque la familia no tenga un escudo de armas! ¡Como si tuviera alguna cosa que ver con el coraje o la habilidad para luchar!

Tenía los ojos resplandecientes e ilusionados.

—¡Educación para todos! ¡Justicia en las cortes! ¡Libertad para decir o creer lo que quieras! No más Iglesia que nos saque hasta la última gota de sangre. ¡Será un gran día!

Le dirigió una mirada a Amandine.

—Ve a buscar una botella del mejor vino que nos quede y brindaremos por el futuro. Llama a Fernand. Beberemos a la salud del gobierno de la gente.

Amandine obedeció y los demás esperaron a que volviera, de pie, en silencio alrededor de la mesa. Fernand venía detrás de ella.

—Quizá deberíamos ir a buscar a mi padre —sugirió Marie-Jeanne sin muchas ganas—. Y al ciudadano St. Felix.

—Está descansando —respondió Amandine con los labios apretados—. Ha estado fuera toda la noche y ha vuelto lleno de heridas otra vez. Esta vez está peor que nunca.

—¡Bernave! —exclamó Lacoste con menosprecio.

Por fin se sentó y los demás le imitaron. Echó una ojeada a la calle a través de la ventana.

—Ha estado lloviendo toda la noche. ¿Dónde diablos habrá ido que no podía esperar a mañana?

—Pregúntele a Bernave —Amandine dijo el nombre como si lo escupiera—. Yo no lo sé.

—¿Se pondrá bien? —preguntó Madame, pasando el pan a los demás y cortando el queso con cuidado.

—Se curará —contestó Célie—, si le dejan.

Lacoste cogió la botella y Madame abrió el armario y puso seis copas encima de la mesa delante de él. Sirvió el vino y pasó las copas a los demás. El chocolate caliente podía esperar.

—¡Por el gobierno de la gente... por fin! —brindó con una sonrisa.

—¡Por el gobierno de la gente! —repitieron los demás, cada uno con una inflexión diferente y con pensamientos ciertamente diferentes. La expresión de Madame era impenetrable. Monsieur sostenía el vaso bien alto.

Esa misma mañana, un poco más tarde, Bernave mandó a buscar a Célie. Como de costumbre, estaba sentado en su despacho. La superficie de madera pulida estaba cubierta de papeles amontonados, cera, arena y dos botes de tinta. Había tres plumas distintas. El cortaplumas estaba abierto y las virutas de las plumas estaban esparcidas sobre una hoja manchada con salpicaduras de tinta.

A la luz apagada del día Bernave aparecía demacrado. Su piel estaba muy pálida. Las líneas que iban de la nariz a la boca aparecían marcadas profundamente, y en su mandíbula crecía una barba gris de tres días. En vez de agotamiento, en sus ojos había claridad y dureza cuando se cruzaron con los de ella; en él no había debilidad ni indecisión.

—Tengo unos mensajes que tienes que entregar —dijo examinándola a conciencia, sopesando su opinión acerca de ella—. No puedo poner mucho en el papel, por si te detienen y te registran. Tendrás que memorizar casi todo. ¿De verdad podrás hacerlo?

—Sí —contestó con rapidez, pero era más por desafío que no por tener la certeza interior. No se podía hacer otra cosa que tirar hacia adelante, y no dejaría que Bernave viera ni un ápice de duda en ella.

La observaba ahora con un humor seco, como si fuera muy consciente de la incongruencia de la situación: el maduro y acaudalado comerciante compartiendo un secreto desesperado con su lavandera, secreto que podía salvar Francia o que podía matarlos a los dos. En esa sala, con sus estanterías llenas de libros que contenían los pensamientos y los sueños de tantos hombres a lo largo de los siglos, el éxito no parecía imposible. Había algo dentro de Bernave, el poder de la fe que era capaz de reavivar, que ella también podía sentir cuando estaba con él. Pensó en sus libros de religión de entre todas las demás filosofías. ¿Los apreciaba tanto que no podía separarse de ellos? ¿O sencillamente se había olvidado de que estaban ahí?

—Encuentra al ciudadano Bressard —le dijo en voz tan baja que tuvo que prestar mucha atención para entenderle—. Es el encargado de mi oficina en el Quai Voltaire. Dile que te deje hablar con el ciudadano Bombec, el ciudadano Chimay y el ciudadano Virieu.

Iba a protestar, pero las palabras se desvanecieron en sus labios. No podía permitir que viera que estaba asustada.

—¿Me estás escuchando, Célie? —dijo con dureza—. Repite los nombres.

—El ciudadano Bombec, el ciudadano Chimay y el ciudadano Virieu —obedeció.

Bernave asintió imperceptiblemente.

—Diles que actuaremos según lo planeado. Solamente eso. No te fíes de nadie, ni de Bressard. Una palabra en el momento inoportuno... —no se molestó a terminar la frase.

—¿Son los cocheros de los carruajes? —preguntó—. ¿Y cómo saldrán de la ciudad? Van a necesitar salvoconductos... más que ningún otro día.

La miró con curiosidad, consciente de su inteligencia y todavía más de sus sentimientos. Ella tenía una imagen del desastre que les amenazaba a todos y le preocupaba. Apreció un brilló en los ojos de él. Había algo que podía ser respeto, y le importaba más de lo que ella se atrevía a admitir. Era muy incómodo preocuparse por cómo la consideraba él, le hacía reprimir la rabia que tenía ganas de exteriorizar.

—Sí, van a necesitar salvoconductos —respondió fríamente—. St. Felix se ocupará de eso. No es tu problema.

Ella aceptó su papel, pero defendió su posición.

—¿No se expondrá a una situación excesivamente peligrosa si vuelve a salir para recoger los salvoconductos? —le preguntó—. Ayer le hirieron. ¡Le podrían haber matado!

La expresión de Bernave era imposible de descifrar.

—La vida es peligrosa, Célie. Todos nos arriesgamos por lo que deseamos. Ve y entrega mi mensaje.

Era una orden para que se retirara y no quería presionarlo más, pero estaba perfectamente segura de que mandaría a St. Felix a otra misión en la que podían volverlo a herir, o aún peor. No entendía por qué St. Felix aceptaba las condiciones. Bernave podría entregar muchos de los mensajes personalmente y, con todo, St. Felix nunca se rebelaba, ni tan solo le cuestionaba nada. Tanta obediencia estaba más allá de lo que podía comprender. No sabía si le hacía más noble o más cobarde.

—¿Qué te pasa? —le preguntó Bernave al ver que se quedaba allí plantada.

—El hombre que ocupará el lugar del rey —dijo muy lentamente.

Pensaba en alguien que estuviera preparado para ser asesinado por una multitud rabiosa cuando le descubrieran. ¿Qué tipo de lealtad fervorosa podía conducir a un hombre a sacrificar su vida de esta manera? ¿Era por devoción al rey, a la idea de monarquía, o por la visión terrible de lo que Francia podía llegar a convertirse? No tenía ni idea. Bernave no le había contado nada de esa persona, excepto que existía.

La sombra de una sonrisa cruzó la boca de Bernave. Entrelazó los dedos delante de él. Sus manos eran bellas, a pesar de las cicatrices.

—Ya te lo dije, Célie, a veces se tiene que pagar un precio muy alto por lo que uno desea. El precio que pagará ese hombre será más aceptable que no el que está pagando ahora.

—¿Un realista? —trató de imaginárselo, un hombre que amaba un mito, un símbolo tan poderoso, por encima de su propia vida.

Los ojos de Bernave eran afables. Había una especie de amor que no había visto antes; le hacía casi hermoso.

—Sí... pero sobre todo un francés —le dijo con suavidad.

No había respuesta que ella pudiera darle. Era completa y final. No tenía derecho a entrometerse.

—¿Qué más? —le preguntó, puesto que no se movía.

Inspiró profundamente.

—Necesito dinero —le contestó.

Los ojos de él se empequeñecieron, la confianza se desvanecía.

—¿Para qué?

—Para comida.

Afloró en su cara el entendimiento y una leve burla que la hizo ruborizarse.

—Ah... para Coigny. Claro.

Abrió un cajón sin la menor intención de ocultar lo que iba a hacer, y ella se sorprendió al ver que no estaba cerrado con llave. Tomó un puñado de monedas, se las dio y volvió a cerrar el cajón. Nunca se había preocupado por tener los billetes recomendados que se emitieron a principios de la revolución, que habían demostrado ser inservibles en muy poco tiempo.

—Gracias.

Se las puso en el bolsillo y se dio la vuelta para marcharse.

—¡Ve con cuidado, Célie! —volvió a decirle, pero esta vez con más firmeza—. ¡No digas nada, por mucho que te provoquen! No hagas preguntas y no des tu opinión. Eres una lavandera. ¡No tienes opinión! ¿Me escuchas?

—Sí, ciudadano —le respondió con sarcasmo—. ¡Libertad, Igualdad y Fraternidad!

Y salió por la puerta, cerrándola, sin esperar respuesta.

Célie se apresuraba por las tristes calles azotadas por el viento. No estaba muy lejos —menos de un kilómetro y medio—, pero era suficiente para quedarse totalmente helada. Vio a otras mujeres con la cabeza agachada que llevaban cestas medio vacías después de la lucha matinal por conseguir algo de comida.

Una carreta con leña para el fuego avanzaba pesadamente, iba cubierta para evitar que los troncos se humedecieran. Se cruzó con un grupo de la guardia nacional, sus uniformes estaban andrajosos pero la escarapela blanca, azul y roja aún destacaba derecha en sus gorras. La mayoría iban armados con mosquetes, otros solamente llevaban espadas o picas. Su mano se dirigió automáticamente al hombro para comprobar que llevaba su escarapela firmemente sujeta; era ilegal ir sin ella.

—¡Corre, ciudadana! —le gritó uno de los hombres con entusiasmo—. ¡A casa junto al fuego!

Los demás rieron.

Le habría gustado aclararle que muy pocas casas tenían fuego esos días, pero era una estupidez llamar la atención por una cosa así, especialmente ponerse a discutir.

—Gracias, ciudadano —le devolvió el saludo—. ¡Mantén las calles seguras para nosotros!

Hipócrita, pensó luego para si misma.

Un ejemplar del *Père Duchesne* voló por la acera y se coló en una cloaca. Había una sangrienta imagen en la portada y la habitual cabecera: la silueta de un viejo recostado cómodamente con su gran nariz y la pipa colgando en la boca.

Un poquito más arriba de la calle tenía lugar una feroz discusión, dos mujeres vestidas de marrón y gris se peleaban por una barra de pan. Media docena de personas estaban de pie, con caras agrias y asustadas. Célie sabía por qué. Había sentido el mismo escalofrío de terror atravesándola cuando llegaba a la cola de la panadería demasiado tarde y tenía que volver a casa con las manos vacías y hambrienta. Cada vez ocurría con más frecuencia. Faltaban muchos días para la cosecha. ¿Dónde estaba el grano que quedaba?

—¡Tú ya tienes pan! —chillaba una mujer, con voz estridente y acusadora.

—¡Mentirosa! —le devolvió por respuesta—. ¡No tengo nada! ¡Tengo lo que tú...! ¡Lo que todos!

—¡No, lo que todos no...! ¡Hay quien tiene pan, cebollas y queso! —dijo otra, su cara torcida en una mueca de odio.

—¿Sí? ¿Quién? ¡Ve, díselo a la Comuna! Acaparar comida es un delito.

La mujer le echó una mirada de repulsa.

—¡Si lo supiera, la mataba yo misma! Esos son los asesinos de verdad... ¡Son nuestros asesinos!

La mujer con la barra de pan estaba fuera de si.

—¿A quién llamas asesina, vieja asquerosa? ¡Yo tengo mi barra, lo mismo que tú, y seis bocas que alimentar! ¡Y mi marido está en la guerra luchando contra los austríacos, que Dios le ampare! —escupió sobre las piedras, totalmente inconsciente de haber nombrado a un dios que ya no existía—. ¡Vete a pedírselo a esos ricos cabrones de St-Germain! ¡Ellos sí tienen! ¡Me lo han dicho!

Unos metros más abajo de la calle un guarda nacional alzó el mosquete amenazadoramente y disparó un tiro al aire.

Las mujeres mascullaron algunos insultos y se dispersaron.

Célie se dio la vuelta hacia el Quai Voltaire y aceleró el paso.

Capítulo III

Joseph Briard estaba de pie junto a la ventana observando cómo llovía. Soplaban ráfagas de viento contra el cristal, pero la estancia estaba caldeada. La luz de las velas se reflejaba sobre la madera pulida. Gran parte del suelo estaba cubierto por una alfombra roja, desgastada y suave por el tiempo y las pisadas. En dos de las paredes había estanterías repletas de libros y de los recuerdos de su vida.

Solo le quedaba leña para tres días más, pero sería suficiente. La quemaría toda. Ya no la iba a necesitar después, ni el vino de la copa que estaba sujetando mientras contemplaba la luz en sus profundidades de color rubí y dejaba que el sabor le inundara la cabeza. Era un burdeos, una de las mejores cosechas.

Sonrió al recordar el pasado. En su mente veía la luz del sol deslizándose por campos ondulantes, olía el heno fragante y las hierbas aromáticas del sur. Inconscientemente entrecerró los ojos, como si el reflejo del agua azul resplandeciente le cegara, pero era solo un recuerdo, los días de juventud le eran más nítidos y reales que este invierno de alma gris en París.

¿Sería una cosa fútil? ¿Una gran hazaña, pero nada más? ¿Era posible que saliera bien? Ya lo había preparado todo, exactamente tal como Bernave le había dictado. Aún así, había un margen de error muy grande, tantas circunstancias imprevistas para las que no estaban preparados...

Y si funcionaba... era algo que no podía ni pensar. Una vez se lo había planteado, se lo había imaginado hasta el último momento. Ahora era mejor mantenerlo alejado de su mente. A veces el cuerpo fallaba, incluso cuando en el corazón no había ninguna duda.

Bebió de la copa otra vez. También había carne suficiente para dos días más, verduras y una barra entera de pan. Había ese claret excelente, pero lo dejaría... ¿A Bernave, quizá?

Oyó unos golpes firmes en la puerta, dos veces, y luego silencio. Sería Bernave. Habría venido a contarle lo que Briard ya sabía.

Se negó a dudar; se dirigió a la puerta y la abrió.

Bernave entró, sacudiéndose el agua del sombrero y de los hombros. No hacía falta que hablara. En su mirada y en el rictus de su boca se constataba la complicidad entre ellos: la esperanza, el miedo y sobre todo, la compasión.

Briard tragó saliva. Era el momento.

Bernave cerró la puerta.

—Toma un vaso de burdeos. Es de la mejor cosecha que he probado.

Se dio la vuelta y se encaminó a las sillas cerca del fuego. Sin esperar una respuesta, sirvió el vino en otra copa de cristal bellamente tallado con el dibujo de unos lirios.

Bernave la cogió. Durante un segundo, la luz de las velas se elevó atravesando el corazón encendido de la copa.

—¡Viva el rey! —dijo con voz tranquila.

Briard sentía la garganta demasiado tirante para beber.

—¡Viva el rey! —respondió, y se llenó la boca con el sabor definido y pleno del vino.

Bernave le observaba. ¿Todavía tendría dudas, lo sopesaría en su mente, o había decidido que lo haría? ¿Qué era peor, el compromiso ya dado o el que todavía no se había cumplido?

—La suerte está echada —dijo Bernave con seguridad—. Todo está a punto. ¿Ya has hablado con los cocheros?

—Sí.

Briard lo recordaba vivamente, había representado el papel de un comerciante nervioso, tan preocupado por sus bienes que estaba decidido a viajar en los cargueros más importantes sin tener en cuenta el peligro personal o los inconvenientes. Le había divertido, había sentido cierto desprecio hacia él, pero le habían creído.

—Sí, lo he hecho —repitió—. Tengo la ropa.

Bebió un poco más de vino para humedecer sus labios resecos.

—Está ahí.

En tres paquetes bien envueltos había las tres chaquetas distintas que había llevado: un abrigo de lana verde oscuro de corte excelente, con el cuello alto y botones de latón para encontrarse con el cochero que lo conduciría al oeste, a Calais y al mar; un abrigo azul con vistas más claras para hablar con el cochero que iba al sur, hacia España y los Pirineos; una chaqueta marrón con el cuello, las solapas y los puños de color beige para presentarse ante el cochero que se dirigiría al sureste, hacia Italia. Todas eran indumentarias caras y memorables. Cuando apareciera otro hombre con el mismo pelo blanco y larga nariz, que llevaría la misma ropa, creerían que era él, decidido a controlar su carga. Cada paquete llevaba una etiqueta con las posibles direcciones a seguir. Cada uno estaría en un piso franco diferente, según la ruta de escape que el rey fuera a emprender. Eso se decidiría en el mismo momento, según le pareciera mejor.

Bernave los examinó y se mostró satisfecho. No dijo nada más sobre el tema, ninguna palabra de elogio o de gratitud, ninguna pregunta para aclarar, ningún sencillo «lo siento», y luego silencio.

La lluvia golpeaba la ventana, y en el fuego los troncos empezaban a consumirse. Briard se acercó y echó otro. Alguien heredaría su claret, pero sería una estupidez pasar frío.

—Nunca creí que acabara de otra manera —le confesó sinceramente—. Desde el momento en que lo juzgaron, no había otro final posible. Recuerdo esa farsa como si fuera hoy. El pequeño y virtuosísimo Robespierre con el traqueteo de sus tacones y sus anteojos verdes. Reclamando ser la mejor esperanza de Francia para un futuro puro, ya sabes... carente de codicia, de corrupción y de inmoralidad. ¡Y a lo mejor es cierto! ¿Por qué le odio tanto?

—¡Dios mío! ¡Espero que no! —exclamó Bernave con pasión, su voz sonaba cruda—. ¡Le odias por las mentiras de su alma! Porque se apodera de los sueños de las personas decentes y los retuerce hasta darles la forma de sus propias pesadillas delirantes. Porque cree que el amor de las personas y las necesidades de la gente corriente son cosas repulsivas y las convierte en algo despreciable.

Estaba sentado con absoluta tranquilidad, pero su voz estaba agitada y había una desesperación conmovida en su cara.

—Ha leído demasiado a Rosseau. Amantes de la mente que nunca se tocan los unos a los otros; eternamente se anticipan y nunca consuman nada, como si la realidad fuera a mancharlos —intentó sonreír y dibujó una mueca—. Son los filósofos de lo que no se puede conseguir, de lo que no se conseguirá.

Briard fijó la vista en su copa mientras el fuego chispeaba y se encendía. Ya le parecía muy lejana la pequeña y pedante figura obsesionada con la pureza, que nunca olvidaba un insulto ni perdonaba un favor.

—Nunca le hagas un favor, Bernave —le dijo en voz alta—. Si le pones en deuda contigo por cualquier cosa, nunca te lo perdonará.

Los labios de Bernave se tensaron mostrando los dientes.

—¡Jamás le haré un favor, créeme! Preferiría negociar con Danton, o incluso con Marat.

Briard estaba sorprendido. La cara feroz de Marat vino fácilmente a su mente.

—¿Lo harías? ¿De verdad lo harías?

—Pienso que el odio que siente Robespierre por Marat hará pedazos la Convención —respondió Bernave tranquilamente—. Espero equivocarme.

—¿Danton también le odia? —Briard estaba confundido—. No lo juzgo así. Danton no me parece un hombre que sienta odio.

—Todavía no —dijo Bernave, y bebió un trago de vino, saboreándolo en la boca—. Pero ya lo hará. Robespierre le dará una buena razón.

—Cualquier hombre que escuche a Saint-Just...

Bernave agitó su mano llena de cicatrices con desaire.

—¡Ese hombre está loco! Más loco que Hébert o Couthon. El hecho de que lo escuchemos es seguramente la prueba más terrible que demuestra en qué nos hemos convertido. ¿Qué más se podría decir para condenarnos?

De repente, a Briard le asaltó el cansancio descubierto en la cara de Bernave, en el agotamiento del esfuerzo.

—Y los realistas no tienen ninguna visión de la realidad política —continuó Bernave—. No se dan cuenta, o no quieren darse cuenta, de que el mundo ha cambiado. Todavía juegan a los juegos de antaño; y con las reglas de antaño. Con ellos, la negociación que habría sido posible el año pasado ya no lo es. Siempre han dado demasiado poco. Y demasiado tarde —su voz era regular, desdeñosa—. No escuchan. Han visto las conmociones de los últimos tres años y medio y no han aprendido nada. Incluso viviendo a la sombra de la guillotina, ni siquiera en su nombre, no se dan cuenta de que no pueden volver atrás. El pasado ha muerto. Lo mejor que podemos hacer, lo único que podemos hacer, es salvar algo para el futuro.

Briard sintió un escalofrío de temor. Sabía la respuesta, pero de todos modos se lo quería preguntar.

—¿No les has dicho... nada?

—No.

No había ni rastro de impaciencia en los ojos de Bernave, o en su voz, ni reproche por la pregunta, incluso la amargura ya casi había desaparecido.

—Hace demasiados años que estoy en este mundo para creer que algún cortesano de Versalles cumpliría su palabra, fuera la que fuera. Les he visto incluso cuando la tormenta se formaba a ambos lados: las cuadrillas se acercaban en tropel a las rejas de palacio y todavía no entendían nada. ¡Hasta mi perro tenía más sentido común! —dijo suavemente—. Ahora que lo pienso, tenía una mayor percepción de lo absurdo. Era un buen perro.

Briard sonrió, pero no contestó. No hacía falta.

Se quedaron en silencio mientras el fuego ardía, bebiendo el resto del burdeos. Luego Bernave se puso el abrigo y salió bajo la lluvia. Todo estaba dicho. Añadir alguna otra cosa habría sido una torpeza.

Célie se deslizó por la puerta trasera. Amandine estaba en la cocina y había pan recién horneado sobre la mesa. De la olla de sopa emergía un vapor oloroso e intenso, probablemente porque había demasiados vegetales y apenas carne.

Amandine se dio la vuelta de repente en cuanto oyó la aldaba, el cucharón en la mano, los ojos expectantes. Intentó no mostrar su decepción al ver a Célie y no a St. Felix. El color le cubrió las mejillas por la culpa. Habían compartido muchos pensamientos y sentimientos durante aquellos dos últimos años de amistad, y la tosquedad no formaba parte natural de su carácter.

—Debes de estar helada —le dijo lastimosamente—. Quítate la capa mojada y caliéntate los pies. ¿Quieres un poco de sopa? La tengo en el fuego.

—Sí, gracias —aceptó Célie, haciendo lo que le indicaba. Llevaba las botas tan empapadas que le costaba desatarse los cordones, y el dobladillo de la falda, chorreante, le golpeaba los tobillos, helados como un témpano. Tenía los dedos insensibles y apenas podía sostener nada. St. Felix debía de haber salido otra vez. Sabía que era a él a quien Amandine estaba esperando con tanta urgencia.

—¿Cómo has visto a Georges? —le preguntó Amandine inesperadamente.

También se preocupaba por él, de una manera distinta pero igualmente profunda. No solo eran primos, sino que habían sido amigos y aliados desde la infancia. Célie podía imaginar las veces que se quedaba despierta preocupándose por él. Amandine se había ofrecido un par de veces a llevarle ella misma la comida, pero Célie le explicó que era un riesgo adicional para Georges si veían a más gente atravesando el estrecho pasaje hasta las escaleras cargando con cestas. Pero, por encima de todo, no podían despertar las sospechas de Monsieur Lacoste, o de Fernand, ya que ambos eran fervientes defensores de la revolución y seguramente habrían creído que era su deber para con el estado, y un deber mayor el velar por la seguridad de su familia, entregar a una persona perseguida por la autoridad.

—Bastante animado —respondió Célie tranquilamente, desatándose la otra bota.

No podía concretarle cuándo le había visto, ni por qué. Sería una preocupación innecesaria para Amandine, y no había nada que ella pudiera hacer para ayudarle. Su desvelo por St. Felix era ya más que suficiente.

Amandine le dirigió una mirada de duda. Le sirvió un plato de sopa caliente, asegurándose que lo tenía sostenido con fuerza en caso de que sus dedos helados lo dejaran escapar.

—Lo está —le aseguró Célie, sintiendo el calor en las manos. Podía decirlo con una nota de certeza porque sabía que era verdad. No entendía cómo Georges mantenía vivo su coraje, solo en esa fría buhardilla. Era parte de su carácter, esa confianza inalcanzable que nada parecía alterar, como si fuera poseedor de un secreto que nadie más sabía. Eran ambas cosas lo que le atraía de él y lo que la asustaba porque le hacían tan distinto, invulnerable. Él la necesitaba para proveerse de comida y noticias, pero nunca necesitaba a nadie, excepto quizá a Amandine de una manera emocional, y porque era de la familia. El suyo era uno de esos lazos antiguos de la tierra y la cuna que nadie podía romper.

Célie tomó una cucharada de sopa. Estaba muy caliente y sabía fuertemente a cebolla.

La puerta de la cocina se abrió y Madame Lacoste entró. Se las miró a ambas. Se imaginó que Célie había salido por la falda mojada y las botas en el suelo, pero fuera lo que fuese lo que estaba pensando, si sabía que era un encargo de Bernave o no, se abstuvo de hacer ningún comentario. Era una mujer silenciosa que poseía una especie de calma que indicaba una gran paz y certeza en sus creencias, y aún así aquella envoltura era demasiado delgada para sus intensas emociones. Célie lo había detectado en su cara tranquila alguna vez, un hambre enorme, tan grande que por un instante la hacía hermosa y temible. La sola presencia de Madame imponía respeto a los que rodeaban.

Célie no había conseguido desentrañar lo que pensaba de Bernave. Siempre se mostraba educada con él, pero había una especie de tensión en ella como si ser cortés le costara un gran esfuerzo, y a menudo no le miraba a los ojos. A lo mejor lo que había visto era demasiado privado, demasiado peligroso para compartirlo. Su hijo estaba casado con la hija de Bernave y su familia necesitaba esta casa.

Célie se preguntó cómo habría sido Madame cuando era una mujer joven, qué habría ocurrido en su vida, pero, sobre todo, qué la había acercado a un hombre tan simple como Monsieur Lacoste. Era un hombre poco alegre y poco ingenioso, de convicciones elementales y apasionadas, pero tenía una paciencia inacabable con los niños y Célie había visto en él una ternura extraordinaria cuando hablaba con ellos. Fernand le respetaba, y a Marie-Jeanne le gustaba más él que no su propio padre.

Madame dejó escapar una rápida sonrisa, luego cruzó la cocina para buscar ropa limpia y planchada y le dio las gracias a Célie. Había llegado casi al vestíbulo cuando se oyó un ruido afuera, en la puerta trasera, se abrió y entró Bernave. La cerró de golpe detrás de él y se quedó de pie en el suelo de piedra, su abrigo chorreando agua. Era evidente que estaba agotado, la cara demacrada a la luz de las velas, mojado por la lluvia y casi lívido.

Golpeó el suelo con los pies, sacudiéndose el agua.

Amandine le echó una mirada de odio por lo que le hacía a St. Felix, pero como su instinto más profundo era cuidar de los demás, no dejó que los recuerdos y las emociones la embargaran, cogió una toalla limpia de la barra de secar y se acercó a él.

—Está agotado, ciudadano. Deme su abrigo —le pidió— y séquese —le ofreció la toalla—. Le pondré un poco de sopa caliente. ¿Ya ha comido hoy?

—No... no hay tiempo —cogió la toalla y le dejó que le quitara el abrigo para colgarlo cerca de la puerta, donde el agua no dejara charcos por toda la cocina.

Célie observó a Madame y se sorprendió al ver un gesto de alarma en su cara. ¿Era preocupación o miedo? ¿Por Bernave o por su familia?

Bernave dirigió la mirada a otro lado y sus ojos se cruzaron con los de Madame. Se miraron durante unos segundos y entonces ella rompió el silencio, hablando como despreocupadamente, en voz baja.

—Debe de estar helado, ciudadano. Es una lástima que sus negocios le obliguen a salir con un tiempo tan malo.

—Hay muchas cosas que son una lástima, ciudadana —le respondió, la mirada todavía fija en los ojos de ella—. No vale la pena pensar en ello. Lo único que podemos hacer es ocuparnos de lo que hay.

—¡Eso ya lo sé! —había dolor en su voz, vivo como una herida todavía sangrante. En un instante se recuperó. Cualquier emoción, escondida, desaparecida.

—Tenemos suerte de estar bajo un techo, y de tener comida —remarcó—. Es mucho más de lo que algunos pobres diablos de París pueden decir.

—Efectivamente —asintió él, sin dejar de mirarla.

Los segundos se podían contar. Ella partó la mirada y se dirigió a la puerta.

—Buenas noches, ciudadano —dijo calmadamente—. Espero que ahora pueda descansar —y salió sin volver a mirar.

Él se quedó de pie, inmóvil, durante unos instantes, su expresión indescifrable bajo la luz de las velas. A lo mejor sentía emociones muy profundas, o quizás solo una alegría amarga porque sabía lo que intentaban hacer, sabía lo desesperadamente importante que era no solo para él, sino para toda Francia. Sabía el tiempo escaso con el que contaban y ella ni lo imaginaba. Por lo que a ella respectaba, él podía haber salido a resolver algún asunto de dinero.

Él suspiró y miró a Amandine.

Ella también suavizó la expresión de su cara, borrando la rabia.

—Tráeme el plato al despacho —le dijo—. Célie, ven conmigo.

Se fueron por el mismo sitio que Madame y Célie sorbió un poco de sopa del cuenco antes de seguirle. Detestaba tener que dejarla.

En el despacho había cinco velas que iluminaban la estancia con luz suave y clara. Amandine había encendido la estufa hacia casi una hora y estaba caldeada. Bernave permanecía de pie frente a ella, salía vapor de su chaqueta y de los pantalones.

—¿Has entregado mi mensaje?

—Sí, ya me he encargado de eso —respondió.

—Bien.

Se frotaba las manos heladas. Había partes blancas donde la sangre no circulaba, las profundas cicatrices resaltaban lívidas.

—¿Cómo estaba Coigny ayer?

A Amandine le había dicho lo que quería oír. A Bernave le diría la verdad.

—Tenía frío y hambre —respondió—, pero aún tenía voluntad.

Una sonrisa flotaba claramente en sus ojos.

—¿Le admiras, verdad, Célie?

Apenas era una pregunta.

Le dolía reconocer que admiraba a Georges. Una negativa afloró instantáneamente a sus labios. Pero pensó que Bernave se daría cuenta de que era mentira, o peor aún, adivinaría por qué. Parecía que podía leer dentro de ella.

—Admiro su convicción —dijo desafiantemente—. Y su inteligencia.

Bernave alzó las cejas.

—Ah. ¿Y que te dijo?

La respuesta quedó interrumpida por la llamada de Amandine a la puerta, que cumplía la orden de Bernave de traerle la comida. La dejó encima de la mesa. Él le dio las gracias. Discretamente dejó también el cuenco de Célie, lleno otra vez, cerca de la esquina. Luego se marchó, cerrando la puerta tras de ella de un golpe.

—¿Y bien? —demandó Bernave acercándose a la mesa y sentándose. Le señaló el cuenco—. ¡No te quedes ahí! Termina tu sopa. Luego ve y haz lo que sea que haces en casa. ¡Ah, Célie!

—¿Sí?

—Gracias.

Por un momento había afecto en su cara, como si fuera su amiga.

Ella le devolvió la mirada durante un largo minuto, se terminó la sopa y luego se marchó.

Estuvo un rato haciendo la colada. Marie-Jeanne la ayudaba, recogiendo la ropa seca del tendedero y doblándola, mientras Célie colgaba la colada recién hecha en su lugar. Le dolían los brazos porque estaba mojada y pesaba.

—Ha vuelto a subir el azúcar —empezó Marie-Jeanne, sacudiendo una funda de almohada para que las esquinas estuvieran alineadas—. Hace tres años valía veinticuatro *sous*... ¡Y la ciudadana Benoit me ha contado que hoy pedían cincuenta y ocho! ¿Puedes creerlo? No lo ha comprado, claro.

Hizo una mueca de pena, cogió una sábana, juntando esquina con esquina.

—A su marido le hirieron en el asalto de las Tullerías —continuó—. Un tiro en la espalda, creo. Apenas se había curado, le llamaron al frente para luchar contra los prusianos. Hace solo dos semanas le dijeron que lo habían matado. Y su hijo mayor está muy enfermo. La pobre no sabe a quién acudir.

Le dio la vuelta a las mangas de una chaqueta y la colgó de la barra.

—Le di una taza de azúcar, pero no sé si podré seguir haciéndolo.

—Tenemos más que la otra gente —admitió Célie—. El ciudadano Bernave se encarga de eso.

Deliberadamente, la cara de Marie-Jeanne estaba inexpresiva.

—Sí. Somos muy afortunados.

Sacudió con fuerza una camisa pequeña para quitarle las arrugas. Sus dedos se movían con agilidad. Suavemente por encima, como si pensara en la niña que la llevaba.

Célie se dio la vuelta. Cuando veía algo tan pequeño no podía evitar sentir una punzada de dolor. Recordaba con toda claridad a Jean-Pierre, su peso en brazos al sujetarlo, su olor a leche. A veces era insoportable. Se obligó a volver a la colada. Tendrían que empezar a cortar algunas sábanas para hacer fundas de almohada, o si las cosas se ponían muy difíciles, para coser camisas y calzoncillos.

Marie-Jeanne tenía el ceño fruncido, como si sintiera la necesidad de explicarse pero no pudiera encontrar las palabras. No era consciente del tormento de Célie. No sabía nada de la muerte de Jean-Pierre, ni de Amandine y Georges, ni de la cosa terrible que Célie había hecho en un momento de desesperación.

Estaba examinando uno de los jubones de Fernand cuando llegó St. Felix. Entró por la puerta trasera, calado hasta los huesos, la cara y los brazos cubiertos de barro, sin gorro, el cabello pegado a la cabeza.

—¡Por todos los cielos! —Marie-Jeanne soltó los jubones y se precipitó sobre él—. ¿Pero que te ha pasado? ¡Tienes un aspecto horrible! ¿A dónde te ha mandado esta vez? ¡No, no digas nada! ¡Siéntate antes de que te desplomes!

Célie se acordó de la herida del brazo, pero la turbadora cara de Bernave se dibujaba en su mente con demasiada claridad para enfadarse con él.

Célie se alegró profundamente de que Amandine no estuviera en la cocina. Al menos no vería a St. Felix hasta que estuviera seco y caliente. Lo primero era echar un vistazo a las heridas que había bajo la suciedad y las ropas empapadas. Fue a buscar agua para calentar, un poco de vinagre para limpiar los cortes y rascaduras y algo de vino para que St. Felix bebiera. Marie-Jeanne se marchó arriba a buscarle ropa limpia de Fernand.

Célie ya había calentado el agua cuando Marie-Jeanne regresó, seguida por Madame Lacoste. La cara de Madame estaba oscura y enojada, las cejas casi juntas, pero no expresó ninguna opinión. No era consciente de la urgencia del encargo que St. Felix había tenido que cumplir. Fuera lo que fuese lo que pensaba de Bernave, era demasiada lista, o demasiado prudente, para expresarlo en voz alta.

—¡Aquí tienes! —le ofreció, cogiendo la ropa a Marie-Jeanne y sosteniéndola enfrente. Sin mirarle a la cara, le hizo un gesto a St. Felix para que se quitara el jubón azul y los calzones que llevaba—. ¡Deja ese montón afuera en la puerta! Que los limpie la lluvia.

Estaba demasiado agotado para oponerse, tampoco dudó ni la miró, y empezó a desvestirse. Las toallas limpias estaban allí mismo, hacía solo unos minutos que las habían doblado.

Estaba de pie en medio de la cocina, temblaba, tenía la piel macilenta, cubierta de golpes, con moratones oscuros y cortes, la sangre roja traspasaba la tela que le cubría el brazo. Era la imagen de un hombre asustado al que le han dado una paliza.

Amandine entró. Sus ojos se dirigieron instantáneamente a St. Felix; tragó aire bruscamente, sujetándose las manos para evitar gritar.

Célie le quitó el vendaje con mucho cuidado e inspeccionó la herida del día anterior. Estaba hinchada y enrojecida, como si hubiera sangrado de nuevo, pero la hemorragia era poca y la piel del corte parecía que no se iba a separar. La impresión era mayor por la inflamación y posiblemente por el terror, más que por el dolor físico real. Se podía imaginar lo que había sucedido: St. Felix, incluso con ropa sencilla, tenía el aire de un caballero. Una broma podía haberse ido complicando y acabar en una pelea. Los malos sentimientos se exaltaban rápidamente cuando la gente estaba borracha, y en esos días bullía en el ambiente una vorágine de emociones. Habían conseguido al menos el poder que habían deseado, por el que habían luchado, pero todavía pasaban hambre y frío y estaban tan desesperados como antes. La confusión se había convertido en furia, pero no sabían a qué o a quién echar la culpa.

Pero en la cabeza de Célie era mucho más urgente saber si St. Felix había conseguido realizar el encargo que Bernave le había mandado hacer, más que su estado físico. En menos de tres días tendría algo que ver con la escapada del rey, y eso les afectaba a todos.

—¿Viste al hombre que quería el ciudadano Bernave? —le preguntó en voz baja mientras le volvía a vendar el brazo con tela limpia.

Madame Lacoste se esperaba con una camisa lavada. Sus ojos negros lanzaron una mirada de advertencia a Célie.

—Sí —respondió con calma—. El negocio está cerrado.

Amandine se pasó las manos por la abundante mata de pelo negro, apartándoselo de la cara.

—¡Negocios! —exclamó con menosprecio punzante—. ¡Dentro de tres días van a ejecutar al rey, la ciudad está al borde del caos y Bernave te manda a trabajar quién sabe dónde, con una herida como esa, para cerrar un negocio!

Madame se la quedó mirando.

—Ejecutarán al rey dentro de dos días y medio —la corrigió—. Estas cosas acostumbran a hacerse con la primera luz del día. No falta mucho.

Era imposible deducir por la expresión de su cara si le parecía algo bueno o malo. Tenía el cuerpo tan tenso que Célie sólo podía pensar que se encontraba bajo una intensa emoción, pero estaba más allá de su alcance saber lo que le pasaba.

—Es todo lo que puedo hacer —se volvió hacia St. Felix, atando el último nudo del vendaje y alejándose. Había parado la hemorragia y los golpes se irían curando por si solos.

Madame le dio la camisa y el hombre se levantó para ponérsela, aguantando la respiración con fuerza cuando le rozaba el brazo. Luego se puso el jubón encima. Le dio las gracias muy serio, con la mirada lejana. Quizás el horror, la violencia, la suciedad y la estupidez que había visto le seguían de tal manera que aún podía oírlos y verlos en esta silenciosa cocina, a la luz de las velas, con su suelo de piedra pulida y el fulgor reflejado en las ollas, en medio de olores dulces y fragantes.

Amandine le acercó una taza de caldo caliente de la olla, la mano le temblaba sutilmente.

Sus ojos se cruzaron con los de ella, y, sonriente, cogió la taza entre sus manos.

Las tres mujeres le observaban mientras sorbía delicadamente para no quemarse.

Se abrió la puerta y entró Monsieur Lacoste, con la cara mojada y el pelo pegado a la cabeza, chorreando.

—No lo he encontrado —dijo con irritación.

Les miraba a uno detrás de otro. Sus ojos se detuvieron un momento en St. Felix, pero no le pidió ninguna explicación.

—Mañana lo volveré a probar. Ahora mismo no puedo ver nada de nada ahí arriba.

—¿El qué? —preguntó Madame frunciendo el ceño—. ¿Qué es lo que estás buscando?

—¡La gotera! ¡El agujero en el tejado! —les explicó con voz muy alta, casi gritando—. Debe de haber una teja rota.

Madame miró a Marie-Jeanne, luego otra vez a su marido.

—¿Dónde? No ha traspasado.

—No es preocupante. Pero irá a peor si sigue así —contestó, alzando los ojos al techo.

Madame le sonrió y asintió, acercándole una toalla para la cabeza. Se frotó vigorosamente y se la devolvió. Unos segundos después volvió a salir.

St. Felix terminó la sopa y dejó la taza vacía, les dio las gracias de nuevo y salió de la cocina caminando de manera extraña. Oyeron como sus pasos, cojeando, se dirigían al despacho de Bernave.

—¿Cómo se puede permitir esto? —explotó con furia Amandine.

Miró fijamente a Célie, luego a Madame Lacoste.

—¡Si Bernave cree que hoy se tienen que hacer negocios, entonces que los haga él mismo!

Célie ni se molestó en informarle que Bernave también había salido. No podía decirle a dónde, ni por qué.

—Estos son tiempos extraños y difíciles —dijo Madame con mucha calma, la cara ensombrecida, pero con los músculos del cuello tan tensos que parecían a punto de romperse—. Ninguno de nosotros sabe qué están haciendo los demás, ni por qué.

Era un comentario enigmático. Célie y Amandine se miraron. Ninguna de las dos sabía qué pensar. Les impidió indagar un poco más la entrada de Fernand, con su delantal de carpintero hecho en piel. Parecía cansado. Las arrugas de la cara se le marcaban profundamente. Hizo un saludo rápido a su madre y luego echó una ojeada a la cocina.

—¿Dónde está Marie-Jeanne?

—Virginie estaba enfadada —respondió Madame—. Ha estado peleándose con Antoine.

—¿Por qué? —exclamó Fernand irritado—. ¿Qué es lo que le pasa?

—No lo sabe —respondió—. Tiene miedo porque todos tenemos miedo.

La cara de él se suavizó.

—No te preocupes, mamá —la rodeó con el brazo en un gesto rápido y reconfortante—. Todo irá bien si estamos callados, sin llamar la atención. Dentro de uno o dos meses seguro que estamos mejor. Se habrán restablecido el orden y las provisiones. Nos quitaremos de encima a los especuladores y, cuando los ciudadanos tengan harina, se calmarán. No te preocupes.

Asintió con la cabeza y se esforzó por esbozar una sonrisa.

—Aquí tenemos una buena casa. Puede que Bernave se comporte como un cerdo con St. Felix, pero a nosotros nos trata bien. Estamos más calientes que la mayoría y tenemos comida.

Su voz se iba volviendo más segura.

—Ya se ha tomado una decisión. Se ejecutará al rey y será el fin de los contrarevolucionarios. Marat tendrá el control de la Convención y pondrá las cosas en marcha. Cuando llegue la primavera todos tendremos comida y estaremos en paz de nuevo.

Madame le dio unos golpecitos en la mano reconociendo su intención amable, pero no dijo nada, los ojos fijos en la lejanía. Él no podía alcanzar el temor y el pesar que había en cllos.

Las dos familias cenaron por separado, como ya era habitual, pero después de que los niños se fueran a dormir temprano los mayores se instalaron en la sala de la parte delantera de la casa, con ventanales que daban a la calle, para aprovechar el calor acumulado durante el día. La gran estufa de leña mantenía el ambiente lo suficientemente caliente como para que fuera cómodo permanecer ahí sentado. No les hacía falta ver mucho, así que bastaba con una vela encendida. Incluso con la riqueza de Bernave era importante ahorrar lo que se pudiera. Si él quemaba cuatro velas en su despacho, donde leía y escribía, era otra cuestión. Ahora estaba sentado en la penumbra de la sala, con expresión sombría, sumido en sus pensamientos.

St. Felix estaba sentado en una de las sillas grandes. Tenía una posición rara, inclinado hacia un lado, protegiéndose el brazo. Su expresión era inalcanzable. Tenía cara de soñador, sus huesos eran finos, moldeados con líneas delicadas. Célie pensó que cualquiera que le viera debía darse cuenta de que estaba replegado en sus pensamientos, lejos de esa sala silenciosa, con sus alfombras gastadas, el brillo de la madera pulida y la lumbre de la vela oscilando por la corriente de debajo de las puertas que cerraban mal. El silencio se rompía ocasionalmente con gritos en la calle, detrás de las oscuras ventanas, que no captaban su atención, como tampoco las antorchas brillantes de los grupos de hombres que pasaban por la calle, que luego volvían.

Fernand, medio sentado en la cómoda de la pared, parecía también sumido en sus pensamientos, la vista fija en el espacio. Tenía los ojos hundidos, como los de su madre, pero su cabello era más claro, más suave. A lo mejor el tiempo le añadiría la fuerza de ella.

Marie-Jeanne tejía, guiaba el movimento de sus dedos por el tacto. Era una pieza de ropa sencilla, algo indefinido pero, obviamente, para un niño. Parecía relajada, las líneas de la cara suaves, en reposo, casi sonriente. No era una mujer agraciada, pero seguramente con el paso de los años mejorarían sus rasgos y con la edad incluso sería bonita.

Madame Lacoste cosía. Era la que se había sentado más próxima a la vela, donde había suficiente luz para coser un dobladillo en la funda de almohada que hacía de una sábana vieja. Ella también parecía que medio intuía el trabajo por el tacto. El fulgor plateado de la aguja al moverse era rítmico.

Monsieur Lacoste la observaba de tanto en cuanto, y la imagen de ella parecía complacerle. Los ángulos tensos de su expresión se habían suavizado, pero no hablaba. Por una vez, sus manos estaban quietas. Célie se dio cuenta del corte triangular realizado donde uno de sus cinceles debía haber caído. Estaba orgulloso de su habilidad. La madera que torneaba se había convertido en un objeto bello, suave como el satén.

Célie y Amandine estaban sentadas cerca de la puerta. No había ningún sonido en la sala excepto el chispear de la vela, el repiqueteo de Marie-Jeanne que tejía y el suave golpecito que la aguja de Madame hacía contra el dedal.

—Dicen que ha vuelto a subir el precio del pan —comentó Marie-Jeanne—. ¿Creéis que cuando el rey haya muerto habrá grano y la situación mejorará?

—Yo no creo que quede grano —respondió Monsieur Lacoste—. Si quedara algo, ya lo habrían repartido. ¿Por qué no? El rey no lo podría impedir.

—A lo mejor lo harán para celebrarlo —la voz de Marie-Jeanne se alzó esperanzada—. ¡Puede que lo guarden para la ocasión!

Monsieur Lacoste respiró ruidosamente.

Madame le miró reprobándole.

Él no dijo nada. Tenía la expresión sombría, herida por la desilusión.

Una leve sonrisa pasó por la cara de Bernave y desapareció.

—Falta todavía un poco —dijo Madame con paciencia.

Lacoste se la quedó mirando fijamente, con ojos intensamente negros entre las sombras.

—Tienes demasiada paciencia —la acusó, la voz dura por el dolor—. Perdonas fácilmente. Han tenido tres años y medio y todavía no hay justicia ni comida. ¡Esperábamos algo así de los idiotas de Versalles, pero la revolución tenía que acabar con todo eso!

—¡Y lo acabará! —Fernand se volvió hacia su padre—. Marat se encargará de eso. Primero tienen que deshacerse del rey. Una cosa tras otra.

—Yo todo lo que quiero es que haya seguridad en las calles y comida en las tiendas —dijo Marie-Jeanne con un suspiro; le dio la vuelta al tejido y empezó la siguiente hilera—. Me da igual que sea el rey, Marat, la Comuna o quien sea. Y creo que la mayoría de las mujeres piensan lo mismo. ¿De qué sirve la Revolución si seguimos teniendo hambre y frío, si estamos muertos de miedo por si nuestros vecinos nos cogen manía y nos denuncian con falsedades a alguna sección líder, y la siguiente cosa que sucede es que nos acusan de algo?

Fernand iba a empezar a hablar, pero Monsieur Lacoste le cortó.

—Lo que necesitamos es a Robespierre en el poder —declaró—. Él no quiere nada para si mismo, ni gloria ni venganza, como Marat, ni el dinero ni el estilo de vida ostentoso de Danton, ni pasar el tiempo celebrando fiestas en Versalles como el rey solía hacer. Ni tan solo quiere el poder para si mismo, solo el bien del pueblo.

Observaba a su mujer mientras hablaba. No estaba particularmente cerca de ella, pero aun así su postura y sus gestos sugerían una unidad con ella, una especie de protección.

—Robespierre entiende la pureza —continuó con urgencia, alzando la voz—. No hay nada sucio en él, nada pervertido u obsceno, como en algunos de los otros. Nunca pensarías que Hébert era un cura, o su mujer una monja.

Su cara estaba desfigurada por el desprecio.

—¡Ahí tenéis la hipocresía de la Iglesia! Una cosa buena que la revolución ha conseguido.

Bernave alzó la vista y habló por primera vez.

—Solo un necio olvida los sacramentos de Dios únicamente porque los hombres abusan de ellos. Los hombres siempre necesitarán el perdón y ser perdonados. La salud de nuestra alma depende de ello. De otra manera, al final solo nos queda la locura y la autodestrucción.

En su voz había una pasión benevolente, aunque Lacoste parecía no escucharlo, o, si le escuchó, hizo como que no.

—¡Tonterías! —dijo ásperamente, levantando la cabeza—. ¡Toda la Iglesia es un abuso! ¡Un aparato para la codicia del hombre, para tener poder sobre los demás y luego sacarles el dinero y atemorizarlos para que obedezcan!

Miró a Bernave, enfurecido, retándole a que lo contradijera.

Antes de que eso pasara se escuchó un ruido en la calle, un grupo de alborotadores gritando. Instintivamente, todos en la sala miraron afuera a través de las ventanas golpeadas por la lluvia.

—Tienen hambre, los pobres diablos —dijo Monsieur Lacoste con amargura—. Creen que tenemos comida almacenada.

Marie-Jeanne le miró, frunciendo el ceño.

—¿Por qué deberían creerlo? No tenemos más que los demás, justo lo necesario para hoy y mañana.

—No lo sé —respondió bruscamente—. Los rumores. El terror. La gente dice estupideces cuando está desesperada.

La gente se iba amontonando en la calle. Las voces se alzaban furiosas. Madame miró hacia la ventana, las manos agarrando la tela. El ruido crecía y se giró hacia su marido.

Había unas doce antorchas o más detrás del cristal, y al menos una veintena de personas. Parecían dos grupos que se encaraban, algunos empuñando palos o cuchillos.

Marie-Jeanne dejó de tejer, aunque estaba en mitad de una fila. Clavó los extremos de las agujas en la madeja y la dejó en el suelo.

Monsieur Lacoste se acercó, vigilando a través de las oscuras ventanas la escena del exterior.

—Nada de qué preocuparse —remarcó Bernave, quedándose donde estaba—. Solo las revueltas habituales.

Para desmentir sus palabras, se oyó un disparo de mosquete a veinte metros.

St. Felix se incorporó, pero no se movió de su sitio. Era el único que permanecía impasible, como si la amenaza no hubiera atravesado la coraza del sufrimiento interior que ocupaba sus pensamientos.

Fernand se puso de pie y empezó a pasearse intranquilo. Ahora el ruido era considerablemente más fuerte, aunque el griterío era indistinguible, no se entendían las palabras, solo una furia caótica y salvaje que a cada momento se iba haciendo más estridente.

Un hombre de la guardia nacional corrió por delante de la ventana, se veía su uniforme claramente bajo la luz de la antorcha, incluso la escarapela de su sombrero de color rojo, blanco y azul.

Fernand abrió de par en par la puerta que daba al interior de la sala, dejando que el aire fresco entrara.

—Los niños tendrán miedo —le dijo a Marie-Jeanne—. Ve y comprueba que están bien.

Monsieur Lacoste lo miró con brusquedad, confundido.

—No van a entrar aquí —dijo Bernave a Marie-Jeanne—. Solo están descontentos por el aumento de los precios. Están enfadados con la Convención, no con nosotros. Y esto irá a peor. Ya os acostumbraréis.

—¡No digas eso! —Fernand se giró hacia él, arrastrando los pies por el suelo—. Nos estás asustando a todos, y eso no es verdad. Los especuladores lo han provocado. Marat devolverá la comida a la gente. ¡Es todo lo que quiere, libertad! ¡No sale de la nada! Tenemos que luchar por conseguirla, estar preparados para sufrir un poco.

—Al infierno con Marat —dijo con resentimiento Monsieur Lacoste señalando a la ventana—. Esa gente tiene hambre y están desesperados. ¡Creen que tenemos comida!

La discusión quedó en suspenso por una descarga de tiros afuera.

Marie-Jeanne emitió un pequeño chillido de miedo y se giró sin saber qué hacer.

Arriba, una voz de niño gritó.

—¡Mamá! ¿Qué pasa? ¡Nos estamos mojando! ¡El agua está cayendo del techo!

El griterío de la calle parecía estar justo delante ellos, y podían ver al menos dos grupos de gente provocándose y empujándose unos a otros. Algunos de ellos eran de la guardia nacional, pero la mayoría eran ciudadanos corrientes.

Se oyeron más disparos. Uno tronó con fuerza al rebotar en la pared de piedra del edificio, a poco más de una docena de metros.

Todos en la habitación se habían puesto de pie, incluso Bernave y St. Felix. Célie estaba cerca el centro, de cara a la ventana, Amandine estaba cerca de ella a su izquierda.

Las antorchas refulgieron de escarlata y naranja en la oscuridad exterior, dejando un rastro de humo al moverse adelante y atrás en la agitación de la pelea.

Sonaron más disparos en la distancia, luego dos casi al lado de la ventana.

Todos se dieron la vuelta para quedar de cara a la calle.

Se oyó un crujido y un estallido de cristales al romperse la ventana. La vela se apagó. Todavía seguían los disparos. Las figuras se movían alrededor de Célie, que vio a alguien acercándose a la ventana para ver lo que pasaba cuando el cristal se desintegró por completo. Quien fuera se retiró, con las manos alzadas, cubriéndose la cara.

Arriba un niño gritaba.

No se podía ver nada, solo figuras que avanzaban a ciegas, y se oía el ruido de la calle. El aire frío penetró en la estancia y el humo de las antorchas empezó a picar a Célie en los ojos y en la garganta. Oyó que los demás tosían. Entonces se escuchó un ruido en el vestíbulo al abrirse la puerta de la calle y golpear contra la pared, luego el estruendo de pasos.

Alguien empujó violentamente la puerta del pasillo, que se abrió del todo, y media docena de personas se colaron decididas en la estancia, las caras oscurecidas y las cabezas encendidas de rojo y amarillo por el fulgor de las antorchas que sostenían tras de si.

—¿Estáis escondiendo comida? —les increpó uno de ellos.

Bernave se adelantó hasta la luz.

—No —dijo con firmeza—. Comprobadlo vosotros mismos. Por ahí se va a la cocina —señaló—. Tenemos para mañana, eso es todo. Hacemos cola como todo el mundo.

—¡Mentiroso! —gritó una mujer desde el pasillo—. ¡Ya hemos oído cosas acerca de ti!

—¿A quien llamas mentiroso? —Monsieur Lacoste le exigió furioso. Él había abierto la puerta y estaba ahora muy cerca de la mujer—. ¡Vigila esa lengua!

Dio un paso adelante hacia ella. La luz se agitaba violentamente. De repente, todo estaba claro, y a continuación, oscuro.

Célie estaba petrificada. No tenía ni idea de dónde estaban los demás, excepto Bernave, encarado a los intrusos en el pasillo, y lo sabía solo porque oía su voz. Ya no veía a Monsieur Lacoste.

Más disparos. A través de la ventana sonaron muy fuertes y temiblemente cercanos.

Alguien renegó al tropezar. Era imposible saber quién era con certeza, pero a Célie le pareció que era la voz de Fernand.

Afuera parecía que el griterío se iba calmando. La gente se había trasladado unos veinte metros calle abajo, a la iglesia de St-Germain-des-Prés.

El grupo de la puerta se abalanzó hacia dentro otra vez, furiosos y confusos. Ya no se oía ni veía a Bernave. Estaba casi oscuro. La antorcha había desparecido y no había ninguna luz, excepto las de la calle. Había una confusión de voces.

—¡No tenemos mucha más comida de la que vosotros tenéis! —dijo Madame en voz alta, a Célie le sonaba casi por donde debía estar Bernave—. ¿A esto hemos llegado? ¿Entráis en las casas de vuestros vecinos a robar, a aterrorizar a los niños? ¿Para esto ha servido toda la sangre y el sufrimiento? ¿Para eso nos hemos quedado sin Dios, para poder comportarnos como animales, porque no hay nadie que pueda pararnos?

La rabia de su voz los detuvo, después el menosprecio hiriente los hizo retirarse al vestíbulo y la luz de la antorcha alumbró quieta por un instante.

St. Felix se dio la vuelta y se puso al lado de ella. Monsieur Lacoste ya se estaba moviendo para echar a los intrusos, Fernand a su izquierda.

Con manos temblorosas, Célie palpó la mesa donde Madame había estado cosiendo, y se golpeó con las sillas al andar. Tanteó buscando la vela y la yesca, encontró una luz y la protegió con la mano. La llama se avivó y podía ver la mayor parte de la estancia.

Marie-Jeanne había desparecido. Había cristales por el suelo y el humo de las antorchas de afuera se iba aclarando. Amandine estaba de pie cerca de la ventana, con la cara blanca. St. Felix estaba en medio de la estancia, Monsieur Lacoste contra la pared de la sala. Fernand volvía de la puerta principal, donde había visto marcharse hasta el último de los intrusos.

Madame estaba a unos dos metros de la puerta, inmóvil, sus negros ojos mirando al vacío. Cerca de sus pies, casi tocándole la falda, Bernave estaba tendido boca abajo, la espalda de su camisa teñida de rojo intenso con la sangre que brotaba de una herida en el corazón.

Capítulo IV

Célie se quedó mirando a Bernave fijamente, incapaz de creer lo que veía. Tenía un nudo en el estómago, el horror y la desesperanza se extendían por la piel como una especie de parálisis. Oyó a Madame Lacoste. Era un grito ahogado, como si alguien le hubiera cortado la respiración. Tenía la cara lívida, incluso los labios habían empalidecido, los ojos negros, hundidos. Lo que veía en el suelo era como su propia muerte.

St. Felix parecía aturdido. La mandíbula floja, los ojos muy abiertos y la línea marcada de su frente resaltaba claramente.

—Está... —le flojeó la voz—. ¿Está muerto?

Célie se arrodilló a su lado y puso la mano sobre el cuello de Bernave y luego sobre los labios. Todavía estaban calientes, pero sin aliento. Asintió con la cabeza, insegura de pronunciar las palabras. Miró a Amandine, que estaba más cerca de ella.

Amandine se tapaba la boca con la mano, como si quisiera evitar decir algo. Se obligó a apartar la mirada de la figura inmóvil tendida en el suelo para dirigirla a St. Felix, luego a la ventana rota y afuera a la calle, donde ahora solo rondaba un puñado de gente. Habían dejado de alborotar y uno o dos de ellos miraban hacia la casa.

—¿Qué ha sucedido? —preguntó Fernand con brusquedad, y siguió la mirada de Amandine—. ¿Uno de esos idiotas ha disparado al aire y le ha alcanzado?

—Debe haber sido... —Monsieur Lacoste finalmente habló, se acercó y cogió la vela de la mano temblorosa de Célie, sujetándola delante de él para protegerla del aire helado que amenazaba apagarla.

—Iré y les contaré lo que ha pasado —dijo Fernand lentamente, moviendo un poco la cabeza—. ¡Si no, nos echarán la culpa a nosotros!

Sin esperar la aprobación de los demás, salió por la puerta y unos momentos más tarde le vieron en la calle que increpaba al hombre que todavía quedaba ahí.

Marie-Jeanne bajó del piso de arriba y apareció por la puerta. Vio la ventana rota y sintió el aire frío y lleno de humo. Estaba a punto de hablar, la furia ensombrecía su cara, cuando se dio cuenta que algo terrible había pasado. Miró a su suegra, luego a Célie, todavía de rodillas al lado de Bernave.

—¡Oh! ¡Madre de Dios! —lanzó en un gemido, poniéndose las manos sobre la cara—. ¿Qué ha pasado? ¿Ese es mi padre?

La voz se le había atragantado en la garganta y avanzó tambaleante.

—¡No mires! —dijo Monsieur Lacoste, estirando el brazo para evitar que se acercara, y la sujetó por un brazo—. Todo ha pasado en un instante.

Marie-Jeanne se desplomó en una posición extraña al lado de Célie, con las manos extendidas.

Célie la sujetó, impidiendo que tocara el cuerpo.

—No puede hacer nada —le dijo con suavidad—. Esos alborotadores entraron. Creían que teníamos comida. Fernand se ha ido, les denunciará, les dirá lo que han hecho. Buscará a la guardia nacional.

Marie-Jeanne le apartó la mano de golpe.

—¿Por qué? —exigió con rabia—. Ellos no arreglarán nada. ¡Buscad a un médico! El doctor Martineaux vive solo tres puertas más abajo... ¡traedlo!

Observó a Monsieur Lacoste.

Célie negó con la cabeza.

—No vale la pena.

Sujetó a Marie-Jeanne por el brazo sin hacerle daño, pero con la fuerza suficiente para que no tocara a Bernave.

—Está muerto.

—¿Para qué queremos a la guardia nacional? —Marie-Jeanne estaba aún aturdida, confusa—. ¡No les queremos aquí!

—Porque está muerto —Monsieur Lacoste se agachó a su lado, muy serio, pero no desconsolado, como cuando muere un pariente y el golpe del primer momento ya ha pasado.

Tocó delicadamente a Marie-Jeanne, le puso un brazo alrededor del de ella y la otra mano por debajo el codo, ayudándola a ponerse de pie, alzando su peso.

—Tenemos que exponerles lo que ha pasado, enseñárselo tal como es, o si no luego podrían ponerlo en duda. Algún entrometido nos puede echar la culpa. Después de todo, esta es su casa.

—¿Qué? —le miraba aún sin entender.

Hizo un pequeño y débil gesto de ironía.

—Bueno, supongo que siendo tú su única descendiente, ahora es tuya —le aclaró.

De repente Marie-Jeanne dio un respingo ahogado.

—No pensarán...

—¡No, claro que no! —le respondió rápidamente—. Solo tenemos que hacer bien las cosas, eso es todo. Las cosas se tienen que hacer bien.

Relajó la resistencia contra él, pero no dijo nada. Su cara reflejaba una gran emoción, la lucha entre la pérdida y la rabia. Siguió mirando la figura inmóvil en el suelo y luego a lo lejos otra vez, como si no entendiera sus propios sentimientos.

Célie miró a Amandine, pero ella estaba con la vista fija en St. Felix, todavía parado en medio de la estancia. Parecía desconcertado, como si no alcanzara a comprender del todo lo que había sucedido. No era capaz de apartar los ojos de Bernave. Amandine habría querido acercarse a él, pero todo en su expresión, en la posición de su cuerpo, lo apartaban del resto. Parecía que estaba solo con una emoción sobrecogedora que excluía a los demás. Aunque le hubiera tocado, seguro que no lo habría notado.

Madame Lacoste estaba aún paralizada, la cara inmóvil como una máscara.

Las antorchas pasaban por fuera, en la calle, y Célie olió el humo penetrante e intenso de la brea. Se oyó un estruendo cuando la puerta principal se abrió y golpeó la pared, y un momento después entraban tres hombres de la guardia nacional seguidos por Fernand. Dos de ellos se pararon en la entrada. El tercero, un hombre delgado, limpio y pulcro, se acercó hasta donde estaba Bernave. Su cabello claro le caía sobre la frente y sobre los ojos, grandes y claros; imposible ver de qué color eran bajo la luz titilante.

Examinó a Bernave, luego miró hacia la ventana y después escudriñó muy lentamente cada una de las caras.

—Entraron —dijo Fernand, señalando a la calle y luego al pasillo—. Creían que teníamos comida. Pero supongo que ya sabe que... —se detuvo.

—Menou —se presentó el hombre—. Sí, yo estaba ahí. Estaban medio muertos de hambre, pobres diablos. Están deseando robar a cualquiera que les parezca que aprovisiona.

Se le ensombreció la cara al volver a topar con el cuerpo de Bernave.

—Mal asunto —se giró hacia la ventana y cerró los ojos por la punzada del humo de las antorchas que flotaba en las ráfagas de aire helado.

Todos en la estancia le miraban. Nadie le ofreció conversación.

Menou se acercó lentamente al cuerpo y se agachó a su lado, reparó en la herida frunciendo la frente y luego, con mucha suavidad, le dio la vuelta.

Célie no quería ver la cara de Bernave. Había estado siempre tan intensamente vivo que ahora casi parecía una intrusión mirarle cuando ya no estaba ahí, la carne le parecía tan vulnerable sin él.

Menou alzó la cabeza y los fue mirando uno a uno.

St. Felix fue el primero en hablar.

—Debe haber sido uno de los hombres que han entrado —dijo pensativo.

Su voz sonaba rara, sin timbre. Célie se dio cuenta de su aturdimiento, pero apenas se podía considerar que fuera tristeza. Debía odiar a Bernave por la forma en que lo trataba.

Marie-Jeanne se dejó caer pesadamente sobre una de las sillas. Evidentemente estaba al borde de las lágrimas. Tenía la cara sonrojada y le temblaban los labios.

Fernand se le acercó y le puso el brazo alrededor de los hombros.

—No debe de haber sentido nada —dijo con calma—. No lo ha notado.

Ella escondió la cabeza en su hombro, aferrándose a él. Su cuerpo se agitaba por los sollozos, pero curiosamente no hacía ningún ruido.

Menou titubeó. Por un momento, el dolor de la gente corriente que vivía en París, o en cualquier otro lugar, era mucho más importante que resolver los temas de religión, la lealtad a la revolución o a la aristocracia, la culpa de las revueltas o el descuido de los políticos.

—Uno de los hombres que entraron —repitió Menou reflexivamente—. ¿Tenían armas? ¿Alguien vio un disparo aquí dentro?

Examinó sus caras.

Monsieur Lacoste sostuvo la respiración, luego cambió de idea y soltó el aire sin hablar.

Menou esperó.

Nadie había disparado dentro, Célie estaba segura de eso. Lo que era aún peor, Bernave estaba de cara a la multitud que había en la puerta, no les daba la espalda. Eran intrusos, hombres rabiosos y desesperados que habían entrado en casa por la fuerza. Nunca les habría dado la espalda, exponiéndose a tanto.

—¿Ciudadana? —exigió Menou—. ¿Una ráfaga? ¿Una detonación? —dijo mirando a Madame.

—No... —dijo suavemente ella, su voz era un murmullo—. Aquí dentro no...

Menou se dirigió a St. Felix.

—Yo no lo vi... —admitió—. Había mucha confusión, gritos...

—¿Y amenazas? —preguntó Menou con los ojos abiertos.

—Sí —reconoció St. Felix —. Creían que escondíamos comida.

—Y no es verdad —intervino Fernand—. No tenemos más que la otra gente.

—¿Llevaban armas? —volvió a preguntar Menou.

—¡Pues claro que llevaban armas! —dijo Monsieur Lacoste con exasperación.—. Mataron a Bernave, ¿verdad?

Menou estaba de pie en medio de la estancia con el ceño fruncido.

—Unos hombres armados entraron en la casa decididos a encontrar la comida que creían que ustedes tenían, amenazándoles en esta estancia...

—Sí —St. Felix y Monsieur Lacoste asintieron a la vez.

—El ciudadano Bernave se acercó lentamente a ellos, y ¿qué les dijo? —preguntó Menou alzando las cejas.

—Que no había más comida, y que se tenían que ir —respondió Fernand.

—¿Y lo hicieron?

—¡Ya sabe que no! —explotó Monsieur Lacoste.

Menou le miró fijamente.

—¿Pero les dio la espalda? —dijo muy lentamente, con los ojos todavía muy abiertos.

Célie estaba temblando de frío. El calor se escapaba de la estancia por la ventana rota, pero no era eso lo que la hacía temblar, era una certeza dentro de ella que se iba endureciendo como una piedra. Ella sí sabía de cara a quién estaba y lo que eso significaba.

—Yo creo que no —dijo Menou despacio—. Creo que el ciudadano Bernave nunca se habría puesto de espaldas a unos intrusos armados que entraran en su casa. ¡Nadie lo haría!

Amandine estaba rígida. Ella también comprendía lo que Célie intuía. Estaba escrito en cada parte de su cuerpo y en la palidez de su piel a la luz de las velas. Su mirada estaba clavada en St. Felix.

Madame parecía haber dejado de preocuparse. Su cara estaba mortecina, con las mejillas hundidas, los ojos negros sin vida, las cejas dibujaban una línea demasiado recta, todo su ser desprendía oscuridad, demasiada fiereza para la ternura. Solo su boca era hermosa, pensó Célie, todo el dolor del mundo se proyectaba en sus líneas.

—Usted entiende mi lógica, ciudadano —dijo Menou tranquilamente, volviendo a captar su atención—. Creo que no se le escapa a nadie. Bernave fue asesinado por alguien que estaba de pie detrás de él. Por alguien a su espalda, donde él no temía ningún peligro...

—¡Nosotros no tenemos ninguna arma! —protestó Fernand—. ¡Esto es completamente ridículo!

—Ya me doy cuenta —asintió Menou, con los labios apretados.

Le miraron sin acabar de creerse lo que decía.

—Se da por supuesto que fue un disparo porque los oímos —continuó Menou en medio del silencio—. Pero fácilmente podría haber sido un cuchillo... de hoja larga, un cuchillo estrecho, clavado por la espalda.

Amandine se llevó las manos a la boca, ahogando un grito.

Fernand sujetó a Marie-Jeanne cerca de él.

St. Felix se sentó muy despacio en el borde de una de las sillas. Era una postura extraña, ni sentado ni de pie. Célie solo podía ver su perfil. Tenía una curiosa expresión: apasionada, pero inescrutable. Parecía estar entre el alivio y una sensación de pérdida total y final. Pero no tenía sentido. Debía de ser el cansancio y la luz.

Madame Lacoste habló. Su voz sonaba sorprendentemente tranquila, si no fuera porque sonaba muy ronca, como si su garganta estuviera todavía tan tensa que fuera a ahogarse.

—¡Lo que está diciendo es que uno de nosotros le mató!

Menou la miró sin parpadear.

—Sí, ciudadana, eso es exactamente lo que estoy diciendo. Tengo la intención de saber quién, puesto que el ciudadano Bernave era un amigo leal a la revolución, un hombre que hacía un trabajo incansable y secreto para la justicia, sin buscar ninguna recompensa para él. Su asesino debe ser castigado.

Nadie contestó. Célie miró a los demás. ¿Quién podía creer una cosa semejante? ¡Era todo lo contrario a la verdad! Pero eso nadie lo sabía. Nadie sabía que estaba planeando rescatar al rey y que la misión quedaría reducida a nada sin su inteligencia, su intuición y su coraje. Había ido con extremo cuidado, previendo hasta el detalle más insignificante precisamente porque sabía a lo que se exponía.

La sorpresa de Fernand era obvia, pero inmediatamente a continuación respiró aliviado, con una especie de asombro al descubrir algo, como si viera a Bernave por primera vez.

Célie se volvió hacia Monsieur Lacoste, pero estaba demasiado alejado de las antorchas para poder captar su expresión entre las sombras y se adivinaba su perfil a medias, sus rasgos estaban borrosos.

—¿Así que era eso? —dijo Monsieur, no preguntando, sino como un comentario sobre algo irrelevante.

St. Felix iba a empezar a hablar, luego cambió de opinión.

Menou se dio cuenta y le miró sagazmente.

—¿Iba a decir algo, ciudadano?

—Solo que nosotros no sabíamos nada de eso —dijo en voz baja St. Felix—. Era muy discreto. No teníamos ni idea.

—Eso espero —Menou dijo las palabras con solemnidad y dirigió su mirada lúcida y directa a cada uno de ellos—. Porque entonces, está claro, si lo hubieran sabido eso nos daría motivo para dudar de la lealtad de ustedes.

—¡En esta casa todos estamos fervientemente a favor de la revolución! —exclamó Monsieur Lacoste con vehemencia, en su voz había más ira que miedo—. ¡Nos está insultando, ciudadano Menou! No tenemos suficiente con que sus hombres no puedan controlar la muchedumbre de la calle, que entren en nuestras casas violentamente y... —se detuvo de repente.

Era imposible leer su expresión.

—¿Sí, ciudadano? —le animó a seguir Menou—. ¿Iba a decir «y que maten a nuestro benefactor»? Y entonces se ha acordado que ha sido uno de ustedes, uno de sus leales revolucionarios, el que ha matado al ciudadano Bernave.

—Yo... —Lacoste no tenía respuesta.

Marie-Jeanne fue la que respondió.

—No era nuestro benefactor —contradijo a Menou—. Era mi padre y a cambio de vivir aquí cuidábamos de él y vigilábamos la casa. Habla usted como si fuera un extraño y eso no es cierto.

Menou echó un vistazo alrededor con ojos apreciativos.

—Una casa grande. Suficientemente grande para muchas personas —observó.

Volvió a mirar a Marie-Jeanne.

—¿Y ahora quién la va a heredar, ciudadana? ¿Tiene algún otro pariente? ¿Tiene algún hermano?

De repente ella se dio cuenta de su propio apuro y su voz se debilitó.

—No.

—¿Ninguno?

—No, soy hija única, y mi madre murió al nacer yo.

—Una bonita herencia, ciudadana. Su padre debía de ser un hombre rico.

Todos advirtieron la nota de critica en su voz, hasta de una cierta envidia. Cualquier tipo de posesión era materia de disputa esos días.

Marie-Jeanne se puso tensa, pero fue Madame Lacoste la que respondió, con la cabeza alta y los ojos brillantes.

—Trabajó duramente y ahorró para poder comprar una casa donde viviera mucha gente. Ese era su deseo. ¿No es lo que cabría esperar de un buen revolucionario, ciudadano Menou? ¿Dar cobijo a los que están sin casa, a cambio de trabajo y dignidad?

Lo miró fijamente sin un resquicio de miedo.

Menou se acobardó. Su desconcierto asomó de repente al desnudo en los ojos y luego desapareció, escondido a propósito, como si fuera algo de lo que se avergonzara.

—Sí, ciudadana —admitió—. Era un buen hombre. Me encargaré de que se le haga justicia, no lo dude. Su asesino irá a la guillotina, junto con los demás traidores al pueblo.

Célie se fijó en él. ¿Realmente pensaba que era algo político? Podía ser, aunque exactamente por las razones contrarias a las que él pensaba. Fernand y Monsieur Lacoste apoyaban las nuevas ideas de una manera extremadamente apasionada, lo suficiente para traicionar a Bernave si hubieran sabido que luchaba para salvar la vida del rey. A Marie-Jeanne no le importaban las ideas ni de unos ni de otros, pero habría matado para salvar a sus hijos. Tan plácida que parecía, Célie la conocía bien para comprenderlo. Había visto la furia animal y el valor que tuvo cuando un soldado había sido vulgar con su hija pequeña. Había reaccionado instantáneamente y sin pensar por un momento en las consecuencias que podían recaer sobre ella. El soldado había quedado tan estupefacto, que se marchó como si su perro le hubiera clavado los dientes sin motivo alguno.

St. Felix se aclaró la garganta y miró a Menou inquisitivamente.

—¿Qué es lo que el ciudadano Bernave hacía por la revolución? ¿Deberíamos estar orgullosos de ello?

—Sí, deberían estarlo —convino Menou con pasión—. Arriesgaba su vida espiando entre los realistas a favor de la Comuna. Todavía hay quien, a estas alturas, intenta restablecer al rey y deshacer todo lo que hemos conseguido. ¡Nunca debemos subestimar al enemigo! Cuanto antes muera el rey, mejor.

Todos murmuraron algún tipo de asentimiento. No era un comentario que se pudiera dejar sin respuesta. Solamente Madame asintió a secas con la cabeza.

St. Felix tenía la vista perdida en la distancia. Parecía demasiado cansado para sentir ninguna emoción, incluso para pensar. Amandine le observaba. Intentaba parecer impasible, esconder sus sentimientos a Menou, pero Célie la conocía bien y podía ver el miedo bajo su calma fina como un papel de fumar. Se lo notaba en el ángulo de sus hombros, en los puños cerrados con fuerza escondidos a medias entre los pliegues de la falda y en los músculos del cuello que estaba a la vista porque llevaba el pelo recogido. Tenía miedo de St. Felix, no de si misma.

Célie se sintió obligada a romper el silencio. Dio un paso pequeñísimo.

—Gracias por contárnoslo, ciudadano Menou. No teníamos ni idea de que fuera un hombre tan valiente. Honraremos aún más su memoria y haremos todo lo que podamos para ayudarle a hacer justicia... supongo que todos, menos uno. Si es que... está seguro de que ha sido alguno de esta casa el que le ha matado.

Menou estaba quieto bajo la luz de la lámpara, con la cara fatigada, los calzones claros de su uniforme salpicados de suciedad.

—Lo estoy, ciudadana. No hay otra respuesta posible —les miró a todos—. Hoy no podemos hacer nada más —inspiró aire—. Excepto evidentemente registrar la casa para encontrar el arma del crimen.

Si estaba esperando una reacción, quedó decepcionado. Nadie se movió.

—Naturalmente —dijo Madame Lacoste con prontitud—. Y después ¿podremos tapar la ventana con maderas? Hace un frío tremendo.

—¿Y podremos reparar el escape del tejado? —añadió Monsieur Lacoste—. La lluvia entra por un agujero en el dormitorio de los niños.

—Por supuesto —accedió Menou.

Hizo una señal a sus hombres para que empezaran a registrar.

—¡A fondo! —les advirtió.

Alzó las manos delante de él, midiendo el aire.

—De este tamaño y tan delgado que parezca que la herida se ha hecho con la punta de una bayoneta. Tiene que estar aquí, en algún sitio. Nadie ha salido.

Estaban en la estancia helados, esperando todos juntos menos Fernand, al que habían permitido salir a buscar tablones y clavos del taller que había en el patio para cubrir la ventana de manera rudimentaria. Menou había ido con él y volvió con él. Monsieur Lacoste encendió una lámpara para poder subir al tejado otra vez a buscar la teja rota y reponerla. Uno de los hombres de Menou le acompañó hasta la ventana del ático, pero no pisó el saliente resbaladizo bajo la lluvia.

Media hora después, los hombres de la guardia nacional volvieron para informarle de que no se había encontrado ningún cuchillo, excepto el que Amandine tenía en la cocina, y ese tenía una hoja demasiado ancha y, además, estaba limpio. Estaban claramente decepcionados y esperaban algún tipo de crítica.

Menou la hizo con la mirada, pero dejó el asunto por esa noche, mientras advertía a los habitantes de la casa que dejaba a sus hombres guardando la calle y que no intentaran deshacerse del arma, porque les vigilaban. Cualquiera que fuera sorprendido en el intento, sería arrestado de inmediato. No era necesario añadir que casi nadie escapaba sin castigo, normalmente la muerte. Todos lo sabían.

Cuando se hubo marchado, todos se quedaron mirándose los unos a los otros.

—¿Tú sabías que era un espía de la Comuna? —le exigió Monsieur Lacoste a Fernand.

—¡No! —exclamó Fernand alzando la voz—. ¡Creía que le desagradaba!

Se volvió a St. Felix.

—¿Y tú? Supongo que para eso eran todas esas salidas que hacías para él, para Marat y el resto. Entonces, ¿quién te golpeaba? ¿O lo hacían para esconder lo que pasaba en realidad?

St. Felix no respondió.

—¿Pero por qué? —argumentó Monsieur Lacoste—. No es ningún pecado ayudar a la Comuna. Es el deber de cualquier ciudadano decente. Nadie podría condenarle por eso excepto un realista, un enemigo de la revolución.

—Eso ya no importa ahora —les cortó Madame—. Está muerto. El ciudadano Menou no descansará hasta que sepa quién le mató, y él cree que ha sido uno de nosotros.

—No ha encontrado el cuchillo —señaló Monsieur Lacoste—. No lo podemos haber hecho si no lo tenemos.

Ella le miró con menosprecio.

—Eso no le detendrá. Mañana volverá, y al día siguiente, y al otro, hasta que lo consiga.

Célie sabía que tenía razón. Si Menou creía que Bernave era leal a la revolución, no pararía hasta encontrar al culpable. Y por su cara y su manera de actuar sabía que no era hombre que dejara algo sin resolver. Su amor propio le pedía resolver este asunto, y más todavía cuando se había comprometido delante de sus hombres.

—Bueno, ¿de modo que ha sido uno de nosotros? —preguntó Marie-Jeanne, sollozando y parpadeando unas cuantas veces—. No puede ser. ¿Qué sentido tendría?

Nadie contestó, todos estaban absortos en sus propios pensamientos.

—Esa es una pregunta que es mejor no hacerse —le respondió Madame Lacoste—. Ve arriba a ver si los niños están bien. Cámbiales las sábanas ahora que el techo está arreglado. Les tendrás que contar por la mañana lo que ha ocurrido. Célie me ayudará.

—Ayudarla a...

—Bueno, no voy a dejar al ciudadano Bernave... tendido en el suelo.

Por primera vez le falló la voz y tardó un instante en recuperar el control sobre si misma.

—Lo siento... —Marie-Jeanne se quedó parada, indecisa.

—¡Ve arriba! —la envió Madame, agitando las manos para que se fuera enseguida—. No necesitamos vuestra ayuda —se volvió a su marido y a St. Felix—: nos las arreglaremos. Solo necesitamos que lo carguéis. Luego podéis iros.

Todos se movieron obedientemente arrastrando un poco los pies, el cansancio y el aturdimiento acumulados los volvía pasivos. Fernand miró a su madre por última vez y cerró la puerta detrás de él.

Célie estaba turbada, como si el frío le hubiera penetrado en los huesos. Ahora, con el silencio, la realidad de la muerte se hizo presente, enorme, y la engullía. Un vacío se abría ahí donde la vitalidad y la voluntad de Bernave habían existido, su pasión y sobre todo su fe.

Madame parecía como si ella también estuviera muerta. Algo había huido de ella. Se agachó y pasó las manos por debajo de los hombros de Bernave. Monsieur Lacoste se acercó y cargó con la mayor parte del peso, St. Felix se encargó del resto. Célie les siguió.

Era una tarea difícil cargar un cuerpo inerte hasta la habitación de atrás, que estaba fuera de la zona de paso de los quehaceres domésticos y era seguramente la estancia más fría. Lo pusieron tendido boca arriba en el banco que estaba al lado de la pared y se alejaron enseguida. Las manos de Monsieur Lacoste estaban manchadas de sangre y se las secó en los pantalones, restregándolas sobre los muslos. St. Felix tiritó. Los dos estaban incómodos, sin saber qué hacer o qué decir.

Madame los echó bruscamente, sin apenas darles las gracias y, al cerrar la puerta, se volvió hacia Célie.

—Ayúdame a lavarlo y a arreglarlo —le ordenó—. Debe tener un entierro como es debido. Era un hombre con una posición.

Su boca se torció en una mueca de ironía angustiada, el dolor tan cercano a la superficie que parecía que su autocontrol iba a estallar.

—De todas maneras, si era un héroe de la revolución no sería demasiado inteligente hacer menos por él.

Le tembló la voz y a Célie le pareció que iba a romper a reír o a llorar, pero hizo un esfuerzo visible por contener el dolor y un momento después su cara volvía a estar inexpresiva.

—Iré a buscar una sábana limpia —se ofreció calmadamente Célie—. Podemos gastar una sábana buena. ¡Al fin y al cabo, son suyas!

Trabajaron juntas durante un buen rato, sin decir nada. Era una tarea extraña. Por un lado el espíritu, el pensamiento y la evidencia de que Bernave ya no estaría nunca más en aquel cuerpo muerto, pero aún así se sentía como una intrusa al tocarlo tan íntimamente. Hacía tan solo una hora que ese hombre estaba lleno de pasión, de inteligencia y de voluntad de éxito, amado y odiado, ciertamente temido. Ni se les habría ocurrido tocarlo entonces. Si supieran que el destino de todos ellos estaba en manos de su coraje y de la rapidez de su mente... Ahora sus manos descansaban inmóviles y el calor abandonaba sus músculos. No le quedaba nada de vida.

Observando la cara de Madame, la delicadeza de sus movimientos, Célie se preguntaba si era por respeto a Bernave o por el hecho de la muerte. Tal vez era algún tipo de sentimiento religioso reprimido. Célie no la conocía antes de que fuera ilegal creer en Dios. Quizá antes fuera devota, como tantas mujeres.

Le lavaron la sangre. El cuerpo de Bernave era fuerte, los miembros delgados, sin exceso de carne. Célie se horrorizó al ver más marcas blancas de cicatrices en su espalda y atravesándole el pecho. Alzó los ojos hacia Madame y no vio sorpresa por las marcas reveladas, pero sí una furia dura y tensa que le hacía temblar las manos tan fuerte que tuvo que parar y volver a recuperar el control de sus movimientos.

Menou tenía razón: la marca del cuchillo era limpia, no era redonda como de un disparo.

—¿Puede haber sido uno de nosotros? —la pregunta brotó de sus labios antes de tener tiempo de pensar.

Madame se la quedó mirando, sus ojos negros tan profundos que no se podía leer en ellos.

—St. Felix no sentía ningún afecto por él —dijo con voz tranquila—. Ni Amandine tampoco, a causa de St. Felix. Y luego, depende de si era realmente partidario de la Comuna, y si lo era, ¿quién lo sabía? Tal vez lo sepas tú. Le habías hecho encargos.

—Yo... —Célie se detuvo.

No tenía ni idea de lo que sabía Madame Lacoste o a quién era leal... presumiblemente a su marido. Ahora, de repente, todos eran sospechosos. Sería una estupidez confiar en alguien, sería incluso un suicidio. Cambió lo que iba a pronunciar.

—Ya entiendo lo que quiere decir —contestó en vez de eso.

Madame Lacoste esbozó casi una sonrisa y a la luz de la vela vio sus ojos rebosantes de lágrimas, pero no sabía para quién eran.

Capítulo V

Cuando la casa quedó en silencio, cosa que no significaba que todos estuvieran dormidos, Célie se levantó de la cama y se puso una blusa, unas enaguas, la falda más gruesa que tenía y dos mantones. Abrió la puerta de su cuarto y, cerrándola silenciosamente detrás de ella, bajó las escaleras sin hacer ruido. Tenía que contarle a Georges que Bernave había muerto. Eso lo cambiaba todo. Bernave era el único que sabía todo el plan, los lugares, la gente y los detalles. Él no solo había sido el impulsor del plan, sino que también había sido la inteligencia. Y era el único que tenía dinero suficiente por si hacía falta.

Georges estaría frenético, encerrado en ese cuartucho, incapaz de ayudar. ¿Se podría salvar algo ahora? ¿O significaba la derrota?

Había llegado al primer rellano de escaleras y estaba a punto de bajar el siguiente tramo cuando de reojo captó un movimiento y se dio la vuelta rápidamente.

Amandine estaba en la puerta con el pelo suelto y enredado, los ojos ensombrecidos por el agotamiento.

Célie se acercó a ella, la empujó ligeramente para que entrara dentro otra vez y cerró la puerta.

—Tengo que ver a Georges —le susurró—. Tengo que contarle lo que ha pasado.

—No puedes irte —le respondió Amandine impetuosamente, sujetando a Célie por el brazo como si se lo pudiera impedir por la fuerza—. Los guardias de Menou están fuera.

—Ya lo sé —le dijo Célie—. He pensado una manera de salir. No te preocupes.

—¿Qué? —el miedo era palpable en la voz de Amandine, aunque no se movió—. ¡Ve con cuidado! ¿Tienes que ir? ¿No lo puedes dejar hasta que todo esto se haya terminado?

Célie dudó. Sabía que Amandine estaba realmente preocupada por ella y también por Georges. La verdad era dura, pero él no se merecía que le mintieran, al menos no sobre esto.

—¿Cuándo crees que habrá terminado? —le dijo con calma—. Pueden pasar unos días, o más, antes de que Menou descubra qué ha pasado. Y no nos dejarán mover hasta entonces. ¡No podemos esperar hasta que eso ocurra!

—Debe de haber sido... —Amandine se detuvo.

Solo había una pequeña vela ardiendo en el cuarto, encima de la mesa de al lado de la cama, que dibujaba sombras sobre las sábanas revueltas; pero, incluso así, reflejaba la angustia en los ojos de Amandine.

—Debe de haber sido Fernand el que le ha matado... o Monsieur Lacoste, me imagino —terminó.

Había mucho de qué hablar y las dos lo comprendían. La destrucción de las antiguas creencias y nada que poner en su lugar. Las personas que creían conocer tenían demasiado miedo para ser leales y estaban demasiado confusas para ser sinceras.

—Tengo que decírselo a Georges —repitió Célie.

¿Cómo podía explicarle que era mucho más que un asesinato, aunque solamente eso ya era devastador? Era mucho más importante que la muerte de un solo hombre. El futuro dependía de eso, de la ejecución del rey y el lastre que este acto dejaría: la caída de los girondinos, más poder para Marat y la Comuna, más caos, si cabía, en las calles y menos comida, más revueltas, y pronto algo tan terrible como la guerra.

—Iré con cuidado —le susurró—. Quédate aquí. No despiertes a nadie.

Se volvió hacia la puerta y, sin dar una oportunidad a Amandine para discutírselo, volvió al rellano y subió las escaleras hasta el ático. Amandine tenía razón con lo de salir. Todos los caminos que iban al patio o a la calle estaban vigilados por los hombres de Menou, e inevitablemente la cogerían. Tenía que salir por la puerta de otra casa. La única manera de hacerlo era subir al tejado desde una de las ventanas y, una vez ahí, entrar por otra ventana a una de las casas de más abajo, las que daban detrás, a la Rue de Seine.

Fue más difícil y peligroso de lo que había imaginado. Salir por la ventana no había sido muy trabajoso, pero una vez fuera las tejas estaban resbaladizas por el hielo. Tenía las manos tan frías que apenas las sentía. Y las faldas eran la prenda menos práctica que existía para hacer casi cualquier cosa, no digamos para trepar por los tejados inclinados, alzarse por encima de los cantos y deslizarse temerariamente; podía resbalar y caer. Por lo menos los techos tenían pasos anchos entre un edificio y otro. Una necesidad imperiosa y ciega la obligaba a ir probando una ventana tras otra, intentaba abrirlas con dedos insensibles y a cada fracaso renegaba para si misma. Al final se alegró de encontrar una estancia desocupada, en la que entró cuando la abrió desde fuera.

Los habitantes de la casa ya debían de estar acostumbrados a los ruidos a lo largo de la noche, a las alarmas en la calle y quizá a familiares que estaban levantados por razones personales; así que nadie pareció molestarse por el ruido de sus pisadas bajando de puntillas las escaleras, intuyendo el camino hasta la puerta principal, ni cuando finalmente salió afuera, a la Rue de Seine.

Andaba rápido en la oscuridad, tanto como se atrevía sin despertar sospechas; se sabía tan bien el camino que casi podía contar los pasos.

Cuando llegó a la puerta de Georges, llamó con fuerza y esperó con el corazón latiendo intensamente. Le parecía que adentro habría luz y calor, pero eso era absurdo. Apenas se estaría mejor que en la calle.

No ocurrió nada. El pánico creció en ella al imaginar que tal vez él no estaba ahí. Volvió a golpear más fuerte, hasta que se hizo daño en los nudillos.

Se oyó un ruido en el interior.

Sin darse cuenta, había cerrado los puños, su cuerpo estaba rígido.

La puerta se abrió lentamente y emergió la voz de Georges en un susurro.

—¿Quién es?

—¡Yo, Célie! —dijo con urgencia.

La mano de él surgió de la oscuridad, la agarró por el brazo tirando de ella hacia dentro. Cerró la puerta.

—¿Qué diablos estás haciendo aquí a estas horas? —le pidió.

Sentía el calor de su cuerpo. Se acababa de despertar y no llevaba más que una camisa y los pantalones atados a toda prisa.

—Bernave ha muerto —repitió secamente—. Alguien le ha apuñalado. Primero pensábamos que era un accidente, pero ahora sabemos que es imposible. Eso es casi lo peor. ¡Ha sido uno de nosotros!

Él no dijo nada. Debía estar demasiado adormilado para hablar.

—¡Georges!

—Sí... te he oído —su voz era muy ronca, sonaba casi como un gruñido.

Todavía estaba tan cerca que podía oler su piel y su calor.

—Ponte algo encima —le susurró—. ¡Te vas a helar!

Él no se movió.

—¿Qué ha pasado? —preguntó.

Notaba su sorpresa. Debía sentir, lo mismo que ella, una incredulidad paralizante.

—¡Ponte algo encima y te lo contaré! —le respondió.

Finalmente dio un paso atrás, palpando la mesa torpemente para encontrar una vela y encenderla. La llama se avivó, reflejando el horror en su rostro, las sombras alrededor de sus ojos, la oscura y dejada barba de sus mejillas. Parecía que estaba perplejo mientras se iba vistiendo con otra camisa y luego un jubón. Era la primera vez que lo veía tan desorientado. Incluso durante las matanzas de septiembre, cuando la muchedumbre que chillaba borracha de furia los había arrastrado y finalmente separado, no había perdido su confianza innata. Esperaba que él siempre sería así: afable, seguro, confiado de si mismo. Formaba parte de lo que más le gustaba de él y al mismo tiempo lo que la molestaba, porque lo convertía en alguien distinto a toda la gente que conocía, en alguien completamente inalcanzable.

Pero ahora estaba cambiado. Él parecía tan asustado como ella. Sujetaba la vela con mano temblorosa.

Célie se la cogió; la mano de ella estaba más firme. Había tenido más tiempo para asimilar las novedades.

—¿Qué sucedió? —volvió a preguntarle él.

Célie se sentó en la única silla que había.

Él se sentó sobre el colchón frente a ella con los brazos alrededor del cuerpo, como si tuviera frío o estuviera herido, contemplándola mientras le contaba los hechos con pesadumbre y cierto sarcasmo, de manera tan precisa como podía recordarlos, hasta el punto en que había llegado la guardia nacional.

—¿La guardia nacional? —preguntó rápidamente.

—Sí. El jefe se llama Menou. Está investigando lo ocurrido y no se irá hasta que haya encontrado una respuesta.

—¿Quieres decir hasta que haya encontrado al intruso que disparó el tiro?

—No —su voz era completamente inexpresiva, sin timbre ni vida—. Bernave estaba de cara a los hombres que entraron después de los disparos en la calle. Yo le vi y también le vieron los demás. Además, solo un imprudente habría puesto de espaldas a la muchedumbre.

La miró fijamente, frunciendo el ceño, al principio sin entender el significado. Luego lo asimiló.

—¿Fue alguien que estaba en la estancia? —tenía la voz ronca—. ¡Alguien que estaba detrás de él!

Parecía que lo habían apaleado, como si le hubieran dado un golpe más fuerte de lo que había esperado o sentido jamás y no supiera cómo encajar el dolor.

Ella asintió con la cabeza, negándose a sentir compasión por él, o al menos a que él la viera. La dejaba a ella en una posición demasiado vulnerable y no se lo podía permitir.

—No hay otra posibilidad —dijo con mayor firmeza—. Si el tiroteo de afuera no hubiese parado, o Bernave no se les hubiera encarado, si hubiera estado más asustado o furioso y se hubiera dado la vuelta, nunca lo habríamos sabido. El asesino habría escapado sin que supiéramos que era él.

La miró muy seriamente, con las facciones acentuadas en su cara arrugada.

—¿Tú sabes quién fue, Célie?

Ella dudó. Si hubiera alguna posibilidad de protegerlo del golpe, pero no había ninguna manera de sortearlo.

—¿Qué? —le urgió, con voz brusca.

Su expresión, en esa cara de huesos bien dibujados, siempre había sido fácil de interpretar.

—¿Quién fue? —le exigió.

Ella tragó saliva y se mojó los labios resecos.

—Menou nos dijo que Bernave era un espía de la Comuna contra los realistas que todavía planeaban la restauración del rey.

La escudriñó poco a poco, comprendiendo el significado completo de lo que le estaba contando.

Ella deseaba ver que volvía a recuperar la seguridad. Deseaba que él negara que Menou encontraría evidencias de que Bernave les había traicionado. Entonces, como un frío helado que se expande desde la boca del estómago, por primera vez se dio cuenta de que Menou podía tener razón. Estaba claro que nunca encontraría pruebas de que Bernave había planificado un asalto para salvar al rey, para evitar la invasión y la guerra civil, ¡porque no existía esa prueba! ¡Ni para Menou, ni para ninguno de ellos!

¿Cómo podía devolver la confianza a Georges? Ahora ¿o nunca? Tener confianza después de lo que había pasado sería... una locura. ¿Quién sabía a ciencia cierta qué era verdad, excepto que Bernave estaba muerto y que el asesino era uno de ellos?

Instintivamente, Célie tomó la mano de Georges con sus dedos fríos. No tenía ni idea de qué hacer o decir. Una arremetida con un cuchillo... y todo había cambiado. Tantos esfuerzos para nada. Estrechó un poco los dedos de él.

Entonces, de repente, se dio cuenta de su movimiento y retiró la mano apresuradamente.

Había tantas cosas de las que tenían que hablar, sentados incómodamente en ese cuarto helado. Cuando subió a los tejados y entró sin hacer ruido por la ventana de una casa cualquiera, estaba demasiado asustada para acordarse de las molestias físicas, pero ahora era consciente del frío que tenía. Parecía que había invadido todo su cuerpo y empezó a temblar.

Georges estaba todavía demasiado aturdido y no se daba cuenta de nada más aparte del horror de sus propios pensamientos. Por primera vez desde que le conoció en casa de Amandine, hacía ya casi un año, en sus ojos no había coraza de fanfarronería ni de broma, ni máscara que ocultara su cara. De pronto había aparecido el hombre real, y ella era vívidamente consciente de ello.

—¿Puede ser que Bernave estuviera trabajando para la Comuna? —él buscó su cara—. ¿Es posible? Pero entonces, ¿por qué no nos han arrestado a todos?

—No es nada extraño —defendió con una pizca de humor negro—. Si yo fuera él, esperaría hasta el último momento. Nos vigilarán hasta que rescatemos al rey y entonces nos cogerán a todos, cuando ya sea demasiado tarde para que alguien pueda intervenir. Si vas a hacer teatro, mejor cuando todos estén mirando. Si no, no hay gloria, ¡y Marat nunca se perdería una oportunidad como esta!

Él no dijo nada, pero vio que lo entendía.

—No podemos avisar a los demás, a los hombres de Bernave —siguió explicándole—. No sabemos ni quiénes son. Solamente él lo sabía.

Un reflejo de humor apareció en los ojos de Georges.

—¡Supongo que en realidad no sabemos si ya los han arrestado!

Cogió una bocanada para explicarle que no debía decir esas cosas, pero en vez de decirlo soltó un suspiro. ¿Estaba contenta ahora que él había vuelto a sonreír? ¿Era esperanza, o era una careta como la de ella?

—No sé cómo nos las arreglaremos a partir de aquí —decidió decirle—. No sé ni hasta dónde llegó...

Georges sonrió, pero débilmente, un espectro de su sonrisa habitual.

—¿Cómo es ese hombre, ese Menou?

—Un revolucionario —respondió—. No parará hasta que arreste a alguien —la cara de Menou, astuta y calmada, le vino a la cabeza con toda su fuerza—. No puede dejarlo —añadió ella—. Ya se ha comprometido comunicándonos lo importante que es. Lo dijo delante de sus hombres. Y si realmente Bernave trabajaba para la Comuna, seguro que van a querer venganza. Y me imagino que será el mismo Marat el que la pedirá —solo pensarlo ya era algo nauseabundo, y lo alejó de su mente—. ¡Pero es que todavía no puedo creerlo! —exclamó con firmeza—. ¡De Bernave, no! Él no podía ser...

Su voz se fue apagando.

¿Qué sabía en verdad de Bernave? Nunca había oído hablar de él hasta hacía solamente cuatro meses. Únicamente le había visto en la casa del Boulevard St-Germain. Aparte de Georges, no frecuentaba a nadie más que le conociera, a excepción de St. Felix y la familia Lacoste y, por supuesto, Amandine. No sabía nada más de lo que el mismo Bernave había querido contarle sobre él, quizá lo que deliberadamente le había mostrado de él. ¡Y a saber lo que era cierto de todo eso!

Sin pensarlo conscientemente, ni recordar el porqué, se había formado la idea de un pasado lleno de dolor, un pesar antiguo que había agotado todas sus reservas de esperanza y coraje que lo sostuvieran. Tal vez por eso guardaba el Thomas de Kempis y demás libros parecidos, recuerdos de una antigua fe.

O tal vez solo lo había imaginado porque ella también conocía el hambre de convicciones que le dieran seguridad y tal vez había leído en la cara de Bernave algo que no existía, como en las cicatrices de las manos y del cuerpo de él. Quizá no se correspondían con esa realidad, quizá nunca había existido.

—¿Que Bernave no era qué?

La voz de Georges interrumpió el curso de sus pensamientos, exigiéndole que volviera al presente.

—No sé —admitió—. Iba a decir «relacionado con nada que tuviera que ver con Marat o la Comuna». Pero ya no entiendo nada.

—Excepto que Menou no va a parar hasta que descubra quién le mató —respondió en lugar de ella.

—Eso significa que tengo que proporcionarle una solución —la alternativa era espeluznante, pero ineludible—. Va a estar vigilando la casa. Esta noche ya ha puesto centinelas en la calle.

Georges se puso rígido. Era el primer signo físico de miedo que veía en él. Debía de sentirse atrapado ahí dentro. Cada sonido, cada paso en las escaleras le alteraba los nervios.

—¡No me vieron! —añadió ella enseguida.

—¿Cómo lo sabes? —la miraba solo a medias, su cabeza orientada hacia la oscuridad para atrapar cualquier movimiento detrás de la puerta.

—Porque no salí por el Boulevard St-Germain —le explicó—. No bajé a la calle hasta que no llegué cerca de la iglesia.

Estaba confundido.

—¡Tienes que pasar por esa calle a la fuerza! No hay otra salida.

—Sí la hay.

—¿Cuál?

—Salir por una ventana del ático y entrar por otra que esté abierta, de otra casa, bajar por unas escaleras que desembocan en la Rue de Seine y luego por la Rue Jacob.

Sus ojos se agrandaron, incrédulos.

—¡Fuiste por los tejados! ¡Estás loca! —estaba angustiado por ella—. ¡Célie, podrías haber resbalado y matarte! ¡Si te hubieras hecho daño, nadie te habría encontrado! Te habrías muerto de frío allí arriba. No lo vuelvas a hacer, ¿me escuchas?

—Claro que te escucho —dijo con un intenso estremecimiento de satisfacción—. Y haré lo que me parezca —se inclinó hacia delante, cortando la discusión—. Georges, uno de los que estaban en casa mató a Bernave. No sé la causa, pero puede ser una razón cualquiera. Me parecía saber más o menos lo que creía cada uno, pero ¡quizá estaba equivocada! Quizá uno de ellos sea un realista en secreto —ignoró la incredulidad en el rostro de él—. O tal vez alguien veía el peligro, lo mismo que nosotros, en la ejecución del rey, y si sabían que Bernave estaba trabajando en realidad para la Comuna...

El resto de la frase quedó en suspenso. La conclusión que se podía deducir era obvia.

Una ráfaga de viento en el tejado sacudió la ventana y envió una corriente de aire gélido por debajo de las rendijas.

—¿St. Felix? —dijo él con sorpresa —¿No era el único que sabía alguna cosa acerca de lo que Bernave tramaba?

—Creo que sí —admitió—. De todas maneras, ni Fernand ni el ciudadano Lacoste sienten simpatía por los aristócratas y menos aún por el rey.

—Ni yo tampoco —dijo Georges calmadamente.

En su voz había rencor, una tristeza que no quería admitir o explorar.

—Yo solo creo que al ejecutarlo las cosas van a empeorar.

Célie recordó cuando él había hablado de sus tierras con una sensación inquietante de pérdida. Todo ello formaba parte de antiguas costumbres que habían desaparecido.

—El ciudadano Lacoste apoya a Robespierre —ella razonó en voz alta, observando la cara de Georges y deseando entender algo más, aunque le diera miedo—. Pero no estaría en contra de nadie que espiara a los realistas. Y Fernand apoya a la Comuna y a Marat. Cree que nos van a salvar de todo.

—¡Qué Dios nos proteja a todos! —exclamó amargamente—. ¡Y no me digas que no puedo hablar de Dios! De perdidos, al río —pero su sonrisa fugaz había desaparecido como si nunca hubiera existido—. ¿Qué me dices de Madame Lacoste?

Célie intentó recordar algún momento en que Madame Lacoste hubiese hablado de convicciones políticas, incluso evocar alguna reacción de su rostro ante las noticias de victoria o derrota de cualquier causa, pero no tenía ninguna imagen clara, ninguna emoción al respecto excepto lástima o exasperación. Con Madame lo que importaba eran las personas, no las ideas. Algunas veces había rencor por algo perdido del pasado, pero no quedaba nada de sorpresa o de rabia. Fuera lo que fuese, hacía mucho tiempo que lo había aceptado. Se preocupaba muchísimo por su familia, pero lo demás era íntimo. Célie ni tan solo sabía lo que sentía por Bernave. Algo poderoso, profundamente escondido. Ella suponía que era resentimiento porque su familia dependía de él, y temor en caso de que él les fallara en su sustento, tanto si era de manera intencionada como si no.

Entonces Célie recordó la ternura con que Madame había lavado su cuerpo exánime y lo había dejado descansar en paz. Tal vez lo había hecho solo por sus creencias religiosas, al sentir la pena de cualquier mujer por alguien que ha muerto.

—No lo creo... —empezó muy despacio.

—¿Qué sabes de ella? —le presionó.

—Supongo que no sé nada. Solo recuerdo su cara cuando vio a Bernave muerto. Ella y Marie-Jeanne eran las únicas que estaban afectadas... y yo —confesó sinceramente—. A mi me gustaba, a pesar de la manera como trataba a St. Felix.

La cara de él se ensombreció.

—¿A St. Felix?

—Sí... siempre le mandaba los peores encargos, los más desagradables y peligrosos. No creo que yo hubiera ido, no a las horas y a los lugares a los que le mandaba.

—¿Como cuáles? —insistió Georges.

—A entregar mensajes... —entonces se dio cuenta de la importancia de lo que estaba diciendo— a hombres de las Secciones... y a la Comuna. Cosas que tenían que ver con la escapada del rey de la ciudad. Los hombres de Marat... —miró su cara tratando de leer algún signo.

Vio el rápido asalto del miedo y se sintió mal.

—Ha vuelto a casa dos o tres veces malherido por alguna paliza que le habían dado —bajó el tono hasta convertirse en un susurro—. La última vez, lo atrapó uno de los hombres de las cuadrillas que merodeaban por ahí. Regresó con heridas serias.

—¿Cuándo?

—Ayer, justo el mismo día que mataron a Bernave. ¿Crees que descubrió que Bernave trabajaba para los dos bandos... o en el bando equivocado?

—¿Qué más sabes de St. Felix? —insistió Georges—. Aparte del hecho que parece que Bernave confiaba en él. ¿Quién es? ¿De dónde es? ¿Cómo le conoció Bernave?

Esta vez ella se quedó recapacitando un rato antes de contestar, intentando recordar de nuevo y desechar las impresiones personales de los hechos concretos. Apenas se daba cuenta del frío que tenía. Estaba toda encogida y tenía los dedos insensibles.

—Llegó a casa un poco después que Amandine y yo, a finales de octubre. Obviamente, Bernave ya le conocía de antes, pero parecía como si no hiciera muchos años que se habían visto. Bernave estaba sorprendido, eso te lo puedo asegurar. Se le veía claramente en la cara. Había algo en St. Felix que él no se esperaba, pero nunca dijo el qué y yo no tengo la menor idea. La mujer de St. Felix murió. Laura, me parece que se llamaba. Él parecía muy afectado, aunque creo que no era reciente. Quizá hacía más de un año. Él estaba muy angustiado. No sé si se había quedado sin casa, si la revolución se la había quitado o si no se había quedado en su ciudad por alguna otra razón.

Se esforzaba por recordar los escasos momentos en que había visto su rostro tranquilo, sin estar alerta. Siempre había percibido una gran soledad en él, como si el pasado retornara inexorablemente y no pudiera apartar la pérdida y el resentimiento que le impregnaban. Le dolía verlo por él y por Amandine, porque daba la sensación de que nadie podía llegar a él.

—¿Dónde estaba? —preguntó—. ¿Su casa?

—No lo sé. Casi nunca habla de ello. Quizá sea demasiado doloroso. Me da la impresión de que sencillamente quiso marcharse del sitio donde había sido feliz con su mujer... es comprensible.

Trató de imaginarse cómo sería amar a alguien de una manera tan completa, viviendo una época perfecta, cuando se podía compartir todo lo que realmente importaba, lo bueno y lo malo, la risa, la belleza y el dolor. Y luego la insoportable soledad cuando esa persona desaparecía... probablemente para siempre, si en verdad Dios no existía. Quizá era intolerable quedarse en el mismo lugar. Tenías que marcharte de allí lo antes posible con los recuerdos intactos, no podías quedarte sin la persona que amabas, no podías estropear los recuerdos con cosas que habían sucedido después.

Y no era difícil imaginar que St. Felix podía sentirse así. En su mente, Célie veía la cara de él llena de tristeza, ese sentimiento tan elusivo que nadie en la casa del Boulevard St-Germain había conseguido descifrar. Seguramente Amandine era la que más se había acercado, pero la esencia de ese sentimiento se le escapaba incluso a ella. St. Felix tenía un corazón secreto, un recuerdo o un sueño que nunca compartía. Estaba presente en sus ojos aun cuando reía.

Georges estaba esperando a que continuara. La observaba, sentado en una posición que era repetición de la suya, encorvado, con la manta envolviéndole igual que a ella la envolvía la capa.

—No sé —dijo finalmente—. Es una parte de él a la que no se puede acceder, a lo mejor para que nadie se lo pueda arrebatar.

—Eso no nos dice mucho —señaló ásperamente—. Ante los hechos, podría significar cualquier cosa.

Ella temía que St. Felix hubiese matado a Bernave no por razones políticas, sino por el odio que le pudiera generar las continuas humillaciones y peligros a los que este le exponía.

—¿Qué? —le pidió Georges leyendo sus gestos—. Has pensado en algo.

No tenía ningún sentido no contárselo.

—¿Qué pasaría si se tratara sencillamente de rabia por la manera en que lo trataba Bernave? —preguntó.

—¿Y por qué lo permitía? —él le rebatió.

—¡Yo qué sé! Cualquiera le habría dicho que no mucho antes, pero él no. Daba igual lo que Bernave le pidiera, incluso si llovía a cántaros o era media noche, él nunca se negaba. Ni tan solo se quejaba. No sé el porqué.

—Porque creía en la causa con la misma pasión que creía Bernave —respondió por ella.

Ella no dijo en voz alta la otra razón que le había pasado por la cabeza con una claridad terrible y veloz.

Él sí lo dijo, exactamente como si le hubiese leído el pensamiento.

—O quizá Bernave tenía algún tipo de poder sobre él, alguna manera de obligarle a hacer lo que él quería y a la que St. Felix no podía negarse. Hasta ayer por la noche.

La escudriñó, buscando en sus ojos lo que opinaba ella.

Otra ráfaga de viento golpeó la ventana, que quedó salpicada de aguanieve.

—Supongo que sí —admitió—. No consigo imaginarme a St. Felix así. Parece tan... —bajó la mirada—. Amandine está enamorada de él. Si matara a alguien sería... sería por una razón mejor que para evitar la coacción.

Alzó los ojos, llenos otra vez de confianza.

—Si Bernave le obligaba a hacer cosas que él creyera que estaban mal, se habría enfrentado a él y se habría negado el primer día, no ahora después de meses.

Él apoyó la cabeza en las manos y se frotó lentamente los ojos. En el silencio se oía la suave fricción de las palmas de sus manos contra la barba sin afeitar.

—¡Dios mío! ¡Menudo embrollo! —suspiró él—. Yo creía totalmente en Bernave. Nunca dudé de él. Parece absurdo, pero ¡había tantas otras cosas de las que preocuparse!

—Y todavía las hay —le aseguró—. Ahora que Bernave ha muerto, hemos perdido a la única persona que conocía todo el plan y a la gente implicada.

Él alzó la vista.

—¿Estás preparada para continuar sola si hay alguna salida?

—¿Sin Bernave? —Célie pensó en todas las cosas que tendrían que averiguar: quién estaba a punto para reemplazar al rey, cómo se pondrían en contacto con él. Quién más conocía los detalles y quién podía traicionarlos. Qué tendrían que cambiar, por seguridad, y cómo conseguirían hacerlo a tiempo.

Georges la miraba, con sus oscuros ojos bien abiertos.

—Si no seguimos, el rey morirá y nos veremos sumidos en un caos peor del que tenemos ahora... en la guerra —dijo él—. Los riesgos son más altos. Tendremos que cambiar todas las cosas sobre las que Bernave conocía los detalles, en caso de que Menou tenga razón y Bernave trabajara para la Comuna.

La magnitud de aquello la aplastó, casi cortándole la respiración.

—¡Pero estarán al acecho del cualquier acción! ¡Van a doblar la guardia y estarán esperando!

—Claro —admitió él—. Lo que haremos será adelantar la ruta respecto a lo que habíamos planeado. Nunca le dije dónde estaban los pisos francos que había localizado. Él tampoco preguntó. Pero conocía el que hay en el Faubourg St-Antoine porque mandó a St. Felix ahí. Tendremos que encontrar otro.

—¡Él sabía quiénes eran los cocheros! —continuó ella—. Me mandó a entregarles unos mensajes: Bombec, Chimay y Virieu.

Él se quedó en silencio durante un momento.

—¿Qué? —preguntó ella.

—No podemos cambiarlos —le respondió—, son los únicos que conocen al hombre que reemplazará al rey, que reconocerán la ropa que lleve el rey y creerán que es él.

—¡Eso significa que no forman parte del plan! ¡No están al corriente! —señaló—. Así que Bernave no les habrá confiado nada, ¡sea cual sea el bando en que estaba! ¡Todavía nos pueden ser útiles! Solo tenemos que cambiar los pisos francos.

La sombra de una sonrisa afloró en los ojos de Georges.

—Vas a continuar con el plan, ¿verdad?

Su seguridad la reconfortó y la asustó.

—Tenemos que hacerlo —siguió ella, tragando saliva—. Bernave ha muerto, pero nada más ha cambiado. Si no continuamos, todo lo demás va a ocurrir; la guerra y todo lo demás.

Él asintió, con un gesto leve a la luz de la vela que se apagaba.

—Necesitamos a St. Felix —admitió él—, conoce las rutas fuera de la ciudad y tiene los salvoconductos. Tendrás que hablar con él, a ver si todavía está con nosotros.

—Hablaré con él —prometió, aunque odiara tener que hacerlo —no tenía ni idea de cómo respondería, ni qué argumentos tendría que usar. Y, aún así, si había soportado todo tipo de dificultades, incluso maltratos por parte de Bernave, su lealtad a este debía de ser muy ferviente. ¿Quizá él lo entendía mejor que ella?— Sí, claro que hablaré con él —repitió con más firmeza.

Hizo ademán de levantarse y ponerse en marcha.

Él se avanzó y la cogió por la muñeca. Sintió la fuerza de sus dedos.

—Hay otra cosa que deberías hacer esta noche —dijo con urgencia.

Ella se dejó caer otra vez en la silla, esperando.

—Tienes que revisar todos los papeles de Bernave, antes de que lo haga Menou —dijo—. Destruye todo lo que nos delate o que lo parezca. Seguro que él los revisará mañana por la mañana. Buscará datos para saber quién mató a Bernave. Tendrá en cuenta el dinero y el negocio. Me figuro que Marie-Jeanne los heredará. Si nadie los revisa, imagino que ella lo hará. Si encuentra alguna cosa sospechosa, o que no entienda, se lo enseñará a Menou. Debes hacerlo esta noche.

Ella asintió, con la garganta demasiado tensa para poder hablar. Solo con pensarlo se le revolvía el estómago de miedo.

—Recuerda todo lo que puedas sobre las rutas que utilizaba para ir a España, a Inglaterra o a Italia —continuó—. Las posadas donde cambiaba los caballos, las propiedades que tenía, cualquier cosa que pueda formar parte del plan o que nos pueda ser útil. No destruyas nada que esperen encontrar a menos que nos delate claramente. No te lleves nada. Te pueden registrar y no nos podemos permitir que te encuentren con algo encima. Aparte de que llamaría la atención por si solo, te detendrían por robar.

Todavía la tenía cogida por la muñeca. Su mano apretó un poco más fuerte.

—¡Ve con cuidado, Célie!

—Lo haré.

La ansiedad de su voz era mejor que el fuego del licor, calentaba la sangre que palpitaba dentro de ella. Se puso de pie sintiendo como los dedos de él se aflojaban, y la soltó.

Él también se puso de pie, formal, como si estuvieran en un salón, como los días antes de la revolución e incluso antes. Estaba muy cerca de ella.

—Yo... ¡desearía poder ayudar! —toda la rabia y la frustración de su confinamiento como fugitivo se dejaban sentir en su voz y en su rostro bajo las sombras inquietas de la luz de las velas.

—Iré con cuidado —le prometió, tanto a él como a ella misma—. Tampoco no podrías entrar en casa. Y si es uno de nosotros, cuanto más discretos seamos, mejor. Ahora me voy.

Tengo muchas cosas que hacer antes de que los demás se levanten.

—¿Cómo volverás a entrar? —le preguntó, volviéndola a coger por el brazo.

—No lo sé —reconoció. No había llegado a pensar tan lejos. No podía entrar en casa de cualquiera para deshacer el camino que había tomado, por los tejados.

—Yo... ya se me ocurrirá algo.

Pero no se movió, porque por su cabeza pasó con toda claridad la idea de quedarse toda la noche en la calle.

—Iré contigo —era una afirmación.

La cogía con demasiada fuerza para soltarse.

—¿Por qué? —le discutió—. ¡Tú tampoco podrás entrar y te pueden ver!

—Te ayudaré a subir al tejado de la casa de la Rue de Seine. Conozco un atajo. Camina detrás de mí y no digas nada. Y no vuelvas a hacerlo.

Sopló la llama de la vela y pellizcó la mecha, luego abrió la puerta y, tomándola de la mano, se dirigió en la más absoluta oscuridad hacia la estrecha escalera por la puerta exterior y, finalmente, bajó el último tramo de escaleras hasta la calle helada.

Avanzaban juntos, con cuidado, inseguros de los adoquines bajo sus pies. Las piedras se movían y eran irregulares, los charcos eran hondos. Andaban con la cabeza baja para protegerse del viento y las ráfagas de aguanieve, que no cesaban. Cruzaron el Boulevard St-Germain por delante de la iglesia y entraron en la tranquila Rue de Seine. No había casi nadie, solo el brillo lejano de las antorchas de un grupo de soldados que se adentraban en la Rue Dauphine.

Cuando llegaron a la última casa antes de la esquina, aproximadamente a la altura de la de Bernave y de espaldas a esta, Georges se detuvo y extendió el brazo para que ella también se detuviera.

—Desde aquí podrás subir —le susurró—. Yo subiré primero, luego coge mi mano. Desde el segundo piso te podré alzar hasta el tejado. A partir de ahí, tendrás que buscar el camino hasta la ventana de tu casa. ¡Ve con cuidado! ¿Sabes cuál es?

No lo sabía seguro, pero ahora no tenía sentido admitirlo. Debería haber dejado una vela encendida, pero no había pensado en eso.

—Sí —mintió con seguridad. Pensaría que era una estúpida si le decía la verdad, y eso sería peor que andar por los tejados helados—. Gracias.

Él empezó a subir, le alargó la mano para que se la cogiera y ella se sujetó tan fuerte como pudo.

Con las manos casi agarrotadas, maldiciendo las faldas, subió por los salientes helados hasta que él la levantó los últimos metros y sintió el canto del tejado bajo las rodillas.

—Gracias —repitió, los dientes le castañeaban—. ¡Regresa antes de que te vean!

—¡Ve con cuidado! —volvió a decirle y se marchó, engullido por la impenetrable sombra. Célie se encontró sola entre los tejados. Las siluetas aparecían negras recortándose contra el cielo, los florones destacando con una extraña belleza.

Capítulo VI

Célie encontró exactamente la misma ventana, aunque le pareció que esta vez había tardado siglos. El pasador todavía estaba abierto, así que saltó adentro y se deslizó hasta el suelo con un gran descanso, porque durante un rato las piernas le temblaron sin parar. Al menos aquí se estaba más caliente, mucho más que en la gélida buhardilla de Georges. ¿Podrían seguir manteniendo la casa caldeada, ahora que Bernave había muerto?

Era una reflexión miserable y egoísta, pero demasiado sensata para ignorarla.

Se puso otra vez de pie, se acercó a la puerta y escuchó. No se oía ningún ruido en la casa. Se escabulló a su cuarto con una tremenda sensación de alivio, se quitó las botas y la capa empapadas y se dio cuenta de que la falda también estaba mojada, así que se la cambió por una de seca. Contempló su reflejo en el cristal. Tenía la piel sonrojada por el frío, su pelo claro brillaba. Se lo recogió, escondiendo las puntas mojadas, y bajó las escaleras hasta la puerta del cuarto de St. Felix. ¿Debería llamar y arriesgarse a que alguien la oyera, o debería sencillamente entrar, aunque fuera una intromisión? Ahora la propiedad privada ya no existía, carecía de importancia, en comparación con todas las demás cosas que estaban en juego.

Levantó la aldaba y entró. Estaba totalmente oscuro. No entraba luz por las ventanas que daban a los tejados, y en el silencio se oía el viento y la lluvia.

—¡Ciudadano St. Felix! —dijo suavemente.

Silencio. No le oía ni respirar. ¡Seguro que estaba ahí!

—¡Ciudadano St. Felix! —a pesar de que intentara evitarlo, le temblaba la voz; podía sentir su propio miedo al hablar.

—¿Qué hay? —llegó su respuesta de la oscuridad, con un tono de alarma—. ¿Célie?

Se quedó quieta donde estaba, apoyada en la puerta cerrada. No quería moverse por si tropezaba con alguna cosa. No había estado nunca en esa habitación. Era Amandine quien le traía la ropa limpia.

—Sí —contestó mientras intentaba calmarse respirando profundamente y el corazón le latía con fuerza—. Tengo que hablar contigo. La muerte de Bernave ha cambiado muchas cosas. Tenemos que... reconsiderar el plan.

Se oyó un movimiento en la oscuridad. Tenía escalofríos. Él debía de estar helado. ¿Se estaba poniendo la ropa? Un instante después se oyó la yesca que se encendía y apareció una llama. Vio sus manos, fuertes y admirablemente esculpidas. Encendió una vela y la llama se elevó, mostrando su cara, sus ojos de un gris verdoso y el halo de cabello castaño. Bajo el resplandor dorado aparecía flaco, más que guapo; incluso se diría que era hermoso.

—¿Qué es lo que quieres decirme? —le preguntó.

No estaba enfadado, pero en él había un distanciamiento que manifestaba que sin duda le había importunado.

Eso la molestaba, porque la ponía en una situación embarazosa. Iba a ser más difícil de lo que había previsto.

—Fui a ver a Georges Coigny.

—¿Cuando? —la interrumpió, luego desvió la mirada—. Ahora ya no importa. Bernave está muerto. Me gustaría podérselo comunicar a Coigny, pero Menou no nos permitirá salir de esta casa hasta que encuentre al que lo ha matado y lo arreste —tenía la voz tensa por el esfuerzo—. Supongo que alguien se lo dirá....

—¡Acabo de verle! —dijo con más brusquedad de la que quería—. Yo se lo he dicho.

Rápidamente giró la cabeza y la miró fijamente.

—¿Qué quieres decir con que «acabas»? No has podido...

—Salí por el tejado —dijo llanamente. Aunque sonara presuntuoso, era la simple verdad—. Si hubiera salido a la calle me habrían detenido. Tenía que decírselo.

La observó más de cerca con los ojos casi cerrados. Se dio cuenta de que él empezaba a entender que le tenía que comunicar algo muy importante, más que ninguna otra cosa que le hubiera dicho antes.

En cierta manera la hacía sentir desnuda. Una vergüenza que volvía a recordar, nunca completamente olvidada, revivía un dolor ciego y arrollador. Pero ahora eso era irrelevante. Tenía que contarle lo que Georges le había dicho, convencerle para continuar, completar las piezas que faltaban y cambiar las que se tuvieran que cambiar.

—No estoy muy seguro de que ese riego valga la pena —dijo con un suspiro.

No había ánimo en su voz, ninguna esperanza. Se sentó en la cama y le señaló la única silla que había. Ella intentó leer su expresión. La luz de la vela la hacía más dramática, surcando las líneas que iban de la nariz a la boca con más profundidad, iluminando la sutil curva de los pómulos, la frente delicada y el movimiento de sus párpados. Era la cara de la tragedia, demasiado vulnerable ante el dolor.

Georges era muy distinto a St. Felix, tenía un puntal de seguridad a su alrededor que a la vez la atraía y la irritaba. Hasta esta noche había estado tan seguro de todo. Ahora que el puntal se había agrietado, todo sería distinto, al menos durante unos días.

—Él quiere seguir adelante —le dijo en voz baja.

—¿No le dijiste que Menou había dicho que Bernave era un espía de la Comuna? —le preguntó St. Felix sorprendido.

—¡Claro que se lo dije! —le respondió rápidamente—. Pero eso no significa que sea verdad. Y aunque lo fuera, no cambia lo que va a pasar si dejamos que ejecuten al rey. Solo significa que tenemos que volver a planearlo todo, buscar a gente distinta, lugares diferentes...

Él se inclinó hacia delante.

—¡Si eso es verdad, Célie, es casi seguro que nos ha delatado a Marat y a la Comuna! ¿No oíste a Menou decir que era un leal hijo de la revolución?

—¿Entonces por qué no nos han arrestado a todos? —le desafió—. ¡Tal vez sea a Marat, al que ha embaucado! Por supuesto que tendremos que cambiar lo que sabemos, por si acaso. Pero podemos conseguirlo si lo hacemos bien. Bernave no sabía cuáles eran los pisos francos, excepto el que está en St. Antoine. Ni conocía a la gente que Georges había reunido para asaltar los carruajes, así que no podía...

—¡Pero sí sabía que había un plan! —la cortó con la voz cargada de amargura—. Marat estará pendiente, esperando cazarnos. Estará preparado.

—Igualmente lo estaría —continuó—. Esperará un atentado en el momento de la ejecución, al menos por parte de los realistas. Pero ¿no vale la pena intentarlo? —estaba alzando la voz.

La intensidad de sus emociones emergía de esas simples palabras, la rabia y la confusión hacia Bernave y la necesidad de justificar la fe que Georges había puesto en ella para convencer a St. Felix, porque él solo no lo podía hacer. Era por el bien de todos, de Francia, aunque solo entendieran una pequeña parte del proyecto o nada en absoluto. Pero, además, sentía exasperación por ella, quería aplacar la culpa que devoraba cualquier esperanza interior. No era a Dios a quien necesitaba encontrar, era la luz interior, el principio de la persona que quería ser, no la mujer que había juzgado apresuradamente, sin tener ninguna certeza, y que había dejado que su dolor se convirtiera en una furia que casi destroza a otra persona.

—¿Qué más podemos hacer? —le exigió a St. Felix—. ¿Dejarlo correr? Entonces, quien quiera que sea el que asesinó a Bernave, nos ha derrotado a todos con un solo gesto.

Estaba totalmente inmóvil. La llama vaciló, iluminando los ojos de él, pero no se podían entrever sus pensamientos y su mirada era lejana, estaba más allá de ella.

—No creo que nos haya traicionado —dijo finalmente—. Lo conocía desde hacía mucho tiempo. Hacía muchas cosas que yo no entendía. Me puedo equivocar al decir que no es un traidor, pero me arriesgaré. Como tú dices, la otra alternativa es rendirse sin intentarlo —agitó la cabeza un segundo—. Pero yo no sé nada de Georges Coigny, solamente que es primo de Amandine. No es suficiente para confiarle nuestras vidas.

Célie intentó pensar en alguna cosa que le pudiera contar de Georges para que creyera en su valor y dedicación a la causa, incluso en su capacidad para cumplir lo que prometía. ¿Pero qué sabía ella? No encontraba las palabras, las impresiones llenaban su cabeza, los recuerdos del calor y la sangre de septiembre, de sus propias emociones, los consejos que Madame de Staël le había dado en el carruaje cuando huían de París.

St. Felix esperaba con una chispa de curiosidad en los ojos.

—Bernave le conocía bien y confiaba en él; no nos ha defraudado nunca —dijo en voz alta—. Es todo lo que necesitas saber. Si pudiera contarte la historia de su vida, nada cambiaría —Célie se encogió de hombros, un tanto exageradamente—. Podría ser otro La Fayette, ¿verdad?, que cambió de bando en el último momento. O podría morir por sus convicciones, como sabe Dios cuántos curas —hizo una mueca—. Pero, en ese caso, supongo que ellos mismos se traicionaron, ¿no? Si te pasas la vida convenciendo a todo el mundo de que los bienes de esta existencia no son nada y que el cielo lo es todo, cuando te piden que des tú mismo el paso, si lo rechazas quedas como un hipócrita de primer orden —hizo un gruñido de desdén—. Tampoco es que a Danton o a Hébert les haya importado mucho.

—¿Qué? —dijo él secamente.

—Ambos se habían ordenado curas —le recordó.

St. Felix tragó saliva. Vio como su garganta hacía el movimiento. Parecía que sentía una punzada de dolor, pero ella no podía ni adivinar por qué era. Todos habían perdido algo querido durante esos días, alguien a quien habían amado. Célie no le preguntó.

La miró, examinando su cara por primera vez.

—¿Qué es lo que tanto te importa que te subes a los tejados por las noches para decirle a Coigny que Bernave ha muerto? —le preguntó con suavidad—. ¿Y por qué te esfuerzas tanto en convencerme? ¿Es por Coigny? ¿Le amas?

Eso la irritó enormemente. Era ofensivo y era además una mentira colosal. Le trajo recuerdos de Thérèse, de Amandine y de toda la vergüenza que había sufrido. Su rabia se inflamó, la sangre le quemaba la cara.

—¡No, no es eso! —reaccionó herida—. ¿Y tú vas al Faubourg St. Antoine para que te den palizas y cuchillazos, y llevas mensajes a cualquier hora de la noche aunque estés agotado y helado porque estás enamorado de alguien? —pronunció las últimas palabras con menosprecio—. ¿O por qué crees en la causa de la gente de Francia y estás intentado evitar que nos hundamos en el caos, el hambre y la guerra?

—Baja la voz —le dijo calmadamente—. ¿Quieres que el ciudadano Lacoste entre preguntando qué diablos estamos haciendo?

Estalló en una risa brusca y dolorosa.

—¿En tu cuarto, a estas horas de la noche? ¡No tendría tan poco tacto!

Entonces fue el turno de él para que el rubor le cubriera las mejillas.

—¡No has contestado a mi pregunta! —continuó ella, volviendo a hablar en voz baja y entre dientes—. ¿Tan arrogante eres que te crees que solo tú puedes pensar más allá de los que amas y odias, pensar en algo más grande? Yo me doy cuenta de lo que harán los países que nos rodean si ejecutamos al rey. Todo son monarquías. Están todos relacionados unos con otros, aunque sea únicamente por interés. Nos acecharán como si fuéramos una enfermedad contagiosa que se tiene que erradicar para poder salvarse. No hace falta ser un aristócrata para temerlo.

—¿Dónde has aprendido todo eso? —alzó ligeramente las cejas recobrando la compostura—. Te pareces a Bernave. Todavía puedo oírle diciendo exactamente las mismas cosas.

—¿Pero si las decía él, sí te lo creías? —le lanzó el desafío—. ¿Y a mí por qué no?

Dudó. Podía ver indecisión en sus ojos, en su boca. Él no deseaba ser cruel. ¿Cuántas veces había visto en St. Felix una gran paciencia con los demás, con la terquedad de los niños, los prejuicios de Fernand o de Monsieur Lacoste, la ignorancia de Marie-Jeanne, la crueldad de Bernave? Entonces lo había admirado, le parecía que una comprensión tan grande tenía cierta grandeza. Ahora, puesto que se interponía ante lo que ella necesitaba que creyera, le pareció condescendencia. Era consciente de su propia doble moral, y eso aún la irritaba más.

—¡No es momento de cortesías! —siseó—. ¡Ahora cualquier cosa, la verdad más aún, puede mandar no solo al rey a la guillotina, si no también a todos nosotros!

Él se encogió débilmente de hombros. Era un gesto delicado, la resignación de un caballero ante lo inevitable.

—Eres una lavandera, con cierta valentía e imaginación y con una gran lealtad hacia Bernave, pero una criatura natural de la revolución —dijo razonadamente—. Es la lucha de tu gente contra siglos de opresión. Es la justicia por la que habéis pasado hambre y habéis muerto, al fin a vuestro alcance. ¿Me pides que crea que tu lealtad hacia Bernave es tan grande que vas a luchar contra todo lo que es natural para ti y contra lo que te han enseñado a confiar en tu vida, que vas a abandonar a tu gente por una causa que tiene tan pocas posibilidades y tanto riesgo? ¿Por qué lo haces? ¿Por amor a qué, si no es a un hombre?

¿Qué podía decirle, si no la verdad? Si continuaba protegiéndose, escondiendo su herida, él no la creería. Significaba dejarla al descubierto otra vez, pero también era un engaño creer que alguna vez se había curado.

No tenía sentido contarle nada de sus padres. No eran trabajadores, ni habían sufrido opresión, pero eran fervientes revolucionarios con un idealismo insensato, con ideas que no se basaban en la realidad. Pero instintivamente escondió la debilidad de ellos, los sueños y los errores que tan caros habían pagado. Era totalmente innecesario para lo que St. Felix quería saber, o que le pudiera parecer relevante.

—Fui la doncella personal de Madame de Staël desde antes de la revolución —empezó.

Si no entendía lo que eso representaba, no tenía sentido.

Sus ojos se agrandaron un poco. Su asombro no la sorprendió. Madame era la clase de mujer por la que St. Felix sentía una admiración intensa, lo mismo que muchos otros hombres. Si tuviera tiempo, cerraría los ojos y recordaría los maravillosos meses cuando noche tras noche el salón de Madame se había llenado con los nombres más importantes de Francia. Hablaban interminablemente, inteligentes y brillantes conversaciones sobre una visión que incendiaría Europa con un nuevo orden social de justicia y libertad. Habían extraído enseñanzas de cualquier tema que pudiera tener interés para la mente del hombre, y con tanto ingenio, tanto divertimento. Tenía que esforzarse un poco para recordar el sonido de esas risas por la casa.

Los sueños de un cambio civilizado y pacífico se habían roto uno por uno. Los ministros que se habían sucedido no habían conseguido tomar el control de la economía, ni romper el yugo de la Iglesia sobre las tierras y los bienes, ni tampoco habían conseguido reformar el sistema de impuestos, corrupto y caótico. Necker, Mirabeau, La Fayette, todos habían hecho promesas que no pudieron cumplir.

El rey escuchaba al último que tenía algo que decirle, juraba buscar soluciones y después dudaba hasta que era el momento pasaba. Las exigencias del pueblo se volvían más duras y más radicales, y él las iba rechazando, aturdido y obstinado.

Finalmente, las envidias y ambiciones personales les habían dividido, las interminables disputas habían paralizado a los hombres que podían haber conseguido la noble y hermosa revolución de la que hablaban los filósofos con tantas esperanzas no hacía tanto tiempo.

Charles había muerto a causa de las fiebres y dejó a Célie sola con Jean-Pierre. Solo con pensar en él se le encogía el alma, hasta que el dolor se hacía insoportable. Odiaba a St. Felix por hacérselo revivir.

—Mi marido murió —lo dijo todo en una frase.

La sorpresa y la ligera sensación de desaliento habían desaparecido tiempo atrás. No hacía mucho más de un año, pero parecía otra vida. La breve ilusión del amor se había consumido un poco antes y se había acabado para Charles y para ella. El desasosiego de su enfermedad era lo que más pena le daba, por el desperdicio de su vida, pero no lloró cuando ya no le tuvo a su lado.

Alzó la mirada y se cruzó con una expresión de desolación en el rostro de St. Felix; en ese momento, si alguna vez había dudado sobre la sombría carga que llevaba dentro por la muerte de su esposa, su expresión lo confirmaba.

Apartó la vista. Ese dolor no se podía compartir y nadie debía ser testigo del dolor de los demás. Era parecido a mirar cómo le arrancaban el alma a un hombre desnudándole de toda protección.

—Eso no fue lo que me dolió —le explicó, pensara lo que pensara de ella—. Fue la muerte de mi hijo... de mi pequeño.

Era más difícil de lo que imaginaba, las palabras le salían como si le arrancaran la piel, pero ahora iba a continuar.

—Normalmente yo cuidaba de él. Madame era muy buena en ese sentido. Pero a veces había tanto trabajo que era imposible. Ese día lo dejé con Amandine. La razón poco importa ahora.

Esta parte tenía que contársela rápidamente, sin detalles, solo pasando por encima.

No la interrumpió, pero ella sentía sus ojos claros fijos sobre su cara. Era perturbador, como si pudiera ver la deshonra que se avecinaba.

Las palabras eran casi imposibles de pronunciar.

—Mientras estaba a cargo de Amandine... murió. No sabemos por qué, no me lo preguntes.

¿Por qué iba a preguntar? Pero, de todas maneras, ella quería evitarlo a toda costa.

—Yo también quise morirme.

Debía continuar, llegar al punto que era importante, que le explicaría por qué le preocupaba el rey y por qué haría cualquier cosa para ayudar a Georges Coigny, incluso arriesgar su propia vida incorporándose dentro de este montaje.

Él seguía mirándola, esperando.

—Al principio lo acepté —tragó saliva, tenía la boca seca y el cuello rígido—. Entonces Thérèse, la lavandera de Madame, me contó que Jean-Pierre había muerto porque Amandine se había descuidado de él mientras se acostaba con su amante. Que cuando el niño empezó a llorar le ignoró, le dejó... —no podía pronunciar las palabras—, le dejó ahogarse, asfixiarse. No se lo podía perdonar —se apresuró a decir—. Pensar en eso... era más de lo que podía soportar.

—Claro —le dijo suavemente.

Su actitud había cambiado por completo. Había una gentileza en él que nunca antes había visto. Él entendía su aflicción, que aquella pérdida era tan desgarradora que parecía como si a uno le destrozaran el cuerpo. ¿Pero entendería su culpa, su odio hacia Amandine? ¿Qué diría cuando le contara el resto? ¿La despreciaría? Apenas podría compararse con el desprecio que sentía hacia si misma.

Pero la historia a medias no tenía sentido.

—Thérèse me dijo que su amante era Georges Coigny.

—¿El primo de Amandine? —estaba desconcertado, la voz cargada de incredulidad.

—Entonces yo no lo sabía —¡Qué excusa más pobre! Se apresuró a terminar—. Creí a Thérèse. Les odiaba a ambos. Me consumía pensando en Jean-Pierre.

Qué raro y dulce era pronunciar su nombre, y cuánto dolía. Nadie volvió a hablar de ello, como si nunca hubiese existido. A Amandine le daba miedo sacar el tema y Georges ni tan solo lo sabía.

—Pensaba en su muerte día tras día —continuó—. Llenaba mis pensamientos, despierta y dormida. Soñaba con sostenerlo entre mis brazos otra vez...

Las lágrimas corrían por sus mejillas y se quedó en silencio.

Sintió su mano cerrarse sobre la de ella. La caricia era dulce, pero tan firme que no se hubiese podido soltar de haberlo querido. La pena que él sentía era tan intensa como la de ella, los unía. Le pareció que él también podía entender su falta. Excepto que ella había actuado de una manera muy distinta con su dolor. No podía mirarle a la cara, ni bajo la débil luz de la vela, para continuar su confesión.

—Planeé una venganza —susurró—. Darles una lección —cogió aire—. Esperé a que estuvieran juntos y repetí todas las cosas que Georges decía contra la revolución. Se lo conté a la guardia nacional y les dije dónde podían encontrarle: en casa de Amandine, así les arrestarían a los dos.

Oyó como él aguantaba la respiración, pero no dijo nada. Su mano sujetó la de ella con más fuerza. Su abrazo era sorprendentemente cálido y reconfortante.

—Fue a principios de septiembre —habló suavemente. No era necesario decir nada más. Todos conocían las masacres de septiembre—. La gente intentaba huir de París. Arrestaban a todo tipo de personas. Teníamos tanto miedo de que los austríacos arrasaran la ciudad. La guardia buscaba a uno de los amantes de Madame. Lo tenía escondido en su casa.

Extrañamente se acordó de todo eso sin sentir dolor, a pesar de lo que vino a continuación. Sentía una especie de libertad al pensar en Madame ahí de pie hablando con los guardias, conquistándoles para que no registraran su casa.

—¿Qué pasó? —St. Felix interrumpió las imágenes en su mente.

—La guardia llegó —respondió—. Estaban rabiosos y agresivos, querían arrestar a alguien, llenos de resentimiento por la riqueza de Madame y por sus modales. Les habló como si fueran iguales, como si tuvieran la misma inteligencia y cultura que ella —su voz se llenó de afecto—. Los mejores hombres de Europa la admiraban, filósofos y artistas de una generación entera, y ella miró a los guardias a la cara y sonrió, les halagó con tanta sutileza que ni se dieron cuenta. Simplemente les hizo sentirse importantes, incluso creyeron que le gustaban a ella. Y al final no registraron la casa.

—¿Y no le encontraron? —St. Felix se preocupaba.

—No. Escapó —todavía recordaba la sensación de victoria.

—¿Y tú?

Las lágrimas todavía estaban calientes sobre sus mejillas.

—De repente me di cuenta de lo maravilloso que es ser valiente, salvar a alguien en vez de destruirle. Quería ser como ella, con valor, encanto, inteligencia y honor más que nada en el mundo. Y me odiaba a mí misma por lo que había hecho.

La fuerza de su sinceridad resplandecía a través de sus palabras, la voz le temblaba.

—No podía deshacer lo que le había hecho a Georges. Nadie me hubiese creído. Todo cuanto podía hacer era avisarles a los dos.

—¡Y lo hiciste! —exclamó con ronca y apasionada.

—Sí..., pero les tuve que decir por qué buscaban a Georges: porque yo le había traicionado.

Era una palabra terrible, pero una vez la hubo pronunciado ya no era necesario repetirla. La verdad había ganado. Había sido sincera con esa parte de su pasado que nunca desaparecería.

St. Felix estaba en silencio, esperando a que continuara.

—Encontré a Georges —retornó claramente a su memoria—. Era al principio de las masacres de septiembre. Le perdí entre la muchedumbre. Madame escapó llevándome con ella. Volvió a Suiza, a lo mejor ya lo sabes. En el carruaje que salía de París me contó que Amandine y Georges eran primos y amigos de toda la vida, no amantes. Thérèse se inventó la historia por celos, Georges... Georges es muy apuesto, encantador.

¿Por qué le costaba tanto decirlo, incluso a estas alturas? Ahora supo que no era tan fácil ni banal como hasta ahora había creído.

—¿Y Thérèse quería hacerle daño porque él la había rechazado? —terminó St. Felix calmadamente.

—Sí. Y yo le hice el favor —se ahogaba en su propio menosprecio—. Así que ahora Georges está escondido en una buhardilla, como un proscrito, muerto de hambre y de frío, y no se atreve a salir si no es de noche, porque todos los hombres de la guardia nacional reconocerían su cara y su cabeza tiene precio por ser contrarevolucionario... y yo puse ese precio.

St. Felix sonrió con un destello de ironía amarga.

—Quiere salvar la vida del rey, Célie. ¡Eso es lo más contrarevolucionario que se pueda ser!

—¡Él no quiere que vuelva al trono! —protestó, levantando la cabeza de repente y mirándole a los ojos—. ¡Tampoco es lo que yo quiero! Él solamente cree que si ejecutan al rey, Europa al completo estará en contra de nosotros. Todas las cosas buenas por las que hemos luchado y todos aquellos que han muerto por ello no habrán servido para nada. Nos arrasarán ejércitos de países extranjeros, que son absolutistas, y nos impondrán un gobierno exactamente igual al que acabamos de quitarnos de encima. ¡Solo que será peor, porque no serán ni franceses!

—¿Y tú quieres saldar tu deuda con Georges Coigny? —añadió él.

La crudeza de la verdad se le clavó con esas palabras.

—Sí.

Con una palabra había bastante. Eso era todo: compensar a Georges por lo que le había hecho; ser como Madame de Staël, valiente, compasiva y honesta, no como Célie Laurent, que quería vengarse por algo que no había sucedido y que permitió que el sufrimiento destrozara su humanidad, incluso sabiendo lo que era correcto.

—Ahora lo entiendo —dijo St. Felix en voz muy suave; en sus ojos había un dolor ferviente que le hizo sentir que en verdad era así. Las palabras que decía no eran reconfortantes, pero habían establecido un puente entre ellos donde ella nunca pensó que podía existir.

—Y de ahora en adelante confiaré en ti —añadió.

Su tono cambió.

—De todas maneras, si vamos a continuar con el plan necesitaremos hacer más de lo que tú y yo podamos organizar en apenas dos días.

—¡No hay nadie más! —le recordó.

—Está Amandine —respondió él.

—No deberías arriesgar... —empezó Célie.

—Todos estamos en riesgo —la cortó—, pero no había pensado en nada peligroso. Solo que a ti y a Amandine os dejarán salir de casa, si es que se lo permiten a alguien. Menou seguramente os dejará salir a hacer cola para el pan. ¿Lo habías olvidado? No puedes hacerlo todo tú.

Se había olvidado por un instante.

—Suponiendo que Coigny vaya a los dos pisos francos que hay cerca de aquí, los que tiene cerca de su casa, y encuentre a los hombres que asaltarán el carruaje —continuó—, todavía nos faltará encontrar otro piso franco en el Faubourg St-Antoine. Y debemos asegurarnos de que estén los cocheros de los tres carruajes en los pisos francos, dispuestos a salir hasta llegar al mar o a las fronteras con Italia y España. Y del capitán del barco de Bernave en Calais —frunció el ceño—. Esa es la parte que menos me gusta.

—Él no confiaba en los cocheros —le explicó—. No nos traicionarán porque no saben lo suficiente. Todo el problema reside en llegar a los pisos francos y cambiarse de ropa. ¿Tienes los salvoconductos para salir de la ciudad?

—Sí.

Hizo una mueca al mover los hombros, recordando los moratones que se había ganado en esa tarea. De repente, sus ojos se agrandaron.

—¡No! Se los di a Bernave —dijo con voz seca—. ¡Estarán entre sus papeles!

—Voy a inspeccionarlos ahora mismo —respondió ella—. Los encontraré. Pero, ¿qué hay del hombre que reemplazará al rey? ¿Sabes quién es?

St. Felix estaba perplejo.

—No. Solamente lo sabía Bernave.

Ella no dijo nada. Su mente iba a toda prisa intentando recordar algo de lo que le dijo Bernave que les diera una pista sobre quién era ese hombre o cómo encontrarlo. Tenían tan poco tiempo. ¿Dónde podrían encontrar a esa persona? ¿En quién podían confiar?

St. Felix se enderezó.

—Dime si los encuentras —le dijo calmadamente—. Si no, tendremos que... encontrar a alguien —dijo sin esperanza.

No había nada más que añadir. Célie se levantó. Estaba tan cansada que la cabeza le retumbaba y se sentía mareada, pero tenía que inspeccionar el despacho de Bernave y todos sus papeles antes de que Menou volviera.

Salió de la habitación sin decir nada más. Después de estar a la luz de la vela, ahora la oscuridad era absoluta. Tanteó sus pasos hasta el pie de la escalera. Afuera la lluvia era esporádica y el viento soplaba ferozmente.

No tenía la menor idea de quién podía estar despierto. Intentaría no hacer ruido buscando entre los papeles de Bernave, pero necesitaba luz. ¿Qué ocurriría si alguien tenía la misma idea y la encontraba ahí? No tenía ninguna excusa que dar. Pensarían que robaba, o incluso peor, que le había matado ella por alguna razón, que los indicios estaban en esa estancia y ahora ella los estaba buscando. Tenía tan poco que ver con la verdad que era grotesco. Y si la cogían, con mucha suerte la echarían, y a las malas la entregarían a Menou para juzgarla y ejecutarla.

¿Quién más podía ir al despacho de Bernave en mitad de la noche? Monsieur Lacoste o Fernand, en caso de que temieran que Bernave tuviera papeles de los realistas que pudieran comprometer su reputación y, como consecuencia, su propiedad. Propiedad que por supuesto ahora pasaría a manos de Marie-Jeanne, aunque parecía estar poco interesada. ¡Pero ellos sí lo estaban!

Célie no quería que la encontraran allí. El precio sería muy alto. ¿Pero a quién podía acudir? ¿Quién la ayudaría a estas horas?

¡Madame Lacoste! Ella entendería por qué tenían que inspeccionar las posesiones de Bernave antes de que lo hiciera Menou, e incluso hacer desaparecer cualquier cosa personal o íntima, cartas privadas, referencias a cualquier miembro de la familia que pudiera exponerlo ante la guardia nacional y ante los ojos obscenos de la Comuna.

Y siempre quedaba la cuestión del dinero. ¿Quién les aseguraba que la guardia nacional dejaría los *sous* que encontrara?

Célie volvió a subir las escaleras de puntillas, todavía a oscuras.

¿Qué pasaría si llamaba a la puerta de la habitación de los Lacoste y se levantaba Monsieur en lugar de Madame? ¿Qué le diría? ¿Insistiría en acompañarla?

Se detuvo. ¿Y si despertaba a Marie-Jeanne en vez de a Madame? Al fin y al cabo, Bernave era su padre y ella era la heredera.

Su intuición la llevaba a la puerta de Madame. En su mente veía las delgadas y delicadas manos de Madame al tocar el cuerpo de Bernave, las sombras de su cara. Ella protegería la reputación de Bernave y conservaría algún recuerdo digno de él, además de salvar la casa para todos ellos. Y había conseguido controlarse muy bien para no traicionarles insensatamente cuando se encaró a Menou.

Célie temblaba de frío. Empezó a subir otra vez.

También recordaba la emoción de Marie-Jeanne cuando hablaba de su padre. Se percibía sentimiento en su voz, pero ninguna ternura, ninguna memoria de momentos del pasado llenos de amor ni de la inocencia de otros tiempos. Ella no tenía necesidad de respetar sus secretos ni de guardar sus posesiones de los intrusos.

Célie había llegado al final de la escalera, ante las puertas de los dormitorios.

No se oía ningún sonido, ningún movimiento, ninguna respiración, solo la lluvia en el exterior.

Levantó la mano para llamar con el corazón desbocado.

Antes de que llegara a tocar la puerta, esta se abrió y ahí estaba Madame sosteniendo una vela. Su cara estaba alterada por la emoción, el pelo negro largo y suelto le caía por la espalda. Salió al pasillo y cerró la puerta tras de si antes de hablar.

—¿Qué sucede? —susurró.

—Menou y sus hombres volverán por la mañana —respondió Célie sin aliento—. Registrarán el cuarto de Bernave, los papeles de su despacho. Antes deberíamos hacerlo nosotras para asegurarnos de que no hay nada que no deban encontrar.

¿Era una explicación lo suficientemente buena? ¿Madame sospecharía algo? Todos los inquilinos de la casa sabían que Célie hacía encargos para Bernave. ¿Creería que sus negocios eran tan ilegales como para mandarlos a todos a la guillotina?

¿Qué haría Madame?

¡Nada! Quedarse con la casa. Pero si Bernave era culpable, entonces la casa sería requisada y se quedarían todos sin dinero y en la calle.

—Puede que haya alguno de sus negocios que tenga un interés... privado —añadió con voz temblorosa.

—Tienes razón —admitió Madame—. Se me debería haber ocurrido a mi. Vamos, deprisa, antes de que despertemos a alguien.

Empezó a bajar las escaleras con la vela en alto y Célie la siguió.

—Aunque no sé si alguien estará durmiendo esta noche.

Con pasos ligeros bajaron una detrás de otra el último tramo de las escaleras y atravesaron el vestíbulo hasta la puerta de Bernave. La madera crujía bajo sus pies.

—Espera —le ordenó Madame, dándole la vela a Célie; luego entró y cerró la puerta. Volvió al cabo de un instante y le indicó a Célie que entrara. Al cabo de unos segundos, Célie se dio cuenta de que había cerrado las cortinas. Era una buena idea. Se le tendría que haber ocurrido a ella también que podían ver la luz desde fuera. Los hombres de Menou, que estaban en la calle, habrían tenido un motivo para preguntarse qué hacían ahí a altas horas de la noche. Sería realmente difícil encontrar una buena excusa. Cualquier cosa que dijeran solo provocaría más sospechas.

Instintivamente, Célie dejó la vela en el suelo, así el escritorio ocultaría la llama y no se podría ver desde la ventana. Era incómodo mirar los papeles encorvadas o agachadas en el suelo, pero era más seguro. Así solo se vería un pequeño fulgor desde fuera y ninguna sombra que se recortara o moviera a través de las ventanas.

Madame asintió levemente en señal de comprensión. Abrió el primer cajón del despacho, lo sacó del todo y lo dejó en el suelo al lado de Célie. Sacó el contenido, lo puso al revés y volvió a introducir las hojas una a una después de haberlas leído. Por lo que Célie podía ver desde ese ángulo, parecía que eran cuentas, recibos de lana, piel o seda y facturas de los envíos.

Dudó. ¿Esa información le podía ser útil de alguna manera? ¿Eran esos los nombres y las direcciones que debía saber, las rutas de la huida?

Madame, con la cara oscurecida por la concentración, leía por encima las direcciones y las cantidades. Luego, dejando la hoja a un lado, cogía la siguiente.

¿Debía empezar a amontonar papeles o mirar lo que hacía Madame? ¿Qué sabía Madame Lacoste de Bernave? ¿A quién era leal? ¿Había cambiado su lealtad ahora que Bernave estaba muerto y nadie le podía hacer daño?

El dinero de Bernave era ahora de Marie-Jeanne, su próspero negocio era el único ingreso de la familia de ella, y esta incluía a los padres de Fernand y a los sirvientes que decidieran mantener.

La cara de Madame estaba intensamente concentrada, sus pensamientos eran indescifrables.

Célie se levantó, se acercó al despacho y sacó otro cajón. Se volvió hacia la luz y empezó a examinar los papeles de la misma manera. También eran registros de dinero, pero menos interesantes, principalmente cuentas domésticas. El montón del fondo estaba ordenado cuidadosamente, las facturas coincidían con los recibos. El otro montón no estaba tan bien ordenado y no había una lista de remitentes. Los de arriba no tenían ningún tipo de orden. Era una indicación clara de que Bernave había empezado a confiar en ambas, Célie y Amandine, y que ya no se molestaba en llevar las cuentas de los gastos. Una oleada de pena asaltó a Célie tan por sorpresa que las lágrimas le llenaron los ojos. ¡Era ridículo! Ya sabía que Bernave confiaba en ella. ¿Por qué le dolía tanto ver esta clara evidencia de su confianza?

Madame la miraba fijamente.

Ella parpadeó y apartó la vista para volver a los papeles que estaba repasando, consciente de que le brotaban las lágrimas y le resbalan por las mejillas.

—Aquí no hay más que cuentas y recibos —murmuró Célie, mientras sollozaba y buscaba un pañuelo—. ¿Qué ha encontrado? —seguramente no volvería a tener otra oportunidad de ver los documentos de Bernave. Era una lucha interna entre la necesidad de saber más y el miedo a que Madame se diera cuenta de que había una razón detrás de su interés.

—Solo son las rutas de las telas que entran y salen de París —respondió Madame—. No veo nada que pueda causar ningún problema.

Célie le alargó la mano.

—¿Puedo verlas?

La mano le temblaba un poco, y no lo podía controlar. Madame le pasó un manojo de hojas.

Célie las cogió y empezó a leerlas tan rápido como pudo, el corazón le latía deprisa. ¿Cuáles eran las rutas que iba a usar? Sabía los nombres de los tres cocheros. Tenía que encontrarlos.

¿Era probable que hicieran las misma rutas cada vez? ¿Habría recibos de las posadas, las casas, los hostales, los cambios de caballos? Si los había, ¿Menou los vería y sabría tanto como ella?

¿Debían cambiarlos?

No. Chimay, Bombec y Virieu eran los hombres que sabían quién era el hombre que cambiaría su lugar por el del rey, cuyas ropas habían visto y reconocerían.

Estaban cogidos, atrapados en su propia previsión y eficiencia.

Madame la estaba mirando. Bajo esta extraña luz, iluminada desde abajo por la vela que estaba en el suelo, su expresión era indescifrable.

—Solo son documentos sobre transportes, rutas y demás —dijo Célie, intentando no expresar con la voz más preocupación de la que parecía adecuada—. Tal vez... —tragó saliva—, tal vez sería buena idea destruir algunos, para que no lo sepan todo. Es un... negocio tan próspero...

Madame reflexionó un momento.

—¿Te acordarás, si nos hacen falta más adelante?

—¡Oh, sí! —admitió rápidamente —. Cogeré solo unos pocos de cada ruta.

Y antes de que Madame se lo pudiera pensar mejor, escogió los papeles en que aparecían mencionados esos nombres. Los rompió, los echó al fuego y contempló la breve llama de luz mientras los últimos rescoldos prendían.

Enseguida se preguntó si al hacerlos desaparecer de los archivos no los haría más importantes. ¿Qué pasaría si estaban oportunamente registrados en los papeles de Bernave allí donde había hecho negocios? El hecho de que aquí faltaran los haría distintos de alguna manera, estarían marcados. Y ella sola lo había hecho. ¡Qué estúpida!

Debía aclarar su mente... concentrarse. Pensar con lógica. ¿Qué buscaría Menou? ¿Qué deduciría de lo que encontrara ahí?

Madame ya estaba inspeccionando el siguiente cajón. Parecían papeles legales, algo que ver con la compra de la casa. Cogió media docena y los rasgó con brusquedad. Sus dedos fuertes se movían con rapidez, casi con rabia. Los papeles quedaron convertidos en pedacitos ilegibles antes de echarlos a las llamas.

—¿Qué eran esos papeles? —las palabras habían salido antes de que Célie las pensara.

—Cosas que mejor que Menou no sepa —respondió Madame sin mirarla—. No te entretengas. Nunca se sabe cuándo alguien se despertará y vendrá a ver qué es esta luz.

Una expresión de humor apareció en sus labios.

—Puede que tengan la misma idea que hemos tenido nosotras, aunque lo dudo. Marie-Jeanne está agotada. Ella cree que no amaba a su padre, pero a veces el dolor te muestra cosas de ti misma que no sabías. O que no querías saber.

En su voz había pena, pero Célie creyó oír, además, irritación.

Obediente, volvió a volcar su atención sobre los papeles. Lo que necesitaba ahora eran los salvoconductos. Sin ellos el plan fallaba. Y algo que le dijera dónde encontrar al hombre que estaba dispuesto a morir por el rey. Sin esas dos piezas la estructura total y frágil se derrumbaría.

Había cartas de amigos, algunas con fechas de años atrás, de direcciones procedentes de toda Francia. No había tiempo para leerlas. Les echó una ojeada a cada una, tratando de decidir el tono y la esencia, comprobó las fechas y las rechazó.

—¿Qué es eso? —le pidió Madame.

—Cartas —respondió Célie—. Solo estaba mirando... si había alguna personal.

Madame dudó, mirándola fijamente bajo la luz temblorosa de la única vela. La corriente que entraba por debajo de la puerta agitaba la llama.

—Quémalas —le ordenó—. Menou nunca sabrá que existieron. No las echará de menos. Después limpiaremos el fogón y volveremos a encenderlo. No queremos que encuentren cenizas de papel.

Era otra cosa que Célie no había calculado, pensó empezando a sentirse culpable. No debían subestimar a Menou. Ni a nadie.

¿Dónde habría puesto Bernave los salvoconductos? ¿Estarían escondidos donde nadie miraría? ¿O a la vista, donde se suponía que tenían que estar porque formaban parte de la burocracia habitual de los viajes y los negocios? Al fin y al cabo, importaba y exportaba telas. Presuntamente debía tener salvoconductos para ir y venir.

Estarían a la vista. Bernave era listo. Sobre todo era astuto, cuidadoso.

—¿Dónde cree que debía guardar los registros de encargos para los próximos días? —preguntó—. Esos debemos tenerlos. Si Menou se los lleva perderemos algunos negocios.

Madame no se lo discutió, sino que abrió el resto de los cajones y le pasó el primero a Célie. Uno a uno miraron cada trocito de papel. Madame apartaba los que le parecían relevantes para la información de propiedades, comprobantes de compra y de venta. Ahora esas cosas pertenecían a Marie-Jeanne.

Célie pasó rápidamente la vista por lo que parecían interminables encargos de lana, seda, piel, incluso peticiones para importar algodón de Egipto. Había notas de compra y de venta, gastos de almacenaje, de tejer los materiales, de teñirlos, de transportarlos. Intercalados entre estos papeles encontró notas de viaje, rutas preferidas, comentarios sobre las responsabilidades de los distintos cocheros.

Y ahí estaban los salvoconductos: uno para el ciudadano Louis Bombec, que saldría de París el 21 de enero de 1793, otro para el ciudadano Claude Virieu, otro para el ciudadano Albert Chimay y otro para el ciudadano Joseph Briard. ¿Otro conductor? ¿O era el rey?

Madame estaba ojeando más cartas, sus ojos estaban clavados en las páginas, pero podía ver el más leve movimiento por el rabillo del ojo. Seguro que se daría cuenta si Célie se escondía cuatro hojas de papel en el bolsillo.

Las dejó en el suelo sobre el montón de las demás, algo dobladas para poderlas distinguir rápidamente. Empezó con el siguiente montón. Eran más cartas de negocios, los precios de la lana que llegaba de Escocia, seda de Milán, ofertas y contraofertas de venta.

—Creo que esto es inofensivo —susurró—. ¿Y estas cartas? ¿Le causarían problemas a alguien en caso de ser investigadas?

Madame reflexionó.

Célie tenía que conseguir que se levantara, que abandonara el círculo de luz para llevar algo al fogón y quemarlo. Entonces, aunque fuera solo por dos o tres segundos, le daría la espalda a Célie, más aún si Madame se tomaba tiempo para aplastar las cenizas.

—Aunque sean simplemente personales —continuó—, tal vez el ciudadano Bernave habría preferido que la guardia no las leyera. Yo lo preferiría.

—Tienes razón —inmediatamente Madame tomó la decisión—. Las quemaremos todas. No es asunto de Menou ni de ninguno de sus brutos hombres lo que alguien escribió solo para los ojos de Bernave. Trae, dámelas.

Alargó la mano.

Eso no era lo que Célie quería. Piensa, deprisa.

—Estas no son privadas —respondió—. Al menos eso me parece. Es información que a Marie-Jeanne le puede hacer falta. Y Menou lo notará si no dejamos unas cuantas. Se preguntará qué eran. Queme esas y yo volveré a mirarme estas, para asegurarme.

Madame se puso de pie y se acercó al fogón.

Célie cogió los salvoconductos y se los guardó en la falda mientras sacudía los demás papeles para disimular el ruido. Los iba poniendo en el cajón en pilas de media docena, en un orden parecido al mismo en que los había encontrado, y con esmero, para que no pareciera que alguien los había desordenado.

Madame aplastó las cenizas, puso un tronco de leña encima y dejó que se fuera consumiendo, para que pareciera que el fuego se había apagado solo. ¿Quién se habría ocupado del fuego de Bernave en esas circunstancias?

Echó un vistazo a la estancia.

—¿Hay algo más?

—¿Los libros de religión? —sugirió Célie.

Le dolía pensar que los tenían que destruir. Eran bonitos. La piel vieja estaba gastada por el roce de los años, las letras doradas relumbraban en la oscuridad. Alguien había volcado su corazón en escribirlos, alguien los había impreso y los había religado creando un objeto físico. Y Bernave los había amado, de otra manera no se habría arriesgado a guardarlos durante esos tiempos de ateísmo destructivo. Eran la tabla de salvación de otros tiempos, una época de esperanza más allá de lo conocido, una parte de él de la que no podía desprenderse.

—Déjalos —dijo Madame roncamente—. Que Menou haga lo que le parezca con ellos. Nadie le ha asesinado por culpa de estos libros.

Parecía como si la luz y el poco calor que quedaba hubieran abandonado la estancia.

Célie no le respondió, sino que observó como Madame soplaba la vela y a tientas buscaba la aldaba de la puerta. Volverían a sus camas a oscuras. Ninguna de las dos sintió la necesidad de explicar por qué no se lo contarían a nadie. ¿Quién más iba a entenderlo?

Capítulo VII

La lluvia cesó y la mañana amaneció resplandeciente y fría. Estaban todos reunidos en la cocina. Era la estancia más cálida de la casa y parecía que todos ellos, por razones personales, querían permanecer juntos. Marie-Jeanne estaba sentada en la silla más grande, dándole el pecho a su bebé. En un rincón, Antoine y Virginie estaban jugando tranquilamente con un motón de palitos que soltaban y que luego iban recogiendo uno a uno intentando no mover ningún otro palito del montón.

Los adultos estaban sentados alrededor de la mesa de la cocina, comiendo poco a poco los restos del pan de ayer y bebiendo chocolate caliente. Seguramente todos estaban pensando, al menos en parte, en las mismas cosas, pero nadie quería admitirlo. Ahora que Bernave había muerto ¿de dónde sacarían el dinero? ¿Hasta qué punto habían dependido del ingenio de Bernave? ¿Alguien llevaría el negocio ahora que él no estaba?

Monsieur Lacoste era comunero por naturaleza. Era un hombre corriente, cerrajero y trabajador del metal, un hombre sin privilegios de cuna a quien la revolución había ofrecido por primera vez la posibilidad de dar voz a su futuro y al de su familia, y le había proporcionado la sensación de tener las cosas bajo control. Había reprimido su furia durante demasiado tiempo para comprender ese ímpetu destructivo de la revolución. Incluso él encontraba a Marat demasiado radical. Prefería al sobrio Robespierre, siempre hablando de virtud.

Fernand creía en la Comuna, pero en realidad sabía muy poco de ella. ¡Al menos, a Célie le parecía que sabía poco! Quizá era un prejuicio suyo. Él era fabricante de armarios, pero si el negocio aflojaba, en ocasiones se dedicaba a otros trabajos pequeños de carpintería. Era un artesano respetable. Le habría gustado iniciar su propio negocio y con el tiempo tener sus propios empleados, pero para entonces las cosas ya no se hacían de la misma manera. Anhelaba la paz y estaba preparado para luchar por ella. Al igual que su padre, quería más justicia, más oportunidades para aprender y para manifestar sus opiniones. Ambos tenían una estrecha relación y, a pesar de las ocasionales disputas, se tenían mutuo afecto y respeto.

Célie estaba preocupada no solamente por los que estaban sentados alrededor de la mesa, sino también por ella misma. ¿Todavía seguía empleada? ¿Los Lacoste iban a querer o a necesitar sus servicios? ¿Les parecía bien emplear a gente para el servicio doméstico? ¿O creían que estaba mal durante esos días de igualdad imperante, y que incluso podría resultar peligroso? Célie prefería no tener igualdad en una casa caliente y cómoda, que vivir en una casa con una igualdad teórica y pasando hambre y frío en invierno. Sabía que mucha gente pensaba lo mismo que ella, pero nadie les ofrecía una solución.

Aparte de eso, ¿cómo conseguiría dinero?

Y sin dinero, ¿cómo le daría de comer a Georges? Si tenía que buscar otro trabajo, ¿por dónde empezaría?, ¿era una insensible, si empezaba a pensar tan pronto en esos temas prácticos? Mejor que pensar en Bernave tendido en el suelo era recordar su espíritu ya desaparecido y enfrentarse al vacío que dejaba. ¿Dónde habían ido a parar toda su pasión y energía? ¿Toda su inteligencia, su voluntad inquebrantable? ¿Podía en verdad haberse convertido en nada, destruido para siempre en un momento, como Jean-Pierre? ¿Esa era la realidad? ¿La fe de los siglos era un cuento de hadas para que la gente obedeciera y fuera controlada, como creían los hombres de Marat? Se negaba a creerlo. ¡Piensa en el presente! ¡Concéntrate!

Tenía dos preguntas muy importantes en la cabeza: ¿De qué lado estaba Bernave? Y ¿quién le había matado? Alguien que estaba sentado alrededor de esta mesa había sujetado el cuchillo y le había embestido, alguien con quien estaba sentada compartiendo el desayuno, alguien que bebía chocolate para esconder el sabor del pan seco. ¿Por qué?

Menou entró por la puerta trasera del patio. Todos pararon de comer y se quedaron mirándole fijamente, los tazones quedaron a medio camino de los labios y el pan suspendido en el aire.

—Buenos días, ciudadanos —saludó, cerrando la puerta detrás de él—. Siento muchísimo interrumpir su desayuno, pero hay ciertos asuntos que no pueden esperar.

Echó una ojeada, curioso, aunque ya había estado en la cocina cuando buscaba el cuchillo. Ahora miraba hacia el fogón, donde los últimos restos de chocolate hervían en la olla.

Célie sintió que todo su cuerpo se tensaba de miedo. Todo dependía de cómo se comportaran a partir de ahora. Sentía la presencia de Menou como si se estuviera generando alguna especie de fuerza en la estancia.

—Usted... debe tener frío, ciudadano —oyó su propia voz en medio del silencio, un poco seca—. ¿Le apetece un poco de chocolate caliente?

Vio como Monsieur Lacoste se ponía un poco rígido. ¿Quién podía permitirse compartir su comida esos días? Ella le ignoró a propósito. ¿Quién se sentía lo suficientemente seguro para no compartirla con la guardia nacional? Ahora mismo, no podía recordárselo a Monsieur Lacoste. Quizá lo haría más tarde, aunque nunca se había sentido demasiado cómoda en su presencia. Sus puntos de vista diferían, especialmente respecto a Robespierre, y temía que Menou se diera cuenta si tenían una conversación demasiado larga. La virtud de Robespierre la asustaba a un nivel puramente instintivo, más que la furia de Marat. Era menos humana.

—Gracias —aceptó Menou.

Amablemente, St. Felix se apartó un poco para dejarle un lugar en la mesa y este tomó asiento.

Célie se acercó al fogón y, al pasar, cogió un tazón de porcelana revolucionaria limpia del estante del aparador. Le echó el chocolate que quedaba y se lo llevó a la mesa.

Menou lo cogió con un gesto de gratitud.

—¿Supongo que nadie ha encontrado el cuchillo que mató a Bernave? —dijo alzando las cejas y mirándolos uno por uno.

—No —respondió Madame Lacoste con una leve nota de sorpresa por la pregunta.

Él bebió el chocolate.

—Ya me lo pensaba —asintió mientras tragaba—. Bueno, seguiremos buscando. No puede estar muy lejos, ¿verdad?

Otra vez nadie le respondió.

—Me parece —Menou hablaba más para si mismo que para los demás— que será mejor que repasemos exactamente los hechos según los recuerda cada uno.

Tomó otro sorbo.

—Es muy bueno —la sombra de una sonrisa cruzó su cara—. Me gustan las mujeres que saben hacer bien hasta las cosas más sencillas.

Amandine tragó saliva.

—Gracias...

Él la observó.

—Parece incómoda, ciudadana. ¿Le desagrada que alaben sus cualidades? ¿O está apenada por la muerte de su amo? ¿Era bueno con usted?

Cogió a Amandine totalmente desprevenida. Célie podía ver perfectamente la indecisión en el rostro de ella. Sabía que estaba pensando en St. Felix, en qué podía decir para protegerlo y a la vez decir la verdad sin que la pillaran. Al fin y al cabo, uno de los que estaban escuchando había matado a Bernave y pretendía que alguien cargara con su culpa.

Menou seguía esperando, sus ojos grises y penetrantes. A la luz del día, Célie se fijó en que tenía las pestañas oscuras. Si hubiese sido otra persona, le habría parecido atractivo.

—Él era... bueno... sí —dijo Amandine con un tono raro—. Tampoco le veía mucho. Me dejaba hacer mi trabajo. No era tacaño. Él... confiaba en mí.

Se detuvo, consciente de que le estaba respondiendo más de lo que le había preguntado, hablaba demasiado. Se sonrojó intensamente y levantó su delgada mano para apartarse el cabello de la frente.

Menou se volvió hacia Célie.

—¿Y con usted también era bueno, ciudadana Laurent?

Monsieur Lacoste la observaba, esperando a ver qué contestaba. Él sabía que a menudo había salido a hacer encargos bajo la lluvia a altas horas de la noche. Era cierto que la había mandado a lugares menos peligrosos o desagradables que a St. Felix, pero ¿lo sabía él? ¿Qué le diría a Menou? Su respuesta debía aproximarse a la verdad. Si se convertía en sospechosa lo arruinaría todo.

—Sí, supongo que sí —respondió al cruzar su mirada con la mirada perspicaz de Menou.

La inteligencia de él era molesta. Ella se esforzó en sonreír débilmente.

—A veces era generoso. Otras veces me ordenaba salir en medio de la noche y de la lluvia. Me imagino que era necesario. Al menos él lo creía.

Menou parecía muy interesado.

—Ah, ¿y qué tipo de salidas eran, ciudadana?

Se hizo un silencio absoluto alrededor de la mesa. Todos los ojos estaban puestos en ella. St. Felix dejó que el chocolate se le enfriara. Amandine, inconscientemente, estaba desmigando el pan entre sus dedos.

—Algunas veces cartas —respondió Célie, intentando que su voz sonara despreocupada, como si no tuviera ninguna importancia y no estuviera sopesando cada sílaba—. Y a la Convención de tanto en cuanto, para informarle de lo que estaba pasando exactamente. Le gustaba saber qué se discutía en los debates.

—¿Por qué no iba él mismo? —preguntó Menou sujetando el tazón con las dos manos.

Tenía unas bonitas manos, delgadas pero robustas, y llevaba las uñas muy limpias. Célie de repente recordó las uñas mordidas de Robespierre revoloteando furtivamente hacia su boca cuando hablaba, y le recorrió un escalofrío involuntario.

—Nunca se lo pregunté —declaró Célie.

Una mueca de diversión cruzó la cara de Menou y desapareció.

—¿Y le informaba de lo que había visto y oído, ciudadana?

—Tan bien como podía —no debía parecer demasiado lista o demasiado bien informada sobre cuestiones políticas. Menou podía sospechar que tenía motivos personales.

—¡Qué interesante! —la miró fijamente—. No hay muchos hombres que en estos tiempos turbulentos manden a su lavandera a la Convención para estar al corriente de los asuntos de estado. Debía de sentir una gran consideración por usted.

La examinó de cerca, desde la punta de la cabeza, con su pelo lacio y claro, hasta las manos apoyadas sobre la mesa. Eso era todo lo que podía ver de ella.

—¿Hacía mucho que le conocía?

Odiaba pensar lo que él se estaba imaginando. Sintió un rubor que le subía ardiente a las mejillas. No tenía que sentirse culpable de nada y menos por lo que temía que Menou estaba empezando a suponer. Quería decirle algo sarcástico y gracioso, pero reprimió ese impulso. La mayoría de los revolucionarios no tenían sentido del humor.

—Solamente desde mediados de septiembre —le explicó tan calmadamente como pudo.

—Es cuando Célie y Amandine llegaron a esta casa —le confirmó Madame Lacoste.

Su cara estaba todavía blanca y los ojos rodeados de sombra. La mejillas hundidas como si hubiera dormido poco, pero su mirada estaba completamente calmada y parecía no temer nada.

—¿Llegaron juntas? —girándose hacia Amandine, luego otra vez hacia Célie.

—No —le corrigió Célie—, primero llegó Amandine. Ella fue tan amable de recomendarme. Yo llegué unos días después.

—Ya entiendo —pero estaba claro que no entendía nada—. Y usted se encargaba de hacer la colada, de remendar y coser... y de hacer las observaciones políticas.

La frase quedó suspendida en el aire, con una nota de humor sonando de fondo.

—Hacía todo lo que fuera necesario... —empezó Célie y, al darse cuenta del posible doble sentido de sus palabras, se detuvo—. Hacía lo que fuera necesario hacer en la casa —se corrigió—. Y cuando tenía tiempo, iba a hacer encargos o llevaba mensajes. El ciudadano Bernave nos daba de comer y la casa estaba siempre caliente. Por lo que sé, él creía en la revolución y quería libertad y justicia para todos.

Menou se volvió hacia Monsieur Lacoste, cuya expresión de menosprecio era tan acentuada que exigía una explicación.

Como si de repente se diera cuenta de que la atención estaba centrada en él, suavizó su rabia, pero estaba claro que tenía que hacer un esfuerzo. Midió sus palabras con cuidado.

—Eso era lo que decía —admitió girándose hacia Menou—. Las buenas palabras no cuestan nada. Tal vez tenga razón y trabajara para la Comuna. No siempre se comportaba como si fuera así.

—¿No le caía bien, ciudadano? —le preguntó Menou.

—Era de la familia —respondió Lacoste, como si eso lo explicara todo.

Célie pensó en la estrecha relación entre Lacoste y su hijo, su paciencia con los nietos, la manera en que aceptaba a Marie-Jeanne y, por encima de todo, la extraña ternura que sentía por Madame. A lo mejor sí que la respuesta que había dado reflejaba lo que era importante para él.

—Ah, sí —asintió Menou—. Su hijo está casado con la hija de Bernave.

Su mirada cruzó la mesa.

—Es usted, ciudadana.

Marie-Jeanne asintió moviendo la cabeza.

Menou se fijó en Fernand.

—Y usted, ciudadano ¿qué pensaba de Bernave?

—No sabía que trabajara para la Comuna —respondió Fernand con cautela—, pero no me sorprende. Era un hombre de convicciones profundas y, como ha dicho Célie, quería justicia para todos.

Menou sonrió. Se daba cuenta de que ellos sabían que si Bernave aparecía como un traidor a la Comuna, perderían la casa.

—Muy bien —continuó mirando a Fernand—. Hablemos de anoche, ciudadano. ¿Según usted, exactamente qué pasó?

Fernand estaba azorado. Miró a su madre, y luego otra vez a Menou.

—Yo... yo no sé nada más que lo que le dije ayer.

—Quizá. Recuérdemelo... —Menou fijó sus ojos brillantes e inteligentes sobre él, esperando.

Fernand parecía muy molesto, pero obedeció.

—Estábamos todos sentados en la habitación delantera...

—Y oyeron ruidos en la calle —le ayudó a continuar Menou, al ver que titubeaba—. Percibieron una muchedumbre, algunas personas estaban discutiendo...

—Sí, claro. No podíamos evitar verlo —admitió Fernand secamente—. Al menos había veinte personas empujándose y gritando, y luego se oyeron unos tiros.

—Ah, sí... los disparos —Menou se volvió hacia Marie-Jeanne—. ¿Usted se acuerda de los disparos, ciudadana?

—Sí.

Menou miró nuevamente a Fernand.

—¿Alguien salió de la estancia?

—No lo vi.

Menou miró a Célie y levantó las cejas interrogativamente. Si alguien hubiera salido, tendría que haber pasado cerca de donde estaba ella.

—Yo salí —dijo Marie-Jeanne pausadamente—. Fui arriba a ver a los niños, a tranquilizarles.

Menou miró a Antoine y luego a Virginie, que le devolvía la mirada con los ojos abiertos como platos. Habían interrumpido el juego.

—Muy natural —convino—. ¿Alguien más?

Esta vez Célie se alegró de poder responder.

—No, el resto nos quedamos.

Sentía los ojos negros de Madame Lacoste observándola. ¿De qué tenía miedo? ¿Ella sabía quién había matado a Bernave? ¿Qué haría para protegerlo? ¿Hasta dónde podía llegar? ¿O creía que había sido St. Felix? Seguramente sí, porque debía ser la única respuesta soportable para ella.

—¿Y el orden exacto de los hechos? —miró otra vez a Amandine—. Usted, ciudadana. Por favor, cuéntemelo otra vez.

Amandine estaba paralizada. Pasaron unos segundos antes de que contestara. Él la examinaba: sus manos eran suaves, no como las de Célie, llenas de marcas por el esfuerzo de lavar. Tenía la piel fina y los rasgos gentiles. Había una delicadeza natural en ella. Era fácil ver que se trataba de una mujer con gracia y de buena cuna que había sufrido una mala época, como tantas otras. ¿Él se daba cuenta de eso? ¿Le molestaba? Amandine no poseía en su porte la domesticidad práctica de Marie-Jeanne, ni la inteligencia desafiadora de Célie. Hasta hacía muy poco no le había hecho ninguna falta; ahora era demasiado difícil incorporarlas.

¿Quién era Menou? ¿De dónde había salido? Los constantes cambios de mano del poder durante la revolución habían juntado a todo tipo de gente distinta. Los ministros y gobernadores de ayer eran los prisioneros de hoy y los cuerpos decapitados de mañana. Célie le estudió. Llevaba el uniforme revolucionario, pero también lo llevaba mucha gente por infinidad de razones: convicción, pasión, ambición de poder o simplemente instinto de supervivencia. Menou podía ser cualquiera. Su discurso era bastante corriente. Antes de la revolución podía haber sido un lacayo o un sastre, cualquier tipo de artesano. O ser el tercer o cuarto hijo de un aristócrata, con facilidad para imitar una jerga inferior y con el suficiente idealismo político, o bien oportunismo, para encajar en el nuevo orden.

O quizá era un abogado, un prestamista o un ladrón.

Era muy pulcro. Necesitaba un corte de pelo, pero la ropa le iba a la medida y llevaba las manos limpias. Las botas eran de bastante calidad. Ya se había fijado cuando entró. ¿Era por sus orígenes, o sencillamente había tenido la oportunidad y el deseo de poseer cosas buenas? ¿Podría ser incluso una pizca de vanidad personal?

—Uno de los disparos rompió el cristal de la ventana y al momento se apagó la luz —Amandine respondió con mucho cuidado de cara a Menou—. Entonces oímos un ruido en la puerta principal y una multitud entró. Creían que estábamos almacenando comida, pero no es cierto. ¡No es verdad lo que dicen! El ciudadano Bernave se les acercó —tembló al recordarlo—. Eso es lo que les dijo.

—¿Y le creyeron? —preguntó Menou, y como Amandine no contestó enseguida, se volvió a Célie.

—¡Pues claro que no! —protestó—. Pero tampoco habría podido decir que sí teníamos, ¿verdad?

Menou sonrió. Solamente ese pequeño gesto la atemorizó. Por experiencia, los revolucionarios nunca veían el cariz divertido en nada y menos aún en algo que pudiera desacreditarlos a ellos, ni que fuera remotamente. Era lo que más la aterraba. Los hacía inhumanos, alejados de la vida corriente. Robespierre nunca reía.

—¿Qué pasó luego? —preguntó Menou calmadamente, mirando a Amandine otra vez.

Pero continuó él antes de que ella tuviera tiempo a responder.

—El ciudadano Bernave se quedó de cara a los intrusos. ¿Y los demás hombres? ¿Por ejemplo, el ciudadano Lacoste o el ciudadano St. Felix? ¿Se acercaron a ayudarle?

Amandine estaba muy confundida.

—Yo... supongo que sí. No me acuerdo —miraba hacia adelante, como si no hubiera más gente presente que ella y Menou. Su postura era rígida de una manera poco natural, su espalda delgada se mantenía derecha, tal como le habían enseñado a sentarse en alguna escuela de las afueras. Célie sabía que estaba intentando recordar dónde estaba St. Felix en aquella situación de pánico.

Tampoco Célie lo podía recordar. Había estado vigilando a Bernave y a la amenazadora multitud que estaba en la puerta. De los demás era consciente solo a medias.

Menou se volvió hacia ella.

—¿Y usted, que es tan buena observadora, ciudadana Laurent? ¿Qué puede decirme? ¿Dónde andaba el ciudadano St. Felix?

Él estaba de pie, ciertamente, pero ¿cómo iba Menou a saber eso? No debía subestimarlo solamente porque fuera un revolucionario. Eso no significaba que fuera estúpido o incapaz de juzgarles por sus propios valores, de ver sus debilidades y sus lealtades.

—No lo sé —contestó.

No podía fingir la ignorancia de Marie-Jeanne. Menou se había dado cuenta de que era una observadora sagaz y no se iba a creer que tuvo miedo; tampoco tenía niños para proteger, ya no. Estaba más allá de su poder ayudar y proteger a Jean-Pierre de cualquier cosa. Ese frío recuerdo nunca quedaba demasiado lejos, siempre retornaba.

—Estaba sentado en la silla de enfrente cuando la bala entró por la ventana —la voz de Célie sonaba un poco ronca, tenía el cuello tenso.

—¿Y luego? —insistió Menou—. ¿Cuando los intrusos les amenazaron, se levantó para ayudar a Bernave?

Menou escudriñaba su cara. La pregunta parecía inocente, aunque las implicaciones eran inevitables.

Si mentía, St. Felix quedaba como un cobarde, y si decía lo que era según ella la verdad, le colocaba en una posición donde efectivamente podría haber matado a Bernave.

Menou esperaba.

Célie sintió como le cosquilleaba la piel. Los ojos de él la atravesaban.

Madame Lacoste respondió por ella.

—Había mucho ruido y confusión en la estancia —dijo desapasionadamente—. El humo de las antorchas de la calle entró y nos cegaba los ojos. Molestaba mucho, no podíamos ver. Yo miraba a los hombres que estaban en la puerta: ellos eran la amenaza, no los que estábamos en la sala. Me imagino que la ciudadana Laurent hacía lo mismo.

—Entiendo —aceptó Menou, frunciendo el ceño.

Dejó a Célie y a Madame Lacoste y se volvió hacia St. Felix—. ¿Dónde estaba usted cuando la revuelta de la calle les asedió?

St. Felix estaba aterrado, como si no esperase que le dirigieran la palabra.

—Yo... sentado en la otra silla, en frente del ciudadano Bernave. Creo que me levanté. No lo recuerdo. Todos estábamos intranquilos, estaban tan cerca.

Menou asintió.

—Cuénteme exactamente lo que recuerda.

Célie echó un vistazo a los demás. Todos estaban mirando a St. Felix.

Monsieur Lacoste tenía el ceño fruncido. Se le veía preocupado. Fernand parecía más preocupado por Marie-Jeanne. Se acercó a ella, amparándola. Había dado solo uno o dos pasos, pero el sentimiento que le movía era innegable. Los niños estaban callados, conscientes de que los mayores tenían miedo, pero sin entender el porqué.

Amandine estaba tensa, apretaba las manos hasta que los nudillos se pusieron lívidos. Si Menou la estuviera mirando a ella y no a St. Felix, no habría podido evitar verlo. Célie agonizaba por protegerla, avisarla de que su cara y su cuerpo la estaban traicionando. Pero no podía decir nada sin empeorar la situación. Se dio cuenta de que las uñas se le clavaban en las palmas de las manos.

Madame Lacoste estaba mirando a St. Felix fijamente con expresión sombría, sus ojos oscuros eran impenetrables.

—¿Ciudadano? —le exhortó Menou.

—Intento recordarlo con exactitud —St. Felix excusó su silencio.

Célie percibía tensión en su voz. Era un tono más alto de lo normal, más seco. Pero eso Menou no lo sabía. La diferencia era muy sutil y su pronunciación, tan perfecta como siempre.

—Pasó todo muy deprisa —respondió—. Había gritos, movimiento, tiros. La ventana se rompió. La vela se apagó. Entró humo de las antorchas. Era difícil ver algo. La gente de la calle entraba en casa. Estaban furiosos y nos amenazaban. Querían comida. El ciudadano Bernave se acercó a ellos y les dijo que no teníamos más que las raciones propias del día. No le creyeron. La situación se puso muy fea.

—¿Intentaron entrar más adentro? —preguntó Menou.

Se hizo otra vez un pequeño silencio. Todos comprendían la importancia de esa respuesta.

Célie no quería, pero no pudo evitar mirar a Amandine. Su cara reflejaba tensión, pero no el miedo que hubiese sentido de creer en la culpabilidad de St. Felix, aunque Menou la estuviera provocando.

Célie se sintió mal por ella. ¡Por favor, Dios, tenía razón!

—No —dijo St. Felix finalmente—. No que yo recuerde.

—¿Y se acercó para ayudar al ciudadano Bernave? —preguntó Menou—. Nadie sabe con seguridad si se acercó o no.

Otra vez un leve titubeo al comprender lo que significaba cualquiera de las respuestas.

—Sí.

—Claro —aceptó Menou—. Cualquiera lo hubiese hecho. ¿Y el ciudadano Lacoste? ¿Y Fernand Lacoste?

—Había mucha confusión y estaba oscuro. Eso creo.

Menou miró a los otros dos hombres.

Ambos asintieron con la cabeza.

Menou reflexionó un rato antes de volver a hablar. Todos le miraban, escudados en su propio miedo; miedo por ellos mismos y por los demás.

—Parece que cualquiera de ustedes puede haber matado al ciudadano Bernave —dijo finalmente—. Seguiré buscando el cuchillo, por supuesto —dejó el tazón sobre la mesa—. Puede que todos ustedes vieran lo que pasó y estén ocultando la verdad, cada uno por sus razones.

Amandine aguantó la respiración con fuerza y luego no dijo nada.

—¿Sí, ciudadana? —la animó Menou.

—Es que iba a estornudar —mintió Amandine enseguida.

No había manera de saber si Menou la creyó o no.

Se alzó y empezó a caminar por la cocina, mirando a cada uno de ellos al pasar.

Empezaron a sentirse cada vez más incómodos. Al final, Menou volvió a romper el silencio.

—El ciudadano Bernave le pidió que fuera a la Convención y que observara los debates —se dirigió a Célie.

—Sí —admitió ella.

—Y que luego le informara.

—Sí —tuvo la inquietante sensación de que la estaba dirigiendo a algún tipo de emboscada, pero no sabía cuál. No sabía cómo esquivarle. Notaba que Amandine la miraba y sentía la tensión de St. Felix.

Menou frunció el ceño.

—¿Y para qué mandó al ciudadano St. Felix? Debía de ser algo muy peligroso, ¿verdad? Algo demasiado peligroso para usted.

—¡Más bien para algo que yo no entendería! —dijo rápidamente.

Menou levantó las cejas y se volvió hacia St. Felix.

Nadie se movió.

St. Felix estaba callado, evitando la mirada de Menou.

—No sé lo que era —interrumpió Lacoste—. No es nada de mi incumbencia. Pero a menudo St. Felix volvía sucio y cubierto de heridas y golpes —dijo con un tono de desafío, consciente de las implicaciones—. Así que quizá era peligroso.

Célie tuvo ganas de reírse del «quizá». Una risa histérica se agolpaba dentro de ella y la sofocó llevándose la mano a la boca.

Menou observó al resto, para ver si lo confirmaban o lo negaban. En sus caras leyó que lo admitían, ardientemente Fernand, reacia Marie-Jeanne y aterrorizada Amandine. Madame Lacoste estaba en guardia, pero Célie percibió en ella un instante de antipatía hacia St. Felix que enseguida desapareció, tan bien disimulada que podía haber sido solo una ilusión provocada por la luz de sus ojos oscuros y por las sombras que los rodeaban.

Menou se dio otra vez la vuelta para mirar a St. Felix.

—¿Por qué estaba dispuesto a soportar ese trato a manos de un hombre que parecía tenerle tan poca consideración, ciudadano? ¿No le detestaba por esa razón?

Amandine estuvo otra vez a punto de hablar, pero justo a tiempo se dio cuenta de que con eso solo empeoraría las cosas. Miró a St. Felix, suplicante, deseando que se defendiera. Célie anhelaba estar junto a ella, darle un poco de apoyo, pero no se atrevía. Menou se daría cuenta y lo comprendería.

—No, no le detestaba, ciudadano —le respondió con calma—. Hacía lo que hacía, pedía mucho a los demás porque creía en su causa. Nadie detesta a un hombre por eso, se le admira.

—¡Ah! ¡Así admite que sabía que trabajaba para la Comuna! ¡Antes no dijo eso! —le acusó Menou.

—Sabía que trabajaba a favor de la revolución —le corrigió St. Felix—. Por el bien de Francia.

Una tenue arruga apareció en la frente de Menou.

—Si realmente creía con tanto fervor en su causa, ¿por qué no se encargaba él mismo de llevar a cabo esas salidas tan peligrosas? —preguntó ingenuamente—. Parece que las convicciones eran de él y el sacrificio de usted.

—Supongo que él mismo también llevaba a cabo esas salidas —argumentó St. Felix—. A menudo salía.

Bien dicho, pensó Célie, con una sensación de sorpresa y alivio interior. Al final St. Felix se iba a defender. Si Bernave demostró que confiaba en él es que debía de tener un poco de valor en su espíritu.

Menou miró a Marie-Jeanne con la pregunta todavía en su rostro.

—Es cierto —afirmó.

Madame Lacoste asintió también.

—¿Y también volvía herido?

Silencio.

Amandine cogió aire. Estaba muy pálida.

—Sí...

—¡Pero nada serio! —interrumpió Célie.

¡Por el amor de Dios, solo tenían que mirar su cuerpo y lo verían! No había ninguna cicatriz reciente. ¿Es que Amandine no se acordaba?

—La mayoría de las veces volvía sucio, agotado y muerto de frío —añadió.

—¿Sabía usted algo de eso? —Menou se dirigió a ella.

—Claro —dijo, intentando que sonara convincente—. Creo que mandó al ciudadano St. Felix a la Comuna para descubrir los planes de los realistas, pero no dijo nada de eso, por supuesto. Y él mismo fue a ver a los realistas, lo que era aún más peligroso. Si hubiesen descubierto lo que estaba tramando en realidad, ¡no habría vuelto nunca más a casa!

—Es verdad —intervino St. Felix, ahora su voz era segura, como si se hubiera dado cuenta que se podía defender si seguía el camino de los pensamientos de Célie.

La respuesta de Menou fue instantánea, sus ojos se veían pequeños y brillantes.

—¿Cómo lo sabe? ¿Se lo confió? ¿Usted creyó lo que él le contó?

St. Felix dudó. Admitirlo podía ser peligroso, especialmente porque Célie estaba convencida de que no era verdad. Bernave no habría confiado a nadie una información de esa clase. Menou debía saberlo. Todo dependía del bando al que Bernave había servido. St. Felix podía ponerse en una situación muy difícil.

Pero al fin y al cabo, ¿en qué bando estaba St. Felix? Al del rey, por supuesto, un orden surgido de las cenizas de la antigua tiranía y disipación. Nada en su ser mostraba la menor simpatía por la violencia y la vulgaridad de la Comuna.

Menou sonrió.

—¿Leía los mensajes que le entregaba? —preguntó observando a St. Felix con curiosidad.

St. Felix volvió a dudar.

Célie se preguntó si los había leído. ¿Solamente él sabía qué estaba tramando en realidad Bernave? ¿Y por eso le mató: no porque abusara de su persona, sino porque había descubierto su traición al plan para rescatar al rey de la ejecución y a Francia de ahogarse en su propia sangre?

Célie se sorprendió sintiendo terror. ¡Estaba considerándole culpable en serio! No podía ser... no St. Felix, el hombre que perdonaba tan fácilmente, que soportaba el miedo y el peligro con una fortaleza tan serena. Era demasiado sensible hacia los demás, demasiado humilde para ser un aristócrata. Demasiada bondad y demasiado poco odio para ser un revolucionario. Demasiada compasión para ser cualquiera de ellos.

Y aún así la sospecha no desaparecía.

—¿Los leyó? —repitió Menou.

—No —respondió St. Felix—. Bernave me lo contó y yo le creí.

Menou sonrió.

—Comprendo —su voz no denotaba ni aceptación ni negación—. Mis hombres están fuera. Vamos a registrar la casa otra vez para encontrar el cuchillo. Tiene que estar en algún lugar de esta casa. Se quedarán aquí sentados mientras buscamos. No me gustaría pensar que ha desaparecido mientras estábamos buscando. ¿Me entienden?

No era una petición, era una orden. Había algo en él que quería mantener la cortesía de tiempos pasados. No odiaba del todo al *ancien régime*. Queriendo o sin querer, lo admiraba, anhelaba su elegancia.

Se dirigió a la puerta trasera e hizo gestos a media docena de hombres para que entraran en tropel.

—¿Habéis registrado el cobertizo y el taller? —preguntó.

—Sí, ciudadano —respondió el sargento y movió la cabeza—. Nada.

—¿Estáis seguros? —insistió Menou.

—Seguro. Hemos rebuscado entre el metal de ahí fuera y entre la madera. Ningún cuchillo.

—Pues coge a los hombres y mira por todas partes de la casa —le mandó Menou—. Mira por todos los sitios. Tú, Lavalle, quédate aquí y que nadie salga de la cocina.

Siguió a los hombres hacia afuera.

Amandine pidió permiso para recoger la mesa y continuar con sus tareas y se lo concedieron.

Célie también pidió lo mismo y le dijeron que sí.

—¿Así que puedo ir a por el pan? —preguntó—. Si no voy ahora será demasiado tarde.

El guardia se lo negó.

—Dinos quién mató al ciudadano Bernave y podrás ir.

—No lo sé —respondió—. Si lo supiera ya os lo habría dicho.

Una mueca de burla se dibujó en su cara.

—¡Tal vez! ¿A lo mejor fue tu amante? ¿O a lo mejor fuiste tú, eh? ¿Intentó violarte? Tú no querías a un viejo...

—¡No era un viejo y nunca hubiese obligado a nadie a nada! —explotó Madame Lacoste—. Vigila esa lengua, jovenzuelo, o tendré que informar al ciudadano Menou de tu comportamiento. ¡Estás hablando de un héroe de la revolución!

El muchacho se sonrojó vivamente, pero no le contestó. La miró rabioso y apartó la vista.

—¡Venga!—le dijo a Célie rudamente—. ¡Ve a cocinar o a lavar, o lo que sea que hagas en casa!

—¡Hago la compra! —continuó ella, mirándole con ojos enfurecidos.

—¡Pues ahora ya no! —dijo con satisfacción—. ¡No harás nada que yo no te diga!

Se fue a ayudar a Amandine a recoger la mesa. Amandine la miró; sus ojos se cruzaron durante un segundo. Célie vio miedo en ellos. No podía decirle nada que la hiciera sentirse mejor. Las mentiras no servirían de nada. Le sonrió y le cogió la cintura con el brazo al pasar. Sintió una presión momentánea, luego continuó.

Después pidió permiso para ir a buscar agua de la bomba. El guardia se quedó de pie mirándola y a la vez vigilando a los que estaban en la cocina.

Regresó y se acercó a Amandine para echarle la mitad del agua en la pila. Los demás estaban alrededor de la mesa.

—¿Crees que encontrarán el cuchillo?—le susurró Amandine—. ¡Si lo encuentran, no demostrará nada!

—Claro que no —admitió Célie muy flojito.

Los mismos pensamientos debían pasar por la cabeza de Amandine. La miró y vio la duda en su cara al inclinarse sobre las verduras, separaba las buenas y desechaba las podridas, sin estar por la labor. ¿Es que ella empezaba a plantearse lo inimaginable —que St. Felix era culpable porque sabía que Bernave los había traicionado— y se estaba preparando para defenderle?

—No significará nada —repitió Célie—. A menos que esté en algún sitio donde solo una persona tuviera acceso.

Amandine no levantó los ojos.

—¿Dónde, por ejemplo? —preguntó cortando la parte podrida de una patata y echándola a la basura.

—En el dormitorio de los Lacoste, o en la habitación de los niños —contestó Célie—. Habríamos visto a cualquiera que no fuera de la familia entrar ahí.

—Si Madame está aquí cuando registren la cocina a lo mejor se da cuenta de que hay poca comida —dijo Amandine preocupada—. ¿Qué le llevaste ayer a Georges?

—Chocolate. Compré pan y cebollas. ¡Ah! Y anteayer también cogí queso.

—¡Maldita sea! —renegó Amandine en un murmullo, y echó otra patata a la basura.

El guardia cambió de posición, arrastrando los pies sobre el suelo.

—Puede que no se dé cuenta de que falta chocolate —continuó Amandine—. No creo que supiera lo que quedaba en la lata, pero seguro que se acuerda del queso. Dijo que hoy nos lo comeríamos. No me creerá si le digo que se estropeó y lo tiré.

—Es poco probable —admitió Célie, atareada en apilar los platos para así tener más trabajo y poder justificar el quedarse ahí.

—¿Alguna vez has tirado queso a la basura? Nos lo habríamos comido, aunque estuviera podrido.

—¡Basta ya de hablar! —dijo el guardia con voz fuerte—. ¡Continuad con el trabajo!

Obedecieron, Amandine continuó de pie delante de la pila mientras Célie limpiaba los tazones y los guardaba. No se oía ningún otro sonido en la cocina aparte de los tintineos de la loza y algún roce ocasional cuando Célie frotaba la superficie lisa con demasiada fuerza.

Menou regresó. Por su expresión era evidente que todavía no había encontrado el cuchillo. Empezó a registrar la cocina, mirando en cada armario y en el tarro de la harina. Él mismo registraba cada bolsa, caja o lata, pasaba los dedos entre los garbanzos secos y las lentejas que les quedaban, vació el chocolate sobre un plato, también el café, levantó la tapa del queso, destapó cada olla.

No encontró nada que le interesara, ni comida escondida.

Luego inspeccionó las existencias de Célie para hacer la colada.

—No le queda mucho jabón —comentó—. ¿Ni almidón? ¿Ni azulete?

—Se me acabó el almidón anteayer —respondió—. Y últimamente es difícil encontrar azulete.

En realidad, lo había cambiado por café para llevárselo a Georges.

Menou regresó a la mesa de la cocina, la cara fruncida por el enojo.

—Uno de ustedes asesinó al ciudadano Bernave —los miró uno a uno lentamente.

Marie-Jeanne aún tenía al bebé en brazos, ahora ya se había dormido. Madame Lacoste observó a Menou con cara pensativa, sombría. Fernand, callado, tamborileaba sobre la mesa con los dedos. Monsieur Lacoste se movía inquieto, mordiéndose los labios. St. Felix estaba completamente inmóvil con los hombros encogidos. Parecía que se doblaba con el peso de una pena tan enorme que lo hundía.

Fernand tenía los puños cerrados y los hombros erguidos y rígidos.

Menou le miró a la cara.

—¡No tiene ningún derecho a decir eso! —exclamó al final Madame Lacoste fríamente.

Estaba sentada, enhiesta, con una dignidad que nada tenía que ver con el estatus o el poder, simplemente con la confianza en si misma. Era la esposa de un hombre que trabajaba para ganarse la vida, pero podría haber sido de la antigua nobleza, a juzgar por como miró a Menou allí en la cocina.

Una chispa de admiración brilló en los ojos de él, quizá involuntaria, pero igualmente real.

—Nos importaba el ciudadano Bernave —continuó con gravedad—. Y su muerte nos entristece. Era de la familia y un verdadero luchador por la libertad y la prosperidad de Francia, y por una justicia que fuera perdurable.

—¿Todos ustedes, Madame...? —se dio cuenta de su error y rápidamente lo corrigió—. ¿...ciudadana?

—No puedo decir nada del ciudadano St. Felix —respondió, y deliberadamente evitó mirarle—. Bernave era muy duro con él.

—Eso parece —asintió Menou—. Efectivamente, eso es lo que parece.

Se enderezó.

—Recuerde: ¡la estamos vigilando! La revolución le debe a Bernave justicia... ¡y la tendrá!

Con esas palabras se dirigió a la puerta de atrás, la abrió y salió, cerrándola con un fuerte golpe.

Marie-Jeanne se puso de pie, cansada de estar sentada durante tanto tiempo. El bebé en sus brazos no se había despertado. Los dejó a todos y se fue a la sala de al lado.

Fernand miraba a St. Felix, que tenía la cara marchita, se dio la vuelta y siguió a su mujer.

Amandine miraba a Célie fijamente.

Madame Lacoste no dijo nada, pero sus ojos brillaban llenos de lágrimas.

Capítulo VIII

Era imperioso que Célie y Amandine, con quien St. Felix ya había hablado, se lanzaran a proseguir con el plan cuando Menou se hubiese marchado. Ya estaban a diecinueve. A esta hora, dentro de dos días, el rey estaría muerto y los que habrían ido a ver la ejecución volverían a casa a preparar el desayuno pospuesto.

Célie quería pedirle a Amandine que saliera y fuera a comprar, y, cuando estuviera sola o fuera necesario salir, darle instrucciones más detalladas de lo que tenía que decir y qué debía escuchar. Pero Amandine tenía más autoridad como sirvienta de la casa y no debía notarse que era Célie la que daba las órdenes. Eso habría irritado a los inquilinos, además de levantar sospechas. Tenía que ser muy cuidadosa.

Fernand echó una ojeada a la puerta trasera por donde Menou se había marchado.

—¿Y qué se supone que podemos hacer para continuar con el negocio, si ha puesto guardias por toda la casa y nos tiene aquí encerrados? ¿Cómo piensa que ganaremos algún *sou* aquí dentro? —exigió enfadado.

—¡Él no piensa! —saltó Monsieur Lacoste—. ¿Qué le importa? A él lo que le preocupa es su propio trabajo, no el nuestro. ¿Hay tan pocos mendigos en París que se notaría si aparecieran un par más?

Madame alzó la vista hacia ellos.

—Hace apenas doce horas que el ciudadano Bernave ha sido asesinado en esta casa. ¿Qué esperábais que hiciera el hombre? No se ha encontrado el cuchillo todavía. No dejará salir a nadie, excepto a Célie o Amandine para comprar comida, y solo después de registrarlas. Me imagino que no sospecha de ellas, no en verdad —se levantó, un poco entumecida, como si el agotamiento y la emoción le hubiesen agarrotado los músculos—. El tiempo os pasará más rápido si hacéis algo. Marie-Jeanne se encargará de los niños. Yo voy a regresar a los papeles de Bernave; no podemos olvidar el negocio, es lo que nos mantiene.

—Gracias —dijo Marie-Jeanne—. Yo no tengo tiempo para hacerlo y, además, tampoco me apetece nada.

En su voz había frialdad, como si se sintiera obligada hacia Bernave por el bienestar de todos pero aquello le doliera, incluso la irritara, y solamente en consideración a su familia no lo rechazara. Sujetó al bebé un poco más fuerte y alargó la otra mano para tocar la cabeza de su hijo de tres años, que estaba de pie al lado de ella.

Madame aceptó su agradecimiento y luego cruzó una mirada con su marido.

—Hay mil cosas distintas que podrías hacer —le señaló—. La aldaba del dormitorio de los niños está rota, hace ya un mes o más. La manecilla de la bomba de agua se atasca de vez en cuando. Hay al menos tres cajones de mi...

—¡Está bien! Ya lo sé —se aclaró la garganta—. Hasta ahora he estado demasiado ocupado para hacerlo. Ganar dinero es más importante que tus tareas domésticas —se volvió hacia Fernand—. Y tú puedes acabar esa cómoda para Virginie. Lo has estado retrasando desde agosto. Y Amandine dice que aquí hay algunas tapas que no encajan bien y un agujero no sé dónde por donde entran los ratones.

—Los ratones entran por la puerta —respondió Fernand secamente—. ¡Especialmente si se dejan abiertas!

Pero en su voz no había enojo. Se encogió levemente de hombros y salió afuera, al frío y claro patio, hacia su taller.

Monsieur Lacoste miró a Madame con la misma ternura que Célie había observado otras veces. Lo volvió a ver con una sacudida de satisfacción, pero también de soledad.

Cuando él se hubo marchado miró a Madame.

—Se ha hecho muy tarde por la visita de Menou, más de la hora habitual para salir a comprar. Sería mejor que Amandine y yo saliéramos a hacer cola las dos, si le parece bien. Si no, no encontraremos casi nada de lo que necesitamos. Aunque puede que de todas maneras ya se haya terminado todo.

Madame no había pensado en eso.

—Pues claro —respondió enseguida—. Yo estaré en el estudio de Bernave. Será mejor que os dé un poco de dinero.

—Gracias —aceptó Célie, que salió detrás de ella, con Marie-Jeanne siguiéndola de cerca, y dejaron a Amandine y a St. Felix solos en la cocina.

Al volver con el dinero para la compra, estaban uno muy cerca del otro y era evidente que habían parado de hablar cuando ella entró. St. Felix vigilaba a Amandine, para juzgar su reacción. Amandine se dio la vuelta, de espaldas a la puerta, para esconder su temor. Célie imaginó que St. Felix había aprovechado esa oportunidad para contarle una versión resumida del plan y cuál era la participación de ellos dos.

Célie no hizo ningún comentario, pero se les acercó y le ofreció a Amandine la mitad del dinero que Madame le había dado.

Amandine se lo puso en el bolsillo de su falda gris.

—A ver si encuentro pan y queso, y si hay carne también traeré, claro.

Célie alzó las cejas.

—¿A estas horas? ¡Si todavía queda algo de carne por ahí es que algo raro le pasa! —bajó la voz, poco más que un susurro—. ¿A dónde más piensas ir?

Célie miró a St. Felix cuestionándole, y él le hizo un gesto casi imperceptible de asentimiento.

Amandine le miró también, luego a Célie.

—Voy a buscar al capitán del barco de Bernave. Está en las oficinas de tierra en la Île de la Cité. A estas horas todavía debe de estar ahí. Ni tan solo debe saber que Bernave ha muerto —su cara se tensó—. Tendré que decírselo.

—Vigílale —advirtió Célie—. Fíjate bien en su cara cuando se lo digas. Considera si le dices lo que Menou nos ha dicho o no. ¡Ojalá yo supiera algo más!

—A todos nos pasa lo mismo —añadió St. Felix turbado.

Cambiaba el peso de un pie a otro, todo su cuerpo expresaba la frustración y la sensación de aprisionamiento que sentía. No podía hacer nada más que dar instrucciones y esperar. No tenía ninguna tarea para ocupar las manos.

—¿Y tú a dónde vas? —le preguntó secamente a Célie.

—Al Faubourg St-Antoine —le respondió—. Para comprobar que el piso franco todavía es un lugar seguro.

—¿Y cómo piensas hacerlo? —insistió.

—No sé. Miraré, escucharé, preguntaré por ahí —mientras iba hablando se le ocurrían las ideas—. ¡Diré que quiero comprarlo! Así tendré una excusa para poder hacer todas las preguntas que me parezcan.

—Pero... —Amandine empezó a hablar y se detuvo.

—No me hace falta el dinero —dijo Célie levantando las cejas—. ¡Por el amor de Dios, Amandine, no voy a comprarlo! Lo inspeccionaré muy detenidamente y luego les diré que es muy pequeño para lo que necesito, ¡o para mi gusto!

—¡Lo que iba a decir es que el Faubourg St-Antoine es tan peligroso!

La voz de Amandine sonaba un poco estridente, impregnada de miedo. Sabía qué le había pasado a St. Felix cuando estuvo allí. Ahora sufría por Célie.

—Ya lo sé, pero no me pasará nada —dijo Célie con delicadeza, intentando esbozar una sonrisa.

No quería ni pensar en ello, aún menos quería ir hasta allí, pero la otra alternativa era abandonar el propósito. No podía mandar a Amandine. Con sus modales y su pronunciación tan refinados estaría mucho más expuesta al peligro. Incluso la misma Amandine se daba cuenta de eso, tan poco consciente de si misma como normalmente era. St. Felix no podía salir de casa y no quedaba nadie más. Era demasiado arriesgado que Georges saliera a la luz del día. No quería tener que dar más explicaciones ni discutirlo.

—Allí no destaco entre la gente —le aseguró.

—¿Cómo explicarás que tienes suficiente dinero para plantearte comprar una casa? —Amandine todavía tenía muchas dudas.

Célie pensó con destreza.

—¡Mi marido! Les diré que era soldado en el frente austríaco y que le mataron. ¡Por Dios, han muerto tantos hombres ahí! Y todavía mueren...

—Y morirán muchos más —dijo Amandine con un hilo de voz—. En el frente español, y en el mar también si España e Inglaterra nos atacan.

Tenía la cara muy blanca, sus ojos inmóviles enfocando la extraña quietud del horror. En ese preciso instante Célie comprendió por qué Bernave había decidido rescatar al rey y por qué ahora no podía discutirle a nadie que quisiera arriesgarse, ni podía intentar protegerlos a costa de echar a perder sus posibilidades de éxito. La alternativa era esa, sobrecogedora y terriblemente arrolladora.

Sonrió con una confianza cierta por el bien de Amandine.

—Estaré bien. No me importa si creen que soy una borracha o una loca, porque pretendo algo que está más allá de mi alcance. Siempre puedo preguntar el precio al final —puso una voz fanfarrona y la espalda bien derecha—. De todas maneras, no sabemos cómo es el piso. ¡A lo mejor es horroroso! ¿Y si la mujer de un soldado se lo pudiera permitir?

—Esa es una de las primeras reformas que la revolución quiere introducir, unas pensiones decentes para los heridos en combate... y para los ancianos —dijo Amandine con una mezcla de alegría y esperanza.

—En teoría —le rebatió Célie con amargura—. ¡Nadie ha podido ver todavía cómo lo ponían en práctica! Pregúntale a alguno de esos soldados cojos... hay unos cuantos. Y si Pache deja todas la armas aquí en París en vez de mandarlas al frente, ¡aún habrá más!

La rabia de su voz les pilló desprevenidos por un momento. La cocina quedó silenciosa. Pudo oír el crujir de los tablones del suelo por alguien que subía las escaleras y la voz de uno de los niños gritando.

Se oyeron pasos afuera en el patio.

—Me voy —reaccionó Amandine con rapidez—, ¡antes de que alguien nos encuentre aquí hablando! ¡Tenemos que ir con cuidado!

Descolgó su capa del gancho y se la puso, y cogió una cesta para llevar cualquier cosa que pudiera comprar. Se volvió para mirar a Célie y después a St. Felix, sonrió esperanzadoramente y abrió la puerta de atrás justamente cuando Fernand entraba con las manos cargadas de herramientas.

—Yo también —añadió Célie dirigiéndose al gancho donde colgaba su capa; se ajustó la gorra hasta las orejas.

¿Debía aventurarse a andar todo el camino y arriesgarse a que le preguntaran por qué había tardado tanto? ¿O intentar subir a una diligencia pública, gastando unos pocos *sous*, y tener que justificar el gasto a Madame?

La tardanza era más fácil de excusar. Las colas avanzaban con lentitud. Cuando llegaba tu turno resultaba que la mujer que tenías delante acababa de comprar la última cosa que necesitabas a comprar. Pasaba demasiado a menudo. Cualquiera la creería y, por otro lado, Madame sabía el precio exacto de las cosas. Todas las mujeres lo sabían.

Sin ganas, Célie bajó la cabeza y empezó la caminata. El sol brillaba, pero el viento era frío y crudo, las fuertes ráfagas golpeaban su cara mientras andaba al lado del río.

Pasó deprisa por el Pont Neuf y recorrió los pocos metros que faltaban hasta llegar a la punta de la Île de la Cité. Había unas cuantas personas que pasaban el rato contemplando a los transeúntes, esperando la llegada de noticias. Un muchacho repartía ejemplares de L'Ami du Peuple, el periódico de Marat.

Célie volvió a cruzar el río. Ahí era donde las lavanderas públicas hacían su trabajo —cuando podían comprar jabón, almidón o azulete para lavar—, agachadas encima de las piedras e ignorando el mal tiempo. Miró abajo y vio que hoy no había nadie. La escasez se notaba en todas partes.

A su alrededor los árboles estaban desnudos, las ramas flacas y negras contra el cielo. La iglesia de St-Germain-l'Auxerrois quedaba a su izquierda.

Más allá estaba el impresionante palacio del Louvre.

¿Habría estado Georges ahí antes de la revolución? ¿Cómo era su vida entonces? Mientras el padre de Célie soñaba con ser un gran orador que contratara a hombres para luchar por la reforma, su madre, sentada, con los ojos iluminados, le ensalzaba y animaba, llenándole la cabeza con sus ideales y su coraje. ¿Estaría Georges en Versalles viendo las frívolas mascaradas? ¿Habría bailado toda la noche mientras ellos discutían y bebían agua azucarada en los salones de los girondinos, vistiendo sus togas y llamándose unos a otros con antiguos nombres romanos?

Ahora, uno de esos mundos había sido destruido para siempre, y el otro se estaba haciendo añicos rápidamente, retazos de unos sueños que no habían tenido el talento ni la voluntad para llevar a cabo.

Ella y Georges nunca habían hablado de los días antes de la Bastilla. Era otro mundo, que había desparecido para siempre. ¿Nunca le hablaba de ese mundo porque no había formado parte de él, o porque ya no le importaba? ¿O porque se avergonzaba? No solo había cambiado el mundo, sino que, como tantos otros, él también se había transformado.

¿Tal vez le importaba tanto que no soportaba recordarlo, igual que haría un persona que no se atreve a mencionar el nombre de alguien que ha muerto porque nunca ha aceptado su pérdida?

¿Quizá era demasiado peligroso porque él sabía que ella no había formado parte de ese ambiente y era imposible que compartiera sus sentimientos?

Célie se dio cuenta de que andaba más deprisa. Se dijo a si misma que era para mantenerse caliente. Pero sabía que era porque estaba enfadada y se sentía excluida, y esa exclusión le dolía.

Georges se despertó temprano. Se quedó quieto, tumbado durante unos segundos, y después la muerte de Bernave y su posible traición regresaron a su mente como una marea helada que le ahogaba.

Estaba temblando bajo las mantas. El colchón era duro, el cuarto estaba congelado. Había una capa de hielo por la parte de dentro de la ventana.

Todavía estaba oscuro, pero afuera ya se oían las ruedas pasar por encima de los adoquines. Era hora de levantarse, cuanto más temprano fuera, antes de la luz del amanecer, mejor. Debía avisar a aquellos a los que Bernave podía haber traicionado, si es que aún no los habían arrestado. La traición no le era desconocida. No se encontraría en esta situación si no fuera porque Célie le creyó culpable de la muerte de su hijo y, como venganza, le delató a la guardia nacional y les contó que era un contrarevolucionario.

No tenía tiempo para odiarla por eso, porque no lo había descubierto hasta que ella arriesgó su vida para avisarle. Entonces se habían separado entre la muchedumbre histérica que arrasaba la ciudad justo antes de las masacres.

Cuando Amandine le contó luego la muerte de Jean-Pierre y el dolor de Célie, las emociones eran demasiado sobrecogedoras. No tenía sentido alimentar otro odio añadido a los que ya existían. Ya habían perdido demasiado y él sabía que ella se arrepentía tanto como se habría arrepentido él, sin importar el hambre ni el frío ni el encarcelamiento que estaba sufriendo. Y había cierta justicia irónica en todo lo que había pasado. ¿Quién podía ser más contrarevolucionario que un hombre que planeaba salvarle la vida al rey?

Le había dicho a Célie que comprobaría los pisos francos más cercanos a su buhardilla, en St-Sulpice y en St-Honoré. Le había dejado a ella el de St-Antoine, más lejos y en el peor distrito.

Apartó las mantas con un movimiento, y sintió que el frío punzante atravesaba su camisa y le llegaba a la piel. Odiaba dormir con la misma camisa, pero no gozaba del lujo de tener otra distinta para dormir, y si no se la ponía habría tenido demasiado frío.

Encendió la vela. Quedaba un poco de agua de ayer y se lavó la cara. Se hizo algún corte pequeño al afeitarse. A estas alturas ya debería haberse acostumbrado al agua fría. Llevaba casi cinco meses huyendo y escondiéndose. De nada servía recordar a los sirvientes con jarras de agua caliente, la ropa fresca que olía a viento y a sol, la habitación limpia y clara con vistas a los campos y a los bosques. La granja de su padre, un buen caballo para montar. No quedaba nada del pasado, ni para él ni para nadie.

Se puso un jubón de lana, unos pantalones y un tabardo con el cuello alto, la ropa de más abrigo que tenía. Se comió el pan que le quedaba y se terminó el vino. Habría preferido café, pero no tenía con qué calentarlo.

Empezaría por Maurice Doué. Él era quien había encontrado a los hombres y mujeres que saldrían de la muchedumbre y asaltarían el carruaje del rey camino de la ejecución, para encubrir el cambio entre él y el hombre que se pondría en su lugar. Debía avisarle incluso antes de comprobar los pisos francos. Doué tendría que juzgar por si mismo si debía reemplazar a la gente escogida por otras personas, en caso de que alguna de ellas estuviera en peligro. No tenía por qué pasar. No le había contado nada a Bernave, excepto que ya habían reclutado a la gente necesaria.

La cuestión era: ¿qué sabía St. Felix y qué le había dicho a Bernave? Quizá escoger a otras personas sería más seguro, aunque la seguridad era una cosa muy relativa. Nadie podía contar con moverse con libertad ni estar vivo a la semana siguiente, menos aún el año próximo.

Sopló la vela y pellizcó la mecha, después abrió la puerta. Había llovido toda la noche, las escaleras estaban resbaladizas a causa de la gotera que había en el tejado. Cerró la puerta detrás de si, tirando con fuerza para que quedara bien cerrada allí donde la madera se había hinchado, y se deslizó escaleras abajo con mucho sigilo.

Afuera, la luz apagada del alba asomaba por el este, apenas podía ver más que las siluetas de los edificios recortados contra el cielo claro, pero tenía que continuar para emprender el camino. Hacía un frío espantoso y los adoquines estaban resbaladizos por la helada nocturna.

Anhelaba el sur, su hogar tal y como había sido hacía tan solo unos años. Era una ilusión, por supuesto, pero en su memoria el sol siempre brillaba sobre las amplias extensiones de tierra, el aire cargado de oro, los hombres trabajaban en los campos y los viñedos con las caras empapadas de sudor y polvo.

Ya entonces le parecía una vida ideal, lo mismo que creía su padre. Podía verle entre sus recuerdos con la espalda recta, los ojos entrecerrados contra el viento y el sol, paraba aquí y allí para hablar con algún jornalero. Se preocupaba por ellos, los conocía por el nombre, quería que la tierra fuera rica también para ellos, lo mismo que quería hacer Georges después de él.

¿Había sido realmente un opresor, demasiado paternalista?, ¿les había negado oportunidades para la igualdad? ¿Su amable sonrisa escondía desprecio porque la tierra era de los Coigny y ellos eran los que tenían que labrarla y no poseían nada? ¿Lo que a él le parecía benevolencia, era en verdad otra clase de tiranía?

Georges amaba a su padre y le admiraba. Pensar esas cosas era una traición que el viejo no habría entendido. Habría sido mejor que muriera antes de que las cuadrillas le quitaran la casa y las tierras y lo destrozaran todo, cinco generaciones de trabajo. No podía olvidar la cara del pobre hombre cuando quemaron los graneros y soltaron a los caballos, que, aterrorizados, se fueron galopando y se adentraron en la oscuridad, con las llamas que se alzaban detrás de ellos hasta el cielo nocturno. Su padre les habría dado todo lo que tenía, solamente si lo hubiesen tratado con el mismo cariño que él.

Pero todo eso se había acabado, parecía que hacía décadas, no solamente dieciocho meses. Había otras cosas por las que luchar, algo que todavía se podía salvar, y para él no había ni la sombra de una duda en ese aspecto.

Tardó casi dos horas de continuo caminar, parar, preguntar y volver a caminar antes de encontrar a Doué al otro lado del río, cerca del palacio de la Bastilla. Para entonces Georges ya estaba agotado, helado y con un hambre feroz.

Se encontraron en el patio de un herrero, bajo un pequeño cobertizo cerca de la forja, donde se agradecía el calor que desprendían los fuegos a pesar de la poca luz y el olor a sudor y a excrementos de caballo.

Doué era un fugitivo como él, se trasladaba de buhardillas a sótanos por distintas callejuelas, siempre a un paso de ser atrapado y traicionado. Lo mismo pasó ahora, cuando Georges logró encontrarle: Doué estaba de pie con un cuchillo en la mano, listo para luchar por su supervivencia si fuera necesario.

Solo se relajó cuando Georges se quitó el sombrero y dejó que la tenue luz mostrara su rostro, sus grandes ojos oscuros, las mejillas, más delgadas que antes. Solo su sonrisa era la misma de siempre, encantadora y un poco torcida.

—¡Ah, eres tú! —se sorprendió Doué.

Bajó el cuchillo y le alargó una botella de vino medio vacía. Era un gesto de generosidad.

Georges la cogió, pero solamente bebió un par de tragos, y sintió el líquido bajar por la garganta con una calidez gloriosa. No había tiempo que perder, así que le devolvió la botella con agradecimiento.

—Victor Bernave fue asesinado ayer por la noche —vio como la cara de Doué se ponía rígida bajo la luz gris que entraba por la puerta medio abierta.

Doué tomó la botella y la dejó en el suelo. El vino era algo demasiado apreciado para beberlo sin una buena razón. Estaba obviamente sorprendido.

—¿Un accidente? —preguntó mientras se apartaba el pelo castaño de los ojos.

—No.

—¿No será la guillotina? —la voz de Doué sonaba más a negación que a pregunta—. ¿Has dicho Victor Bernave?

—Sí... ¿por qué? ¿No crees que le hayan podido guillotinar? —preguntó Georges.

—No sé. Es poco probable. ¿Por qué razón?

No era la respuesta que Georges esperaba. No se molestó a señalarle que en esos días cualquier razón, por insignificante que fuera, era suficiente.

—¿Por qué te parece poco probable? —insistió.

—Era demasiado cuidadoso —respondió Doué. Era imposible leer su expresión en la penumbra—. Un tipo muy listo. ¿Por qué me lo cuentas?

No había otra respuesta posible sino la verdad.

—Era el que estaba detrás del plan.

Los ojos de Doué se empequeñecieron.

—¿Bernave? ¿Victor Bernave estaba detrás del plan para rescatar al rey?

El frío invadió el estómago de Georges.

—Ya te lo he dicho.

—¡Nunca antes, sabes muy bien que no! —explotó Doué—. ¡Dios divino! ¿Qué sabía de nosotros, de nuestros hombres?

—Por mi parte, nada, pero por alguien más, no lo sé. Avísales que...

—¡Puedes estar perfectamente seguro de que lo haré, maldita sea! —juró Doué y cerró los puños en un gesto de desesperación—. ¡Qué mierda de desastre! —exclamó furioso—. Los austríacos y los prusianos están cruzando las fronteras. La Convención es un caos. La Comuna hará todo lo que diga Marat y los puritanos siguen a Robespierre, ¡que Dios los ampare!

Tenía la voz ronca por las emociones y parecía que le faltaba el aire.

—Los pocos hombres razonables que quedan escuchan a Danton, si eso les va a servir de algo —continuó—, y los girondinos se pelean entre ellos como una horda de gatos, es para todo lo que sirven. No podrían tomar ni una sola decisión acerca de nada.

Tenía la cara transformada por el desprecio.

—Todos juntos en una sala no se pondrían de acuerdo ni para decidir qué día es hoy. Y si entrara Marat y les gritara, ¡todos a correr! Seguramente se caerían de narices y se quedarían atascados en la puerta al salir.

Georges se rió al imaginarlo, pero con pesar, porque era cierto. Se acercó un poco más a la forja. Estaba empezando a entrar en calor y se daba cuenta del frío que había pasado.

—Ya lo sé —admitió—. Y ahora solo falta cortarle la cabeza al rey y provocar a los otros cuatro que quedan en Europa que todavía no están en guerra contra nosotros.

Doué se le quedó mirando con un ojo torcido.

—¿Así, seguimos adelante con nuestro plan?

Georges nunca lo había dudado. No había vuelta atrás para nadie. Habían roto con el pasado.

—Sí. Busca a hombres nuevos —dijo en voz alta—. Y deja avisados a los otros. A lo mejor deberían marcharse de París, si pueden... al menos durante un tiempo prudencial.

—¡Que Dios los proteja si en verdad Bernave trabajaba para la Comuna! —Doué movió la cabeza.

—¿Tú te lo crees? —preguntó Georges.

—Para serte sincero, no estoy seguro —respondió Doué, con sorpresa incluso para él mismo.

Se acercó un poco más a la pared que estaba detrás del fuego de la forja.

—Valdier me contó cosas distintas de la Comuna que tenían que ver con Pache y las armas, y dijo algo sobre el conde de Artois y un plan para rescatar al rey —tomó un trago poniendo la botella casi vertical—. No le creí. Le dije que era absurdo. Pero dijo que lo sabía por una fuente de fiar, un espía de los realistas en la Comuna. Le pregunté quién era. Me dijo que no lo sabía. Podría ser Bernave. U otros cincuenta.

Georges no dijo nada. La angustia iba creciendo, más intensa, dentro de él; incluso se dio cuenta, con sorpresa, que se sentía herido. Creía que la traición no le iba a doler nunca más. Pero él había confiado en Bernave. Cuando Célie le contó cómo maltrataba a St. Felix, sintió un fuerte rechazo hacia él, pero supuso que tenía sus razones. Todavía confiaba en su honor, en su deseo de alcanzar un propósito. Parecía que compartía con Georges la misma visión de los hechos, con claridad y razonamiento. Si su pellejo le preocupaba demasiado para arriesgarlo y arriesgaba el de St. Felix, o si el hombre utilizó esta oportunidad para vengar alguna vieja enemistad, entonces es que en su carácter había defectos que Georges desconocía. Pero eso no destruía la convicción fundamental en su honradez política.

—O tal vez estaba confundiendo a la Comuna con mentiras —continuó Doué mientras miraba a Georges con una ceja levantada.

Georges se frotó las manos para ahuyentar el frío.

—¡Al fin y al cabo, a Artois le da igual! ¡La Comuna le guillotinará igualmente si le cazan, pese a quien pese!

Bebió otro trago.

—¿Lo puedes saber? —preguntó Georges.

—¿Si fue Bernave? —Doué lo miró fijamente—. Seguro que sí, pero no sin levantar sospechas, y será imposible antes de mañana por la noche, cuando tendremos la última oportunidad para cambiar algo. De todas maneras ¿quién le mató?

—No se sabe. Un tipo llamado Menou, de la guardia nacional, lo está investigando.

Doué levantó la cabeza con un movimiento brusco, mirando a Georges.

—¿Y quién te dijo que Bernave había muerto?

—Es preferible que no lo sepas —respondió Georges con calma; el rostro de Célie, apasionada y testaruda, apareció de inmediato en su mente—. Una persona con el suficiente valor, entrega e imaginación como para arriesgarse a salir a la calle sin ser vista y ayudarnos a continuar con el plan. ¿Puedes conseguir a gente nueva para el asalto?

—Si hace falta, sí —convino Doué—. Tal vez sustituya a uno o dos, como tú dices, o sencillamente les diga que están en peligro y que tienen que marcharse de París, o al menos marcharse de donde sea que se escondan ahora.

Hizo una mueca de disgusto como si el último trago de vino fuera amargo.

—La mayoría de ellos no tienen nada que perder. Lo que una vez tuvieron, lo han perdido... casi todos la casa, la familia. Ninguno de ellos te traicionará.

Georges asintió con la cabeza.

—Me pareció que tenías derecho a saberlo.

Doué levantó un hombro como un leve gesto de agradecimiento. Le alargó la botella.

Georges la cogió, tomó otro trago y se la devolvió.

—Gracias. Tengo más encargos. Adiós.

—Adiós —Doué le dijo mientras se marchaba.

Georges se apresuró hacia el este en dirección a la Rue St-Honoré, pasando casi a través de la sombra del Louvre. Apenas se fijó en ese imponente pilar de piedra, con su aire eterno. Hacía tan solo unos años, su familia habría sido bienvenida allí, pero eligió vivir en París en vez de al lado del Loira. Eso era lo que más le apesadumbraba, no la vida pasada en París o Versalles, nunca le habían importado demasiado los bailes y las mascaradas, las carreras por la tarde o las noches de conversaciones interminables. Siempre le había parecido que no encajaban con él. Pero el château sobre el río, la luz del atardecer entre los árboles, la inmensidad del cielo y el canto de los pájaros le hacían sentir verdaderamente en casa como ningún otro lugar. La pérdida todavía le dolía mucho con una punzada profunda y constante.

Si hubiese ido a parar a manos de otra persona que amase la tierra como su padre, que se preocupara y se cuidara de sus necesidades, a lo mejor habría sido más fácil soportarlo. Pero habían tenido que entregar, impotentes, las tierras a hombres ignorantes, llenos de odio por la tierra y por aquellos que la poseían, que destrozaron siglos de belleza. No tenía ningún sentido. Nadie salía ganando. Y, aún así, la marea arrastraba Francia y, si no la detenían pronto, no quedaría nada. En solo una generación, ¿quién quedaría para recordarlo, para reconocer lo que era verdad, para explicar cómo habían sido los sueños puros?

No quería reconocer el daño que esto le producía. No tenía tiempo para afligirse. Giró a la derecha hacia la Rue St-Honoré y la Rue Cambon. La plaza de la Revolución, con sus austeros y prominentes postes para sostener la guillotina quedaron detrás de él, escondida entre los edificios de la Rue de Rivoli, aunque su presencia era ineludible. En su mente la veía allí donde se dirigiera. Esta era una zona moderna, alejada de los suburbios y las callejuelas donde los desposeídos y los que estaban bajo orden de captura tenían sus santuarios. Aquí la guardia nacional tenía muchos informadores, pero no todas las estrechas e incontables calles se podían registrar, y el día de la ejecución del rey las calles estarían rebosantes de vida, todo el mundo apretujado, alargando los cuellos, intentando ver. Una vez hubieran hecho el cambio, se escaparían por una de esas callejuelas, y los perseguidores quedarían bloqueados por un carretón puesto en medio a toda prisa. La ruta estaba planeada cuidadosamente y era lo más corta posible. Aquí, a la derecha, estaba el patio del establo donde llevarían el carruaje y lo esconderían, mientras el rey se metía en la buhardilla, se ponía la ropa de mercader y volvía a bajar por el otro lado para continuar su camino.

Hacía rato que andaba bajo el frío. Georges pensó en Célie, que tenía que hacer todo el camino hasta el Faubourg St-Antoine. Recordaba su imagen, no su pelo rubio y delicado, sino sus ojos, la rabia, el valor y la culpa que se leía en ellos. La suave generosidad de su boca. Las piernas le dolerían más que a él cuando hubiese hecho todo el camino hasta St-Antoine y la vuelta. ¿Cómo le explicaría a Madame Lacoste una ausencia tan larga?

Pero él no podía ir. Era demasiado arriesgado a la luz del día. Había demasiada gente que le podía reconocer por los carteles que habían colgado por todas partes, que anunciaban que era un enemigo de la revolución, o por algún esbozo aparecido en panfletos como el Père Duchesne o L'Ami de Peuple. Había visto uno o dos. Incluso con unos trazos de pluma poco precisos habían dibujado exactamente su frente, el ángulo de sus pómulos y de la nariz, el nacimiento del pelo.

Hasta ahora había escogido las calles bulliciosas, donde había mucho tráfico, para que no le reconocieran, pero ya no quedaba más remedio que pasar por la Rue Cambon.

Las tiendas habituales estaban abiertas y había colas para el pan, el café, velas, jabón y azúcar. Algunos estaban ahí de pie, en silencio, la cara surcada por líneas de desesperación; otros estaban inquietos, con la rabia reprimida, esperando a explotar a la mínima provocación.

Empezó a subir la calle, esperaba que pareciera que iba a su paso normal, evitaba mirar a nadie a la cara. Intentaría encontrar a un hombre llamado Romeuf, el propietario del establo, que lo había heredado de su hermano cuando este murió en el frente austríaco. A Romeuf no le gustaban los girondinos, despreciaba su incompetencia, su cobardía y las ambiciones personales que los dividían y que les convertían en una fuerza totalmente inútil para controlar la Convención. Había protestado ante el desvío de botas y armas del ejército a la Comuna que ordenó Pache, y había desafiado la ira de Marat con su audacia. Un número considerable de gente se había unido a sus quejas. No era partidario de la realeza, pero su concepto de patriotismo era mucho más amplio que el beneficio que se podía obtener del ansia de poder, fuera cual fuese el precio. Había estado muy unido a su hermano y se sentía orgulloso de él. Había visto cómo sacrificaba su vida por nada, no por una clara derrota militar, sino porque lo mandaron a luchar y luego la Comuna de París le despojó de los medios para ello.

Georges nunca había hablado a Bernave de Romeuf. No le contaba a nadie nada que no fuera necesario que supiera. Aún así ¿era posible que Bernave hubiese oído su nombre y la conexión con la causa realista por alguna otra fuente? ¿Le habría traicionado a la Comuna? De cualquier manera, al menos tenía que avisarle.

Bajó el bordillo para evitar a un grupo de mujeres que estaban hablando en voz alta, pero no se apartó lo suficiente. Pasó rozando una de las cestas y la volcó.

La mujer renegó.

Él se volvió para disculparse.

—Lo siento, ciudadana.

Era una mujer de cara angulosa, debía de tener unos cincuenta años, llevaba la ropa de un gris cenizo, que le colgaba desmañadamente sobre el cuerpo flaco. Sus ojos se empequeñecieron.

—Yo a este le conozco... ¡te he visto en algún sitio! —era casi una acusación.

Era una tontería tener miedo. Había centenares de explicaciones razonables. Tragó saliva.

—Seguro. Voy y vengo. Buenos días, ciudadana.

Dio un paso para seguir su camino.

—¡Un momento! —le retó con voz estridente.

¿Qué hacía? ¿Se paraba o pretendía que no la había oído? No, parecería que estaba huyendo. ¿Y por qué tenía que parar por ella? Era una extraña a quien no debía nada.

—¿Qué pasa, ciudadana? —mejor calmarla, si podía.

Unos metros más tampoco era tanto. El corazón le latía con fuerza y sentía el sudor sobre la piel.

—Tu cara, algo tiene que me suena.

La mujer cerró un poco más los ojos y avanzó el cuerpo.

—Tienes algo que he visto en esos carteles colgados.

—Me juego lo que quieras que le buscan —dijo con seguridad la mujer de al lado, observando a Georges.

—Este se cree que porque no tenemos nada puede venir aquí, vivir en nuestras casas, comerse nuestro pan, ¡pues no! ¡No puede!

Alzó la barbilla agresivamente.

—¡Somos leales a la revolución como el que más! ¡Cómo cualquiera de esos poetas y abogados finolis de los Cordeliers! ¡Tenéis los días contados, ya verás! ¡Nuestro día ya llega, claro que sí! ¡Marat está con nosotros! ¡Es nuestra revolución, no lo olvides!

Se acercaron un poco más a él con actitud amenazadora, los brazos en jarras, las caras impenetrables.

—Ya lo sé —admitió con una sonrisa forzada, confiaba que a ellas no se lo pareciera tanto como a él—. El ciudadano Marat cada vez tiene más poder. Algún día tendremos un verdadero gobierno de la gente.

No añadió que esperaba que Marat no viviera para verlo.

Se oyó un murmullo de asentimiento.

Sonrió fugazmente y se dio la vuelta para irse.

—¡Coigny! —gritó una de las mujeres—. ¡Sabía que había visto ese careto en algún sitio! ¡Le buscan! ¡Cazadle!

Georges giró sobre sus talones y corrió, los gritos se oían detrás de él, al menos dos de ellas estaban llamando a la guardia nacional. Entró en la Rue Cambon y se metió en una callejuela. Trepó por una pared y, saltando por encima, cayó al otro lado, dentro del patio de un picapedrero. Escuchó pasos al otro lado, en la callejuela.

No tenía tiempo que perder. Corrió otra vez, esquivando las piedras, y asustó a un hombre que trabajaba con martillo y escarpa. Pasó por su lado sin decir una palabra y cruzó la verja para salir de nuevo a la calle. ¿Derecha o izquierda? No conocía la zona. Hasta la Rue des Capucines había un entramado de calles estrechas. Las había atravesado una vez con Romeuf. Tenía que asegurarse de que no se desorientaba, y volver a salir por donde había entrado.

Giró sobre sus talones y empezó a correr, los pies traqueteaban y resbalaba sobre los restos de hielo en la calle. Se oían más pasos detrás. No tenía ni idea de si iban a por él o no. Se escurrió por una puertecita estrecha y subió con prisas un tramo de escaleras de piedra. Se apoyó de espaldas a la puerta que encontró al final y empujó para abrirla. Había media docena de personas en la estancia.

—¡Perdón! —gritó abalanzándose a medias sobre ellos y tambaleándose contra la pared. Volvió a recuperar el equilibrio y subió otro tramo de escaleras, esta vez interiores. Si pudiera levantarse y salir por el tejado iría a parar a alguna parte, a la Rue des Capucines o a la Place Vendôme. Pero tenía que ir deprisa o rodearían el edificio y estaría atrapado.

Al llegar arriba se detuvo. Parecía que nadie le seguía, solo se oía su propia respiración rascándole la garganta. No pasaba nada.

Subió otro tramo hasta el ático. ¡Maldita sea! Estaba de cara a la Rue Cambon. No estaba seguro de que no le hubiesen visto. La calle estaba llena de gente. En un instante fugaz vio media docena de escarapelas rojas, blancas y azules.

Se retiró tan deprisa que casi se cae. Abrió la puerta del otro lado de golpe y se dirigió a la ventana. ¡Gracias a Dios! Ahora veía los tejados de ángulos caprichosos. No había tiempo para reflexionar. Abrió la ventana y se encaramó hacia fuera. Las tejas estaban mojadas y resbaló unos metros antes de poder sujetarse y empezar a deslizarse de lado hacia el este, en dirección a las curtidurías.

Iba vigilando donde se agarraba, y miraba la silueta de las claraboyas y los aleros cuando se oyó el primer disparo, que fue a parar a una teja un par de metros más allá. Rebotó con un sonido agudo y acabó resonando entre los tejados.

Georges se escurrió hacia delante, perdió el equilibrio y resbaló hasta el otro lado, donde aterrizó con fuerza al fondo del paso y se dio un golpe en la espalda y los hombros. Pero no podía detenerse para ver si estaba herido. Se apoyó con dificultad sobre manos y rodillas, luego hasta que pudo agacharse, y corrió tan veloz como pudo hasta llegar al cruce entre los dos próximos pasos; examinó cuál era el mayor y escapó por ahí tan rápido como le permitían las piernas.

Oyó más detonaciones, pero ahora ya parecían lejanas. Otra vuelta y encontró un desagüe. Era algo a que agarrarse, que podía guiarle hasta el próximo alféizar, luego había un desnivel de diez metros y se dejaría caer sobre unas escaleras de piedra y luego a un patio, donde entraría.

Saltó con un golpe que le sacudió los huesos. ¿Ahora hacia dónde? Se había rasguñado las manos y le sangraban. Sus pantalones estaban empapados por la lluvia. Apenas tenía noción de dónde estaba, ni si se había alejado de la cola de mujeres que levantaron la alarma. El corazón le latía tan rápido que tenía la sensación de que todo su cuerpo debía estar temblando y le costaba respirar. Le horrorizaba pensar que las piernas no le sostendrían.

Sintió una punzada de culpabilidad al recordar que se había tomado el viaje de Célie por los tejados demasiado a la ligera. Se había preocupado por ella, pero no era consciente de los riesgos que había corrido por él.

A menos que, claro estaba, no lo hiciera por él, sino por la causa en la que creía, o aun más que eso, por la culpa, siempre presente, con la que cargaba por haberse traicionado a si misma y ser menos de lo que quería ser. Él era solo una excusa; ella habría hecho lo mismo por cualquiera. Le dolía más de lo que se esperaba. Deseaba que fuera por él, que fuera él lo que le importaba a ella.

Ya había perdido bastante tiempo para recuperar la compostura. No podía quedarse allí esperando. Alguien le vería y se preguntaría quién era.

Dejó atrás el pozo que había en medio del patio y salió por la verja arqueada hacia la calle. ¡Gracias a Dios! Era la Rue des Capucines. A un lado había una cestería, luego el taller de un artesano que hacía arneses y sillas para montar, una cuchillería, un fabricante de botones en el lado más cercano y un hombre de pie repartiendo panfletos políticos. Al otro lado había una curtiduría, una tienda de comestibles y, un poco más abajo, un peltrero. Había cola en la tienda de comestibles. La evitaría. Se encaminó en la otra dirección a toda prisa.

Cruzó y se dirigió de vuelta a la Rue St-Honoré.

Iba por las callejuelas y pasajes paralelos a la calle principal, con el cuerpo tenso por el miedo y con paso irregular y agotado.

Cada vez que oía un disparo o veía un grupo de gente amontonada, sentía un escalofrío.

Las mujeres de la cola se irían moviendo a medida que se vendían los alimentos. No se dejarían pasar el turno. Para los que pasan hambre, la comida lo es todo. Dentro de media hora, o tal vez una hora, se habrían marchado y otras ocuparían su lugar. Volvería a la Rue Cambon, quizá llegaría por la otra dirección.

Eran casi las diez cuando encontró a Romeuf, que trabajaba en la parte trasera de su tiendecita haciendo velas. El olor a grasa era intenso en el aire cargado, pero al menos se estaba caliente al lado de la cuba. Estaba lleno de velas colgadas, que goteaban y formaban pálidos charcos.

Georges le contó a Romeuf la noticia de la muerte de Barnave. Romeuf se mostró conmovido, pero no menguó su determinación a tomar parte del plan, solo a cambiarlo un poco. Se encargaría de encontrar un carruaje, pero uno distinto. El patio del establo de su hermano aún era el mejor lugar para hacer el cambio de ropa.

—No debería sorprenderme —dijo amargamente—. Había oído rumores. ¿Qué diablos representa una desilusión más?

Su fea cara, amable, con la nariz rota, era de un amarillo fantasmal bajo la luz que se reflejaba en ella.

—Hace mucho tiempo creí en la posibilidad de convencer al rey para que gobernara con el parlamento, como el rey inglés.

Seguía trabajando el líquido grasiento mientras hablaba.

—Creí que podría instaurar algunas reformas, deshacerse de la corte en Versalles, de los ridículos privilegios de los aristócratas y del dominio financiero de la Iglesia.

Seguía agitando la mezcla.

—Soñé con el día en que nos libraríamos de los impuestos corruptos y de los retrasos incesantes de las leyes. Francia es un país ilustrado, lleno de ingenio e imaginación, arte, ciencia, literatura, música y teatro. Debería tener un gobierno justo en beneficio de todos.

Georges no hizo ningún comentario. No había nada más que decir. Tantas promesas, tantos pasos adelante: la renuncia de los derechos feudales en la Asamblea Nacional, el mes de agosto de 1789, la Declaración de los Derechos del Hombre, las propiedades confiscadas a la Iglesia y nacionalizadas. Al año siguiente se habían suprimido las órdenes religiosas, excepto las que se encargaban de enseñar o hacían trabajos caritativos. Los títulos hereditarios de la nobleza se habían abolido. Se había impuesto un decreto de juramento constitucional para el clero.

En 1791 el rey había huido a Varennes y lo habían devuelto a la fuerza. En septiembre, aceptó la Constitución.

Entonces todo empezó a ir mal. El rey se retractó de su palabra, vetó las decisiones contra los refugiados políticos, luego contra los curas que no habían hecho juramento.

En 1792 fue todavía peor. En marzo el gobierno había sido reemplazado por los girondinos. En abril se declaró la guerra. En junio, el rey rechazó el nuevo gobierno.

En julio, los temibles marselleses habían entrado en París. Todas las secciones de París habían pedido la destitución del rey. Se formó la Comuna insurrecta. En agosto, las clases bajas habían asaltado las Tullerías y se había suspendido al rey de todas sus funciones. Se habían elegido nuevos ministros.

El mismo mes que La Fayette desertó para unirse a los austríacos, el duque de Brunswick había atravesado la frontera de Francia con su ejército. Longwy fue derrotado por los prusianos. Verdún se había rendido.

Entonces llegó el mes de septiembre... el sangriento septiembre, la pesadilla que nunca olvidarían y tal vez nunca perdonarían.

El día 20, el mismo día de la batalla de Valmy, se había constituido la Convención. Al día siguiente se abolió la monarquía.

Y ahora, dentro de dos días, el rey iría a la guillotina y Francia empezaría una nueva era de caos.

La naturaleza y la violencia se habían llevado a casi todas las personas que Georges amaba. El plácido y hermoso mundo en el que había crecido había desaparecido. De su pasado y de su deslucida comprensión solo quedaba Amandine, su ignorancia y su belleza.

Habló un poco más con Romeuf, le dio las gracias y se marchó. Se adentró en el pasaje con el cuello vuelto, bien arriba, y el sombrero calado.

Tenía hambre, pero le quedaban solamente unos pocos *sous*. Se sorprendió al darse cuenta de lo mucho que dependía de Célie desde el pasado septiembre. Era un descubrimiento terrible. Inconscientemente aceleró el paso y volvió sus pasos hacia la Île de la Cité, sin saber a dónde ir. ¿Se atrevería a volver a la buhardilla de la calle Cordeliers? ¿O toda la zona estaría alerta, vigilándole?

Pero tenía que regresar. Debía comprobar el piso franco de St-Sulpice.

Se rió, casi perdió el control, histérico más que alegre. ¡Qué ilusiones de grandeza! ¡Estaba comportándose como un estúpido! La Comuna era omnipotente. Dentro de dos días mandarían al rey de Francia al patíbulo como a un criminal de poca monta. En el campo de batalla estaban preparados para desafiar a Europa, quizá sin ninguna esperanza, pero no parecían darse cuenta. ¿Qué les importaba un minúsculo disidente? La persecución era divertida, pero poco más, pasado el momento ya no tenía la misma gracia.

Le quedaban ocho *sous*. Si encontrara pan, medio kilo valía unos tres *sous*, pero ya era demasiado tarde. Ponerse a hacer cola para el pan era impensable. El recuerdo de las colas le punzaba el estómago más que la misma hambre.

Entró en un café y se sentó en un rincón. Pidió un tazón de sopa y una rebanada de pan por cuatro *sous* y se alegró de que estuviera caliente.

Comió a solas, vigilando no llamar la atención de nadie. Luego, de vuelta al frío aire del anochecer, se dirigió a St-Sulpice. Caminó por las callejuelas, subió y bajó escalones de piedra y atravesó un jardín desierto para encontrar a Alphonse Le Bon. Tan solo hacía un mes, cuando se celebraba la Navidad antes de que la religión fuera ilegal, los dos hombres compartieron medio pollo y una botella de un excelente vino.

Empezó a llover. ¿Tenía algún sentido esa comprobación minuciosa de todos los detalles, de los kilómetros que se andarían, encontrar a gente distinta, un nuevo carruaje, registrar los aposentos de Bernave para encontrar los salvoconductos? Sin el hombre que debía reemplazar al rey en el carruaje y que había de morir cuando la muchedumbre se diera cuenta del cambio, no había propósito. Solo Bernave sabía quién era, es decir, si existía. Tenían dos días para encontrar a otro hombre.

Georges se topó con Le Bon en el patio trasero de una peluquería. Llevaba un pesado fajo de periódicos y panfletos en los brazos y parecía sorprendentemente alegre.

—Veo que todavía conservas la cabeza —comentó con una sonrisa.

Era un hombre flaco, con el pelo claro y la nariz bien dibujada. Debía de tener unos treinta años. Examinó a Georges de arriba abajo como si fuera a coserle un traje nuevo.

—Estás empapado. Sé donde podría encontrar un par de botas nuevas para ti, si quieres. Tú tienes los pies más grandes que yo. La Comuna está llena de botas que debían ir al ejército, ¡pobres desgraciados! —exclamó desdeñosamente—. ¡Pero supongo que ya lo sabes! ¡No quisiera estar en su lugar luchando descalzo contra los españoles!

—Gracias —aceptó Georges, aunque no sabía si alguno de los dos sobreviviría, o si volverían a encontrarse para devolverle el regalo.

Le Bon se encogió de hombros, casi se le caen los periódicos.

—No sé por qué me quedo en París, si no fuera que no quiero perderme las noticias, y aquí es donde todo pasa. El centro del mundo, ahora mismo. Solo Dios sabe qué será el año que viene.

Alzó una ceja.

—Un montón de ruinas, supongo. «La ciudad de la sangre, la lujuria y las mentiras», ¿no es lo que dijo Madame Roland? O algo así. Debo de estar completamente loco.

Sonrió divertido, pero detrás de la máscara de buen humor Georges veía una profunda desesperación.

Recordaba lo bien que siempre le había caído Le Bon, cómo se habían reído de bromas estúpidas, como si fuera lo más importante. En sus buenos ratos habían fingido que ni las masacres de septiembre, la guerra, el hambre ni el caos existían. Había sido un magnifico acto de voluntad, porque los dos sabían muy bien que no era así.

Instintivamente, Georges alargó las manos para coger la mitad de los periódicos y apretó el brazo de Le Bon.

—Te ayudaré a llevarlos —dijo—. Vayas donde vayas, ya me va bien.

—Gracias —aceptó Le Bon, y le dio la mitad.

Se fijó en los cortes en las manos que Georges se había hecho con las tejas.

—No es nada importante —le dijo encogiéndose de hombros.

Le Bon sonrió ampliamente, sabía que no debía insistir. Señaló los papeles.

—Átalos fuerte, nos servirán como leña. Así al menos tienen más utilidad que cuando se escribieron. ¿En tu vida has conocido a alguien que diga o escriba tantas monsergas?

Empezó a andar en dirección a la verja, luego hacia el callejón, y Georges le siguió.

—¡El aire que han calentado los girondinos podría calentar a Francia entera solamente si supieran cómo aprovecharlo!

—Si pudieras reunir a todos los girondinos a la vez, también podrías separar el mar Rojo —dijo Georges con sarcasmo.

—¡Si pudiéramos hacer que todos los girondinos miraran en la misma dirección, sería un maldito milagro mejor que separar el Atlántico! —respondió Le Bon.

Georges se rió, por un instante sonó a verdadero humor.

—Esto va mal —le dijo Le Bon—. Conozco a un tipo, un buen hombre, no es precisamente listo, solo un tipo corriente, pero decente; llegó el otro día del frente austríaco. Ha perdido un brazo. A nadie le importa un carajo. Dijo que era un desastre, en el frente.

Cruzaron un pequeño patio y pasaron por debajo un arco a otro pasaje.

—No hay armas —continuó Le Bon—. No hay suficientes municiones, los racionamientos se acaban. Los abrigos no calentarían ni a un perro.

Miró a los lados. —¿Qué nos ha pasado, Georges? Teníamos sueños... pero no hemos hecho nada mejor. En cierta manera, todavía es peor. Yo solía saber quiénes eran mis enemigos. Ahora ya ni eso sé.

—¡Marat! —dijo Georges, intentando ayudar.

—¡Robespierre! —respondió Le Bon—. Ya no cree en nosotros, ¿no lo has oído? La Convención le dijo que no existíamos —resopló—. ¿O quizá ellos nos dijeron que él no existía? Sea como sea, ya no nos conocemos.

—¡Que Dios nos ampare! —suspiró Georges.

Sujetó los papeles un poco más arriba. Pesaban y se le escurrían. No tenía ni idea hacia dónde se dirigían. Le Bon le caía bien, pero esta vez no tenía tiempo para perder con una conversación trivial.

Georges le siguió, pasaron por encima de una cloaca que engullía agua y se pusieron a cubierto en una barraca vacía.

Le Bon soltó los papeles e invitó a Georges a sentarse. Un pequeño fuego en un rincón todavía desprendía un poco de calor.

—No podemos quedarnos mucho tiempo —le dijo preocupado—. El propietario no está, servirá por unos días. Todo puede haber cambiado cuando llegue ese momento.

Posó su mirada sobre Georges, en la oscuridad, para leer su expresión.

—¿Qué pasa? ¡Tienes una pinta horrorosa!

—Ayer por la noche asesinaron a Victor Bernave —le respondió Georges—. Necesito saber si el piso de St-Sulpice está todavía disponible.

—¿Asesinado? —la voz de Le Bon se agudizó, sorprendido—. ¿Quién lo hizo, lo sabes?

—No, no lo sé... tampoco sé por qué. ¿Qué hay de la casa de St-Sulpice? ¿Quién más lo sabe?

—Nadie. Escúchame. No digas nada —Le Bon empezó a enrollar los periódicos húmedos bien apretados, y se sacó unos trozos de cuerda del bolsillo para atarlos en toscos muñones.

—Un diablo de doble cara, ese Bernave. Yo creía que era listo, pero al final va a resultar que no lo era tanto. Puso a unos contra otros demasiadas veces.

—Unos contra otros... —repitió Georges—. ¿Quién? ¿Los realistas contra la Comuna? ¿Danton contra Robespierre? ¿Los girondinos entre ellos?

Le Bon soltó una risita, alzando la vista de los periódicos.

—Probablemente todo eso, pero sobre todo a los realistas contra la Comuna. La mano derecha no sabe qué está haciendo la mano izquierda. Una lástima... una lástima que haya muerto, quiero decir. Era interesante. Tenía su sentido del humor, del absurdo. Nunca te fíes de un hombre que no ríe. O que no llora. Y más en estos días.

—Le apuñalaron por la espalda en su propia casa —Georges observó a Le Bon y él también continuó enrollando periódicos.

Le Bon estaba estupefacto. Se puso derecho y miró a Georges de lado.

—¿Entonces, cómo es que no sabes quién lo hizo? —preguntó—. ¿No habrá sido nada personal, verdad? ¡Bernave, seguro que no! ¡No me lo imagino como a un amante embustero! Aunque alguna vez me he equivocado. En realidad, me he equivocado más a menudo que no he acertado. Si no, no estaría aquí escondido en la maldita caseta de quién sabe qué personaje. Si un sapo como Marat tiene una amante, entonces cualquiera puede tenerla.

—Lo dudo —Georges terminó de enrollar un fardo y lo ató tan fuerte como pudo.

Ahora deseaba que Le Bon encendiera el fuego, estaba helado, pero quizá los papeles eran demasiado preciosos para echarlos al fuego antes de que los que quemaban estuvieran casi apagados.

—Más bien por motivos políticos —continuó—. Alguien que pensara que estaba en el bando equivocado.

—Es muy interesante que digas eso —respondió Le Bon pensativo—. Tú no eres el único que anda preguntando por él, ¿sabes?

Georges dejó de atar periódicos, los dedos inmóviles.

—¿Alguien más? ¿Quién? ¿De la Comuna o realista?

Le Bon sentía curiosidad. Se le notaba en los ojos y en la manera de ladear la cabeza.

—Te importa mucho quién le mató. ¿Por qué? ¿Qué relación teníais?

—Él era el cerebro del único plan que tiene alguna posibilidad de éxito —respondió Georges—. Tal vez la palabra adecuada ahora sea «fantasma», más que cerebro. Y sí, tienes razón, me importa saber quién le mató. Y todavía me importa más saber de qué bando estaba... si jugaba a dos bandos, si se uniría a quien ganara... o a quien le pagara mejor.

Le Bon le miró muy serio.

—Creo que este servirá para el fuego —observó.

Abrió la puerta de la estufa, echó el último fajo que había atado y luego la cerró de golpe. Se agachó, apoyado sobre los talones, y contempló a Georges con curiosidad.

—¿Crees que nos ha traicionado contándoles el plan a la Comuna?

¿Realmente lo pensaba? No... pero el temor que así fuera no desaparecía. Era posible. Quizá su incredulidad no era más que su lenta imaginación para comprender lo que había pasado de verdad. Todavía le costaba creer que Bernave hubiera muerto.

—Ya no lo sé —admitió, frotándose las manos para que la sangre siguiera circulando, y luego acercándolas al fuego; el calor hacía que los cortes y los rasguños escocieran al circular la sangre.

—Yo creía estar muy seguro. Pero he descubierto cosas de él que desconocía... y ninguna buena. De todas maneras, ¿quién más pregunta por él?

—No te lo puedo decir porque no lo sé —le confesó Le Bon—. Solo ha sido una pregunta por aquí, otra por ahí, todo con mucha discreción, pero me dio la impresión, lo oí por casualidad, que daba un poco de miedo. Quienquiera que sea, no era amigo suyo.

Georges no dijo nada. Su mente iba a toda prisa. ¿Quién más sospechaba de Bernave? ¿De qué bando? ¿En realidad, qué sabían de St. Felix? ¿Quizá era un verdadero realista y descubrió que Bernave le estaba utilizando para su causa? Eso habría sido el colmo de la traición, la ironía más amarga que se podía pensar.

¡Sería terrible para Amandine! Apenas podía imaginarlo. Ella siempre había deseado tanto creer en la gente. La recordaba cuando era pequeña, hacía ya mucho tiempo, a orillas del Loira, escuchando las historias del viejo durante los largos atardeceres con los ojos abiertos, absorbiendo cada palabra, sin darse cuenta de que le tomaban el pelo, y luego riéndose con las mismas ganas que los demás.

Pero eso se lo hacían sin ninguna maldad.

Cuando se hizo mayor enseguida ofrecía su amistad, pero le costaba entregar su corazón. Aún recordaba su primer amor verdadero, dulce, inseguro, totalmente inapropiado. Había acabado en una separación inocente. Se lo había contado, entre susurros, una tarde de verano en el pajar. Le dolió su tristeza y sonrió en sus adentros porque aquella relación había acabado de una manera tan clara, sin rencor.

Célie le había contado que Amandine tenía mucho aprecio a St. Felix y que le admiraba con fervor. Esto solo le dejaría amargura, algo que no se curaría. Amandine no era una luchadora, como Célie.

Pero él culparía duramente a cualquier hombre por matar a alguien, aunque le hubiera tratado de esa manera. Además, apuñalarle por la espalda a oscuras, en su propia casa, era premeditado y no tenía en cuenta que implicaba a otras personas.

—¿No sabes qué descubrió esa persona que preguntaba? —dijo en voz alta.

Le Bon sacudió la cabeza,

—Lo siento. Solo he oído cosas aquí y allí, un par de palabras por casualidad —hizo una mueca—. Estos días paso muchos ratos plantado en las esquinas y paseando por calles que normalmente no serían de mi gusto. ¡Observo y escucho porque no sé qué hacer!

—¿Quién sabe? —dijo Georges con una oleada de desesperación—. Cada vez que doy un paso, se mueve el suelo bajo mis pies.

—Hay algo más sobre Bernave —dijo Le Bon en voz baja—. No sé si es verdad, pero he oído que había un plan de los realistas para rescatar al rey de la prisión del Temple.

Georges levantó la cabeza. Era una idea insensata. El Temple era un edificio enorme, totalmente impenetrable, vigilado día y noche.

—Dios mío espero que tengan el suficiente sentido común como para no intentarlo —sintió una punzada de miedo intensa y espantosa—. ¡Está claro que no tendría ningún éxito, pero solo con haberlo intentado habrán puesto en guardia a Marat, a la Comuna, a todos!

Le Bon alargó la mano y cogió la manga mojada de Georges.

—¡No te preocupes! No han hecho nada. Frustraron el plan antes de que llegara a pasar. No sé cómo, pero sí sé quién.

Georges tragó saliva.

—¿Quién?

—Victor Bernave —un reflejo de ironía encendió la cara alocada de Le Bon—. No sé si intentaba evitar la fuga del rey, impedir que los realistas le restablecieran en el trono o prevenir a todos de llevar a cabo un plan que no tenía ninguna oportunidad de salir bien, pero avisó a la Comuna y a Marat, y arruinó las posibilidades.

Georges agitó la cabeza, horrorizado. Parecía que cuanto más se acercaba a la verdad, cada cosa que descubría le alejaba aún más.

—Come un poco de pan —le ofreció Le Bon—. Al menos eso no cambiará. Tenemos que comer.

Georges dudó. No era momento de comerse la comida de nadie.

—¡Márchate con estilo! —Le Bon insistió—. Tengo una botella de burdeos bastante bueno. El propietario ya no se lo beberá, pobre diablo. Mañana ya me invitarás tú; si es que hay un mañana.

Y sin esperar a que Georges le respondiera, se levantó, se acercó al estante que había en la pared, entre las sombras, y sacó una botella llena de polvo y una barra de pan envuelta en un trapo limpio. También había un trozo bastante grande de queso. Los dividió con exactitud y ofreció a Georges su mitad.

—¿Y vamos a seguir? —preguntó al cabo de un rato.

—Sí —respondió Georges con la boca llena—. Solo haremos algún pequeño cambio. De lugar, de gente —hizo una mueca—. La hora no se puede cambiar.

Le Bon se puso a reír de repente.

—¿Todavía necesitas mi ayuda?

—Claro —Georges miró a Le Bon a la cara—. Un lugar discreto para que un caballero se cambie el traje antes de salir de París a toda prisa y sin llamar la atención.

Le Bon sonrió, torciendo las comisuras de la boca hacia abajo.

—¿Espero que no vaya en dirección a Varennes?

—No, a Varennes no —admitió Georges tranquilamente al recordar el intento fallido de fuga de la familia real. Casi consiguen llegar a la frontera austríaca antes de que los detuvieran y los devolvieran.

Le Bon clavó su mirada en Georges.

—No tenemos muchas posibilidades, ¿sabes? No como Bernave...

—Ya lo sé —le cortó Georges porque no deseaba oírlo—. Pero ¿se te ocurre algo mejor?

—No, dejar de vivir en esta casa de locos, como sea. Parece que va a ir a peor —levantó la botella a modo de saludo—. ¡Qué demonios! Para los que descienden entre llamas de gloria; el último fuego antes de la oscuridad. ¿Quién quiere vivir para verlo?

Capítulo IX

Célie subió otra vez las escaleras sin hacer ruido. No le gustaba entrar ahí a la luz del día; la podían ver y levantaría sospechas. Se darían cuenta de que alguien vivía allí y se preguntarían qué hacía.

Llegó arriba y llamó suavemente a la puerta. Nadie respondió. Sintió una oleada de decepción. Era una tontería. Sabía que Georges tendría que salir a la luz del día ahora que Bernave había muerto. No iba a quedarse ahí plantado con el corazón en la boca.

La puerta se abrió, y vio el conocido perfil de su cabeza recortado contra la tenue luz con una sensación de alivio.

—¡Ah...! Ya estás aquí —balbuceó Célie.

—¡Célie! Entra.

Se retiró para que ella pudiera pasar. Ella entró y cerró la puerta. Debía darle una explicación. Seguramente él había notado la emoción en su voz.

—Pensaba que a lo mejor todavía estabas fuera.

Él la observó preocupado.

—¿Estás bien?

—Sí. Claro —dijo decidida.

Le entregó la comida, él la cogió y le dio las gracias. Enseguida le empezó a explicar el porqué había ido. Era muy embarazoso que le diera las gracias cada vez que le hacía un pequeño servicio, como traerle pan. Él dependía de eso y ella no quería recordárselo más de lo que fuera necesario.

—He encontrado los salvoconductos —le contó—. Tienen cuatro nombres, supongo que para cubrir todas las posibilidades. Se los di a St. Felix por si me vuelven a registrar al entrar y salir de casa.

—Bien —se relajó un poco. Sus hombros se destensaron levemente. No podía ver la cara de él, solamente su perfil.

—¿Destruiste algún papel? —le preguntó—. ¿Qué encontraste?

Ella tomó aire y dudó unos segundos. No sabía si había obrado correctamente o no.

—Destruimos bastantes cosas...

—¿Destruisteis? —se dio la vuelta y su cuerpo se puso tenso.

—Madame y yo —le explicó—. Tenía miedo de que alguien hubiese tenido la misma idea, por la razón que fuera, y si me cogían significaba el final de todo. Creerían que estaba robando.

—Ya, ya lo entiendo —la miraba fijamente intentando leer su cara.

A ella le molestó, aunque su indiferencia habría sido peor.

—Si se quedaba conmigo nadie podría...

—Ya lo entiendo —repitió él, con una nota de tensión en su voz.

—Quemamos los papeles que nos parecía que podían despertar envidia o demasiada curiosidad y guardamos los que eran necesarios para continuar con el negocio —cruzó los ojos con los de él—. Eso incluía conservar algunas de las rutas comerciales y destruir las que iban a tomar los cocheros que yo sabía, así como los registros de la propiedad de St-Antoine... que aún parece segura, por lo que vi.

—¿Fuiste allí esta mañana?

—Sí.

Su voz bajó de tono.

—Debes de estar agotada... después de lo de anoche. ¿Has dormido un poco? ¿Has comido?

—Seguramente tanto como tú —le dijo con toda sinceridad; luego apartó la vista y se encogió de hombros—. Y yo estaba más cómoda. ¡Eso es algo que tenemos que agradecerle a Bernave! Me pregunto cuánto durará todo esto sin él. No creo que Marie-Jeanne sepa ni le preocupe nada que esté relacionado con la importación y exportación de telas. Hasta ahora ha sido Madame la que se ha ocupado de los papeles.

—¿Ella sabe lo que quemaste? —le preguntó—, pero siéntate. ¿Quieres un poco de vino? No es de lo mejor, pero se deja beber.

Le apetecía, pero no podía beberse el poco vino que él tenía. Para ella era más fácil conseguir vino y, al llegar a casa, Amandine tendría una olla de estofado caliente en el fogón.

—No, gracias. Me he tomado un café en la calle —mintió.

Se había gastado el dinero comprándole pan, pero no quería que él lo supiera. Se sentiría avergonzado y obligado a agradecérselo. Y lo último que quería era que él se sintiera en deuda.

No se lo discutió. Esperaba que él no le leyera el pensamiento.

—Anoche tuve una conversación con St. Felix —se apresuró a llenar el silencio—. Hablamos un rato —se sonrojó al recordar lo que le había contado, pero no había tenido otra opción si quería convencerle de que confiara en ella—. Hará todo lo que pueda, pero no puede salir de casa hasta que Menou le dé permiso, y seguramente será demasiado tarde para que nos pueda ser de alguna utilidad.

Se sentó en la silla y se dio cuenta de repente de lo cansada que estaba. Tal vez había sido un acto quijotesco rechazar el vino, pero ahora no iba a echarse atrás.

Él estaba sentado incómodamente en el colchón, de cara a ella, encogido, con los brazos alrededor de las rodillas. También se encontraba cansado y tenía frío. La luz gris que entraba por la ventana dejaba ver una parte de su cara, las finas líneas alrededor de la boca y de los ojos. Parecía mayor que antes, debía tener unos treinta y cinco años. Despertó en ella una sensación de intimidad y de compasión. Bajo esa bonita cara, y su trato afable, él era tan vulnerable como ella, tan capaz de sentirse herido, cansado y asustado como ella.

Ella no necesitaba vino.

—Además, St. Felix hizo partícipe a Amandine —dijo en voz baja—. Era su condición para continuar. Yo habría preferido que no.

Vio como reaccionaba su cara. Sabía que él odiaba tener que poner a Amandine en peligro y, aunque ella tampoco lo deseara, sintió una punzada de soledad porque él no se preocupaba del mismo modo por ella, de una manera tan instintiva, de que ella estuviera en peligro.

—Salió a buscar al capitán del barco para la travesía —se apresuró a contarle para llenar el silencio—. Bueno, si es que van en dirección a Inglaterra. Creo que sería mejor que no fueran, en cierta manera es la ruta más obvia; es la más corta.

—Ya lo sé —le contestó buscando su mirada—. Es la última opción. ¿Qué dijo el capitán?

—No lo sé. Todavía no he pasado por casa. ¿Qué hay de los otros pisos francos, en St-Honoré y St-Sulpice?

—Parecían correctos.

Él hizo un débil gesto de asentimiento con la cabeza.

—¿Y la gente?

—Se están encargando de ello. Está bien, no te preocupes. Todavía tenemos que hablar con los otros cocheros. Tendrás que ir tú o Amandine.

Había algo más en su mente que requería más urgencia.

—Sin el hombre que debe sustituir al rey, todo es inútil —le observaba mientras hablaba, no porque quisiera juzgar lo que le diría, sino porque deseaba creer que todavía había esperanza y que él encontraría una solución. Georges tenía siempre esa especie de fe interior, esa confianza de que todo les iba a salir bien. Era como una luz, una calidez, que ella necesitaba desesperadamente ahora.

Él bajó la mirada al suelo.

—Ya lo sé. No sé en quién había pensado Bernave ni por dónde empezar a buscarle, no me atrevo a indagar. Podría estar en cualquier parte —alzó la vista para mirarla—. Y si alguien empieza a preguntar por él, a interrogar por ahí, llamaremos demasiado la atención sobre él. Aunque le encontráramos a tiempo, sabotearíamos nuestra propia causa —se mordió el labio—. No te preocupes, Célie, ya encontraré a alguien.

—¿En un día y medio?

Una sonrisa repentina iluminó su cara.

—¡Si tardo más, no servirá de nada! —la sonrisa desapareció—. Célie... me han dicho otra cosa.

—¿Qué? —por el tono de voz sabía que no era nada bueno.

—Había un plan realista para rescatar al rey de la prisión del Temple.

—¡Qué estupidez! —exclamó asombrada—. ¡Nunca habrían podido! Hay guardias por todas partes. Lo más seguro es que hubiesen acabado encerrados junto al rey.

Pensar en los realistas encarcelados en la prisión del Temple no le desagradaba nada, pero pondrían a la guardia sobre aviso, a la Comuna, a la Convención; era una pesadilla.

—Georges...

—¡No lo intentaron! —le aclaró rápidamente—. Fueron delatados antes de que empezaran...

—¡Gracias a Dios! —dijo aliviada.

—...por Bernave —acabó la frase.

—¿Bernave? —ya se lo podía haber imaginado por el tono de voz, pero estaba pasmada—. ¿Bernave les delató? ¿Estás seguro?

—Creo que sí.

—Pero... no tiene sentido... —ella seguía.

Tenía un sentido demasiado terrible.

—Diste gracias a Dios cuando te dije que no lo habían hecho —le respondió él secamente.

—Sí, pero... —entonces comprendió—. ¿Quieres decir que a lo mejor él les delató porque sabía que no lo podrían llevar a cabo y que además dificultaría nuestro plan?

Esbozó una sonrisa torcida.

—Puede ser. Nunca lo sabremos. No se lo podemos preguntar.

Ella no sabía qué decir.

Georges levantó la vista y miró como ella fruncía el ceño.

—Una vez Bernave mencionó a un socio del negocio, alguien que le había ayudado a empezar. No sé cuánto tiempo hace.

Ella intentó pensar, pero no se acordaba que Bernave le hubiese mencionado.

—¿Quién? ¿Cómo se llamaba?

—Henri Renoir —respondió él—. No sé si vale la pena, pero podríamos intentar encontrarle.

—Al menos sabría algo más que nosotros de Bernave —concluyó Célie—. Quizá él nos diga a quién era leal. Tal vez Bernave le había dicho la verdad. ¡Puede que hasta nos ayude!

—No sé —dijo él, dudoso—. Si nosotros aún no tenemos claro de qué bando estaba, menos lo estará Renoir.

De repente Célie se dio cuenta del frío que sentía. En el aire flotaba la humedad, incluso dentro del cuarto, y penetraba en la carne hasta llegar a los huesos. Por un momento dejó de pensar que Bernave podía haber sido el enemigo. Quizá se obligaba a olvidarlo. No quería creer que St. Felix hubiera matado a Bernave bajo ninguna razón, ni aunque les hubiera traicionado a la Comuna. No podía evitar sentir aprecio por Bernave; para ella había sido muy intenso y muy real. Deseaba creer que él había sido leal a lo que quería ser, y que monsieur Lacoste o Fernand habían descubierto el plan y... ¿qué? ¿Le mataron para evitar que lo llevara a cabo? ¿En vez de decírselo a la Comuna y arriesgarse a perder la casa y el negocio?

En ese caso, ¿quién sería el próximo? ¿St. Felix? ¿Amandine? ¡O ella misma! Todos los habitantes de la casa sabían que hacía servicios para Bernave. ¿Creían que era inocente porque era la lavandera? ¿Porque no era lo suficiente lista, ni de suficiente confianza para que la implicaran en el plan, a menos que fuera a ciegas?

¿También pensaban eso de Amandine? De St. Felix seguramente no. O quizá creían que sin Bernave decidirían renunciar al intento. No podía permitirse el lujo de olvidar nada, ni por un segundo. Una palabra sería suficiente para delatarlos a todos.

—Encontraré a Renoir —dijo con determinación—. ¿Por dónde empiezo a buscar?

—En el club jacobino —respondió Georges—. Parece que va cada tarde. Seguro que ahora está, con la ejecución tan cerca.

—¿Es un revolucionario? —no quería que él oyera el miedo en su voz.

Prefería que creyera que era tan valiente como él, igual a él para cualquier cosa que le pidiera. Pero odiaba el club jacobino y la gente que pertenecía a él. Había empezado siendo un lugar de reunión para los diputados que no eran de la ciudad, para pasar la velada con otros hombres de ideas afines: extraños idealistas, todos con el mismo fervor que compartían sueños, anhelaban largas conversaciones y proyectaban esa nueva y grandiosa sociedad. Ahora estaba ocupado por los hombres que Célie más temía: Robespierre, Hébert, Saint-Just, Couthon y una docena de aliados que seguían sus palabras al pie de la letra y harían todo lo que ellos dijeran.

—¿Por qué debería estar ahí? —dijo en voz alta.

Georges estalló en una carcajada.

—Porque es donde uno tiene que estar si quiere oír y saber las cosas que probablemente pasarán. El club jacobino es la cola que mueve el perro de la Convención. Es el lugar ideal para un espía, un idealista, un lunático o simplemente para alguien que quiera saber lo que es políticamente seguro y en qué bando debes estar si quieres sobrevivir.

Percibió la amargura de su voz y no le discutió nada.

—Observa y escucha a Renoir, Célie —le aconsejó con una repentina seriedad—. No le digas nada de nada, solo que Bernave ha muerto, aunque probablemente ya lo sepa. ¡Ve con mucho cuidado!

—Lo haré —prometió, el frío que sentía dentro se fundió un poco.

Él se acercó y la cogió por la muñeca, sin hacerle daño, pero lo suficientemente fuerte para que ella no pudiera soltarse.

—¡Te lo digo de verdad! No sabemos quién mató a Bernave ni por qué. La única cosa cierta es que fue alguien que estaba detrás de él en esa sala. ¡Alguien que ya llevaba un cuchillo! No fue una pelea, ni un accidente, ni en defensa propia o de alguna otra persona. Alguien aprovechó la confusión que creó el populacho que entró para ponerse detrás de Bernave y clavarle la daga en la espalda.

—Ya lo sé —musitó, notaba la boca seca y el cuello tenso.

Quería tocarle, sentir su calor y su fuerza, ¡pero eso sería una debilidad, una estupidez! Y él pensaría lo peor de ella. Era solo el miedo y el poder de su imaginación, que conjeturaba lo que había pasado en la sala y lo que aún podía pasar... otra vez.

Estaba agotada y tenía frío, eso era lo que pasaba. Dentro de poco estaría bien, entonces se alegraría de no haber cedido a esas bobadas.

—Lo haré.

Retiró las manos y se puso de pie. Le dolían las piernas, tenía los pies mojados y doloridos y la falda le colgaba, fría, sobre las piernas.

—Iré a casa, hablaré con St. Felix y con Amandine y esta tarde pasaré, si puedo, por el club jacobino y buscaré a Renoir.

—Lo siento —le dijo con suavidad, levantándose.

—¿Por qué? ¡Yo creo en esto igual que tú! No lo hago por ti, lo hago porque quiero.

Él se quedó quieto.

—Ya lo sé. Quería decir que yo debería hacerlo.

—¡Pero no puedes! —su voz sonó fría, herida—. No es seguro y los dos sabemos por qué.

En el preciso momento que dijo esas palabras deseó no haberlas pronunciado, pero ahí estaban, demasiado tarde para echarse atrás. ¿Qué podía hacer para arreglar la situación?

Estaba en la puerta. Dentro de nada sería demasiado tarde. Le miró. Estaba de pie, de espaldas a la ventana. Solo podía ver claramente su mejilla de lado. Afuera volvía a llover. El agua caía por los cristales, difuminando los contornos de los tejados.

—Iré con cuidado —le prometió, con voz más amable.

Hacía frío y llovía, pero regresaría a casa de Bernave, ahora de Marie-Jeanne, y ahí estaría caliente. Por la noche comería un plato decente. Él estaría aquí, helado. Le sonrió, buscó su mirada y sintió como su corazón se encogía.

—Descubriré qué pasa y te lo contaré. No te preocupes. Puede que todavía haya una salida.

Y antes de que pudiera decirle que eso era absurdo, abrió la puerta y salió al pequeño rellano. La cerró detrás de ella para que no pudiera verla bajar las escaleras y no sentir su mirada vigilante.

Al volver al Boulevard St-Germain, habló con el guardia que estaba en el patio y entró por la puerta trasera. Encontró a Amandine sola en la cocina, limpiando las latas vacías donde guardaban la comida seca. Parecía que los demás miembros de la familia ya habían comido. Le entregó a Amandine la compra que había traído para la casa, su justificación para salir.

—¿Encontraste al capitán? —le preguntó sin aliento.

Amandine se puso en pie y se alisó la falda, un gesto que reflejaba la costumbre de cuando su ropa era bonita y valía la pena cuidarla. Sus ojos indagaron en los de Célie alguna novedad sobre Georges, pero respondió a la pregunta.

—Sí. Creo que no hay problema. Desearía conocerle mejor para juzgarlo. No parecía saber nada en especial de los salvoconductos y, si lo sabía, no me lo ha dicho. Yo creo que lo desconocía. Bernave simplemente le dijo que estuviera listo para zarpar con el cargamento de un comerciante de lanas el día veintiuno.

—¡Bernave no confiaba en él! —concluyó Célie—. No sé si confiaba en alguien. Es la sensación que tuve en St-Antoine.

Amandine la observó de cerca, su cara, no las ropas mojadas ni el pelo despeinado sobre la frente.

—¿Crees de verdad que funcionará? —le preguntó suavemente—. ¿Ya tiene a alguien para...?

—No... todavía no —Célie sabía lo que iba a decirle—. Pero Georges está buscando. Dice que encontrará a alguien.

Amandine la contempló con una compasión inmediata.

—Tienes cara de frío. Y de estar cansada. ¿Quieres comer algo? Deberías comer. Y luego ve a ponerte ropa seca. Al menos la falda. Estás empapada.

—Sí, gracias —se acordó de la buhardilla helada y del vino que había rechazado.

Amandine se volvió hacia la olla del fogón y la removió antes de coger un cuenco del armario y servirle una generosa ración, con trozos de carne y de patata.

—¿Cómo estaba?

No era necesario explicárselo.

—Tenía frío, pero está bastante bien —le dio las gracias, cogió el cuenco, se acercó a la mesa para sentarse y empezó a comer.

Amandine estuvo unos minutos sin hablar y Célie estaba a medias con el estofado, cuando entró Menou por la puerta trasera.

—¡Ah! Ya ha regresado, ciudadana —puso un leve énfasis en el comentario, como si quisiera añadir un significado más profundo.

—Sí —respondió sin expresión—. Una pérdida de tiempo, pero igualmente se tiene que probar. Conseguí velas, cebollas y un poco de jabón. ¿Ha comido, ciudadano?

Su cara se relajó un segundo. Parecía sorprendido de que se lo preguntara.

—No, todavía no.

—Entonces tome un poco de nuestro estofado —le ofreció—. Amandine es buena cocinera, aunque no tenga casi nada para cocinar.

—Es usted muy amable —aceptó y se sentó.

Con los labios apretados, Amandine le acercó un cuenco y le puso una ración menos generosa que a Célie y una rebanada de pan.

Él le dio las gracias, pero seguía mirando a Célie, esperaba una explicación.

—Ustedes son los soldados de la revolución —dijo ella, devolviéndole la mirada firme—. Dan paz a la ciudad y nos protegerán si nos invaden... —no dejó que el sarcasmo aflorara en su voz.

—¡Invadidos! —su mano tembló y derramó un poco de estofado sobre la mesa.

Las manos de ella estaban perfectamente firmes, aunque su corazón latía a toda velocidad.

—Bueno, eso me imagino; pasado mañana, cuando vean que hemos ejecutado al rey —se extendió—. Al fin y al cabo, los países que nos rodean son monarquías. Y no deberían permitir que nuestras ideas se extendieran, ¿verdad?

—¿Quién le ha contado eso? —exigió, con sus claros ojos de azul grisáceo muy abiertos.

—Nadie —dijo inocentemente, llevándose otra cucharada de estofado a la boca ahora que todavía estaba caliente—. Es lo lógico. ¿Usted no lo cree?

Era evidente que él no lo había pensado.

Ella le sonrió.

—Así que es un honor para nosotros darle de comer, ¿quién no se sentiría honorado?

El estofado de Amandine era buenísimo, pero él parecía haber perdido el apetito.

Fernand había entrado por el patio con la chaqueta sobre la cabeza para protegerse de la lluvia. Estaba en medio de la habitación, chorreando.

—¡Tonterías! —exclamó irritado, mientras se ajustaba la chaqueta y golpeaba los pies mojados contra el suelo—. No nos invadirán. ¡Claro que no! Eso solo son habladurías. Has estado escuchando los chismes en la cola. Deberías tener más sentido común.

Atravesó la cocina, salió al vestíbulo y cerró la puerta de golpe detrás de él.

Menou examinó a Célie concienzudamente.

—¿Eso lo ha oído en la cola, ciudadana?

—No —sacudió la cabeza—. Me parece lo más lógico. Las monarquías no pueden permitir que ideas como las nuestras se extiendan, o si no a ellos también les destronarán, y quizá acabarán con el cuello bajo el hacha del verdugo, o lo que hagan en su país. Si yo fuera rey, no lo permitiría, ¿no cree?

Se la quedó mirando sin decir nada.

—O si fuera cardenal —añadió para aclarárselo, tomando otra cucharada.

—¡Ah! Así que diría que Roma también esta en contra de nosotros, ¿verdad? —dijo él, cortante.

—Desde que abolimos la Iglesia y matamos a la mayor parte de los curas, no me sorprendería en absoluto que estuvieran en contra —le replicó, comiéndose el pan.

De repente su voz se volvió ronca, con una textura aterciopelada.

—¿Y a usted eso le parece mal, ciudadana?

Sintió la alarma con un escalofrío. El pan se le atragantó. Lo engulló.

—Al contrario. Creo que es la mejor manera de quitarse de encima a la Iglesia —respondió inmediatamente, solo su mano temblaba débilmente al sostener la cuchara, pero no se arriesgó a llevársela a la boca—. Hace años que les tendríamos que haber quitado las tierras y las propiedades y devolvérselas al pueblo.

Esto sí que lo pensaba. En cambio, lo que ella necesitaba era el ritual, la certeza de que los curas creían en Dios con una fe mayor que la suya, fueran los que fueran sus demás pecados.

Él se relajó, se limpió la boca con cuidado con la servilleta que le había dado Amandine.

—Ciudadana, ¿quién mató al ciudadano Bernave? —le preguntó.

Debería haber esperado que se lo preguntara, pero la pilló por sorpresa. Se quedó parada un instante antes de contestar, su mente todavía reflexionando sobre la Iglesia.

—No tengo ni idea, excepto que parece que tiene que ser uno de nosotros.

—¿Vio el cuchillo? —continuó.

—No —esa respuesta era totalmente sincera.

—¿Qué ropa llevaba el ciudadano Lacoste?

—¿Qué llevaba?

—¿No me ha oído, ciudadana?

—Pantalones y una chaqueta marrón, me parece. Lo mismo que lleva normalmente.

—¿Con bolsillos grandes?

—Una chaqueta corriente. Sí, supongo que tiene unos bolsillos tirando a grandes.

—Los he visto. ¿Suficientemente grandes para esconder un cuchillo?

—Supongo que sí.

Intentó recordar si le había observado algún bulto extraño esa noche, algo raro. Frunció el ceño.

—No creo que llevase un cuchillo en el bolsillo. ¿Por qué debería llevarlo? No había manera de saber que esa noche habría una revuelta en la calle.

—Alguien lo llevaba —puntualizó.

Estaba sorprendida, en aquel momento no comprendía.

—¿Quiere decir que alguien empezó la revuelta a propósito?

—Alguien entró con una daga larga y afilada en la sala —dijo mientras observaba su cara—. Listo para usarla cuando tuviera la oportunidad.

—¿Usted cree? —con una comprensión rápida se dio cuenta de que eso no podía ser. Alguien habría notado fácilmente si St. Felix llevaba un abrigo con bolsillos hondos, que una daga sin funda habría agujereado. Era mucho más probable que hubiesen dejado el cuchillo en la cómoda de cajones o en el pequeño armario al lado de la puerta.

Menou leyó su expresión. Adelantó el cuerpo, los ojos brillantes y abiertos.

—¿Qué estaba pensando, ciudadana? ¿Qué es lo que recuerda?

¿Podía mentirle?

Amandine estaba de pie, tensa, con el cucharón para la sopa en la mano. Su miedo llenaba la cocina de electricidad, como antes de una tormenta.

¿Qué pasaría si Célie daba una respuesta que Menou no creía? Pensaría que estaba protegiendo a alguien. Él sabía cuánto apreciaba a Amandine. Y también que Célie estaba en esa casa porque eran amigas. Se daba cuenta del afecto que Amandine sentía por St. Felix, hasta un ciego se daría cuenta. Asumiría que estaba protegiendo a St. Felix.

No, no podía mentirle.

—Se me acaba de ocurrir que tal vez el cuchillo ya estaba en la habitación de delante —le respondió con una compostura casi perfecta.

Miró sus claros ojos.

—En uno de los cajones de la cómoda, o en el armario al lado de la puerta. Sería mucho más seguro dejarlo ahí, esperando la oportunidad, antes que llevarlo encima y que alguien lo viera, o que rasgara la ropa y fuera demasiado obvio. Además de que se podría hacer daño accidentalmente.

Menou asintió lentamente con la cabeza y soltó el aire con un suspiro.

—Mmm, muy bien pensado, ciudadana —le dijo con admiración—. Me había dado cuenta de que era observadora, pero es excelente. Empiezo a entender por qué el ciudadano Bernave la mandaba a hacer sus encargos y a traerle informes de lo que sucedía en la Convención. Está desaprovechada trabajando como una buena lavandera. Dígame, ¿de qué manera pudo el asesino de Bernave sacar el maldito cuchillo de la sala y dónde lo escondió?

Debía tener muchísimo cuidado; no parecer demasiado lista, ni demasiado ingenua. La podía atrapar por el mínimo error. Sentía la presencia de Amandine detrás de ella, como una cuerda a punto de romperse.

—No lo sé —intentaba que la respuesta sonara inocente—. Supongo que en la confusión y la oscuridad, con la sorpresa, lo dejó en algún lugar apartado de la vista, incluso puede que lo devolviera al sitio de donde lo había sacado. Luego lo escondió... no tengo ni idea de dónde. No conozco la casa tan a fondo.

—¡Pero si es usted la lavandera!

—Por eso mismo —le dio la razón—. Trabajo en la cocina o en la habitación de la ropa. Nunca entro en los dormitorios de los Lacoste. No tengo oportunidad.

Alzó las cejas a modo de interrogación.

—¿Me está diciendo que uno de los Lacoste apuñaló al ciudadano Bernave?

—No —le repitió pacientemente—. Lo que digo es que no me conozco la casa. Cualquiera podría haber subido más tarde a los dormitorios, o al ático, o a cualquier otra habitación. O en las habitaciones de Bernave, por lo que viene al caso.

—¿O en la del ciudadano St. Felix? —la miró más de cerca.

—Me imagino que sí. Yo no sé dónde está el cuchillo.

—¿Y si lo supiera, me lo diría?

—Claro —dijo sin convicción.

Estaba mintiendo y sabía que él lo sabía. Nunca imaginó que la creería.

—¿Cuánto tiempo hacía que el ciudadano Bernave conocía a St. Felix? —le preguntó, cambiando súbitamente de tema.

—No me lo dijo —hasta ahí era verdad—. Eran de la misma ciudad, pero habían perdido el contacto hacía tiempo.

Él cambió levemente de posición, acercándose un poco más. Había silencio en la estancia excepto el sonido de sus voces.

—¡Le estoy preguntando qué le contó el ciudadano Bernave! —le exigió—. ¿Por qué se lo trajo a su casa y se hizo cargo de un hombre que hacía años que no veía? No tenía una reputación precisamente de filantropía desinteresada.

—No lo sé —esta vez podía contestarle sin tener que pensar—. Nunca habló de ello.

Menou sonrió.

—¿Y usted nunca se fijó? ¡Usted, la ciudadana observadora a la que confiaba los debates de la revolución, que debía ver y escuchar y hacerle un informe sobre su significado!

Su voz se endureció y vio un pequeño movimiento de contrariedad en la comisura de su boca.

—No puedo evitar pensar que su lealtad está en el bando equivocado. Ese hombre la tenía en mucha consideración, ¡confiaba en usted! Lo asesinan, lo apuñalan hasta que acaban con él, rodeado de su familia, en su propia casa... en la que casualmente usted todavía vive.

Célie sintió la punzada. Sabía perfectamente cuál era su intención, pero no podía evitarlo.

—¡No sé quién le mató, ciudadano Menou! —le devolvió el golpe—. Por supuesto que había observado sus sentimientos hacia St. Felix y los de St. Felix hacia él. Me pareció que hacía años que se conocían, pero que había pasado demasiado tiempo y que muchas cosas habían cambiado.

—¿Qué, por ejemplo? —le pidió.

Tenía que ser prudente. No debía sospechar que le mentía, menos aún que lo pudiera demostrar.

Intentó que su voz sonara tranquila otra vez, alejar la rabia y el miedo.

—No lo sé. Si hablaron de esas cosas, yo no estuve presente. Todo lo que oí fueron discusiones sobre la situación actual, la revolución y lo que podía pasar, las consecuencias de la guerra en cada bando si guillotinábamos al rey —vio a Menou parpadear—. Solamente le estoy repitiendo lo que decían, ciudadano.

—¿Ahora me está intentando decir que Bernave estaba en contra de ejecutar al rey? —alzó las cejas y la miró muy fijamente.

Vio la trampa que representaba para St. Felix.

—Habló de los peligros que suponía —dijo mansamente, sus ojos en los de él, pero mirándole amablemente—. Estoy segura de que hasta el mismo ciudadano Marat es consciente de esos peligros. Al fin y al cabo, él ha viajado mucho, o eso he oído. Hasta vivió en Inglaterra durante un tiempo. Él lo sabrá mejor que ninguno de nosotros.

—¡Claro que lo sabe! —admitió Menou un poco demasiado deprisa.

Vio también un instante de miedo en los ojos de él. Parecía haberse olvidado de Amandine al lado el fogón.

—¿Y qué hay de St. Felix? ¿Cuál era su opinión al respecto?

—Yo entraba y salía. Todo lo que le oí decir es que había peligro.

Cuanto menos se mostrara de acuerdo con este punto de vista, mejor. Sobre todo, no debía permitir que Menou sospechara que Bernave había utilizado y traicionado a St. Felix, ni a ninguno de ellos.

—¿Nada más que eso? —dijo Menou, incrédulo.

Ella le devolvió una sonrisa sutil.

—Era muy discreto —le explicó—. Quizá no confiaba en mí, al menos eso me parecía, tanto como el ciudadano Bernave.

—Al menos eso le parecía... —repitió—. Sí, ya entiendo lo que quiere decir, ciudadana. Como ya le he dicho antes, se fija usted mucho. Preferiría tenerla antes como amiga que como enemiga.

—Mientras sea en beneficio de Francia, lo seré —dijo un poco sentenciosamente y luego añadió rápidamente—. Y también por la revolución, por supuesto.

Su cara se iluminó un poco divertida.

—Por supuesto —se levantó—. Gracias por la comida. Ahora, enséñeme el cajón donde cree que dejaron el cuchillo, y el armario. ¿Qué se guarda normalmente en esos cajones?

Célie sintió que la recorría un escalofrío. Por unos instantes tenía la boca complemente seca.

—Ropa —respondió.

Era la única cosa que podía decirle, la verdad. Si le preguntaba a los demás se lo dirían.

—Y velas.

—Extraordinario —dijo con un leve movimiento de cabeza—. ¡Y nadie se dio cuenta de un cuchillo! Ni usted, al dejar la ropa limpia.

Pensó en media docena de excusas, pero decidió no decir nada. Era lo que esperaba. Solo la forzaría a cometer más errores. En silencio, y sin mirar a Amandine, lo condujo a la sala principal y le señaló el armario y el cajón.

Él se acercó y abrió el armario. Movió las velas con delicadeza, se humedeció el dedo y lo pasó por encima de la madera, luego lo sostuvo delante de él. Había una mancha marrón de sangre seca.

—Gracias —le dijo, pensativo—. Creo que eso explica muchas cosas. Ni bolsillos agujereados, ni tener que desaparecer para dejar la daga. Una oportunidad perfectamente aprovechada. Bueno, casi perfectamente. Solo es cuestión de encontrar el motivo —la miró directamente a los ojos—, ¿no es verdad?

Tragó saliva, tenía los labios secos.

—Supongo que sí.

—Y lo encontraré, ciudadana, se lo prometo. El ciudadano Bernave tendrá su venganza. Ahora ya estoy cerca, muy cerca.

Ella podía decir solamente una cosa.

—Perfecto.

Célie se quedó en casa toda la tarde. Había ropa que lavar y levantaría sospechas si no se encargaba de la colada. Monsieur Lacoste se mantenía ocupado con los arreglos domésticos de la casa, pequeñas reparaciones que hacía semanas que esperaban ser atendidas, incluso meses. Fernand estaba ocupado la mayor parte del tiempo en su cobertizo, al otro lado del patio.

Madame estaba sentada en el despacho de Bernave y repasaba antiguas facturas y cuentas e intentaba familiarizarse con el día a día del negocio. Alguien debía encargarse de ello, si es que la familia pensaba seguir ganando dinero con las telas, y parecía que ella deseaba hacerlo.

Marie-Jeanne cuidaba e instruía a sus hijos, como de costumbre, arriba en sus dormitorios.

Solo St. Felix rondaba por la casa incapaz de relajarse, las manos vacías, su cabeza iba velozmente de una posibilidad a otra, a veces parecía esperanzado, otras, desesperado.

Eran las cinco, acababa de oscurecer cuando Amandine, Célie y St. Felix tuvieron la oportunidad de hablar a solas. Estaban en el cuarto de St. Felix, donde Amandine había llevado la ropa limpia como hacía normalmente, y Célie se las ingenió para unirse a ellos.

—Sabemos que los tres pisos francos están disponibles en este momento —dijo St. Felix en voz baja, señalándole una silla a Célie para que se sentara. Amandine se sentó en la cama, él estaba de pie.

—¿Qué hay del capitán?

Amandine le repitió lo que ya le había contado a Célie.

—Está bien —asintió él.

A la luz de las velas parecía menos cansado, su cuerpo menos tenso por el miedo. El fulgor ponía un poco de color a su piel y reflejaba los mechones más claros de su pelo.

—Tenemos que comprobar los cocheros mañana —miró a Célie—. ¿Qué pasa con los asaltantes? ¿Qué dijo Coigny?

—Les encontraremos, no hay ningún problema...

—¿Pero...? —le preguntó en seguida.

—Pero todavía no sabemos quién ocupará el lugar del rey en el carruaje —respondió—. Es la única persona que no saldrá viva de esto, tanto si perdemos como si ganamos. Y solo Bernave sabía quién era.

—O eso decía —dijo tranquilamente Amandine, pero en su voz había una nota de amargura, de rabia e incredulidad.

En ese preciso instante, Célie se dio cuenta de la intensidad del odio de Amandine hacia Bernave y le dolió. Le trajo recuerdos de alguien a quien, muy a su pesar, había odiado.

St. Felix miró a Amandine, la dulzura suavizaba su cara.

—Bernave no nos traicionaría —le dijo—. Era un hombre extraño, muy a menudo de trato frío, que yo no comprendía ni compartía. Tenía la mayor autodisciplina que ningún otro hombre que haya conocido.

En su voz no había duda, solo certeza.

—Pero era sincero con su causa. Tenía esa fuerza interior que... daba miedo —al decirlo se reflejó el miedo en su cara, en sus ojos, un dolor que no podía expresar—. Pero podías confiarle tu vida y no te arrepentirías.

Amandine se quedó mirándole. No podía ocultar su confusión y su incredulidad. Cogió aire para hablar y luego lo soltó sin decir nada.

Célie sintió un momento de alivio. Si St. Felix, entre todas las personas que conocían muy bien a Bernave, era capaz de decir eso con tanta claridad y lo sentía con tanta pasión, es que quizá era cierto. Y si no lo era, entonces Bernave no les había traicionado y tenían alguna posibilidad de éxito. Quería decir, además, que St. Felix no había descubierto ninguna traición y no lo había matado.

Pero si no había sido St. Felix, entonces tenían que ser Monsieur Lacoste o Fernand. Y seguro que era porque habían descubierto parte del intento. Célie se adelantó con impaciencia.

—Si Bernave estaba con nosotros, entonces alguno de los dos Lacoste le mató —miró a Amandine, luego a St. Felix bajo la débil luz—. ¿Podría haber alguna otra razón, aparte de que hubiesen descubierto nuestro objetivo? No se lo dirían a la Comuna, si no perderían la casa y quizá el negocio, pero le habrían matado para evitar que alguien salvara al rey. ¡Cualquiera de los dos lo habría podido hacer! Incluso Madame, o Marie-Jeanne, por lo que sabemos.

—Es verdad —dijo St. Felix, tan flojito que apenas le oyeron—. Debemos tener muchísimo cuidado. No solo está Menou, sino también las demás personas de la casa. Nunca bajéis la guardia —primero miró a Amandine—. Vigila todo lo que digas. A lo mejor no hará falta que vuelvas a salir —luego se volvió a Célie—. ¿Qué más nos queda por hacer?

—Georges me dijo que Bernave tenía un socio —le contestó—. Alguien que le había ayudado a empezar, un hombre llamado Renoir. Iré a ver si le encuentro. Es muy posible que él sepa algo más de Bernave y de su lealtad. Puede que hasta forme parte del plan.

Amandine se dio la vuelta para mirarla.

—¿Dónde? ¿Por dónde empezarás a buscarle? ¿Y por qué? ¿Qué nos dirá que tengamos que saber? ¡No puedes salir sola! —su voz sonaba aguda por la ansiedad y en sus ojos había miedo.

—En el club jacobino —le contestó Célie—. Georges dijo que pasa mucho tiempo ahí, especialmente ahora tan cerca de la ejecución del rey.

—¡Ve con cuidado! —la avisó—. ¡No sabes si puedes confiar en él!

St. Felix asintió con la cabeza, sus ojos indagaban los de Célie.

—Pero puede que forme parte del asalto —defendió Célie, pasando su mirada de uno a otro—. Todavía no sabemos quién va a ocupar el lugar del rey, ¡pero tal vez Renoir lo sepa! Tiene que ser alguien en quien Bernave confiara plenamente. ¡Quizá hasta sea el mismo Renoir! Tiene la edad adecuada, si empezaron juntos. Si no, tendremos que encontrar a un substituto y deberá ser una persona que no tenga esperanzas de sobrevivir, si nos sale bien.

Amandine se estremeció.

—¿Tú crees que lo sabrá, este socio? —en ella se percibía una angustia intensa, casi sofocante, y sus ojos se oscurecieron con una sombría comprensión.

—No lo sé, pero lo vamos a intentar —Célie no añadió que le había prometido a Georges que lo haría, porque parecía que no confiaba tan ciegamente en Bernave como St. Felix. Sabía del intento realista y su traición. Era innecesario contárselo a St. Felix o a Amandine.

—Es un riesgo —dijo Amandine todavía mirando a Célie con tristeza.

—Ya lo sé —dijo Célie—, pero valdrá la pena. Bernave confiaba en él. Al menos lo hacía en los negocios. Tal vez lo hiciera para otras cosas.

—¿Cómo saldrás de casa? —St. Felix estrechó los labios—. ¿Qué le dirás a Menou? ¿Y a Madame Lacoste? Te preguntarán a dónde vas.

—Aún no lo sé, ya se me ocurrirá algo —se puso de pie—. Ahora tenemos que irnos. Nos pueden encontrar aquí hablando y se preguntarán de qué. ¡Solo podemos tardar lo que se tarda en guardar la ropa limpia!

Amandine se levantó deprisa, alisándose la falda. Fue hasta la puerta, la abrió y le indicó a Célie que la siguiera. Bajaron las escaleras de puntillas, juntas, esquivando los escalones que crujían, y dejaron a St. Felix solo en su cuarto. Amandine se volvió una vez, pero la puerta ya estaba cerrada.

Georges sacó las provisiones inmediatamente después de que Célie se marchara. Cuando ella estaba presente, apenas se daba cuenta de si tenía hambre o frío; pero después ya no lo podía ignorar. Estaba mucho más preocupado de lo que en realidad le había demostrado a ella. Célie contaba con su optimismo, su confianza de que, de una manera u otra, todo iría bien. Es lo que ella necesitaba de él. Y él se encontró buscando la manera de dárselo como fuera, escondiendo sus propios sentimientos, costara lo que costase. Le pilló desprevenido lo mucho que le importaba ser lo que ella deseaba.

Se comió el pan y la cebolla fríos, con casi un vaso de vino. Lo bebió directamente de la botella, pero le pareció que era lo que quedaba. Se alegraba que ella no hubiese querido; quedaba muy poco. ¿Ella quería vino? Probablemente. Recordó, vio su cara con nitidez, sus fuertes rasgos, generosos y valientes, parecía tremendamente cansada. Sus ojos estaban rodeados de una sombra, su piel pálida, poco saludable. Quería protegerla de una parte de la verdad, del miedo, pero ella se habría ofendido. Esto le hacía sentirse excluido, como si no fueran un hombre y una mujer, y a la vez la admiraba por eso.

Era un gesto típico por su parte que rechazara el vino. Ni seguro estaba de si era verdad que hubiera tomado café. Pero no lo había rechazado por él, era porque se sentía culpable otra vez. Le hacía sentir asombrosamente solo darse cuenta de eso, y le sorprendió que le doliera tanto. Él era simplemente un implicado, nada más. Ella habría hecho lo mismo por cualquier otro. Él era el símbolo con el que ella medía su valor, y no viviría tranquila hasta que no se demostrara a si misma que era mejor que ese símbolo.

¿Qué haría cuando llegara ese momento? ¿Renunciaría a volver a verle, porque le recordaría esa parte de si misma que quería dejar atrás?

No debía pensar en eso, era un momento que quedaba lejos. Antes de que pasara había mucho que hacer y demasiado poco tiempo. Debía encontrar a alguien que ocupara el lugar del rey y ni tan solo se atrevía a salir a la calle para empezar la búsqueda, no hasta que la luz del día menguara. No podía arriesgarse a vivir otra escena como la de la mañana. La próxima vez no tendría tanta suerte.

Se levantó y se volvió a sentar. Estaba temblando de frío y el cuarto era demasiado pequeño para pasearse de arriba a abajo. Miró por la ventana, borrosa por la lluvia, y vio la luz gris de los tejados desiguales; deseaba que anocheciera.

Supuso que serían aproximadamente las cuatro menos cuarto y ya no podía esperar más. Se puso el abrigo y bajó las escaleras, recorriendo el callejón hasta la salida. El viento le hirió como un cuchillo de hielo y dobló el cuerpo para protegerse de su filo. Al menos tenía una excusa para subirse el cuello y esconder parte de la cara. Todo el mundo hacía lo mismo. Después de lo de la mañana, ni su propia modestia le dejaría creer que su cara no era fácil de olvidar.

Una mujer vendía café caliente en la esquina. El aroma era exquisito, irresistiblemente tentador. Se detuvo a olerlo. Le quedaban muy pocos *sous*, y sin Bernave ya no recibiría más.

Un nuevo pensamiento, desapacible, le pasó por la cabeza. Ahora que Bernave había muerto ¿qué haría Célie? ¿La dejarían vivir en la casa del Boulevard St-Germain? ¿Estaba segura ahí? Le atenazó una súbita angustia por ella. Alguien de la casa había matado a Bernave porque sabía lo que estaba planeando. O lo creía saber ¡y se equivocó! Se le escapó una amarga risa. Que ironía más perfecta si Bernave, un leal defensor de la Comuna, hubiera sido asesinado por otro defensor leal, creyendo erróneamente lo mismo que creían Georges, Célie y St. Felix, ¡que quería salvar al rey! Tenía que ser alguien que no veía más allá del idealismo ciego de la revolución, que estaba tan hechizado por el sueño que no se daba cuenta de la realidad. ¿Fernand? ¿Monsieur Lacoste? ¿Alguna de las mujeres?

Debió advertir bien a Célie y asegurarse de que entendía verdaderamente cuál era el peligro. En cierta manera, ella estaba más expuesta al riesgo que él. Otra ironía.

Rebuscó en el bolsillo y encontró una moneda. Se la dio a la mujer y cogió el café agradecido. Estaba fuerte y caliente, le llenó la boca de su delicioso sabor, y bajó hacia el estómago con esa lenta y dulce calidez, tan característica.

Se lo tomaba con la mente en otro lado. Había al menos dos personas que tenían cierto parecido con el rey, aunque fuera de pasada: la edad, la altura, color de ojos y de piel parecidos. Uno de ellos era demasiado delgado, pero podía arreglarse colocándole un poco de relleno bajo la chaqueta.

Georges echó un vistazo alrededor. Aún había gente en la calle, la mayoría eran mujeres que volvían a casa después de hacer cola para comprar verduras, jabón, sal o carbón. Se preguntaba cuántas horas habían perdido esperando de pie en las calles heladas, cubriendo las necesidades más básicas de cada día en vez de ir a trabajar, cuidar de sus hijos o de los enfermos, en vez de hacer cualquier otra cosa útil. Estaban cansadas y enfadadas. Podía oírlo en sus voces y en su actitud cuando pasaban a su lado con las cestas medio vacías. Les habían hecho demasiadas promesas que no se habían cumplido. Se habían arriesgado demasiado a cambio de lo que se había conseguido al final. Si ejecutaban al rey, lo peor estaba por llegar.

Se terminó el café, devolvió la taza a la mujer y continuó con su camino. El primer hombre que iba a buscar se llamaba Lazare Carichon. Había sido un miembro poco relevante de los girondinos, hasta que la desilusión devastó su última esperanza de competencia política. Carichon comprendía los peligros de eliminar todas las costumbres sociales de un estilo de vida. La nación entera se vería abocada a lo desconocido, a una vida sin reglas ni sanciones, donde no habría nada tan escandaloso que no se pudiera probar. En último lugar ya no había un poder que lo decidiera. El hombre se convertiría en su propio dios y solo con pensarlo le parecía aterrador. Georges apartó este pensamiento de su cabeza y se apresuró.

A esta hora Carichon estaría seguramente en su casa de la Rue des Écoles. Si le esperaba fuera, con un poco de suerte lo encontraría solo.

Pasó deprisa por los callejones que conducían al sur de St-Germain, cruzó el Boulevard St-Michel a toda prisa, por detrás del Museo de Cluny. Pasó por la Rue de St-Jacques con la cabeza baja, sin mirar ni a derecha ni a izquierda, y se adentró por las callejuelas entre el Boulevard St-Germain y la Rue des Écoles. Había poca gente vagando porque hacía demasiado frío, pero era consciente de que le observaban. Se respiraba una tensión inusual en el ambiente, de ansiedad, con la certeza de que algo irrecuperable iba a pasar.

Se acordó de que Célie iría al club jacobino esa tarde para buscar a Renoir. Tenía valor y aguante, ¿pero sabría hacer las preguntas sin levantar sospechas? ¡No le parecía nada bien que hubiera ido ella! ¡Podía delatarse con demasiada facilidad! Los hombres más fanáticos de Francia, los más reivindicativos, estarían allí, hombres como Robespierre y sus seguidores: el cojo e histérico Couthon; Saint-Just, discípulo del Marqués de Sade; Hébert, el monje renegado. Una lista interminable. Ella no tenía ni idea de cómo eran realmente. Estaba demasiado cegada por su admiración a Madame de Staël y su deseo de parecerse a ella, en vez de consumirse por el deseo totalmente humano de vengar la muerte de su bebé.

Inconscientemente sonrió al pensarlo, en cómo ella corrió a advertirle, en su desesperación cuando la multitud los separó. Se había esforzado tanto en pagarle su deuda, que la rabia de él había desaparecido. Puede que nunca hubiese existido. No habían tenido demasiado tiempo. Cuando Célie se dio cuenta de lo que realmente había hecho, por qué razón lo había hecho, la rabia de Georges ya había desaparecido.

Era absurdo que hubiese imaginado que él y Amandine era amantes. Tenían una relación demasiado estrecha, como entre hermanos. Pero comprendía que Célie lo hubiese imaginado. Él había seducido a bastantes mujeres. Siempre sonreía con su gracia espontánea y se ganaba a cualquiera. Su ingenio, ese aire de confianza en si mismo, le habían allanado el camino toda la vida hasta hacía un par de años, cuando perdieron la casa, su padre murió y las viejas creencias ya no se aguantaban: la seguridad que se daba por descontada, la arrogancia del hombre que se sabe atractivo, de buena cuna, lo suficientemente rico para no necesitar el favor o la protección de nadie.

Se comportaba como si tuviera coraje porque quería que le vieran así, y al final se dio cuenta de que no tenía alternativa, ahora era real.

Pero preferiría que Célie le viera más a él mismo tal como era, que no como al héroe que ella necesitaba.

Estaba al otro lado de la calle, delante de la casa de Carichon. Cruzó la calle deprisa y llamó a la puerta. Pasaron unos momentos antes de que el mismo Carichon se asomara a la puerta. Todavía vestía al estilo pretencioso de los girondinos: la chaqueta larga y suelta y el enorme fular.

—Buenas tardes, ciudadano Carichon —le dijo Georges calmadamente.

Carichon iba a decir algo y aguantó la respiración.

—¡Coigny! —tragó saliva sonoramente—. ¿Qué haces en la calle? ¡Entra, antes de que te vean!

Se apartó de la puerta, renunciando a coger a Georges por el cuello y tirar de él para que entrara. Tan pronto como estuvo dentro, cerró la puerta.

—¿Qué pasa? —le exigió—. ¿Por qué has venido?

Él sabía algo de los preparativos, solo a grandes trazos. En otras circunstancias, Georges no le habría confiado todo hasta el final porque nunca le contaba a nadie más de lo que necesitaba saber. Pero estaba desesperado, y Carichon se parecía lo suficientemente al rey para pasar por él en un momento fugaz y de confusión, si se ponía la misma ropa y se empolvaba el pelo para aclararlo. Tenía la altura adecuada, una nariz larguirucha y los carrillos y el cuello gruesos.

No había elección.

—Bernave ha muerto —dijo en voz baja.

Estaban en una sala estrecha y caldeada, el papel de la pared con un dibujo recargado y pocos muebles.

Carichon se quedó mirándole con los ojos muy abiertos.

—¿Qué?

—Bernave ha muerto —repitió Georges—. Le asesinaron anoche.

—¡Dios mío! —Carichon empalideció, incluso a la luz de las velas—. ¿Y qué pasará con el plan?

Georges no contestó enseguida. ¿Debía contarle lo que Menou había asegurado, que Bernave era un espía de la Comuna?

Carichon le miraba fijamente.

—¡Tenemos que salvar al rey, es la única manera de evitar una guerra! ¡Y habrá una guerra! ¡Entonces toda la retórica del mundo no servirá! —iba levantando la voz a medida que su enfado aumentaba.

Gesticulaba mucho, evitó chocar con el borde de la mesa de madera por los pelos.

—Que se lo digan a las madres de los muertos, a los heridos, a los ciegos y a los que se han quedado sin casa, que Inglaterra no se lo tomará como una ofensa o que a España le da lo mismo que mandemos a Luis XVI al patíbulo... ¡porque estamos hartos de reyes!

Su voz era desesperada, el cuerpo estaba tenso bajo los exagerados ropajes. Se alejó al fondo de la estancia, que le servía de despacho y comedor. En un rincón había un fuego que era la causa de que se estuviera mucho más caliente que afuera.

—¡Dios sabe que lo he intentado! —continuó agitado—. He hecho todo lo que he podido para convencer a los girondinos, para hacerles olvidar sus disputas y actuar a favor de Francia, pero la ciega futilidad de sus ambiciones está acabando con la poca esperanza que quedaba —agitaba los brazos violentamente—. En París, todo lo que nos rodea se desmorona ante el caos civil y somos incapaces de controlar los asuntos que importan de verdad.

—Ya lo sé —admitió Georges mientras se acercaba lentamente al fuego.

—He intentado convencerles de que se encaren a la Convención —Carichon continuó con una risa amarga, hablando más para si mismo que para Georges—. ¡Que dejaran de ir detrás de los otros y dirigieran la situación, ni que fuera para hacer algo distinto! Al diablo con lo que quieren Marat y la Comuna... ¡nosotros somos el gobierno!

Se acercó a Georges.

—Francia no está de ninguna manera en condiciones de luchar en una guerra. Si no matáramos al rey, aún haríamos las paces con Austria.

Se encogió de hombros irritado.

—Pero me repitieron como loros: «No podemos abandonar nuestros principios, tenemos una visión mucho más noble que Marat y sus seguidores» —bajó la voz hasta que fue solo un susurro.

Sus cejas se juntaron y los ojos parecían ansiosos y asustados.

—Marat es un lunático, ¿lo sabes, verdad, Coigny? Deberías haberle visto cuando irrumpió en las celebraciones que Talma organizó el año pasado para el general Dumouriez. Era una fiesta muy civilizada —esbozó una sonrisa mientras lo recordaba, luego desapareció—. Escuchábamos el arpa y el piano —continuó—, bebiendo agua azucarada y entablando conversación. De repente oímos un estrépito en las escaleras y al instante Marat irrumpió en la sala con un montón de sus salvajes —aguantó la respiración con fuerza—. ¡Iba tan sucio! Solo recordar ese hedor me revuelve el estómago aún hoy —hizo una mueca con los labios—. Llevaba una de esas carmañolas, las chaquetas de los marselleses, con pantalones negros, sin calcetines y con las botas llenas de un inmundicia que fue dejando por la alfombra.

Georges abrió la boca para decir algo. Ya conocía la historia.

Pero Carichon siguió sin tenerlo en cuenta.

—Se revolvía como un animal poseído. Las mujeres estaban aterrorizadas. Se nos quedó mirando y alzó los puños, nos llamó rameras y contrarevolucionarios. Incluso escupió —las aletas de su nariz se movían con agitación—. Después de que se marchara, tuvimos que abrir todas las ventanas y pasar una botella de perfume.

El olor era a causa de la enfermedad de Marat, y por eso era irrelevante, pero Georges no se molestó en discutírselo. Podía ver el asco en la cara de Carichon y las emociones que escondía detrás, la violencia vivida, lo desconocido y lo incontrolable. El desespero le invadió ante la nula efectividad de los girondinos, su falta de apremio y de valor llegado el momento.

—Ya lo sé —dijo Georges calmadamente—. Ya me lo habías contado.

—¿Y ahora qué? —la cara de Carichon se llenó de amargura—. ¿Invasiones, una guerra civil y un desorden sangriento? —estaba tan enfadado que temblaba—. ¡Son tan estúpidamente fútiles, tan ciegos a la materia, a la pasión y a la sucia realidad! Están tan alejados de lo que está vivo, de los humanos, de seres vivientes como Rousseau. Todo son palabras y escritos en metros y metros de papel que no quieren decir nada...

Georges tomó la decisión, no estaba muy seguro, pero era la última oportunidad, el menor de los males.

—Lo vamos a intentar —le interrumpió—, solo hemos hecho unos ajustes en caso de que el asesino de Bernave supiera algo. Hemos cambiado todo lo que hemos podido; lugares, gente. Pero la hora no la podemos cambiar.

Observó la cara de Carichon concienzudamente, buscaba el menor signo de engaño. Volvió a ver la esperanza y la conciencia del miedo.

Carichon dudó solo un segundo.

—Bueno —dijo suavemente—. Está bien. Es nuestra única oportunidad.

—Hay solamente una cosa que nos falta... por culpa del asesinato de Bernave.

—¿Sí? ¿Qué es? —no había ni rastro de negación en Carichon, ni parecía que supiera qué iba a decirle Georges.

Era el momento perfecto. Pondría a prueba el compromiso de Carichon hasta el límite.

—Bernave era el único que sabía quién iba a ocupar el lugar del rey en el carruaje —dijo sin añadir nada más; era evidente después de pensarlo un instante.

Carichon abrió la boca estupefacto.

—¡Pero sin ese hombre no podrá salir bien! ¡No puede ser! ¡Tendrás que encontrar a alguien!

—Ya lo sé.

—¿Entonces qué me estás diciendo?

La sangre huyó de su cara cuando se dio cuenta de lo que Georges quería decir. Dio unos pasos atrás, golpeándose contra la mesa, y alargó el brazo para evitar caerse.

—¡Oh, no! ¡Eso no me lo puedes pedir! Me... —tragó saliva casi ahogándose— ...me destrozarán! Ellos...

Describir lo que imaginaba estaba más allá de sus palabras. Estaba ahí de pie negando con la cabeza, le costaba respirar.

Georges no le dijo más. Ver el terror de ese hombre era suficiente para saber que si prometía hacerlo, en el último momento los nervios se lo impedirían.

Asintió suavemente, puso su mano sobre el brazo de Carichon, se dio la vuelta y salió otra vez a la calle. Quizá no debía haber esperado este último sacrificio por parte de Carichon, pero de todas maneras sentía una decepción sofocante. Carichon le había parecido la mejor salida. No había muchos hombres a quien Georges pudiera pedírselo, porque para hacerlo debía confiarles la verdad.

Ya había oscurecido, pero al pasar al lado de una mujer que compraba café en uno de los puestos, se dio la vuelta y se quedó mirándole atentamente bajo la luz de la ventana de una cafetería. Debía tener unos treinta y cinco años, pero el miedo y el hambre la hacían parecer mayor. Georges tenía que andar con más cuidado después de esa mañana. Le sonrió con todo su encanto.

—¡Buenas noches, ciudadana!

Ella se relajó y le devolvió la sonrisa.

—Buenas noches, ciudadano.

Se apresuró a llegar al río. Se alegraba de poder moverse deprisa, al menos así la sangre corría por sus venas. Tenía que encontrar a alguien esta noche. No se atrevería a salir mañana por la mañana, y al atardecer del día siguiente sería demasiado tarde.

¿Y después de eso, qué? ¿Qué pasaría si salvaban al rey? ¿Y si moría? No podía esperar que Célie le trajera siempre alimentos. Tendría suerte si encontraba sustento para ella. Si no encontraba algún trabajo, se moriría de hambre o de frío. A muchas personas les pasaba. Y si esta especie de caos y miseria continuaban, cada día moriría más gente. Él era joven y fuerte, pero ¿qué pasaba con los enfermos, los más débiles, los ancianos, esa misma gente que se suponía que la revolución tenía que proteger? ¿A eso habían llegado todos los sueños y esperanzas, a la sospecha, al miedo y a una pobreza aún más aplastante?

Había llegado a la Rue St-Antoine. El palacio de la Bastilla estaba enfrente. Corría por la ciudad esa cínica broma: ¡Mira que tomar la única cárcel de París que acogía a los indigentes, para los que era más un asilo que una prisión! Habían salido a la luz del día totalmente confundidos, de repente desvalidos y ahora sin un techo.

Cruzó la plaza con la cabeza baja. Por suerte el viento hacía que pareciera un gesto natural. Nadie percibió que pasaba por ahí.

Encontró lo que andaba buscando, el patio de un botero. Giró la esquina protegiéndose del viento. Ese hombre estaba construyendo botas de vino, un poco incómodo, como si no hubiera nacido para trabajar. Con una simple ojeada parecía un hombre corriente, pero bajo la ropa oscura y vulgar tenía cierta dignidad, y cuando levantó la mirada se puso de pie con las espaldas derechas. Tenía las manos suaves, aunque estaban sucias. Tenía la nariz larga y las mejillas caídas, de estatura normal, pero sus ojos eran claros y miraba a Georges fijamente.

—¿Puedo ayudarle, ciudadano? —le preguntó.

—Seguramente sí —respondió Georges con el tono bajo.

El hombre se fijó un poco más.

—¿Coigny? ¡Te pareces mucho a él!

—He pasado mejores momentos —admitió Georges con una sonrisa.

—¿No los hemos pasado todos? —el hombre se puso a reír de repente—. Y esto va a peor.

Georges levantó las cejas.

—¿Tú crees?

—¡No puedes ser tan ingenuo! —le dijo el hombre con tono irritado—. ¡Pues claro! No habrá manera de evitar una guerra. Nos libramos del rey, pobre imbécil, en nombre de la libertad y nos imponen una tiranía mayor que la que nunca hemos tenido. Es cierto que antes estábamos mal, la corrupción estaba en todas partes, pero el remedio es peor que la enfermedad.

—La operación fue un éxito, pero el paciente ha muerto —dijo Georges sucintamente.

—¡Lo has acertado! —accedió el hombre—. ¿Qué puedo hacer por ti? Debe ser muy importante si has decidido salir.

—Tú eres tolerante con los realistas...

—Tolerante, sí —admitió—, pero no quiero al rey de vuelta al trono. No quiero que ejecuten a ese idiota porque nos traerá la guerra y dejará a esos majaderos gobernando. Casi digo «bajo control», pero nadie tiene nada bajo control. Los girondinos no podrían ni organizar una cena y la Comuna no lo quiere. El caos es su estado natural.

—¿Estás preparado para hacer algo al respecto? —le preguntó Georges.

—¿Algo? —dijo el hombre muy despacio, observando a Georges—. ¿Todavía tienes esperanzas de que se pueda hacer algo? —en su voz había incredulidad y escarnio—. No sé si tu inocencia me da envidia o lástima. Ya es demasiado tarde. Haría algo si creyera que podría funcionar. Pero no lo haré. No entregaré mi vida sin una razón. Aunque esté mal, prefiero estar vivo a estar muerto —se encogió de hombros con una sonrisa sarcástica—. Es el problema del ateísmo: produce pocos mártires. No podemos imaginar un cielo luminoso donde nos recompensen por los sacrificios hechos aquí —hizo un gesto con la mano—. Si esto es todo lo que hay, nos aferraremos a ello hasta que se pueda aguantar. Hay poca gente que se atreva a extinguirse. Es curioso: no importa lo pequeño que se sienta un hombre, no puede imaginarse el mundo girando igual si ya no forma parte de él.

Otra vez Georges no dijo nada. No había razón suficiente, solo riesgo. Le dijo adiós y salió a la calle. El viento soplaba con aguanieve.

No podía culpar a ninguno de los dos hombres por no desear que les despedazaran y golpearan hasta la muerte en lugar del rey. Cualquiera huiría despavorido, se le revolverían las entrañas hasta convertirse en agua con solo pensarlo. Ni él mismo se atrevía a concebirlo.

Su ropa estaba humedecida y tenía los músculos agarrotados por el frío.

¿Creía él lo suficiente en el rescate del rey? ¿Hasta qué punto su compromiso no eran solo palabras? ¿Cuánto le asustaban esos momentos de inimaginable y agonizante dolor, el cuerpo destrozado cuando todavía estaba consciente? Todos moríamos, a veces después de una larga enfermedad, ¿no era eso peor?

Sí. ¡Pero eso pasaría un día en un futuro impredecible, no pasado mañana! Y no por propia voluntad.

Pero de todas maneras... llegaría el día. ¿Y quién sería entonces? Un hombre que no había vivido según sus principios. Un hombre que le pedía a los demás que sacrificaran lo que él no estaba dispuesto a dar. Un hipócrita, que en el momento de la decisión final fallaba.

¡Pero él no tenía la edad, ni la complexión, ni el color del cabello adecuados para hacer creer a nadie que era el rey!

Y, además, había tantas cosas que él aún quería hacer, decir, gente de la que no deseaba separarse todavía. Amandine, Célie... sobre todo de Célie. Tenía tanto por descubrir de ella y ella tenía aún más cosas que necesitaba descubrir de él. Su fortaleza y sus debilidades, esas pequeñas cosas, un tiempo para la risa además de para el coraje. Por encima de todo, pasar un tiempo juntos para poder ser sinceros, sin pretensiones, sin que ni el pasado ni el futuro se entrometieran en su camino. Cuando él pudiera decirle lo que quería y tocarla una sola vez.

Si él no ocupaba el lugar del rey, quizá entonces se separarían definitivamente. Ella le perdonaría. Ella entendía la entrega que significaba vivir por los propios sueños. Pero él no se perdonaría a si mismo. Él sí lo comprendía, y así se juzgaba.

Tenía que encontrar la ropa, la peluca, el relleno, costara lo que costase. Tenía que ocupar el lugar del rey, sin decírselo a nadie más. En realidad no había dificultades, solo excusas.

Bajó la cabeza y caminó entre el viento.

Capítulo X

Célie encontró una excusa para salir si Madame Lacoste preguntaba, así como para el guardia que estaba en el patio. Le costó lo suyo porque, aunque ella lo considerara ridículo, le pareció que los demás lo podrían encontrar normal y corriente.

—¡Un amante! —dijo Amandine con una sonrisa, levantado la vista de las verduras que estaba cortando.

La mente de Célie voló hacia Georges, sin razón aparente, y sintió el rubor que le quemaba las mejillas.

—El guardia me dejará salir si es para eso —dijo a la defensiva—. ¡Por favor, ayúdame! Tengo que encontrar a Renoir.

—Solo hay una manera de saberlo —respondió Amandine—. La otra razón posible sería porque tienes que comprar algo en el mercado negro, pero es ilegal.

—¡De todos modos, tampoco me queda dinero! —dijo Célie compungida y también sonriendo, contenta de cambiar de tema—. Había un poco de dinero en el despacho de Bernave, pero no lo cogí.

—¡Pues claro que no lo cogiste! —exclamó Amandine—. Bueno, si no lo cogió alguno de los soldados, Menou sabrá cuánto había. Lo último que necesitamos es que nos echen por robar.

Se puso la mano en el bolsillo del delantal y sacó un *louis* de oro.

—Me gustaría tener alguno más para darte, pero me lo gasté casi todo hace siglos. Es lo mejor que puedo hacer por Georges. Tú eres la que corre todos los riegos... —en su cara se reflejaba admiración y una cálida oleada de afecto—. Te lo agradezco, de verdad. Es la única persona que en este momento me queda de la familia. Pero aunque no lo fuera, aún así sería uno de mis amigos más querido. Gracias y, por el amor de Dios, ¡ve con cuidado!

Célie se rió un poco para relajar la tensión.

—¡Lo haré! Ahora déjame ir a preguntarle al guardia si me deja salir a ver a mi amante. ¡Ojalá fuera más coqueta!

—¡Y yo! —le dijo Amandine despreocupadamente—. No te esfuerces demasiado o recelará.

Célie le hizo una mueca simpática arrugando la nariz. Se puso la moneda dentro de la blusa, entre los pechos, y volvió a abrocharse los botones.

—¡No empieces a flirtear ahora! —dijo con un ramalazo de su antigua simpatía—. ¡Te podría pasar un desastre!

—¡Lagarto! —le replicó Célie—. Te dejo pensar una buena respuesta para cuando Madame te pregunte dónde estoy.

Antes de que Amandine se pudiera quejar, salió por la puerta trasera cogiendo la capa del gancho y el mantón, con el pelo suelto.

El guardia la detuvo en el patio solamente salir.

—¿A dónde vas? —le exigió—. A estas horas ya no hay pan, ciudadana.

Ella le sonrió, mirándole directamente a los ojos.

—Ya lo sé —le dijo suavemente—. Tengo un par de horas libres, lejos de los ojos de Madame. Yo... la verdad, ciudadano, es que tengo un amante. No le he podido ver desde que asesinaron al ciudadano Bernave. Soy humana... ¡lo mismo que él! —se encogió levemente de espaldas—. Solo quiero pasar un rato a su lado... ¡por favor!

Él rumió y la repasó atentamente durante unos momentos, recorriendo con sus ojos las mejillas de ella, su cuello, el color pálido de su cabello sedoso.

—Tengo que comprobar que no llevas nada escondido. El ciudadano Menou me castigaría si no lo hiciera.

—Claro —le temblaban un poco los dedos; se abrió la capa y le invitó a que la registrara.

Él la contempló, la miró arriba y abajo con ganas de empezar, los ojos brillantes. Sonrió y levantó las manos.

El corazón le desfalleció. El escalofrío de asco que sintió no era tan importante como el miedo a que de alguna manera encontrara la moneda y le preguntara para qué era, o peor aún, que se la quedara. Forzó una sonrisa. Tenía ganas de vomitar. Él vería que ella estaba fingiendo.

Las manos de él recorrieron su cuerpo.

Tenía ganas de darle un puñetazo, tan fuerte como pudiera. Reprimió el impulso con todas sus fuerzas y se esforzó en esbozar una amable sonrisa. Debía encontrar algo para distraerle.

—Debes morirte de frío aquí todo el día de pie, ciudadano —empezó. ¡Qué tontería había dicho!

—Es mortal —admitió.

—Y aburrido —añadió.

Sigue hablando, que esté ocupado con la conversación y no en registrarme.

—¿Siempre has sido soldado?

Eso era, que hablara de si mismo. A mucha gente le gustaba hablar de si misma.

—Debe de ser una vida muy dura y peligrosa. Tal vez no lo valoramos lo suficiente, hasta que nos asalta un peligro.

La evaluó con un reflejo distinto.

—Es bien cierto, ciudadana. Casi nadie se da cuenta de eso —sus manos estaban palpando las faldas, no muy a fondo. Buscaba un cuchillo, no dinero.

—¿De dónde eres? —le preguntó enseguida.

—Del Faubourg St-Marcel —le respondió.

—¿Ahí creciste?

La cara de él se iluminó ligeramente al traer los recuerdos a la memoria.

—¡No! Nací en Nemours.

—¿Es bonito?

—¡Mucho más que París! —dijo emocionado.

Ella respiró profundamente y soltó el aire con un suspiro.

—Entonces estamos en deuda contigo por quedarte aquí a servir a la revolución. Cuéntame algo de Nemours. Nunca he estado allí.

Se lo contó, primero titubeando, pero luego, al encontrar palabras para describir sus recuerdos, le resultó más fácil hablar.

Ella le escuchaba mientras él la registraba a fondo, pero no tan íntimamente como para encontrar la moneda. No buscaba una cosa tan pequeña.

Cuando terminó volvió a sonreírle, esta vez de verdad.

—Gracias, ciudadano.

Y se apresuró a pasar bajo el arco que daba a la calle. Faltaba un buen rato para llegar al club jacobino, recorrer todo el Boulevard St-Germain, cruzar el río y andar toda la Rue St-Honoré. Se daba prisa por diferentes razones: quedaba poco tiempo y estaba demasiado lejos para entretenerse, pero tampoco quería atraer la atención o que pareciera que iba sin dirección.

Se paró en una tiendecita y compró unas lentejas y un par de cebollas pequeñas. Por supuesto, a nadie le quedaba pan a estas horas. Pasarían con eso. No le cabían muy bien en los bolsillos de la falda.

Le dio las gracias al tendero y se marchó.

El club jacobino, al igual que otros edificios de París, había pertenecido originariamente a una orden religiosa. Empezó la vida secular siendo un club para que los diputados de provincias y otros «amigos de la revolución» pudieran estar juntos. Disfrutaban de su mutua compañía y se pasaban horas en conversaciones interminables sobre ideales, haciendo planes para un futuro glorioso y virtuoso. Robespierre pasaba allí la mayor parte de las tardes. Las salas del edificio eran muy adecuadas para el uso actual, y su situación era excelente. Robespierre residía cerca, en casa del carpintero Duplay. La plaza de la Revolución, donde se resolvían los sangrientos acuerdos con la guillotina, estaba a solo unos pocos centenares de metros.

Desde sus humildes inicios, ahora el club contaba con más de trescientos miembros que eran diputados en la Convención. Otros miembros controlaban la Comuna y las turbas de París. Hacía poco que empezaban a tener afiliados de toda Francia. Su influencia era enorme, y su poder aumentaba semana a semana. Durante los debates que tenían lugar en las salas nacían las ideas que luego eran el grito de guerra de las masas, desde París hasta las fronteras con Bélgica y Alemania por un lado y la costa mediterránea por el otro.

Algunas zonas del club estaban abiertas al público por si se deseaba escuchar los debates y Célie, con sus ropajes azules y marrones, parecía una mujer joven y corriente, una trabajadora que no levantaba sospechas mientras se adentraba en la cámara. Con una expresión de gran respeto en su actitud y los ojos bajos, decía discretamente «Perdone, ciudadano» y «Gracias, ciudadano» cuando la dejaban pasar.

Primero escogió a un hombre joven de cara afable que llevaba una chaqueta de lana y un mandil de piel.

—Perdone, ciudadano —le dijo educadamente.

Se dio la vuelta para hablar con ella. Una mirada de aprobación iluminó su cara al ver el pelo claro y la boca generosa de Célie.

—¿Sí, ciudadana?

—¿Conoce al diputado Renoir, de Compiègne?

—No he hablado con él, pero sé quién es —le contestó el joven—. ¿Le está buscando?

—Traigo un mensaje para él —Célie siempre decía la verdad si podía; si se decían demasiadas mentiras luego era difícil recordarlas todas.

—Seguramente estará en la cámara —dijo medio sonriendo—. Camille Desmoulins está hablando. Siempre vale la pena escucharle.

En sus ojos había una expresión ambigua, como si sus palabras no coincidieran con su opinión, pero tuviera el suficiente sentido común para no decir nada más. En estos días, la mayor parte de la gente se lo pensaba dos veces antes de hablar con franqueza.

Le dio las gracias con una sonrisa y le siguió en la dirección que él le marcaba.

Se oía un zumbido de excitación en la cámara cuando ella entró, siguiendo el camino que dejaba detrás de él. Encontró un sitio donde mirar, codo con codo con la multitud.

La sala estaba cubierta con paneles de madera, lo que la hacía más oscura, y la luz gris del mes de enero que entraba por la ventana daba un tono amarillento a las velas. Solo los cuerpos amontonados calentaban la estancia.

Un hombre joven, de rostro apasionado y con la indumentaria descuidada de un artista, hablaba desde la tribuna. Parlamentaba con mucha soltura sobre grandes ideales y la esperanza de un maravilloso mañana. Elogió las virtudes de los demás y parecía convencido de su bondad en general. Era Camille Desmoulins, el escritor, ferviente amigo y admirador de Danton.

Célie observó las caras a su alrededor. Todo lo que Camille decía ya lo había oído antes, y lo que diría era absolutamente predecible. Puede que a la gente que estaba allí les pasara lo mismo, pero era lo que deseaban escuchar y le daban el visto bueno sin más. Se daba cuenta de que él se deleitaba con la admiración, con los ojos brillantes y las mejillas encendidas.

No osaba preguntar por Renoir mientras había alguien en la tribuna. Las interrupciones estaban mal vistas y no quería causar una situación incómoda y desagradable.

Después de Camille subió otro joven con el mismo ardor, pero apenas había empezado cuando Célie se dio cuenta de que era mucho más pomposo y de que tenía menos sentido del humor. Observó las caras discretamente, una detrás de otra. Todos parecían estar escuchando muy atentos. Las expresiones eran de vivo interés. Tal vez Bernave tenía razón, la revolución había borrado cualquier rastro de apreciación inteligente.

¿Era necesario carecer de sentido del humor para ser bueno? ¿No podía ser que el cambio social fuera para mejorar las cosas y, aún así, ser capaz de ver lo absurdo de algunas situaciones y reírse de ello?

A juzgar por los que estaban ahí, no.

—¿Quién es? —le preguntó al hombre que la había traído allí y que ahora estaba apenas medio metro más allá.

—Fabre d'Englantine —le contestó sin mirarla—. Es un gran poeta. Ganó la Englantina de Laurel hace poco.

Nunca había oído hablar de él, pero obviamente no era muy prudente reconocerlo ahora. Seguro que se había puesto ese nombre a raíz del premio.

—Qué maravilla —respondió, segura de que él no entendería que quería decir que era una maravilla que alguien tan mediocre pudiese ganar algo.

Una mujer de mediana edad delante de ellos los hizo callar y Célie obedeció reticentemente. Cualquier conversación era más interesante que el enredado despropósito que se pronunciaba desde la tribuna. Si Danton era en realidad amigo de ese hombre, obviamente lo era más por su lealtad que por su sentido político o su criterio literario.

No había tiempo que perder. Si Renoir no estaba ahí, ¿dónde podía buscarle? Tenía una buena justificación, si alguien le preguntaba: era el socio de Bernave en el negocio. Tenía derecho a saber que Bernave había muerto. Nadie podía quejarse por ir a comunicárselo.

Fabre acabó su discurso con aplausos entusiasmados y en su lugar subió otro joven con la frente lisa, la nariz clásica y los labios bien dibujados. Sería guapo si transmitiera un poco de calor en su ánimo, mientras clavaba su mirada al resto de la sala, como una estatua inexpresiva, perfectamente esculpida, tan impecable que le faltaba humanidad.

—La nave de la revolución únicamente puede llegar a puerto en un mar de aguas ensangrentadas —gritó con creciente fervor, la voz vibrante, pero cuya cara parecía curiosamente impasible—. Debemos castigar no solo a los traidores, si no también a la gente que no se muestra suficientemente entusiasta. Hay dos tipos de ciudadanos, los buenos y los malos. ¡La república debe proteger a los buenos y a los malos solo les debe la muerte!

Célie miró a la gente de al lado para comprobar cómo recibían esa afirmación. Vio parpadear a un hombre y luego sus ojos se agrandaron. Puede que él también sintiera el mismo frío recorriéndole la espalda y que sus músculos se tensaran involuntariamente, como le pasaba a Célie. ¿Cómo era posible que esa gente estuviera escuchando impávida semejante sarta de palabras histéricas sin protestar? ¿No tenía suficiente sentido común para temerlas? Era como si alguna cosa dentro de ellos hubiera muerto, la risa y la humanidad, el sentido de la mesura para reconocer lo que era razonable, de lo excesivo o absurdo.

Solo que las palabras no tenía nada de histérico en el sentido más corriente de la palabra. El hombre que las había pronunciado estaba ahí, frío como el mármol, mientras las palabras iban saliendo de su boca. No había tono declamatorio, ni agitación de brazos, ni el menor rastro de alzar la voz.

—Construiremos una Francia nueva —continuó—. La virtud será primordial. Nuestras batallas nos santificarán, quedaremos purificados de todo vicio al lavarnos con nuestra sangre. Desterraremos la debilidad y nos levantaremos de entre los muertos con un poder puro y diáfano. Le mostraremos a la humanidad el camino a seguir.

—¡Virtud! —un hombre detrás de Célie escupió la palabra en un murmullo, con la cara totalmente arrugada, la piel curtida como si estuviera siempre expuesto al viento y a la lluvia.

Se movió sutilmente para acercarse a él.

—¿Por qué lo dice, ciudadano? —le susurró.

—¿Es que no sabe quién es? —le preguntó secamente.

—No. ¿Quién es?

—Louis Saint-Just —dijo con un leve escalofrío—. Lo que ese entiende por virtud lo conoce tan bien como yo conozco al rey de España. Le robó todas las joyas a su madre y huyó para convertirse en un discípulo del Marqués de Sade. Escribió un poema largo, pornográfico, que me dio asco hasta a mí, que no soy nada puritano.

—A lo mejor ha cambiado —le sugirió, no porque lo creyera, sino para ver lo que el otro decía.

—Una vez escribió a Robespierre: «Te conozco como conozco a Dios», a saber lo que quería decir —contraatacó el hombre con sarcasmo.

Estaba segura de que si hubiesen estado en la calle, habría escupido sobre las piedras.

—Pues parece que no le conoce mucho, por lo que dice —añadió Célie y deseó haberse mordido la lengua cuando él la miró con los ojos muy abiertos, con una luz de esperanza y de afecto. Había hecho precisamente lo que Bernave le había dicho que no hiciera. Con una punzada de dolor se dio cuenta de lo mucho que lo echaba de menos, su ironía y su valor. Debía darse prisa y encontrar a Renoir.

Saint-Just seguía proponiendo sus planes para los ciudadanos del futuro.

—El estado se hará cargo y cuidará de todos los niños mayores de cinco años —dijo con grave determinación, ojeando a sus silenciosos oyentes—. Les educaremos en batallones para formar soldados... o granjeros.

Era evidente que nunca había tenido hijos, ni los había amado, ni los había sujetado entre sus brazos, ni había sentido que lo más importante en este mundo era protegerlos, porque solamente en una pesadilla podía imaginarse una vida así. Célie se preguntaba que pasaba con las niñas, pero no las mencionó. Tal vez en su mundo no valían para nada.

—Todos llevaremos ropas simples hechas con materiales rudimentarios, todos iguales, dirigente, trabajador y soldado —continuó su sueño—. Dormiremos sobre colchones de paja. ¡Y al que no se conforme lo llevaremos a las puertas de la ciudad!

A Célie la idea no le pareció mal. Si eso era la libertad, entonces la esclavitud debería ser algo mejor. Al menos dejaba lugar para un poco de individualidad, de color. Le habría gustado poderlo decir en voz alta, para ver si había alguien que pensara lo mismo, que sintiera esa claustrofobia aprisionándole, el lento sobrecogimiento de algo que acechaba, terrible e inevitable, pero no se atrevió. Nadie se movía o hablaba. Mostrar desacuerdo, solo preguntar, era una señal de contrarevolución y se consideraba un delito.

Bernave le había hablado del peligro de esta clase de opresión: uniformidad, insipidez. El sabor, el calor, la pasión y la risa, desaparecidos. ¿Qué sentido tenía la vida sin esas cosas? Recordaba su cara al hablar, el poder de las emociones dentro de él, como si en ese momento hubiera liberado un resplandor en el alma de Célie que la iluminaba y hacía la vida más preciosa a partir de ese instante.

Contempló la fría cara de Saint-Just y le asaltó una necesidad imperiosa de salvar la vida del rey. Puede que fuera un estúpido gordo, autócrata y totalmente ineficaz, pero era humano. Amaba a su mujer y a sus hijos. Sus debilidades eran las mismas que las de cualquiera, aunque le odiaran intensamente. El miedo a lo desconocido era demasiado grande para encontrar la fuerza necesaria y encararlo. Lo que era precioso y conocido se envolvía en un vacío espiritual.

¿Estaba tan sola como se sentía? ¿O puede que toda esa gente amontonada a su alrededor, con los abrigos mojados y las botas empapadas, se sintiera tan horrorizada como ella por la visión de Saint-Just? ¿Era eso lo que querían? ¿O lo que creían querer?

Se acordó de Madame de Staël, su inteligencia y conversación, las discusiones animadas e interminables que duraban toda la noche, llenas de energía y de risas. Ni se daban cuenta de que había millares de personas pasando hambre y frío, que temblaban, más allá de sus bonitas casas. ¿Pero acaso se daban cuenta Saint-Just y todos los de su clase?

Célie volvió a mirar a la tribuna, Saint-Just hablaba de sangre otra vez. Parecía una obsesión. Era repulsivo.

Sin embargo, parte de la repulsa que sentía, era porque entendía el deseo de venganza terriblemente bien. No estaría ahora en este lugar, si no fuera porque había delatado a Georges a la guardia nacional por lo que ésta imaginaba que él había hecho, provocando, de alguna manera, la muerte de Jean-Pierre. Recordaba con tremenda claridad sus propias emociones en aquellos hechos, el odio candente, la energía incansable aun cuando su cuerpo le dolía y su mente estaba totalmente agotada. Nada resultaba demasiado duro si servía para destruir a Georges.

Ahora sentía todavía más vergüenza. No era lo que ella quería ser: destructiva, consumida por la rabia y el odio, que dañaba aquello que tocaba y que extendía la desgracia por donde pasaba, como alguien que llevara la peste. Esa gente recibía odio a cambio, o miedo, o lástima, pero nunca amor. No creaban nada, no daban nada.

Saint-Just parecía la representación de todas esas cosas, cuando finalmente bajó de la tribuna en medio de un estallido de aplausos. Ni entonces se dignó a sonreír.

La figura corpulenta de Danton ocupó el sitio de Saint-Just, que era todo lo más alejado de él. En él no había nada frío, desde sus amplios gestos, a su genio volátil, su risa, su apetito, hasta la sencillez de las palabras que escogía. Era campechano como un corral e igualmente inmediato en su impacto. Célie quería salir, ir a buscar a Renoir por las otras salas, pero no podía moverse sin pisar los pies de alguien. Causaría un alboroto si les hacía mover a la fuerza. La gente se daría cuenta de su presencia y luego se acordarían de ella. No se lo podía permitir.

Se quedaría y escucharía. Se fijó en Danton y se preguntaba cómo sería su carácter, su amistad, estar casada con él. Bernave le había contado que adoraba a su esposa, una mujer bonita y amable, la hija de un posadero y una católica devota. Recordaba la voz de Bernave cuando se lo dijo, como si se acordara de alguien. Danton tenía dos hijos. Pensar en eso le hacía más cercano, alguien que sí hablaba de cosas reales y no de los áridos sueños de Saint-Just o la retórica pomposa de Fabre d'Englantine.

La gente parecía que también se había relajado un poco, como si a este hombre le pudieran entender. La sala parecía más confortable. Se atrevían a mirarse los unos a los otros e intercambiar un momento de comprensión, incluso una sonrisa. Ya no tenían miedo de lo que pensaban.

Célie no pudo evitar imaginarse qué pensaba Danton del rey. ¿Había intentado salvarle? ¿Lo intentaría otra vez si pudiera hacerlo sin arriesgar su propia cabeza? No hablaba de torrentes de sangre, sino de cosas prácticas y reales: de comida y de calzado, de armas para el ejército en Bélgica.

Alguien mencionó el nombre de Marat y se extendió un murmullo de irritación, pero era imposible discernir hacia quién iba dirigido. La intranquilidad volvió a flotar en el aire y ni la poderosa sensatez de Danton la alejaba. Unos cuantos estaban de pie, estirados, cambiando de posición, impacientes por moverse. Empezaba a hacer calor y la presión de los cuerpos agotaba el aire. Célie se sentía aprisionada. Le costaba respirar.

Danton hablaba con sarcasmo del inepto gobierno de los girondinos, que habían dejado al ejército sin comida, sin ropa y sin armas. Su furia iba en aumento. Su cara ancha se retorcía por la rabia. Su voz bramaba. Levantó su mano, grande como un jamón, dispuesto a zarandear a alguien como a una rata. Un puñetazo suyo podría abatir a un buey.

Alrededor de Célie se oían numerosos murmullos de rabia inquieta. ¿La gente entendía que les hablaba de la guerra contra Francia, una guerra violenta con soldados muertos, y de los belgas, prusianos o austríacos que invadían el territorio francés, las ciudades francesas? ¿Veían los saqueos y los incendios, los refugiados, los muertos? Danton sí lo había visto. Había estado en medio de la guerra en Bélgica hacía tan solo un par de días.

¿Es que nadie se daba cuenta de que al ejecutar al rey mandarían, además, a la marina inglesa y seguramente a los soldados españoles a las fronteras del sur?

Sin darse cuenta, Célie también cerró los puños.

Danton terminó y ella se dio la vuelta para intentar escabullirse hasta la puerta, daba empujones sin hablar. Pero antes de llegar, la figura pulcra y meticulosa de Robespierre estaba en la tribuna en lugar de Danton y quedó atrapada otra vez.

Los murmullos y el ajetreo pararon inmediatamente. Robespierre empezó suavemente. La gente hacía esfuerzos para oírle. Tenía la voz ronca, era casi un susurro, como si no se dirigiera a una muchedumbre, sino a un grupo de amigos en la sala de estar. Aun así, su lenguaje era ostentoso y totalmente impersonal. Célie no se imaginaba a si misma hablándole a nadie de esa manera.

Se fijó como él se inclinaba un poco sobre la tribuna, apoyó las gafas de cristales verdes sobre su cabeza y echó un vistazo a la sala.

—Mi amigo Danton habla de la comida y la ropa del ejército que tenemos en Bélgica, y está bien que se preocupe por ellos, a todos nos preocupa —empezó—. Y desafío a cualquier hombre aquí presente a que demuestre que su interés es de alguna manera vano, inútil o provocado por intereses egoístas, para ganar popularidad, por el deseo de complacer los apetitos de la carne o de las posesiones materiales. El que diga eso miente, aún peor, es un canalla deseoso de provocar la deshonra de uno de los acérrimos aliados de la revolución, uno de los arquitectos de la nueva y excelsa república que construiremos sobre las cenizas... —se detuvo, parpadeó.

Se oyó como todos respiraban tranquilos, imaginando que ya había acabado.

Entonces, de repente, una continuación de la interminable frase que acababa de pronunciar.

—...y todos los pecados del pasado, lavados a conciencia con el bautismo de la sangre.

Aguantó la respiración y movió agitadamente sus manos pequeñas y de uñas mordidas.

—Y el que diga que Danton va de juerga con mujeres perdidas, prostitutas de campamento y mujeres parecidas, es que no le conoce como le conozco yo —señaló al aire—. Les desafío a pronunciar su nombre en voz alta y repetir estas viles acusaciones aquí mismo, desde esta tribuna, donde todos podremos juzgar su valor.

Se detuvo otra vez. Repasó a la multitud de la sala con una mirada inquisitiva. Nadie se movió ni apartó la vista de sus ojos cautivadores.

—Ya lo veis —dijo triunfante—. Nadie osa repetir tal calumnia delante de nosotros...

Silencio. Ni un ruido alteraba la sala. Cerca de Célie, un hombre viejo respiraba con dificultad.

—Pero no podemos perder de vista el objetivo real, que es una sociedad pura, nueva —de repente Robespierre siguió hablando—. Construida sobre la virtud de la gente, esos hombres y mujeres que trabajan duramente y que nos han entregado su confianza...

Pronunciaba largas frases, complejas, tan obscuras y llenas de interrupciones que era imposible comprender el significado final de lo que quería decir, pero repetidamente usaba palabras como «virtud», «sangre» y «esperanza».

Para Célie la sensación de incomodidad aumentaba, porque con sus exigencias de lealtad y admiración, lo único que había conseguido era que los motivos de Danton parecieran más sospechosos que como él los planteaba. ¿Era intencionado o sin querer?

Finalmente terminó su discurso. Célie podía irse. Antes de que alguien más subiera a la tribuna y empezara, se volvió hacia el hombre que la había traído.

—¿Ha visto al ciudadano Renoir? —le preguntó.

—No —le dijo con un leve movimiento de cabeza—. Me parece que no está aquí.

—Pues iré a mirar en las otras salas. Si fuera tan amable de decirme por dónde puedo buscar, le estaría muy agradecida.

Tenía que encontrarle. Puede que hubiese conocido a Bernave lo suficiente, desde tiempo atrás, para saber a quién era leal. Si se habían confiado asuntos de negocios y de dinero, quizá también le había confiado el plan. Célie no podía evitar tener esperanzas de que Renoir sabría quien ocuparía el lugar del rey. Tal vez era él mismo.

El hombre estaba haciéndose camino para salir y ella le siguió, dando codazos al gentío para llegar al pasillo, donde se estaba más fresco y era menos agobiante. ¿Ahora hacia dónde? Miró a su guía.

—Yo necesito ver al ciudadano Barbaroux —se excusó él—, pero puedes mirar por ahí.

Le indicó el camino, ella le dio las gracias y se fue en esa dirección.

Un poco más adelante un grupo de hombres estaban hablando con las cabezas muy juntas, hablaban en voz tan baja que tuvo que concentrarse para poder oír algo.

—Acabo de llegar del norte —dijo uno, impaciente, con el pelo claro despeinado sobre su frente y sobre el cuello del abrigo. Se movía agitadamente, balanceaba el peso de un pie a otro.

—Las novedades de Austria son malas. Vi a los soldados en unas condiciones horrorosas, las ropas rasgadas, las botas hechas trizas. Decían que en la línea de batalla era un caos. Había barro por todas partes —su voz era muy dura—. Nadie sabe muy bien qué están haciendo. Están esperando órdenes de París y no entienden por qué no les ayudamos.

Uno de los presentes soltó una risotada, pero nadie respondió. Era verdad, y no había nada más que decir.

—¿Y Danton qué dice? —preguntó uno del grupo, mirándoles uno por uno—. Ha estado en el frente de Bélgica. Ya sabe lo que es. Los demás no tienen ni idea —resopló con fuerza—. ¿No podríamos convencerle para que haga algo?

—¡En el frente! —el primero que había hablado escupió las palabras—. Fue a Bruselas para saquear palacios e iglesias. ¡Han llegado a París sus malditas carretas, llenas de láminas y de tapices, de ropas! No hay nada que saquear en los campos de batalla, ni en Austria ni en Prusia. ¡Estamos perdiendo! Muy pronto los soldados y ministros del emperador Francisco vendrán a llevarse el oro y la plata de vuelta a Viena.

Se hizo un silencio repentino cuando un par de diputados aparecieron al final del pasillo.

Célie se aproximó al grupo que hablaba.

—Discúlpenme, ciudadanos —dijo acercándose.

Todos se volvieron a mirarla, en sus caras no había ni rastro de la furia de unos momentos antes.

—¿Se ha perdido, ciudadana? —indagó uno de ellos.

—En cierta manera, sí —forzó una sonrisa, esperaba que no se viera lo nerviosa que se sentía—. Buscaba al ciudadano Renoir, de Compiègne. Tengo un mensaje para él.

—¿No le conoce?

—No. Es un mensaje de otra persona... que está enferma y no puede venir por su propio pie. ¿Saben dónde le podría encontrar?

—¿Cómo es? —le preguntó el hombre del pelo claro.

No tenía la menor idea. Se lo imaginó y probó, más por esperanza que por conocimiento: si Bernave pensaba que ese hombre era el que debía sustituir al rey encajaría en la descripción.

—Debe tener unos cincuenta años, no muy alto... un poco... corpulento.

—Sí, ya sé a quién se refiere —el hombre levantó la mano—. Está claro que no es Charles Renoir, es muy alto. Se refiere al otro Renoir.

—Sí, Henry Renoir —admitió Célie—. ¿Por favor, saben dónde está?

La llevó, girando la esquina y subiendo una escalera. En una sala cubierta de paneles de madera oscura encontró a otro grupo de hombres centrados en una conversación.

—Disculpen, ¿el ciudadano Renoir? —pidió.

Uno de ellos de dio la vuelta.

—¿Me busca?

—¿Ciudadano Henry Renoir? —el corazón se le encogió, decepcionada.

Se parecía muy poco a los retratos que había visto del rey, tenía más envergadura de espalda y pecho, sus rasgos eran grandes y achatados. Nadie le habría confundido con el rey, la nariz larga y los rasgos carnosos de Luis Capeto.

—Sí —se dio la vuelta y se acercó a ella—. ¿Qué puedo hacer por usted, ciudadana?

—¿Podemos hablar en privado? Me mandan a comunicarle un asunto muy delicado —vio una expresión de alarma en su cara—. ¡No es nada personal! —le aseguró—. Es un asunto de negocios, pero igualmente preferiría hablarle en privado. Trabajo en casa de Bernave, en el Boulevard St-Germain.

El miedo de él se disipó.

—¡Ah, sí!, claro. Seguro que encontraremos un lugar más discreto.

Se excusó con los otros hombres y la llevó fuera de la sala, por el pasillo, a una parte donde no había nadie.

—Y bien, ¿de qué se trata, ciudadana?

Examinó su cara a fondo bajo la luz tintineante de las antorchas de la pared. No veía ninguna señal de pena, o de miedo, pero estaba en guardia. En él no había ni rastro de confianza. Célie se imaginó que no debía tener demasiada paciencia. Tenía una cicatriz en la mejilla izquierda que parecía haber sido hecha con un cuchillo. ¿Un soldado o un miliciano de la calle?

—El ciudadano Bernave ha muerto —le dijo simplemente.

Abrió los ojos, sorprendido.

—¿Bernave? ¿Muerto? No lo sabía. La última vez que le vi estaba bien. Lo siento.

No era la reacción que ella esperaba. ¿Por qué no estaba aturdido, acongojado o incluso alarmado?

—Le asesinaron —dijo bruscamente.

Ahora sí que se quedó atónito.

—Pobre Bernave —su voz se apagó y se mordió los labios—. Me podía haber imaginado que pasaría.

—¿Por qué?

Cuando lo hubo dicho se dio cuenta que era demasiado directa. Le contó que era la sirvienta de Bernave. Eso no le daba derecho a hacer ese tipo de preguntas. Tal vez pensaba que lo había preguntado porque estaba asustada. Debía aparentar que era un poco más impresionable y vulnerable.

Él movió la cabeza de lado a lado.

—Son tiempos muy peligrosos —le dijo.

Esa respuesta no le ayudaba en nada. Célie parpadeó como si no pudiera contener las lágrimas.

—¡Entonces podrían asesinar a cualquiera! —exclamó—. ¡Apuñalaron al ciudadano Bernave en su propia casa! Alguien que vivía allí.

Eso conmovería su actitud tan política.

Levantó las cejas.

—¿Ah sí? —ni siquiera así pareció extrañado—. Pobre Bernave.

Ella le miró fijamente mientras trataba de entenderle.

—Siento traerle estas noticias, ciudadano —tenía que seguir, darle la excusa que había planeado—. Madame Lacoste se encarga de los papeles del negocio. No sé qué es lo que va a necesitar usted, la guardia nacional está en la casa hasta que no arresten a alguien y no nos dejan salir, excepto a Amandine, la cocinera, y algunas veces a mí para salir a comprar.

Esta vez él la observó con más detenimiento. Todavía parecía que estaba ligeramente abatido, pero ella veía algo que podía ser tristeza. Él movió la cabeza.

—Qué final tan irónico.

Ella volvió a coger el hilo de la explicación que tenía para estar ahí.

—Madame Lacoste está ordenando los papeles —le repitió—. Su parte del negocio ahora pertenece a Marie-Jeanne.

—¡Su hija, por supuesto! Es natural —asintió, la luz titilaba sobre su cara grande y carnosa—. Pero el negocio es todo suyo, no solo una parte. Yo le vendí mi participación hace años.

Ahora era ella la que estaba sorprendida.

—¿Que usted le...? No lo sabía —su cabeza corría a toda prisa—. ¿Hay alguien más con quien deba hablar?

Él parecía divertido.

—No. Nadie podía asociarse con Bernave, solo un chiflado. Él estaba loco, pero era muy listo. Entonces ya se sabía todos los trucos del negocio.

—¿Y a usted... no le importa?

Era una pregunta un tanto impertinente, pero intentó que sonara a preocupación y también que esa amarga decepción no se le notara en la cara. Se daba cuenta de las esperanzas que había puesto en este hombre, y ahora no parecían tener sentido. Estaba claro que no reemplazaría al rey, parecía que habían dejado de relacionarse con Bernave hacía siglos y no sabía nada que le pudiera servir de ayuda a Célie. ¿Pero por qué había dicho que Bernave estaba loco? ¿Qué sabía de él?

Renoir parecía que se lo estaba pasando bien.

—¿A mí? Para nada. Fuimos socios durante años, desde que salió de la cárcel. Él tenía la inteligencia y el talento necesarios, yo tenía el dinero y los contactos.

Lo debía haber oído mal.

—¡Me ha parecido oír que decía «cárcel»!

La miró con una sonrisa torcida, divertida. Puede que sintiera un poco de lástima.

—¿No lo sabía? Claro, ¿por qué lo había de saber? No es la cocinera, ¿quién es usted?, ¿la lavandera? Bueno, qué importa eso ahora. Ya me han venido a preguntar. Pensaba que era dominio público —movió la cabeza—. Sí, cuando le conocí hacía solo unos días que había salido de la cárcel. No tenía más que la ropa que llevaba puesta, su cerebro y su voluntad. Muchísima voluntad.

Célie se tragó el nudo que se le había hecho en la garganta, el corazón le latía tan fuerte que le pareció que él podría ver como temblaba.

—¿Por qué había estado en la cárcel? —podía oír el temblor de su propia voz.

—Por violación. Casi doce años. Salió con un permiso.

No podía creerlo. No de Bernave. No del hombre que ella conocía. No se lo podía ni imaginar.

Seguramente él vio la incredulidad en la cara de ella.

—Él era culpable —se encogió de hombros con un pequeño movimiento y con una expresión de repugnancia en los labios—. Nunca lo negó. Una niña de doce años, muy bonita, oí decir. La hija de un hombre rico.

Su voz se convirtió en un susurro como si la pena que le daba la niña todavía le conmoviera.

—Ella tuvo una criatura. Arruinó su vida. No podían negociar un casamiento decente después de eso. La familia se avergonzaba, como si ella estuviera manchada y eso significara que todos lo estaban. No sé lo que pasó. Creo que ingresó en un convento.

Célie no podía apartar los ojos de la cara de Renoir. Por un instante, el pasillo que tenían detrás había dejado de existir. Todo lo que había bajo la luz de las antorchas de las paredes empequeñeció mientras Renoir le contaba la tragedia y la culpa tan terrible; no podía pensar en Bernave sin sentir rabia. Todo lo que creía saber de él era falso, solo había horror detrás de la máscara.

—Mandaron a Bernave a la cárcel —continuó—, casi doce años. Creo que hasta él mismo perdió la cuenta. Un lugar terrorífico. Tendría como veinte años cuando sucedió todo. Habría destrozado la vida de cualquiera.

Célie quería decir algo, pero no encontraba palabras para expresar la confusión de emociones que sentía. Se encontraba en una posición muy vulnerable delante de Renoir. ¿Cómo era posible que Bernave, ese hombre sutil, listo, apasionado que había conocido...? Tan apasionado como para salvar al rey y evitar la guerra y el caos y el hambre que llevaba consigo. Apasionado para otras cosas, los libros, el mundo del pensamiento y de la belleza. ¿Cómo era posible que un hombre así se hubiese rebajado a cometer una bestialidad semejante, completamente egoísta, despojar a una niña de doce años de su inocencia?

Renoir la miraba fijamente.

—No lo sabía, ¿verdad? —en la cara de él leyó la lástima que sentía por ella—. Lo siento. Pero eso ya no importa. Bernave también ha muerto. Ya es historia.

¡Que no importaba! Importaba muchísimo. Tal vez todo giraba alrededor de esa circunstancia. Si Bernave era capaz de hacer eso, era capaz de cualquier cosa. Traicionar a los que planeaban salvar la vida del rey a la Comuna no era nada comparado con ese delito. Al menos la traición tenía una creencia política como justificación. Pero no había justificación para violar a una niña.

Y había algo más. Renoir había mencionado a otra persona preguntando por Bernave. ¿Quién era? Temía que hubiese sido St. Felix. Se conocían del pasado. ¿Se habrían conocido entonces?

—¿Quién... así que hay alguien más preguntando cosas de Bernave? —tenía la voz un poco ronca.

Renoir hizo una mueca de desdén con la boca.

—No sé. Solamente lo he oído decir. La gente habla. Ya está pasado, hace muchos años.

—¿Y a usted no le importa? —le preguntó inmediatamente.

Sonrió con la cara arrugada, fea con una mueca de humor.

—Yo acepté al hombre que era cuando le conocí. De eso ya hace unos treinta años, antes de que se casara y de que Marie-Jeanne naciera. Tenía inteligencia y talento. Yo tenía dinero y no sabía como utilizarlo para ganar más. Formábamos una buena sociedad y, para serle sincero, a mí me caía muy bien. Lo que había hecho antes no era asunto mío. Conmigo fue justo.

—¡Pero usted rompió la sociedad! —le desafió ella.

—Solamente cuando empezó a implicarse en causas políticas. Eso no forma parte del negocio ni de ganar dinero. Un hombre listo escucha y aprende todo lo que puede, pero habla lo menos posible.

—¿Por eso está usted aquí? —ella le acusó—. ¿Solo para escuchar?

—Sí... y para no decir nada de nada, excepto que estoy de acuerdo con la gente adecuada.

Sus ojos eran amables, ella le hacía gracia.

—¡Entonces será mejor que esté de acuerdo con el ciudadano Robespierre! —contraatacó.

—Estoy de acuerdo con él, ciudadana —dijo calmadamente, su voz ahora más dura—. Y usted mejor váyase a casa y haga la colada, o lo que sea, y no haga preguntas sobre gente muerta.

El calor le cubrió toda la cara. Ahora solo quería escapar. El club jacobino se había convertido en un lugar agobiante. El frío y el viento de la calle eran mejores que esto. Tenía que ver a Georges, contarle lo que había pasado. Esto volvía a ponerlo todo del revés. No podían confiar en nadie.

—Gracias... ciudadano —le dijo secamente—. Ha sido muy amable. Le ruego que me disculpe si he sido grosera.

Él hizo un gesto para quitarle importancia y se volvió cuando un grupo de jóvenes, muy animados, doblaba la esquina al final de las escaleras, todos hablando a la vez.

El viento de la calle era como una bofetada de hielo cortante en la cara de Célie, la piel se le erizó y aguantó la respiración. Se ató el mantón lo más fuerte que pudo alrededor del cuello y los hombros y empezó a andar tan deprisa como podía, sin resbalar sobre los adoquines mojados, iluminados por la luz que emergía de alguna ventana y de las antorchas de la gente que pasaba, olía el humo flotando en el aire impregnado de brea.

Se oyeron unos gritos. De vez en cuando disparaban algún mosquete a lo lejos, al encararse los guardias a las bandas violentas del este de la ciudad.

Llegó al río, un vacío de oscuridad impenetrable debajo de ella al cruzar el Pont Neuf. Oía las aguas heladas arremolinarse alrededor de los pilares de piedra y, a unos cien metros al este, veía los reflejos rojos de las antorchas sobre la superficie ondulante del agua.

Hacía tres cuartos de hora que andaba cuando Célie tanteó la oscuridad con pasos inseguros para subir la buhardilla de Georges y llamó a la puerta.

Nadie contestó. ¿Estaría durmiendo? Era demasiado temprano, pero con el frío y la oscuridad que lo aprisionaban, ¿por qué no? Quería velas de casa, además de la comida que había comprado, pero no se había atrevido. Se podían contar fácilmente. Seguro que Madame Lacoste sabía cuántas quedaban. Además, si la registraban, ni que fuera un guardia poco competente, las encontrarían escondidas entre sus faldas.

Volvió a llamar con más urgencia.

Nadie contestó.

Pasaba algo. Golpeó la puerta con la palma de la mano para hacer más ruido.

Silencio. No se oía nada, ni un movimiento.

El corazón le latía tan desbocado que no podía controlarlo. Sus pensamientos se dispararon, acercándose a una vertiginosa sensación de pánico. ¿Estaba enfermo? ¿Herido? ¿Se había marchado? ¿Y por qué? ¿Dónde estaba?

Sin darse cuenta volvió a golpear la puerta. Escondió la mano. Estaba haciendo demasiado ruido. Se encogió, apoyada contra la pared. Se encontraba muy mal.

¡Georges! ¿Dónde estaba?

¿Y si al final Bernave le había delatado? ¿Habrían venido a arrestarle? ¿Cómo lo descubriría ella? ¡Podría estar en cualquier parte! En una de las prisiones de la Comuna... para ir mañana a la guillotina. Quizá ya estaba muerto y ella no lo sabía, ya no le podía ayudar!

¿A dónde podía ir? ¿A quién podía preguntar?

A nadie.

Sintió que las lágrimas le quemaban los ojos. Era demasiado doloroso para soportarlo. Le podían haber matado; todo ese vigor y coraje, su sonrisa, sus recuerdos, las creencias... todo destruido. ¿Cómo se lo diría a Amandine? Añadido a su angustia por St. Felix, sería más de lo que podría sobrellevar. Georges siempre había formado parte de su vida, le quería. Él era el único vínculo con su pasado dulce y dorado.

¿Cómo lo iba a soportar ella misma? Era como si el frío y la oscuridad se hubiesen instalado dentro de ella calándola hasta los huesos. Nunca se había sentido tan sola en su vida. ¿A quién le contaría lo de Bernave? ¿Quién lo comprendería, lo compartiría con ella, destrozada por el desgarrador descubrimiento? ¿Quién estaría ahí para solucionarlo todo, si no estaba Georges?

Había perdido la noción del tiempo que hacía que estaba ahí encogida al final de la escalera, cada vez más fría, paralizada, sin sentir ni las manos ni los pies, sin importarle. Lo único que sentía era el vacío dentro de ella y el tremendo dolor de otra pérdida. Estaba pensando en Amandine, no se atrevía a imaginar lo que sufriría.

Se acercaban unos pasos, la madera crujió a su lado antes de que se diera cuenta. Era demasiado tarde para escapar. Quien quiera que fuera, ya estaba a su altura. ¡La guardia nacional, el que había arrestado a Georges, había vuelto! Habían vuelto a ver qué encontraban, o a quién.

Si la llevaban donde estaba él, ¡aún podía hacer algo!

No, eso era ridículo. Ya no había nada que hacer, no contra la Comuna. Georges era un perseguido por su culpa.

Eso era, les diría que había mentido y les explicaría el porqué. Era la única manera de rescatarle y poner remedio al mal que le había hecho. Que la ejecutaran a ella en vez de él. Se lo merecía.

Se levantó con cuidado. Le temblaban las piernas. Había pasado demasiado rato sentada sobre los pies y se le habían quedado entumecidos con el frío y la posición. Era todo lo que podía hacer para no gritar. Le costaba mantenerse de pie.

¿Por qué no había luz? ¿Por qué no llevaban antorchas?

La madera crujió a solo un par de metros de donde estaba. Sentía a alguien muy cerca de ella.

¿Se habían dado cuenta de que estaba allí?

Entonces él se acercó, casi tropezó con ella. La cogió, sujetándola con fuerza, aguantando la respiración, sorprendido. Célie notó el olor de su piel, su calor, el roce de la camisa contra su cara, la aspereza de su mejilla.

—¡Célie!

—¿Georges? —cogió aire y se atragantó, el alivio, la alegría, las lágrimas que brotaban de sus ojos—. ¡Georges!

La furia estalló dentro de ella.

—¿Dónde estabas? —le exigió, tragaba con dificultad y se secaba las lágrimas.

Él la sujetaba como si se fuera a caer si la soltaba, y ella le cogía con fuerza para sostenerse. ¿Había notado sus lágrimas sobre la piel? No debía saber qué le pasaba. Era mortificante. Lo cambiaba todo.

—Entra —le susurró, sus labios pegados a la oreja de ella.

Volvió a recuperar el control con dificultad. Gracias a Dios que estaba oscuro y no podía ver la expresión de su cara, ni sentir como temblaba.

—¡Hay algo que tengo que contarte! —soltó y volvió a atragantarse.

—¿Qué ha pasado?

Georges titubeó, tenía la voz ronca por la angustia. Debía haber notado el llanto en la voz de Célie.

—¿Encontraste a Renoir?

Intentó mantener un tono calmado, pero la ansiedad estaba presente, la conciencia del peligro. Abrió la puerta y la arrastró dentro, la cerró detrás de si, buscó a tientas el trozo de yesca y lo encendió. La habitación estaba helada.

—¿Qué tienes? —le repitió mirándola fijamente—. ¿Qué ha pasado?

—Vi a Renoir.

Intentó mantener la voz tranquila, pero tenía el cuello tenso por el llanto. Se sentía mareada por haber encontrado a Georges, el alivio de escuchar su voz, saber que estaba tan cerca que solo tenía que dar un paso para tocarle. Las palabras salieron de su boca cargadas de dolor, de rabia, con la necesidad urgente de que la entendiera.

—Ya no es su socio. Conoció a Bernave hace años. Él tenía el dinero y Bernave era el cerebro. Pero rompió la sociedad cuando Bernave se involucró en temas políticos...

—¡Un momento!

La llama quemó la mecha y el resplandor aumentó. La cara de Georges estaba macilenta. Ojeroso y con la barba sin afeitar. Parecía agotado, apaleado.

—Vas demasiado deprisa. No importa el pasado, ¿qué pasa con Renoir ahora? ¿Nos ayudará?

—Sí importa. ¡Lo cambia todo!

Él percibió el pánico en la voz de ella.

—¿Por qué, Célie? ¿Qué te dijo Renoir? —dejó el candil y se acercó a ella.

Intentó que su voz sonara natural.

—Que cuando le conoció, Bernave acababa de salir de la cárcel... por violar a una niña de doce años.

Ya lo había dicho. Ya no era la única que lo sabía. Su voz estaba muy agitada.

—La dejó con un bebé. La familia la abandonó. Su vida quedó destrozada —las lágrimas resbalaban por sus mejillas—. Georges, ¿cómo pudo... cómo puede alguien hacer una cosa así? Bernave no era... ¡el hombre que yo creía conocer! ¿Pero a quién conozco yo?

Tenía los puños apretados y el cuerpo tenso por el esfuerzo que representaba controlarse.

—¿Cómo podía hablar con él cada día, escuchar lo que me decía, llevar sus mensajes y no darme cuenta de quién era en realidad?

Oía su propia voz alzándose, perdiendo el control.

Quería que Georges le dijera que no era verdad, que había alguna explicación, que todo estaba bien. Estaba comportándose como una niña. Ella le miró, vio el cansancio en su rostro, los surcos del esfuerzo. La confianza y la seguridad habían desaparecido. Parecía tan cansado y asustado como cualquiera.

—Y eso no es todo —dijo apenada, odiándose por tener que decirle lo que faltaba—. Renoir me dijo que alguien más había estado preguntando por Bernave. Pero no sabía quién.

Georges se esforzaba en encontrar una razón, para que algo tuviera sentido. Célie lo veía en sus ojos.

—¿Crees que podría ser St. Felix? —le preguntó Georges intentando entender algo.

Ella asintió con la cabeza, imperceptiblemente, como si el mínimo movimiento pudiera hacer que fuera menos real.

—No se lo digas a Amandine —le dijo rápidamente—. No, a menos que sea necesario.

Célie se daba cuenta de lo mucho que le dolía a él también. Se preocupaba mucho por su prima, el dolor de ella era su dolor. Ahí estaba, al descubierto, en los ojos de él.

Sintió una aguda punzada de celos. Nadie se preocupaba tanto por su dolor ni por su soledad; nadie la amaba así, con tanto cariño y con una lealtad tan incondicional.

Pero si no se hubiese preocupado por Amandine, Célie habría pensado mal de él. ¿Qué valía Georges si no podía amar, si el amor fuera una emoción que podía aceptar o rechazar como más le conviniera, si solo compartía las risas y la buena compañía, pero no compartía la pena o las heridas?

Dejó de lado sus sentimientos de soledad.

—No. Claro que no se lo diré —le respondió—. De todas maneras, a lo mejor no era él, podría ser cualquiera.

—¿Tú que piensas? —le preguntó muy serio.

Iba a contestarle como le hubiese contestado solo dos días antes, pero se detuvo. Se daba cuenta de que él también necesitaba que le consolaran. Había cambiado desde la última vez que habían hablado, ahí sentados. Esa esperanza que tenía, la confianza, habían desaparecido. Este golpe era demasiado duro incluso para él. Por primera vez, desde que le conocía, Georges se mostraba vulnerable, no por que le amenazara un peligro físico, si no por la confusión, una herida emocional que no podía sobrellevar.

Deseaba con todas sus fuerzas darle la respuesta correcta, una que fuera verdad y que a al mismo tiempo le ayudara a recuperar la fe vital que había perdido. Ahora estaba sola de una manera muy distinta. Ya no era él quien la protegía, que amparaba su fuerza. Era ella la que le daba ánimos. Le tenía que ayudar. Sin darse cuenta se acercó a él y le puso la mano sobre el brazo.

—Yo entendería su muerte si fuera por este motivo —le dijo Célie con suavidad, en su voz había más seguridad que la que sentía realmente, más valor—. Si esa niña fuera algún miembro de mi familia, mi hermana, habría matado a Bernave.

—Estoy seguro de que sí —puso su mano sobre la de ella, delicada, pero tan fría como la de Célie—. Lo siento... No quería decir...

—Ya lo sé —le dijo enseguida, devolviéndole el gesto—, pero sería justo si de verdad lo hubieses querido decir.

Era la primera vez que mencionaba su venganza por la muerte de Jean-Pierre. Se lo tenía bien merecido, aunque solo había sido un comentario sin mala intención. Quería olvidarlo rápidamente, que se acabara ese momento. Eran Amandine y St. Felix los que importaban; y Georges.

—Si eso es lo que pasó, tendremos que ayudarle... protegerle, si podemos —Georges no dijo nada—. Sería muy duro para Amandine —continuó y se aproximó un poco, inspeccionaba la cara de él, buscaba algo que le diera esperanza o consuelo—. Pero si es cierto que pasó, tal vez también ella pueda entenderlo. No es imposible reconciliar este hecho con lo que ella cree de él. Deseará entenderlo.

—Sí... ya lo sé —admitió—, ¿pero cómo vamos a proteger a St. Felix? —su cara se tensó—. Hablo de nosotros como si yo pudiera hacer algo. Lo que quiero decir es ¿qué puedes hacer tú? ¿Sabes dónde fue a parar el cuchillo?

—No —reconoció Célie—, pero hay mil sitios en la casa donde podría estar escondido. Las habitaciones están llenas de tablones sueltos y de armarios con agujeros. Quienquiera que lo hizo, tuvo que dejarlo cerca en el momento preciso y luego llevárselo.

—O salir por el tejado como hiciste tú —añadió—, ¡si es que tenía el valor suficiente!

En su voz resonaba la admiración y también en su cara, lo poco que podía ver de ella bajo la luz palpitante. No había ninguna intención en su expresión, ni tampoco deseos de adularla ni de agradarle. Una cálida sensación brotó dentro de ella al verlo.

—Menou registró el tejado —le respondió Célie— y todos sus hombres buscaron por las calles. Pero encontrar el cuchillo solo será una respuesta a medias —odiaba ser simplemente práctica—. No lo dejará correr. Me gustaría saber la manera de sacarlo de casa, que se olvidara del caso; mejor aún, que creyera tener algún tipo de respuesta —su voz se fue apagando porque sabía que esa respuesta no existía. Menou no descansaría hasta que supiera quién había matado a Bernave y lo hubiese demostrado.

Georges no se molestó en discutírselo o aclarárselo. Sabía que ella ya se había dado cuenta de eso.

—¡Ándate con cuidado! —le dijo delicadamente, buscando sus ojos—. Te estará vigilando. No cojas comida. Madame Lacoste notará si falta algo en la despensa. Yo ya me las apañaré.

—Si hubiese alguna manera de hacerlo ya te las habrías apañado antes —le dijo secamente.

Sacó del bolsillo la comida que le había comprado y se la dio.

Él la aceptó, escondiendo a medias una sonrisa. Era el primer momento desde que había vuelto que la desilusión y la tensión desaparecían de su rostro, y a la luz de las velas vio el mal aspecto que tenía.

—Gracias —aceptó—, pero no corras más riesgos.

Lo dejó encima de la mesa al lado del fogón. La habitación era tan pequeña que no era necesario levantarse para llegar al fuego.

—No es un riesgo —le respondió—, pero iré con cuidado —vio incredulidad en su cara—. ¡Que no lo es! Amandine me dio el dinero, pero a partir de ahora comeremos un poco menos las dos. Madame Lacoste no es nada tacaña, no acorta las raciones. Creo que tiene un miedo enorme que sea Fernand o su marido el que haya matado a Bernave.

—¿Por qué? —preguntó Georges con los ojos abiertos—. Si hubieran descubierto que intentaba salvar la vida del rey, todos habrían tenido un motivo. No estaban de acuerdo ni moralmente ni políticamente, pero si le entregaban a la Comuna, confiscarían la casa y se quedarían sin techo. Pero si no lo sabían, entonces St. Felix es el único que tiene un motivo.

De nuevo la desilusión y la tristeza volvían a empañar su expresión, que había sido jovial y confiada, le habían arrebatado la risa y la frescura, lo dejaban desprotegido. Estaba entre sombras oscuras, la mecha quemada casi hasta el final y la grasa se terminaba.

—¿Y del rey que sabemos? —preguntó Georges—. ¿Crees que todavía se puede intentar?

—¿Lo dices por St. Felix? —dijo—. Si mató a Bernave, eso no quiere decir que nos delate a nosotros. No es un comunero.

Él frunció el cejo.

—Lo entiendo... pero ¿no podría haber esperado unos días más? Deben haber pasado treinta y cinco años, ¿qué importaban unos días?

—Puede que lo haya descubierto hace poco tiempo. A lo mejor... —se le apagó la voz.

No necesitaban decirlo más claro.

Georges se pasó la mano por el pelo, apartándoselo de la frente.

—Si ejecutan al rey, solamente un milagro evitará una guerra —su voz sonaba sarcástica y asustada—. Y desde que no hay dios, ¡tenemos muy pocas posibilidades! Pero hay una cosa positiva con la desaparición de la divinidad. Al menos Robespierre no pide la aprobación divina por todo lo que hace, ni puede decir que es la voluntad de Dios. Ya no queda nada más que la razón y los actos humanos. Lo que no hagamos nosotros mismos, nadie lo hará.

Célie cerró los ojos.

—¡Qué pensamiento tan espantoso!

Lo decía de verdad. Era como si se hubiera abierto un abismo delante de ella, sin final, y nada ni nadie pudiera protegerla de caer dentro.

Sintió la mano de él que envolvía la suya, caliente. No dijo nada. Simplemente estaban juntos al borde del precipicio, no cada uno por su lado. Se acercó y por un momento sus labios rozaron la mejilla de Célie.

Entonces ella dio un paso atrás, antes de que el momento durase demasiado o hiciera falta explicarse qué les pasaba. Quería guardarlo en la memoria tal como había sido, recordar el contacto como si fuera para siempre.

—Te traeré una vela —le prometió en voz muy baja—. Buenas noches.

—Buenas noches, Célie —susurró Georges.

Capítulo XI

A St. Felix se le hacía insoportable estar encerrado en la casa del Boulevard St-Germain. Era una pieza inútil, no podía hacer nada para si mismo ni para la causa. No tenía ni el consuelo de un trabajo manual, como Fernand o Monsieur Lacoste. Ni podía concentrarse en la lectura como solía hacer antes.

Célie había salido a contactar con los dos últimos cocheros y, por supuesto, a comprar la ración diaria de pan para la casa, además de lo que pudiera encontrar. Estaba agotada; su pelo rubio y abundante tenía la misma belleza de siempre, pero la piel tan pálida alrededor de los ojos estaba ensombrecida y los labios, sin color. Tenía una energía y una pasión que incomodaba a St. Felix. Amandine era más dulce, su compañía era más agradable, pero algo de ella le recordaba a Laura y le dolía. Hacía ya un año de su muerte, y su recuerdo nunca se alejaba de él. Había sido el centro de su vida, la razón de todo lo que hacía; lo bueno y lo malo.

Ahora ella ya no estaba, los años que habían pasado juntos eran irrecuperables, y así era la verdadera agonía de su vida, que lo consumía todo, como la oscuridad absorbe la luz.

Miró por la ventana de su cuarto. Los soldados estaban como siempre afuera, veía sus uniformes azules y las escarapelas de las gorras. Dos soldados con mosquetes iban y venían. A veces había muchos, otras veces menos, pero siempre vigilaban, al menos uno. Menou parecía decidido a descubrir al asesino de Bernave.

St. Felix sabía que para Menou él era el primer sospechoso. Cada vez que le preguntaba lo dejaba más claro.

¿Cómo sería la guillotina? Conocía de sobras el ritual. Llevaban al condenado del Palacio de Justicia a la Salle des Mortes

—la sala de los muertos—, hasta que llegaba Charles-Henri Sanson, el verdugo. Le cortaban el pelo, si el condenado lo deseaba, y uno de los curas refractarios escuchaba la confesión.

¿Era eso lo que él quería? Todavía no lo sabía. Sí... pero a la vez le aterrorizaba. Quizá. Luego sería demasiado tarde.

Luego abrían el cuello de la camisa para dejar la nuca al descubierto, le ataban las manos a la espalda y lo llevaban al patio, entonces decían su nombre en voz alta y la muchedumbre se burlaba. Media docena cada vez eran cargados en las carretas de los condenados, escoltados por guardias a caballo, y partían en dirección a la plaza de la Revolución, hasta el cadalso.

Una vez allí, los alineaban en fila, de espaldas al filo de la cuchilla, hasta que pronunciaban sus nombres otra vez. Entonces cada condenado subía los escalones, le ataban las piernas, lo apoyaban sobre la báscula, le pasaban una correa de piel alrededor del cuerpo para que estuviera bien sujeto. Nivelaban la báscula, colocaban la cabeza en la luneta, encajaban las dos piezas. Listo para el cuchillo.

¿Era realmente rápido? Casi sin dolor, no había tiempo. ¿O, como algunos decían, todavía vivían unos minutos de agonía indescriptible? Se contaban historias de cabezas, ojos, lenguas que aún se movían... Lo que había antes de la muerte era lo que le asustaba de verdad. El dolor, el terror, la humillación de perder el control del cuerpo.

¿Era la muerte una anulación, un silencio interminable, negro, que traía la paz final? ¿O era otra cosa? ¿Habría un juicio, donde se revivirían las acciones crueles, cobardes o egoístas que se habían cometido, condenado uno a verse grotesco y patéticamente desnudo, vulnerable? Esa era la verdadera oscuridad a la que no podía enfrentarse.

Se oyó un golpecito en la puerta. Por favor, que no fuera Amandine. No tenía la fuerza necesaria para ser amable con ella y no se merecía que le hiciera daño.

El golpecito se volvió a oír. Estaba sudando, con un nudo en el estómago.

—Pase.

Era Monsieur Lacoste.

—¿Sí? —exclamó St. Felix bruscamente.

Monsieur Lacoste parecía ansioso, con los ojos entrecerrados y la cara tensa. Entró precipitadamente pasando por el lado de St. Felix y cerró la puerta.

—Menou ha estado otra vez aquí haciendo preguntas —hablaba muy bajo, como si tuviera miedo de que alguien estuviera escuchando, incluso aquí, dentro de la casa.

St. Felix sintió que el nudo del estómago apretaba.

—Y seguirá así; hasta que descubra lo que ha pasado —continuó St. Felix, esforzándose por seguir hablando bajo—. Tiene que llevar una respuesta a la Comuna.

—¡Eso ya lo sé! —admitió Monsieur Lacoste, asintiendo suavemente con la cabeza—. No se rendirá. Su trabajo depende de esto. Si fuera él, no querría presentarme ante la Comuna y decirle a Marat que alguien ha matado a un revolucionario leal, pero que no he descubierto quién lo ha hecho, ¿y tú?

St. Felix tragó saliva con dificultad. Sentía que se atragantaba, con el corazón en la garganta latiéndole fuerte como si quisiera salírsele del pecho. Le costaba respirar. Había visto como Menou le vigilaba, había notado el sentido de sus preguntas. ¿Qué quería decir Monsieur Lacoste ahora?

—Esto no... ¡esto no tiene nada que ver con la Comuna! —se quejó.

—Cierto —dijo Monsieur Lacoste soltando una risotada, entrecortada por la rabia—. ¿Pero desde cuando eso le ha importado a Marat?

—Nosotros no podemos hacer nada —dijo St. Felix abatido por la desesperación.

Monsieur Lacoste dio un paso adelante para acercarse a él.

—Sí podemos. Bernave te trataba de una manera abominable, mandándote a la calle a cualquier hora y con cualquier excusa, bajo un frío atroz. Abusó de tu lealtad a la causa. Todos nos dábamos cuenta. Nadie te culpa —levantó la mano para que St. Felix, que iba a defenderse, guardara silencio—. No sé si le mataste tú o no y, sinceramente, no me importa. Pero sé lo que piensa Menou y si tú eres sincero contigo mismo, lo admitirás.

Todo lo que estaba diciendo era verdad. Y ahora nadie se molestaría a celebrar un juicio, menos que antes. Un día sería la prisión, en la celda junto con otra docena, luego al amanecer el trayecto hasta la guillotina, la gran hoja triangular con su filo escarlata. Lo último que querrías oír es el silbido de la hoja al caer. Y luego ¿qué? ¿El olvido? ¿O qué? Quizá no se oscurecía todo de repente, si no que iba desapareciendo, veías tu cabeza dentro de la cesta de Sanson y tu alma, tu ser empezaría el lento viaje hacia... ¿hacia dónde? A la oscuridad, una oscuridad donde ya jamás no habría luz.

St. Felix se estaba mareando.

Monsieur Lacoste le miraba fijamente. Le parecía que su cara estaba muy cerca.

—¿Te encuentras bien? —su voz tenía un eco muy extraño—. Mira, si quieres escapar, yo distraeré al guardia. Ahora hay solo uno.

No hacía falta que Lacoste se lo dijera. Ya lo vio ayer y se negó a reconocerlo.

—Sí, sí, ya lo sé —le dijo despacio—. Gracias.

Por su mente pasó la idea que quizá Lacoste lo hacía para librarse de Menou y al mismo tiempo de él. Tal vez Lacoste era el culpable, o temía que fuera Fernand. Quizá uno de los Lacoste descubrió el plan para salvar al rey. Pero ya nada de eso importaba. No había ninguna posibilidad. Era importante que llevara los salvoconductos encima para que Menou no los encontrara. Ya buscaría la manera de dárselos a Célie.

—Sí —repitió—. Solo necesitaré un momento. El retrato de mi esposa... algunas cosas, no muchas...

—¡Venga! —le exigió Lacoste—. Si vuelve será demasiado tarde.

—Ya lo sé... un minuto... solo uno.

Monsieur Lacoste se alejó hasta la puerta.

St. Felix cogió el retrato de Laura, los salvoconductos y le siguió.

Georges se levantó helado y entumecido, la luz gris entraba por la ventana. Era el último día de vida del rey. Mañana a esta hora ya estaría muerto, la decisión de la gente era irrevocable y también todo lo demás que vendría a continuación. Tenían menos de veinticuatro horas para resolver lo que faltaba.

Se dio la vuelta, arrastrando la delgada manta con él, y se dio cuenta del frío que sentía. No quedaba nada de leña y anoche había quemado la última vela. Tenía que levantarse. Al menos el movimiento le calentaría un poco.

Pensó en Célie. Entonces se acordó de anoche y de lo que le había contado de Bernave y de la niña a la que violó. Su cuerpo estaba tan agarrotado de sentir esa desesperación que le dolía por todas partes como si le hubieran dado una paliza. Apenas sentía los pies. Por su cabeza habían pasado todos los recelos acerca de Bernave, sobre quién le había matado y por qué, sobre sus lealtades o sus traiciones, pero en sus peores sospechas nunca habría imaginado nada parecido.

Se acordó de la primera vez que vio a Bernave. Fue en septiembre, en medio de un aire bochornoso y sofocantemente quieto. Los marselleses, el ejército de bribones que habían salido de las prisiones de Marsella y de Génova y habían marchado hasta París, estaban en todas partes. Montones de gente se juntaban en las calles, se olía el miedo en el ambiente. Célie le había delatado a la guardia nacional... y luego arriesgó su vida avisándole antes de que fuera demasiado tarde.

Algo de lo que vio en Madame de Staël la había hecho cambiar. Pero Madame de Staël era parte del pasado, había desaparecido, como los antiguos valores y los viejos sueños. Todo destruido, como la rica y generosa tierra de su hogar. Hasta que no lo perdió, Georges no se dio cuenta de lo intrínsecamente enraizado que estaba a la tierra, en el entramado que formaba su identidad. No soportaba recordar la destrucción, la ignorancia y la estupidez que habían destrozado siglos de cuidados.

Septiembre, con su horror y su locura, una erupción del volcán de los infiernos en la vida cotidiana, fue diferente a la violación de su hogar, el corazón de lo que él era.

Los arrestos empezaron el 29 de agosto, de toda clase de gente, la mayoría muy corriente: tenderos, negociantes, artesanos, pequeños burgueses, a los que no solo encarcelaron, si no que, además, les robaron. Se saldaron muchas viejas enemistades. Escogían a los hombres con dinero y, por supuesto, en su rabia contra la Iglesia, también a los curas, montones de curas.

Luego, la mañana del domingo 2 de septiembre se supo que el duque de Brunswick había roto la línea de defensa francesa en Verdún y que marchaba hacia París. La Comuna hizo sonar el somatén y las salvas de disparos se unieron al pánico general. Se colgaron carteles por la ciudad que decían «La gente misma debe ejercer justicia. Antes de irnos a las fronteras, ejecutemos a los malos ciudadanos.»

Lo que sucedió después caló en los pensamientos más vivos de Georges y convirtió su sueño en pesadilla. Las calles estaban rebosantes de gente que se amontonaba, sudando bajo el calor. Georges había llegado a pocos metros de la prisión instalada en la antigua abadía de St-Germain-des-Prés. Había un grupo de hombres que cantaban esa tonada que empezaba a sonar y que tenía un significado más terrible que cualquier palabra. Incluso ahora, al oír los primeros compases, se le ponían los pelos de punta.

Mentalmente regresó a la prisión de Carmes, con el olor a polvo, el aire encerrado, el sudor del miedo. Como una marea, la muchedumbre había entrado gritando, abriendo las celdas de par en par, y atravesaron la abadía bajando los pulidos y elegantes escalones que llegaban al otro lado del enrejado hasta el jardín. Vio los mármoles de las tumbas. Incluso bajo ese calor agobiante las estatuas desprendían frío de su piel blanca.

Fue allí, dentro de Carmes, donde vio a Bernave por primera vez. La muchedumbre también debía de haberlo arrastrado, porque quedaba claro que era un prisionero. Estaba sentado en el banco frente a Georges, pero, a diferencia de los que se hallaban sentados a su lado, en él no se leía ningún miedo. Sentado con la espalda derecha, las manos a los lados, miraba impasible a lo lejos, aunque no viera nada. Totalmente ensimismado.

Dos de los marselleses entraron y se llevaron a rastras a un cura. Uno de los prisioneros se santiguó, le temblaba la mano.

Unos momentos después eligieron a otro cura.

Bernave se volvió hacia Georges, su espeso cabello negro sin la marca de la tonsura.

—¿Es usted católico? —le preguntó.

Georges quedó perplejo.

—No —dijo con sinceridad. Era cierto que había nacido en el seno de una familia católica, pero hacía mucho tiempo que no era creyente—. Lo siento, no puedo ayudarle. Si lo que desea es la absolución o alguien que rece con usted, pídaselo a algún otro.

Alargó el brazo para indicarle que ahí todavía quedaban más o menos una docena de curas.

—Ya es un poco tarde para eso —Bernave respondió—. Lo que quiero es salir de aquí vivo, y no que me ejecuten por algo que no he hecho.

En su voz había una amargura particular, como si lo que hubiera dicho tuviera un doble sentido especial.

—Juraría por usted delante de la Comuna, si usted hiciera lo mismo por mí —terminó con un ruego, pronunciado casi en un murmullo, aunque los curas que estaban rezando con los ojos cerrados tampoco lo habrían oído.

Georges aprovechó la oportunidad. No tenía ni idea de quién era Bernave y nada le importaba.

—Claro que sí. Me llamo Georges Coigny. ¿Y usted?

—Victor Bernave.

Hicieron un intercambio rápido de información, hablando en voz tan baja que era imposible que las otras personas de la sala les oyeran. Se habían llevado a más curas. No había regresado ninguno.

Al final le llegó el turno a Bernave. Se lo llevaron.

Georges esperó sentado, con la boca seca y el cuerpo tembloroso.

Luego los soldados vinieron a buscarle. Le condujeron por un pasillo, donde al final había un hombre gordo sentado detrás de una mesa cuya barriga se apoyaba en el canto. Iba remangado y llevaba los brazos manchados de sangre.

—¿Quién eres?

—Georges Coigny —tartamudeó.

—¿A qué te dedicas?

—Trabajo para el ciudadano Bernave, de la Comuna —mintió automáticamente.

Si Bernave cumplía su palabra, a lo mejor le dejaban vivir. Si no, tampoco tenía mucho que perder.

—¿Y a qué se dedica el ciudadano Bernave? —preguntó el hombre en tono de burla.

—Mantener informados a los buenos ciudadanos de la Comuna de las acciones de sus enemigos, contrarios al pueblo y a la revolución, a la libertad por la que luchamos —dijo Georges con seguridad.

El hombre lo miró con escepticismo.

Georges esperó, sentía el corazón que le latía con tanta fuerza que parecía como si su cuerpo estuviera sacudiéndose.

Al final el hombre se relajó.

—Eso dice él. ¡Me dijo que era amigo del ciudadano Marat! ¿Es verdad?

—Por supuesto que sí —volvió a mentir Georges, sintiendo asco por si mismo. ¿Cómo podía alguien admitir ser amigo de Marat?

El hombre se dirigió a uno de los guardias.

—Llévalo al jardín... y déjale marchar. ¡Lo digo en serio! Puede que sí sea amigo del ciudadano Marat. ¡Déjale salir a la calle!, ¿me oyes?

—¡Sí, ciudadano!

Georges siguió al guardia sin decir nada y bajó los escalones hasta el jardín. La visión que le esperaba iba más allá de cualquier cosa imaginable. Habían amontonado cuerpos y más cuerpos, destrozados, golpeados hasta la muerte, los muertos y los moribundos juntos. A algunos les habían hecho pedazos literalmente. Las partes desmembradas habían empapado la hierba de sangre. En los escalones habían apilado las entrañas. Las moscas habían empezado a zumbar bajo el calor.

Georges atravesó el jardín a trancas y barrancas, evitaba tropezar.

En la calle encontró a Bernave, que le estaba esperando. Juntos se encaminaron de vuelta, sobrecogidos en medio del silencio que compartían como compañeros de horrores.

Cerca del río encontraron a un hombre joven, vestido elegantemente excepto por la chaqueta ladeada, el cabello alborotado, el fular torcido hacia la izquierda. Bajo esa extraña luz del atardecer les había parecido un pájaro desorientado. Les miró con curiosidad, dos hombres que andaban uno junto al otro, mirando adelante, sin decirse nada y en cierta manera muy unidos.

—¿Han tenido un accidente? —les preguntó—. ¡Van cubiertos de sangre!

Apartó la vista hacia el cielo.

—¿Qué es eso?

Bernave se volvió y por un instante el resplandor iluminó su rostro y alumbró sus ojos claros, casi brillantes.

—¿Esa luz? —preguntó—. Fogatas. Supongo que las deben haber encendido para poder ver qué están haciendo.

—¿Y qué están haciendo? —El joven tenía una cara amable, inocente; debía de tener unos veinticuatro años—. ¿A estas horas? Lo que decía, ¿se encuentran bien? ¡Tienen un aspecto espantoso!

—¿Por Dios, y usted dónde diantre estaba? —le dijo Georges secamente.

El joven se sonrojó.

—¿Yo? Fui al teatro y luego había una fiesta. ¿Por qué?

—¿Al teatro...? —repitió Georges con voz vacía, con una histeria contenida a punto de estallar.

Empezó a reír como un loco y sintió la mano de Bernave que le aferraba el brazo. De repente paró, el dolor le desdibujó la cara.

—¿Por qué? ¿Qué es lo que están haciendo? —el joven todavía parecía imperturbable.

—¿Ve eso? —dijo Bernave señalando hacia abajo—. ¿Ahí, en el agua que corre?

El joven se dobló, sus ojos siguieron el dedo de Bernave.

—Están matando a todos los prisioneros —dijo Bernave con la voz cargada de rabia y de dolor—. Eso que ve es sangre. La sangre de los hombres corre por las alcantarillas de París.

Esa noche comenzó la amistad entre Bernave y Georges. Fueron a casa de Bernave en el Boulevard St-Germain y bebieron vino juntos hasta que se quedaron dormidos en silencio. Al día siguiente comieron lo último que le quedaba a Bernave en la cocina y estuvieron hablando de todo tipo de cosas que eran buenas y sanas, no importaba de cuándo o de dónde. Poco a poco empezaron a hablar de otras cosas, el lamento por la pérdida de la belleza.

Georges habló de su hogar desde el fondo de su corazón, siempre lo tenía en la cabeza, como una herida en carne viva. Los dos lamentaban que hubiera desaparecido la seguridad en la amistad, que no se pudiera confiar en el extraño con el que te cruzabas ni en un golpe de suerte. Bernave le habló sobre la certeza serena de la fe, que ya no existía ni en los ojos ni en el corazón. Georges pensó que se refería a la fe en los demás, por la luz de alegría que vio en sus ojos, pero por el dolor que se adivinaba en ellos quizá se trataba de la fe en si mismo.

Al final habían hablado del rey: de su testarudez y, más aún, de lo estúpidos que eran los que le querían destruir sin tener ni idea de qué o quién ocuparía su lugar.

Sentados en la cocina, mientras el sol entraba por las grandes ventanas, surgió la idea de intentar evitar aquel desastre que preveían para Francia.

Ahora Georges estaba sentado bajo la luz apagada del día, desesperado y tembloroso, todo lo que tenía claro hecho pedazos, Bernave muerto, fuera cual fuera su pasado.

Podría ser que él tampoco regresara. Comió el resto del pan, bebió su vino y salió a comprobar que la gente que iba a asaltar el carruaje del rey estaría lista para mañana. Entonces buscaría los salvoconductos. Célie le había dicho que los tenía St. Felix. Si esperaba, seguro que ella saldría. Siempre salía para hacer la cola del pan. La vería y se lo preguntaría. Quizá no tuviera otra oportunidad. Quería verla. Le importaba de una manera que no estaba preparado para afrontar. Valía la pena correr el riesgo, incluso a plena luz del día, a pesar de que los hombres de Menou vigilaran en la calle.

No se lo había dicho a nadie, ni tan solo se lo había admitido a si mismo, pero puesto que no había localizado a Briard, con cuyo nombre se había concedido el cuarto salvoconducto, sería su última oportunidad de hacerlo. Eso le dolía más que no pensar en lo que le haría la muchedumbre, que sería cruel y violento, pero rápido, se habría acabado en un minuto. Nunca más le podría decir a Célie todo lo que quería decirle, lo que necesitaba decirle. Habían compartido tantas cosas difíciles, les habían negado la risa y la felicidad, el tiempo para aprender las pequeñas cosas que hacen que el placer sea único, los momentos juntos para experimentar la alegría y el dolor, para envejecer juntos.

Y eso era lo que quería, pasar más tiempo con Célie, compartirlo todo con ella, cualquier cosa.

Sería mejor que no pensara más en ello. Era la única cosa que le detenía. Se obligó a quitárselo de la cabeza y caminó más deprisa.

Al llegar a la Rue de Seine, casi enfrente de la casa de Bernave en el Boulevard St-Germain, vio a un hombre salir a la calle por la ventana de la sala delantera. Entonces, miró a ambos lados de la calle muy discretamente para asegurarse de que nadie le observaba y echó a andar hacia el este, tan rápido como podía sin llegar a correr.

Por un instante, Georges había visto su cara bajo la luz: una cara delicada, sensible e inteligente, de la edad de Bernave. Ni su aspecto ni su actitud eran los de un artesano. Había una elegancia innata en él a pesar de la indumentaria corriente, en tonos de marrón y gris. Debía de ser St. Felix. Georges comprendió inmediatamente por qué Amandine se sentía atraída por él.

Cuando St. Felix entró en la Rue des Tours, Georges se apresuró a seguirle. ¿Qué le había asustado tanto como para abandonar la casa? Seguramente se daba cuenta de que parecía el principal sospechoso.

En el preciso instante que vio desaparecer a St. Felix, Georges oyó una voz detrás de él, aguda, cargada de furia. A continuación se oyó un disparo, pero la bala no pasó cerca St. Felix ni de él. Era más un disparo de alarma que no un intento de alcanzar a alguien.

St. Felix iba hacia el río y a la Île de la Cité. Estaba loco. Se escapaba a campo abierto. Había perdido la cabeza por completo si hacía algo tan estúpido. En los Cordeliers al menos tendría alguna posibilidad de escapatoria.

Georges lo veía a lo lejos, caminaba con paso todavía más ligero. No podría continuar así por mucho tiempo. Por lo que le había dicho Célie, St. Felix no estaba acostumbrado a hacer demasiado ejercicio, más que un hombre de acción era un intelectual. Se dirigía a toda prisa por la Rue Dauphine hacia el Pont Neuf y el río.

Se oyeron más ruidos detrás de él y el sonido de pasos que corrían.

Antes de que se terminara la calle, St. Felix se coló entre dos carruajes, los cocheros le gritaron y desapareció por un portal. Georges redujo la marcha. Si le seguía delataría la dirección que seguía St. Felix. Echó un vistazo rápido. Había media docena de personas en la acera, pero parecían ocupadas en sus tareas.

Un guardia nacional vestido con un uniforme tronado alcanzó a Georges, sin aliento y con la mano en el costado.

—¿Ha visto a un hombre con un abrigo marrón que ha pasado corriendo, ciudadano? —le preguntó entre bocanada y bocanada.

—Sí —respondió Georges sin dudar—. Se marchó en dirección al río, a la Île de la Cité.

El guardia levantó la mano en señal de agradecimiento y aceleró la marcha, gritándoles a sus hombres para que le siguieran. Media docena de hombres se pusieron a correr separándose en abanico para cubrir ambos lados de la calle.

Georges giró como si fuera hacia el Boulevard St-Germain otra vez, con el vino y el trozo de pan todavía en sus manos. Cogió un atajo por la Rue Christine, en la misma dirección que había tomado St. Felix. Si St. Felix mantenía el ritmo, saldría por algún sitio cerca de la Rue Seguier. Si no, es que se lo había tragado la tierra. A lo mejor conocía a alguien que le escondería. Al oscurecer le sería más fácil, quizá hasta podría abandonar el distrito.

Georges empezó a andar lentamente hacia el río. La calle estaba muy tranquila. Un hombre viejo estaba apoyado en un portal. Una mujer vendía café, llevaba un mantón en la cabeza que casi le ocultaba la cara. Dos niños se discutían por quién había ganado y un hombre joven con el pelo negro leía un ejemplar de L'Ami du Peuple.

Georges esperó durante diez minutos y ya estaba a punto de marcharse, satisfecho de que St. Felix hubiese encontrado un sitio para cobijarse, cuando le vio salir de la entrada de una callejuela, echar una ojeada de arriba abajo de la calle y acercarse a él a toda prisa El joven del periódico le miró lleno de curiosidad. Los dos niños dejaron de discutir y se quedaron mirándole fijamente.

Georges dio un paso adelante.

—¡Ah! ¡Aquí estás! —le dijo Georges con seguridad—. ¡Creía que te había perdido!

St. Felix se paró de repente, tenía la cara blanca y los ojos muy abiertos.

Georges se puso el pan en el bolsillo y terminó de andar los pocos pasos que faltaban para llegar hasta él, le cogió la mano y le pasó el brazo que le quedaba libre por la espalda.

—¡Qué alegría verte, amigo mío! —dijo en voz muy alta y luego en un susurro, añadió—. ¡Por el amor de Dios, haz ver que me reconoces! ¡Es tu única salida!

—¡Hola! —St. Felix tragó saliva—. Sí... perdona. Me equivoqué de camino. ¿Qué tal estás?

Tenía un aspecto deplorable, temblaba todo y la voz le rascaba la garganta.

—Estoy bajo orden de captura desde septiembre —le dijo en voz baja—. Esto de huir se me da mucho mejor que a ti. Ven conmigo.

Mientras hablaba empezó a andar y cogió el brazo de St. Felix tirando de él.

—Tenemos que volver por las calles de Cordeliers. ¡En ese barrio no pudieron encontrar a Marat ni tres mil soldados juntos! Puede que también nosotros tengamos suerte.

St. Felix siguió andando a su lado.

—¿Por qué haces esto? —le pidió—. No me conoces. ¿Qué te importa a ti si me cogen o no me cogen?

—St. Felix —le respondió Georges—, te buscan porque creen que mataste a Bernave.

St. Felix se soltó del brazo de Georges, tenía la cara macilenta y las arrugas alrededor de los ojos más profundas.

—¿Quién demonios eres?

—Georges Coigny, el primo de Amandine —le contestó—. ¡Por favor, no llames la atención! Baja la cabeza.

St. Felix obedeció, más por miedo que por consentimiento. Juntos, casi siguiendo el mismo paso, se apresuraron a cruzar el Boulevard St-Germain y entraron en un pasaje detrás de la Rue Monsieur le Prince.

—Tenemos que ir al oeste —dijo Georges con urgencia—, si no acabaremos en los Jardines de Luxemburgo. No andarán buscando a un par de hombres.

—¿Pero por qué te molestas? —le preguntó St. Felix sin dejar de caminar, con la cabeza adelante y la vista al suelo de piedras toscas.

Una carreta llegó a su altura, seguida por un carruaje individual con ruedas altas, ligero, a una velocidad considerable. Una mujer vieja renegó cuando el carruaje le salpicó de barro al pasar. Había un guardia nacional en la esquina que St. Felix y Georges acababan de dejar atrás hacía tan solo unos momentos.

—¡Eh, vosotros! ¡Parad! —vociferó—. ¡El del abrigo marrón!

Se volvió para avisar a alguien que no estaba a la vista.

—¡Michelet! ¡Por aquí!

Georges agarró a St. Felix por el brazo y otra vez lo arrastró a medias hacia el portal de entrada a un patio.

—¡No podremos salir de aquí! —le acusó St. Felix, con los ojos desorbitados por el terror—. ¡Estamos atrapados!

—Sube las escaleras —le ordenó Georges, indicándole el tramo de escalones que subía hasta una puerta del segundo piso—. ¡Venga, date prisa!

—¿A dónde? —le preguntó St. Felix desesperado, separándose de Georges—. ¡No podremos entrar!

—Sí podremos... ¡va, sube! —Georges le dio un golpe en la espalda—. ¡Corre!

No había ningún otro rincón para esconderse. Los dos dieron un paso a la vez y casi tropiezan con los escalones para llegar a la puerta. Georges llamó golpeando con el puño, con la botella sujeta en la otra mano, y se abalanzó con todo su peso. La aldaba saltó y se precipitaron dentro, cuando una mujer corpulenta, con un vestido gris, salió de la puerta de al lado.

—No queremos causar ninguna molestia, ciudadana —dijo Georges forzando una de sus deslumbrantes sonrisas—. Unos borrachos se han metido con mi amigo y cuando les ha contestado, han intentado darnos una paliza. Siempre es más valiente el que se atreve a escapar.

La mujer contempló a St. Felix, con su aire de poeta, la cara pálida y los ojos aterrorizados. Había cruzado los brazos delante del pecho como si estuviera herido. En realidad estaba desfallecido, pero ella no lo sabía.

—Por favor, tome esto —Georges le ofreció la botella de vino y el pan.

La mujer cerró los ojos y alzó el brazo indicándoles con un gesto en dirección a la habitación detrás de ella.

Georges lo tomó como una invitación y dejó el vino y el pan sobre la mesa. Empujó a St. Felix hacia la otra habitación, donde había dos sillas y una mesa colocadas acogedoramente, subió las escaleras y abrió la ventana de par en par.

—¡Fuera! —le ordenó.

St. Felix se dio la vuelta, asustado.

—¿Qué?

—¡Fuera! —repitió Georges secamente—. Al tejado. Así no nos verán. No sabrán por dónde bajaremos. ¡No te quedes ahí parado! ¿Quieres que te peguen un tiro?

Abajo en la calle se oía un griterío.

St. Felix salió por la ventana y se deslizó inseguro por las tejas, pero recuperó el equilibrio al llegar al final del paso. Se enderezó y empezó a andar hasta la próxima partición, habituándose con rapidez.

Georges salió detrás de él, sintió cómo le resbalaban los pies sobre las tejas húmedas y se magulló el codo al recuperar el equilibrio.

St. Felix casi había desaparecido por la esquina del paso hacia la siguiente hilera de casas. Se oían voces que llegaban de la calle y sonaron unos disparos en el aire.

Georges se soltó y por poco no cae a la alcantarilla. Aterrizó con las manos y las rodillas, avanzó a gatas tan raudo como pudo a ras del tejado. Al llegar a la esquina vio a St. Felix agachado, indeciso sobre qué dirección tomar.

Georges le alcanzó.

—Sigue hacia el oeste —le dijo dándole prisa—. No nos verán.

—No podremos evitarlo —respondió St. Felix abatido—. ¡No podemos quedarnos dando vueltas por los tejados para siempre! Esto es solo una manzana. ¡Tendremos que cruzar la calle y entonces nos cogerán!

Con los ojos desorbitados y la cara enrojecida como si el viento y el esfuerzo le hubieran pintado el rubor, Georges casi podía oler su miedo y le comprendía. También él había huido con las mismas ganas, enloquecido, con la guardia en los talones como perros tras una presa, en lugares menos despejados que este; lugares que conocía, donde tenía amigos que eran fugitivos como él. Sintió una oleada de pena por St. Felix, el intelectual soñador atrapado en medio de unos acontecimientos que él no había escogido, especialmente si él no era quien había matado a Bernave.

—¿Hacia dónde? —repitió St. Felix—. No tardarán mucho en averiguar lo que hemos hecho.

Le tembló la voz. Cogió una bocanada de aire.

Georges le indicó el camino.

—Por ahí, hasta que podamos bajar por algún lugar más al este. Tenemos que acercarnos a St-Sulpice. Esa parte es como una conejera, hay escondrijos en los que nunca nos encontrarán.

—¿Por qué? ¿Por qué haces todo esto? —le exigió St. Felix con incredulidad—. Por lo que a ti respecta, yo habría podido matar a Bernave. No lo hice, pero no puedo demostrarlo.

—Me da igual si lo hiciste o no lo hiciste —le respondió con sinceridad—. Pero este no es lugar para discutirlo.

Lo empujó y sintió la rígida resistencia de su cuerpo.

—Después resolveremos los asuntos de justicia, si es que hay un después. ¡Ahora muévete!

Bajo la superficie de su voz también se percibía el pánico.

St. Felix le hizo caso. Parecía haber recuperado el aliento. Trepó el paso entre las casas con presteza, Georges le seguía de cerca.

Unos cincuenta metros más allá encontraron una ventana que Georges pudo entreabrir. Enseguida entraron y la cerraron justo en el momento en que oyeron un repiqueteo en los tejados y más gritos. Una bala rebotó contra las tejas con un sonido agudo.

St. Felix soltó un gemido de miedo.

Georges sentía el latido de su corazón. Había ayudado a St. Felix espontáneamente, sin sopesar lo que representaba para él si no conseguían dejar atrás a los guardias. Ahora se empezaba a dar cuenta y ya era demasiado tarde.

Se arrastró por el suelo desnudo de la habitación hasta la otra parte, titubeó unos segundos preguntándose qué encontrarían detrás de la puerta. St. Felix estaba a su espalda, respiraba con dificultad. Fuera lo que fuera, ya no había vuelta atrás. Era imposible salir al tejado otra vez y en cualquier momento los guardias mirarían por la ventana y les verían.

Se oyó un crujido al abrir la puerta. Había una sala pequeña que conducía a otra sala un poco mayor. Entró y St. Felix le siguió muy cerca.

—¡Ciérrala! —le dijo en voz muy baja.

St. Felix obedeció, con manos torpes intentaba cerrar la aldaba.

—¡Hacia abajo! —siseó Georges—. No queremos herir a nadie, pero si les tenemos que dar un aviso para que se callen, mejor eso que la guillotina.

St. Felix renegó en un tono casi inaudible.

Pero nadie les molestó cuando bajaron las escaleras de puntillas hasta una de las ventanas del primer piso y saltaron desde la cornisa. Se dejaron caer en el patio de abajo, haciéndose daño. Estaba lleno de pilas de maderas, algunas cortadas, otras no. Eso les daba una protección excelente para acercarse a la entrada y ver si la calle estaba despejada de guardias.

Primero salió Georges, vigilando atentamente todo lo que había alrededor. Le invadió una oleada de alarma al ver el azul y blanco de los uniformes de los guardias en la lejanía. Se retiró apresuradamente, volviéndose hacia St. Felix.

St. Felix estaba lívido.

—¡Cambiémonos los abrigos! —le ordenó Georges.

—¿Qué?

—¡Que nos cambiemos los abrigos! —ya se estaba quitando el suyo—. ¡Date prisa!

St. Felix lo comprendió. Al sacarse su abrigo casi se arranca la manga. Empezó a decir algo y luego cambió de opinión. No podía apartar la mirada de la cara de Georges.

Georges se puso el abrigo marrón y le entregó el suyo, azul.

—Gracias —comenzó St. Felix.

Georges sonrió levemente.

—Escóndete detrás de esas maderas y cuando hayan pasado los guardias que irán detrás de mí, cruza la calle y dirígete hacia St-Sulpice —le mandó—. Ahí estarás a salvo, más que en ningún otro lugar a este lado del río. Buena suerte.

Y antes de perder su determinación, se escabulló hacia la calle y empezó a andar decididamente para alejarse de los guardias que estaban a lo lejos. Se precipitó hacia la Rue Mazarine, luego a la Rue de Seine y desapareció entre el laberinto de edificios alrededor de la iglesia de St-Germain-des-Prés. Si conseguía despistarlos ahí, también podría llegar finalmente a St-Sulpice.

Casi había llegado al final de la calle cuando, al torcer la esquina de la Rue Dauphine, oyó un grito. Empezó a correr. Comenzó un tiroteo, otro tiro de respuesta más al norte, cerca del río. Los pasos detrás de él parecían proceder de un regimiento de hombres que retumbaba calle abajo.

Dobló la esquina, tropezó con una mujer gorda que sujetaba una taza de café. Se lo derramó por encima, empapándole la chaqueta. Se quejó y le maldijo mientras recuperaba el equilibrio al apoyarse en la pared.

Le pidió disculpas por encima del hombro mientras seguía corriendo. El tráfico ocupaba la Rue Dauphine: carretas, coches y una diligencia pública tan llena que alguien sacaba medio cuerpo por la puerta. Empezaba a llover otra vez y todos corrían a refugiarse, con las cabezas bajas y los cuellos subidos. Las piedras resbalaban.

Georges se escabulló entre un carro cargado de leña y la carreta de un molinero rebosante de grano. Topó con un caballo parado al otro lado y llegó dando bandazos a la acera. Enfrente de él se abría un pasaje. Se adentró, rogando al cielo que no fuera un callejón sin salida.

Se oían voces en la calle detrás de él. Alguien disparó otra vez al aire.

Al final del pasaje había un muro con una verja. Georges se precipitó contra la verja, pero estaba bien sujeta, cerrada.

La primera intención había sido ayudar a St. Felix distrayendo a la guardia. Cuando le cogieran, verían que no se trataba de St. Felix.

Ahora se daba cuenta de lo estúpida que había sido su idea. Estarían furiosos con él. Y se lo llevarían de todas maneras, solamente para vengarse. Alguien sabría quién era en realidad y que, además, le buscaban, ¡incluso más que a St. Felix! ¡Qué idiota era!

La verja delante de él estaba cerrada y la guardia se encontraba detrás mismo. Podían escucharse los bramidos furiosos en la Rue Dauphine, la respuesta de la gente, indignada, con su propio miedo.

Tenía que encontrar una salida. Miró hacia arriba. ¿Había algún saliente por donde escalar?

Nada.

¿Y abajo? ¿Bodegas? Una podía estar conectada con la otra. Las voces se acercaban. No tenía otra alternativa. Se metió por el hueco más cercano, la puerta trasera del patio de una cocina, y cruzó el suelo de losas de piedra. No había nadie. Había pasado el mediodía, demasiado tarde para la comida y demasiado pronto para la cena. Buscó frenético a su alrededor. Ahí estaba la puerta de la bodega. La abrió, luego la cerró y bajó torpemente las escaleras mientras tanteaba la pared para seguir el camino. Tocó un estante y sus dedos encontraron una vela y un pedernal. Encendió la luz con manos temblorosas. Era una bodega colmada de vino, tubérculos, un saco de trigo y unos fajos de leña. No había otra salida. Si le encontraban allí estaba acabado.

Tiritaba. Entrarían en la cocina en cualquier momento. A lo mejor pensarían que había subido otra vez al tejado, pero seguro que alguien, además, miraría en la bodega. No había otra escapatoria que probarlo. Mejor que le cogieran mientras lo intentaba que no huyendo como un animal.

Se agachó y, pidiendo mentalmente disculpas al propietario de la casa, dejó la vela sobre el estante y cogió un fajo de leña. Volvió a las escaleras, se dobló del todo y abrió la puerta. Se le encogió el corazón. Había un guardia de pie en medio de la cocina. Si no se hubiese cargado la leña a la espalda, se le habría caído. Como estaba atada de manea precaria, tuvo que agarrar el fajo con fuerza para que no se desatara.

—¿Sí, capitán? —dijo ofreciendo su ayuda, la voz muy ronca.

—¿Ha visto algún extraño por aquí? —le preguntó el guardia—. Buscamos a un fugitivo que ha asesinado a un buen ciudadano, un revolucionario. Entró aquí y ha desaparecido.

—¿Qué aspecto tiene? —preguntó Georges, con la espalda aún encorvada y la cabeza bajada. La leña ayudaba, era la excusa perfecta para no cruzar sus ojos con los del guardia.

—Bastante alto, yo diría que más alto que tú —respondió el guardia—, tirando a flaco, tendrá como cincuenta años con el pelo castaño.

—Pues ahora mismo, no —respondió Georges pensativo—. Acabo de subir de la bodega de buscar madera. Le voy a vender un fajo al vecino.

Titubeó. ¿Hasta dónde podía llegar? Demasiadas explicaciones levantarían las sospechas del guardia, pero si no daba las suficientes no podría escapar.

—Pero cuando estaba abajo he oído unos ruidos —se arriesgó a decir—. Creí que sería alguien que llamaba a la puerta, pero a lo mejor no era nadie.

—¿En la cocina? —le preguntó el guardia seguidamente.

—Puede...

El guardia se dio la vuelta y se dirigió a la puerta.

—¡Aquí! —voceó—. Parece que ha vuelto a subir al tejado. ¡Vigilad la calle! ¡Vosotros dos, id a la Rue Mazarine! ¡Tú ve por la Rue Guenegaud! ¡Rápido!

Se volvió hacia Georges.

—Vamos a subir al tejado —era una declaración, no una petición—. Gracias, ciudadano.

Se fue por la puerta de más adentro y pasó a la otra habitación.

—Buena suerte, ciudadano —exclamó Georges y, con las piernas temblorosas, salió por la puerta trasera y media docena de guardias nacionales entraron en la casa.

Caminó tan deprisa como pudo, agachado con la leña encima de la espalda, y en el momento que perdió de vista la casa, la abandonó y corrió en dirección de la Rue des Tours, atravesando el Boulevard St-Germain y hasta el primer callejón al otro lado de la calle. Se detuvo, apoyándose contra la pared para recuperar el aliento. Sentía el corazón en la garganta, con unos latidos tan intensos que le parecía que temblaba y que las piernas no le iban a sostener de pie.

Todavía estaba ahí parado cuando St. Felix apareció unos metros más abajo, en la Rue de Seine. Reconoció su abrigo azul antes que la cara de él. Había dos guardias nacionales en la esquina, de pie sin hacer nada, con los mosquetes colgados a la espalda y sin estar a la expectativa. No buscaban a nadie, únicamente estaban aburridos.

Georges se puso tenso, inconscientemente cerró los puños con tanta fuerza que las uñas se le clavaron en las palmas de las manos.

—¡Por el amor de Dios, sigue andando! —musitó al ver que St. Felix dudaba—. ¡No pares! ¡No les des ni una razón para que se den cuenta de que eres tú!

Del bolsillo de los pantalones de uno de los guardias sobresalía un ejemplar de El amigo del pueblo. Los zapatos no estaban aparejados. Se fijó en St. Felix, expectante, con una mueca de burla en la cara.

St. Felix se paró.

—¡Sigue andando! —farfulló para si mismo Georges entre dientes.

Parecía que St. Felix se había quedado clavado en ese preciso lugar, como si el miedo lo hubiera paralizado.

—¿Eres de fuera, verdad, ciudadano? —le preguntó el otro guardia.

—¡No! —dijo St. Felix enseguida—. No, yo vivo aquí.

Georges cerró los ojos con angustia. Solo con que hubiese respondido afirmativamente eso habría explicado su comportamiento, sin levantar sospechas.

—¿Estás seguro? —el guardia le observó más cerca—. No te conozco. ¡A mí me parece que andas perdido!

«¡Miente!», pensó Georges desesperadamente. «¡Diles que estás enfermo! ¡Cualquier cosa que explique tu confusión!»

—¿Yo no te conozco? —preguntó el otro guardia—. ¿Cómo te llamas?

—St... St. Just —tartamudeó St. Felix.

Como si pudiera oler el rastro del miedo, el primer guardia empezaba a sospechar.

—¿Ah, sí? ¿Dónde están tus papeles, ciudadano? ¿Dónde vives?

St. Felix levantó el brazo bruscamente.

—Por ahí... ¡en el número cuarenta y ocho!

—¿Y a dónde ibas?

—A... a tomar una taza de café —respondió St. Felix.

Cinco o seis soldados llegaron por la calle desde la Rue des Tours.

St. Felix se dio la vuelta, los vio y echó a correr.

Georges lo vio escapar, con el sufrimiento de saber lo que ocurriría, como si en su cabeza eso ya lo hubiese soñado. Los guardias que estaban en la Rue des Tours vieron la fuga y gritaron. El guardia que había estado hablando con St. Felix se dio la vuelta.

—¡Alto! —le advirtió—. ¡Eh, tú! ¡Alto!

St. Felix se metió por el pasaje, se topó con Georges, se tambaleó y siguió corriendo.

Sonaron los disparos.

St. Felix huía, enloquecido, agitando los brazos y las piernas, dio un traspiés y resbaló sobre los adoquines mojados.

Los guardias bloquearon la entrada. Otro guardia le gritó a St. Felix que se detuviera.

Él siguió corriendo, en línea recta, sin desviarse ni parar un momento.

Una retahíla de disparos retumbó por el pasaje.

St. Felix se abalanzó, resbaló y cayó de bruces. Su cuerpo se convulsionó un poco, una sola vez, y quedó completamente inmóvil.

Los guardias se amontonaron alrededor, sin darse cuenta de la presencia de Georges. Uno de ellos le dio la vuelta al cuerpo.

—Muerto —dijo uno con un suspiro—. ¿Es él?

Miró al hombre que tenía al lado. Este miró hacia abajo.

—Sí. Es curioso, habría jurado que llevaba un abrigo marrón, pero es él. Le reconozco la cara.

—Mejor nos lo llevamos, el ciudadano Menou estará contento. ¿Este es el que mató a Bernave, verdad?

—Sí, el mismo. Le ha ahorrado el trabajo a la guillotina.

Georges se apartó, escondiéndose entre las sombras, a esperar a que se hubiesen marchado con el cuerpo de St. Felix. Cuando la calle se quedó en silencio, temblando de frío y miedo, Georges cruzó el Boulevard St-Germain y caminó, con la cabeza gacha para evitar la lluvia, hacia casa de Bernave.

Al poner la mano en el bolsillo, en el bolsillo de St. Felix, sacó un manojo de papeles mojados, manchados de café. Cuatro salvoconductos, ahora ilegibles, y un retrato, un poco estropeado, de una hermosa mujer con una mata de pelo oscuro y una boca dulce. Con un murmullo de disculpa los arrojó a un montón de basura. Ya no servían para nada y era demasiado peligroso guardarlos.

Georges tuvo que esperar media hora bajo el frío antes de que el último de los hombres de Menou se marchara, entonces, sencillamente, era cuestión de entrar por el patio hasta la puerta de la cocina.

Pero nada era sencillo, nada en este asunto era sencillo. Tenía que decirle a Amandine que St. Felix había muerto. Su dolor sería insoportable, solo que se tenía que soportar. Gracias a Dios que Célie estaría allí, ella podría ayudarle. Ella comprendía el dolor. No era un alivio, nada lo era, pero al menos Amandine no estaría sola.

Llamó a la puerta y, sin esperar, la abrió. A primera vista le pareció que la cocina estaba vacía, luego vio luz en el cabello de Célie, que estaba de pie delante del fuego, con la plancha en la mano. Estaba de espaldas a él y cambiaba una plancha por otra, la que estaba fría la dejaba encima del hornillo del fogón de la cocina.

—Célie... —la llamó suavemente.

Ella se dio la vuelta, le vio. Sus ojos se abrieron, horrorizada, la plancha a punto de caerle de las manos. Corrió hasta donde él estaba.

—¡Sal de aquí! —le dijo asustada—. ¡Tendrás que salir por arriba! ¿Estás loco?

La cogió por los brazos, sujetándole la mano.

—¡No! Los hombres de Menou se han ido.

Ella se quedó mirándole fijamente, vio un reflejo de espanto y tristeza en los ojos de él.

—¿Qué ha ocurrido? —dijo con la respiración entrecortada—. St. Felix...

—Sí. Lo siento, le han alcanzado...

Perdió todo el color.

—¿A qué prisión le han llevado? —como si eso importara.

—A ninguna —le respondió—. Estaba huyendo. Le han disparado. Lo siento... —no era necesario contarle los detalles, ni como St. Felix se había asustado—. He hecho todo lo que he podido, pero había guardias nacionales por todas partes.

¿Para qué contarle todo eso? Ella no le culparía. Era él quien se culpaba. Tendría que haberle protegido mejor, mantener de algún modo a St. Felix alejado de la guardia. ¡Él había conseguido salvarse a lo largo de cinco meses!

—¿Él... ha muerto? —pronunció las palabras con dificultad, examinaba la cara de Georges, esperaba que se lo negara.

—Sí. Fue todo muy rápido.

Los ojos de Célie se llenaron de lágrimas.

La acercó a él y la sujetó entre sus brazos, sintiendo cómo el llanto la sacudía. Era como si estuviera abrazando a Amandine, como si, además, brotara su propio dolor y miedo. Por un instante terrible y apremiante los dos eran un solo cuerpo, una herida.

Todavía estaban abrazados el uno al otro cuando Amandine apareció. Él la vio de inmediato, el pánico en su cara, el miedo por él, la sensación de que Georges traía noticias espantosas.

Amandine intentó hablar, pero las palabras no le salían de la boca.

Georges soltó a Célie. Al sentir que él se apartaba, se dio cuenta de qué pasaba y se volvió hacia Amandine. Se acercó a ella sin dudarlo, abrazándola como Georges la había abrazado a ella.

—Le han disparado —dijo sencillamente—. Se ha acabado. Seguramente no se dio ni cuenta.

No estaba segura de que eso fuera verdad, pero se lo dijo con mucha convicción.

Amandine miró a Georges. Él asintió.

Amandine se quedó tan blanca que parecía que ella también estaba muerta.

No dijo nada. Era un dolor tan absoluto que no podía ni llorar. No sentía rabia, no tenía preguntas, solo desolación.

Georges y Célie estaban de pie a su lado sin poder hacer nada, no la podían consolar y ninguna explicación importaba.

Capítulo XII

Estaban todavía en la cocina cuando oyeron el ensordecedor ruido de pasos en el patio. Célie se dio la vuelta inmediatamente, sobrecogida, con el corazón desbocado. Solamente podían ser los hombres de la guardia nacional. ¡Habían seguido a Georges! No había tiempo para pensar o esperar.

Amandine parecía que se iba a desmayar en cualquier momento, pero era la única que podía ayudarla. Célie habría preferido esconder a Georges ella misma, pero Amandine estaba muy alterada para entretener a Menou o a sus hombres.

—¡Llévate a Georges! —le ordenó—. ¡Llévatelo arriba, a algún sitio! ¡Escóndelo donde sea!

Amandine se quedó paralizada.

Célie la empujó.

—¡Venga! ¡Yo entretendré a Menou! ¡Date prisa!

Amandine cruzó la estancia como si estuviera atravesando aguas muy profundas, Georges iba a su lado. Cuando cerraron la puerta que comunicaba con la casa, Célie se dirigió a la puerta trasera y la abrió.

Menou estaba ahí de pie.

Le latía el corazón tan fuerte que estaba segura de que Menou podía ver como bombeaba la sangre por sus venas. Tenía que evitar como fuera que Menou notara algo raro en su cara o en su voz. A menudo habían tenido largas conversaciones, así que percibiría la más leve diferencia.

—¿Sí? —se aclaró la garganta—. ¿Ciudadano Menou?

Intentó aguantarle la mirada, pero no pudo. Todo lo que podía hacer era pensar en Georges escondido en el piso de arriba y en St. Felix, muerto en la calle. No debía dejarle sospechar que ya estaba al corriente algo, debía pensar en algo inteligente para responderle, deprisa.

—¿Quería hablar con nosotros otra vez? No se me ocurre nada más, pero, por favor, pase.

Se obligó a dar un paso atrás y dejarle entrar. Sabía que todo su cuerpo temblaba.

—Gracias —aceptó él, aunque habría entrado incluso si ella no se lo hubiera pedido, y ambos lo sabían. Menou se había mojado, el sombrero goteaba agua, los hombros y la espalda manchados por la lluvia. Las botas dejaron unas marcas de agua sobre el suelo de piedra. Detrás de él se veía a otros guardias de pie, cerca de las paredes, buscando un poco de cobijo donde refugiarse, los cuellos de los abrigos vueltos arriba, ¡pero aún así no dejaban de vigilar!

—¿Sabe dónde está la ciudadana Destez? —Menou estaba dando un vistazo a la cocina en busca de Amandine.

—No lo sé —respondió Célie—. Yo estaba aquí planchando un poco.

Hizo un gesto con el brazo para señalarle las dos planchas, una encima de la mesa, la otra en el fogón y una pila de ropa planchada.

—¿Quiere que vaya a buscarla?

—Dentro de un momento —le respondió él—. Me gustaría hacerle unas cuantas preguntas más, solamente para asegurarme que entendí bien lo que pasó. Vuelva a contármelo, ciudadana: la noche que apuñalaron a Bernave, ¿dónde estaba St. Felix de pie cuando la antorcha iluminó la sala, y dónde estaba Bernave?

Él la estaba examinando, sus ojos claros reflejaban la luz.

Célie intentó recordarlo. La verdad ya no podía hacerle ningún mal a St. Felix, y así Menou los dejaría tranquilos. Pero no debía parecer que había dejado de preocuparle. Si él adivinaba que ella conocía la muerte de St. Felix, se preguntaría quién se lo había dicho. La primera de las prioridades, por encima de todo, era que Georges estuviera a salvo.

—Por lo que recuerdo, St. Felix estaba un poco alejado de Bernave, más cerca de la ventana —respondió Célie, con la voz muy calmada.

Deseaba recordar exactamente lo que le había dicho a Menou la primera vez que se lo preguntó. Habían sucedido tantas cosas desde que le hizo la misma pregunta, que tenía la sensación de que habían pasado semanas, y no solo dos días. Y debía parecer que no le costaba nada acordarse. Preocupada, pero sincera. Así era como la tenía que ver. Pero si le decía que no tenía ni idea de que St. Felix había salido de casa, ¡no se lo creería! Seguro que todos lo sabían... y tendrían que asumir su parte de culpa. No era necesario contarle más cosas, solo lo que era obligatorio. Ella esperó su reacción.

—¿Y el ciudadano Bernave?

—Justo delante de la puerta —le respondió.

—¿Y de cara hacia dónde? —insistió él.

—Hacia la gente —ahí no tenía dudas.

—¿Y consiguió detenerlos?

Se esforzó en recordar cómo habían sucedido los acontecimientos, deseaba estar otra vez en medio del ruido, el miedo, el sonido de los mosquetes al disparar, el cristal roto y el golpe de aire repentino cargado de humo.

—No. Fue Madame Lacoste la que los detuvo —le contradijo—. No podía verlo por culpa del humo, pero sí que oí su voz. El ciudadano Lacoste también iba a ayudarla.

Su mente iba a toda prisa, preguntándose dónde estaría Georges, si Amandine había conseguido recuperar algo de su compostura para poder esconderle.

—¿Y quién encendió la vela? —continuó Menou.

La observaba muy atentamente.

—Yo —tragó saliva.

—¿Y dónde estaban los demás cuando usted pudo ver otra vez?

—Marie-Jeanne había subido a ver a los niños en su dormitorio. La ciudadana Destez estaba allá, cerca de esa pared más lejana, Fernand estaba cerca de la ventana y el ciudadano St. Felix estaba en medio de la estancia.

Él tenía los ojos fijos, casi no parpadeaba.

—¿Y el ciudadano Bernave?

—En el suelo, en el mismo lugar donde usted lo encontró.

Levantó las cejas imperceptiblemente.

—¿Nadie se acercó a ayudarle? ¿Todos sabían que estaba muerto?

Debía andarse con mucho cuidado. La implicación que culpaba a St. Felix era suficiente para calmar su sed de verdad. No podía pensar que era una conspiración.

—No, claro que no —respondió—. Yo era la que estaba más cerca. Me agaché y le toqué el cuello. No tenía pulso. Luego me di cuenta de que estaba muerto y el ciudadano Lacoste fue a buscarle.

—¿Y St. Felix qué hizo?

—No lo sé. No me acuerdo. ¿Importa eso ahora?

—Todavía no hemos encontrado el cuchillo.

Se encogió de hombros delicadamente.

—No tengo la menor idea.

Él todavía la examinaba atentamente, como si quisiera memorizar cada cambio de expresión en el rostro de Célie.

—Corría un rumor de que aquí se acaparaban alimentos, concretamente en esta casa. ¿Lo sabía usted?

—Sí.

—Alguien dio comienzo a ese rumor —explicó él—. Alguien andaba diciéndolo. No fue un accidente que entraran aquí, formaba parte de un plan.

Sintió un escalofrío helado que la recorría: se notó mareada y apenada. No comprendía cómo St. Felix había actuado de manera tan deliberada. En el calor del momento, por un arrebato de rabia, eso lo hacía más comprensible.

—Lo siento —dijo él con suavidad, luego se recriminó mentalmente por las palabras que acababa de decir; un miembro de la guardia nacional nunca pedía disculpas—. Gracias por su tiempo. Ahora, quizá pueda ir a buscar a la ciudadana Destez.

Era una orden.

—Por supuesto —antes de que se ofreciera a acompañarla, se dirigió a la puerta y entró en la sala contigua, la cruzó para llegar a las escaleras y las subió volando. ¿Dónde estaría Amandine? ¿Dónde habría llevado a Georges? ¿Sabía qué tenía que hacer cuando había una persecución? ¿Se lo llevaría a algún lugar como la bodega donde, si Menou le encontraba, quedaría acorralado?

¡Ya basta! ¡Georges sabía qué tenía que hacer más que ninguna de ellas dos! Qué curioso. Ella admiraba a Madame de Staël por esconder a su amante de la guardia nacional, arriesgando su propia vida. Cuando ella lo vio, eso fue lo que cambió totalmente su corazón y su decisión de delatar a Georges. De repente comprendió el coraje y la nobleza de ese gesto y eso era lo que ella quería tener, lo que quería ser. Aunque Georges hubiera sido el culpable de la muerte de Jean-Pierre, la venganza ya no tenía ningún sentido. Era un sentimiento que desapareció al ser testigo de un acto de valentía.

Ahora ella tenía la oportunidad de hacer lo mismo, y eso era lo que había estado deseando todo el tiempo, por lo que habría rezado si hubiera Dios. Pero cuando finalmente había llegado el momento, todo lo que importaba era que Georges estuviera a salvo; no si sería una heroína, si estaría a la altura de sus propios sueños; eso ya no tenía ninguna importancia.

Subió las escaleras a toda prisa, debido al pánico que sentía estuvo a punto de resbalar, hasta el final del tramo de escaleras. Seguramente Amandine le habría llevado arriba, mejor que abajo. Al menos hacia arriba había alguna posibilidad de escapatoria si Menou decidía registrar la casa.

Se topó con Amandine que bajaba las escaleras. Tenía la cara tensa y se aferraba a la barandilla como si tuviera miedo de caerse.

—Menou quiere verte —dijo Célie sin aliento—. ¡Por el amor de Dios, acuérdate de que no sabes nada de St. Felix! No puedes hacer nada para ayudarle. Tenemos que sacar a Menou de casa, cueste lo que cueste.

—Ya lo sé —reconoció Amandine, pero su voz no tenía vida y en su cara solo se leía la desesperación.

Célie la cogió el brazo, tan fuertemente que en otro momento ella se habría quejado. Le parecía terriblemente cruel, pero tenía que advertirla.

—¡Intenta que no se note que lo sabes! Te estará observando. La vida de Georges depende de eso. Di que te encuentras mal, lo que prefieras, pero no le digas la verdad.

Amandine no le miraba a la cara.

—Ya lo sé —su voz todavía sonaba como si se hubiera quedado sin corazón.

Célie bajó detrás de ella. Debía estar presente, para distraer a Menou si hacía falta de su meticuloso análisis sobre Amandine; si era necesario, ¡fingiría un desmayo o un ataque de algo!

Menou estaba de pie en la cocina, esperándolas. Observó a Amandine con interés.

—Qué pálida está, ciudadana. ¿Le ha sucedido alguna cosa que la haya angustiado?

Amandine titubeó, insegura de si tenía que decir la verdad o no acerca de esto, y sin saber qué mentira decirle. Su espíritu estaba demasiado hundido para que ella pudiera pensar.

—Todos estamos muy angustiados, ciudadano —respondió Célie en lugar de ella, apartando una de las sillas de la mesa de la cocina para que Amandine se sentara—. Ha sucedido un asesinato en nuestra casa y sabemos que uno de nosotros es el responsable. Además, sabemos que el ciudadano St. Felix ha desaparecido. Parece que haya huido. No sabemos por qué, pero no podemos evitar temernos lo peor. ¿Usted no estaría angustiado?

Menou esbozó una débil sonrisa.

—Pero la ciudadana Destez parece particularmente angustiada —recalcó intencionadamente—. ¿Le tiene usted cierto afecto, verdad?

—Yo le admiro... mucho —confesó Amandine sin mirarle, pero fue lo bastante cuidadosa para decirlo en presente.

—¿Ah, sí? ¿Por qué razón, ciudadana? —se sentó frente a ella.

Esta vez ella le miró con un destello de cólera.

—Por la nobleza de su pensamiento, ciudadano Menou. Por su paciencia, su tolerancia y su capacidad de perdonar a aquellos que abusaban de él de manera intolerable.

—¿Se refiere a Bernave? —sus ojos no se apartaban de la cara de Amandine, un tono rosa cubría las mejillas de él.

—Hablaba en general. Fernand a veces era un poco ofensivo. El ciudadano St. Felix también era tolerante con él.

Menou parecía confuso.

—¿Por qué cree que era tolerante con Bernave? ¿No habría admirado más a un hombre que se defendiera o luchara, en vez de dejarse avasallar? ¿No admira el coraje, ciudadana?

La barbilla de Amandine se endureció al mirarle.

—Sí, sí admiro el coraje, pero no me parece que signifique pelearse, o poner la propia vanidad o el rencor por delante de la causa común.

—¿Y eso era lo que realmente hacía St. Felix? —le preguntó interesado.

—Sí —no había ningún rastro de duda en su voz o en su cara—. Además, él era un invitado de la casa y su buena educación le impedía abusar de su anfitrión, a pesar de lo que se le pidiera.

—¿Y usted admira la buena educación?

—Sí.

—Eso es algo que la revolución no se ha molestado a defender —lo dijo casi sin expresión, como si anunciara un hecho.

Al mirarle, Célie no estaba segura de si intentaba provocar a Amandine para que pusiera de manifiesto sus sentimientos contra la revolución, pero en su tono le pareció percibir cierto pesar, como si una parte de él recordara los días en que los buenos modales importaban. Puede que hubiese preferido mantener un toque de esa cultura pasada que habían destruido, pero estaba atrapado en un momento histórico y se había perdido la oportunidad.

Amandine no respondió. No tenía ánimos para una controversia verbal. La llama de la cólera se apagó tan rápido como se había encendido.

Menou replanteó la línea de ataque. Se apoyó ligeramente sobre la mesa.

—¿Esperaba que el ciudadano St. Felix huyera, ciudadana? —le preguntó.

Amandine contuvo la respiración y, por su palidez extrema, por un momento Célie creyó que iba a desmayarse. En su interior había aceptado que St. Felix había matado a Bernave, incluso que tenía sus razones, o que creía que las tenía, pero odiaba a Menou por ser tan cruel con Amandine, fuera lo que fuese que intentara demostrar. Si hubiera sabido la manera de parar aquello, sin temor de que algo le pudiera pasar a Georges, le habría aplastado por lo que le estaba haciendo a Amandine.

—No... —murmuró Amandine.

—¿Pensaba usted que él sería más valiente? —la interrogó con suavidad, su voz tensa.

Célie se desesperaba por intervenir, pero tenía miedo de empeorar las cosas. Tal vez Menou sospechaba de la complicidad de Amandine en la fuga de St. Felix, o en el propio asesinato.

Menou esperaba.

Amandine no respondía.

Célie no podía soportarlo más.

—Todos creíamos que era inocente —dijo bruscamente—. No sabemos quién mató a Bernave.

—¿Por qué creían que era inocente? —Menou fijó la vista en ella—. ¿Más inocente que el ciudadano Lacoste? ¿O que Fernand?

Esta vez ya estaba preparada.

—Porque trabajaban juntos con Bernave —le aclaró—. Seguro que confiaban el uno en el otro en la batalla contra los que querían derrotar a la revolución. Además, St. Felix era un ciudadano amable, nada soberbio, deseoso de perdonar a todos aquellos que le ofendían. Lo hemos visto todos, una y otra vez. No tenía mal carácter.

Menou se rindió y siguió con Amandine.

—¿Dónde estaba usted cuando apuñalaron a Bernave y la ciudadana Laurent encendió la vela? —inquirió.

—De pie cerca de la ventana —contestó Amandine.

—Así que St. Felix se encontraba entre usted y la muchedumbre. ¡Usted debía estar mirando directamente hacia él!

Ella levantó los ojos, los cruzó con los de él.

—Sí, le miraba. Y no llevaba ningún cuchillo.

Menou sonrió lastimosamente.

—Sabía que iba a decir eso. Desearía creer que es usted tan leal a la verdad como lo es a St. Felix, ciudadana. Es obvio que usted sentía un gran afecto por él y siento mucho tenerle que decir que ha muerto.

La cara de Menou estaba muy contraída, pero sus ojos eran dulces.

Amandine tragó saliva, las manos apretadas sobre la falda. Durante muchos segundos no se movió.

Célie abrió la boca para hablar, pero Menou levantó la mano, con la palma hacia ella. Era una señal inequívoca de que no quería que interrumpiera. Si no le obedecía, demostraría su falta de confianza en Amandine.

Amandine respiró, una bocanada larga y calmante, y se encaró a Menou.

—¿Cómo sucedió? —se le truncó la voz y dejó de hablar.

Por primera vez él parecía incómodo. En sus ojos había un destello de verdadero pesar y, cuando habló, en su voz no había satisfacción, ninguna sensación de triunfo.

—Le seguimos cuando salió de aquí, pero le perdimos el rastro durante un rato —dijo muy despacio—, vigilamos y esperamos, y después le vimos por casualidad. Él tuvo un ataque de pánico cuando la guardia nacional del Boulevard St-Germain le dio el alto, no se detuvo y le dispararon. Murió en el acto —su voz se debilitó—. Si le sirve de consuelo, ciudadana, no sintió ningún dolor.

Ella intentó hablar, tal vez para darle las gracias, pero se le llenaron los ojos de lágrimas y no pudo empezar.

—Así, ¿qué es lo que desea de nosotros, ciudadano Menou? —intervino Célie, sin importarle lo que él pensara—. ¿Qué más le puede interesar saber?

Menou se volvió, sin ganas.

—Usted misma lo puede descubrir, ciudadana. Ya ha oído a la ciudadana Destez contar que estaba mirando a St. Felix cuando usted encendió la vela y que él no sujetaba ningún cuchillo. Puede que ella mienta o que alguien le cogiera el cuchillo en la oscuridad.

—¿O que fuera otra persona la que le apuñaló? —respondió Célie antes de pensar en las consecuencias de su explosión.

—¿Entonces por qué huyó? —le preguntó Menou tranquilamente—. Los inocentes no huyen antes de que se les acuse.

No podía decirle nada sin empeorar la situación.

—Precisamente —admitió con un suspiro y al apoyar la espalda en la silla la arrastró unos centímetros por encima del suelo—. Quizá tenga que preguntarles a los demás inquilinos de la casa otra vez qué fue lo que vieron, exactamente dónde se encontraban. ¿Puede irles a buscar, ciudadana?

¿Se atrevía a dejarlo solo con Amandine? ¿Qué le diría? Pero si se llevaba a Amandine a buscar a Madame Lacoste, él sospecharía que ella quería ocultarle una parte de la verdad. Se dijo a si misma que no. Se levantó y salió, obediente.

Menou los interrogó a todos. Estaban sentados en la cocina alrededor de la mesa, excepto Fernand, que prefirió quedarse a un lado de pie.

—Célie nos ha dicho que sus hombres han disparado a St. Felix —le dijo Madame a Menou con frialdad—. ¿Qué más quiere que le digamos?

Célie la contempló, examinó su cara, los ojos oscuros y las cejas alineadas, feroces. Los labios apretados formaban una línea tensa. Si sentía pena o dolor, los escondía completamente. Era una mujer orgullosa. No se habría permitido mostrar las emociones que sentía a la guardia nacional, ni tan solo que se imaginaran cuáles eran sus sentimientos. ¿Era en realidad alivio, por encima de todo, ahora que su familia se había librado de toda sospecha? Sería muy natural. Célie no la culpaba por eso.

Célie se fijó en Monsieur Lacoste. Era extraño, pero su cara expresaba lástima y miraba a Amandine con una amabilidad rara en él, como si entendiera el dolor desolador.

Fernand estaba enfadado. No quería ver a Menou y no tenía ninguna razón para esconderlo ahora.

Marie-Jeanne sujetaba al bebé contra su hombro, acunándolo muy suavemente, un movimiento automático al que ya debía haberse acostumbrado a estas alturas. Los otros dos niños estaban arriba.

Célie se obligó a quitarse a Georges de la cabeza, como si estuviera a miles de kilómetros y a salvo, como si la calle no estuviera llena de soldados y se hubiese podido escapar por los tejados. No debía delatar nada, ni un guiño ni una sombra en sus ojos, ni el más mínimo cambio de expresión.

Menou estaba cómodamente sentado en la silla, con las piernas cruzadas, las manos encaradas con las puntas de los dedos tocándose mientras pasaba la mirada de uno a otro de los presentes.

—Parece que este asunto ha llegado a un punto muy cercano a verse concluido —remarcó—. Hay solo unos pocos detalles que no satisfacen mis razonamientos y luego habremos acabado. Que el ciudadano Bernave descanse en paz.

—¡Los muertos, muertos están! —dijo Monsieur Lacoste abruptamente—. Si quiere pensar que un muerto está en paz, mejor así. No le afectará de ninguna manera.

—Cierto —admitió Menou—. Quizá debería decir que el espíritu de la justicia quede satisfecho. ¿Le parece mejor así?

Era una pregunta y parecía estar esperando una respuesta.

Monsieur Lacoste se encogió de hombros, pero en sus ojos brilló una chispa de satisfacción durante unos segundos.

—¿Cuáles son esos detalles, ciudadano? Bernave era un matón que abusaba de la buena fe del ciudadano St. Felix, le utilizaba para sus servicios, le hacía trabajar hasta el agotamiento y pasar por situaciones de mucho peligro, hasta que este, al final, perdió la paciencia y le atacó. Eso ya lo debe haber pensado usted solo —por un momento la pena se posó en su mirada—. St. Felix lo sabía y se desató su rabia. Creo que no se le puede culpar. Ustedes le dispararon. El pobre hombre ha muerto. Asuma usted la justicia, si lo desea. ¿Qué nos falta por saber?

—No mucho —admitió Menou, levantando la vista hacia él—. Me gustaría saber precisamente cómo se llevó a cabo el asesinato.

—¿Por qué? ¿Eso que importa ahora? —le contradijo Lacoste—. ¡De todas maneras, ninguno de los que estamos aquí lo sabe!

—¿Está seguro? —abrió los ojos—. Ya veremos. Por el momento tengo la sensación de que alguien ayudó a St. Felix, aunque fuera algo tan poco relevante como pasarle el cuchillo, o quizá esconderlo luego.

—¿Por qué cree eso? —preguntó Marie-Jeanne sorprendida y con una nota aguda en su voz.

Fernand estaba de pie al lado de ella y le puso a una mano sobre el hombro a modo de aviso.

Menou no le respondió a ella directamente.

—Consideremos el asunto otra vez con un poco más de atención —levantó la vista hacia Fernand—. ¿Cuánto tiempo hace que vive usted aquí?

—Seis años, más o menos —respondió Fernand—. Toda mi vida de casado.

—¿Y antes de eso? —Menou sentía curiosidad.

—En el Faubourg St-Antoine —y se anticipó a la siguiente pregunta diciéndole—. Hice algunos trabajos en la oficina de Bernave. Le gustaron y me encargó otros trabajos aquí. Así conocí a mi mujer.

Su mano apretó el hombro de Marie-Jeanne con cariño.

Marie-Jeanne sonrió al recordarlo, un recuerdo agradable al que aferrarse.

—¿Y sus padres? —continuó Menou.

—Vinieron un año después —respondió Fernand.

—¿Es usted propietario de alguna parte de la casa?

El rostro de Fernand se tensó, como si estuviese a la defensiva, pero no podía mentirle. Para Menou sería muy fácil comprobar si era cierto o no.

—No. Pero nosotros nos mantenemos solos.

Parecía que iba a añadir algo más y cambió de idea.

Célie se preguntó si iba a hacer un comentario sobre la propiedad o la igualdad, y que luego se lo había pensado mejor antes que expresar un sentimiento que directamente le relacionaba con su suegro. Estaba quieto y callado, con la boca cerrada dibujando una línea delgada.

—Claro —admitió Menou—. Usted es carpintero y hace armarios y cómodas. Ahora usted y su familia van a tener que aprender además a llevar el negocio de la importación y la exportación de telas. Es un buen negocio.

Fernand no dijo nada. Célie quería decirle que Menou no tenía la menor intención de dejarlo correr. Los interrogaría a todos hasta que le dijeran lo que quería escuchar, y tenía el poder necesario para retenerlos ahí hasta que le apeteciera.

Puede que escuchara lo que quería y que los hombres que vigilaban afuera se marcharan... y Georges podría escapar por los tejados. ¡Por todos los cielos, que tuviera suerte! Si es que había cielo. Deseaba que existiera. Si no había Dios, ni poder divino, ¿a quién tenía que acudir cuando estaba hundiéndose en lo más profundo? ¿Por eso Bernave creía en Dios: la comprensión de una necesidad, el deseo de una promesa de perdón, cuando el tormento era mucho mayor y ya se había pagado el precio de la culpa?

¿Pero Amandine había llevado a Georges al ático? ¿Y los niños de los Lacoste estaban arriba? ¿Y el resto de hombres que estaba en la calle? Aún era de día. A esta hora de la tarde, entre la comida y la cena, la gente estaba en sus aposentos y dormitorios, especialmente en los áticos.

Menou seguía interrogándoles con preguntas interminables, dejando al descubierto los amores y los odios, le envidia, y posiblemente la codicia. Y luego, sin previo aviso, volvió al tema de la posición de la gente la noche fatídica.

—Y después de que las antorchas desaparecieran, ciudadana —se dirigía a Madame— alguien pasó cerca de usted, ¿o pasó entre usted y el ciudadano Bernave?

—No tengo ni idea —le respondió fríamente.

Era la única de los que estaban en la cocina que mantenía su compostura, imperturbable. Si la culpa de St. Felix, o su muerte, la afectaba, tenía suficiente control de si misma para no dejar que Menou, ni nadie, pudieran darse cuenta.

—Y fue usted la que se enfrentó a los intrusos y les habló, se sintieron avergonzados y se marcharon —observó Menou—. Es usted tan menuda como una niña y no llevaba ninguna arma. Es muy valiente, Madame.

Una leve sonrisa cruzó la cara de Madame, con un punto de humor negro, además del reconocimiento del cumplido que le había hecho.

—Qué galante, ciudadano Menou. Debajo de ese uniforme blanco y azul parece que late el corazón de un caballero. Por favor, no se lo tome como un insulto. Quiero decir caballero por naturaleza, no por nacimiento.

Él se sintió halagado. Célie lo veía en el rubor de sus mejillas, aunque él se esforzara en esconderlo. Se sentía molesto consigo mismo por ser tan vulnerable, pero no sabía cómo resistirse a Madame. Con una súbita intuición, Célie se dio cuenta de que Menou admiraba a Madame Lacoste. Esa dignidad innata que ella poseía, la gracia de la antigua nobleza que él no podía rechazar. Estaba claro que le resultaba agradable, despertaba en él un recuerdo o un deseo.

Monsieur Lacoste perdió la paciencia.

—A mí me parece muy sencillo —estalló con acritud—. St. Felix había soportado todo lo que un hombre puede aguantar y tenía un cuchillo en la habitación delantera. Salía muy a menudo. Podía haberse enterado de que habría una revuelta antes de que pasara o suponer que era muy probable que pasara. ¡Estos días pasa mucho, hay tumultos por las velas, la comida, el jabón, o cualquier otra de esas malditas cosas! —tenía la cara tensa y endurecida—. Puede que antes hubiese cogido el cuchillo, por si se presentaba la oportunidad. Entonces entraron los de la calle, se acercó con naturalidad y en medio de la confusión... Ahí lo tiene. Lo aprovechó. ¡Ya le había provocado tantas veces!

—¿Y qué hizo luego con el cuchillo? —le preguntó Menou.

—No lo sé —evitó mirar a Amandine—. A lo mejor alguien le ayudó. Todos habíamos visto cómo Bernave abusaba de su confianza. Nosotros comprendíamos mejor a St. Felix —su tono se hizo más beligerante—. Sea como sea, no lo podrá demostrar. Ya tiene a St. Felix, pobre hombre. Que eso sirva para satisfacer su justicia y déjenos en paz a nosotros.

Menou suspiró.

—¿Y ahora dónde está el cuchillo? St. Felix no lo llevaba encima.

Célie cogió aire e iba a decir que seguramente lo había dejado al salir por los tejados, pero al terminar la primera palabra se dio cuenta de su error y disimuló fingiendo que tenía tos.

Menou la miró, con ojos inquisitivos.

—¿Iba a decir algo, ciudadana?

Tenía que decir algo. Él sabía que había estado apunto de decir algo.

—¿A lo mejor lo llevaba encima cuando huyó de aquí? —sugirió ella—. ¿Puede que lo tirara a la calle cuando sus hombres le perseguían?

—¿Y por qué se lo iba a llevar consigo? —le preguntó—. No le servía de mucho para defenderse, y no es demasiado cómodo para ponerse a correr. Si tropezaba o caía se podría haber hecho daño. Y si se lo encontrábamos era una prueba que le incriminaba —movió la cabeza de un lado a otro—. No. Yo creo que todavía está aquí, escondido en algún lugar. Y me gustaría mucho encontrarlo, para dejar todos los detalles aclarados y ordenados. Me quedaría mentalmente tranquilo. Para cerrar el caso, por decirlo de alguna manera —se puso de pie—. Haremos un último registro.

Había llegado el momento. Con el frío en el cuerpo, las piernas que no la sostenían, Célie también se puso de pie.

—Yo le llevaré, ciudadano —se ofreció—. Necesitará ayuda y seguro que prefiere dejar los armarios tal como los ha encontrado. Usted es un soldado, no un vándalo.

Sin esperar a que le diera su consentimiento, se acercó a la puerta e intentó levantar la barra de la aldaba con dedos rígidos. Consiguió abrirla y salió, escuchando los pasos de él que la seguía, sin oír nada más. Se quedó parada, con el corazón a toda velocidad y el cuello tirante. ¿Dónde estaría Georges? ¿A dónde le había llevado Amandine?

Quizá habría sido mejor que Amandine acompañara a Menou. ¡Ella sabría qué partes tenían que evitar para alejarle de Georges! Célie, en su ignorancia, podía conducirle directamente al lugar donde estaba escondido.

Pero por otra parte, su inocencia era su mejor protección. Menou era muy listo. Él se daría cuenta de cualquier intento de dirigir sus pasos y haría lo contrario, pensando que lo que querían esconder era el cuchillo.

¿Dónde estaba? ¿Por qué no venía?

Se dio la vuelta. La puerta de la cocina estaba abierta. Ella intentaba calmar su respiración, mantener el control sobre si misma, tranquilizar su voz, sus manos.

Al final salió Menou, sonriendo un poco.

—Estoy segura de que lo comprende, ciudadana, pero debía dejar a un par de mis hombres en la cocina, en caso de que alguien estuviera dispuesto a salir de la estancia y mover algo de sitio. No tiene ningún sentido que registre la casa si el cuchillo está siempre un paso más allá de donde yo busco.

—Claro —admitió, intentaba devolverle la sonrisa, pero temía que pareciera una mueca.

Empezaron por la habitación delantera, donde había ocurrido el crimen. Ella se quedó en silencio mientras Menou abría otra vez el armario en que aparecieron las manchas de sangre. No había más que velas. Palpó la parte de atrás, luego comprobó que los cajones no tuvieran algún panel o un fondo falso. Les dio la vuelta a las sillas y pasó las manos por ambos lados. Inspeccionó meticulosamente cada parte de la mesa de costura de Madame Lacoste. Picó las paredes con los nudillos con la esperanza de hallar algún panel suelto. Finalmente, se arrodilló y examinó los tableros del suelo uno por uno, debajo de la alfombra. Había unos cuantos que estaban flojos, pero solamente contenían polvo. Era rápido y diestro, como si estuviera muy acostumbrado a este tipo de trabajos. Ella observaba fascinada sus manos moverse delicadamente sobre las superficies, unas manos finas, con las uñas limpias. Tardó casi media en hora en acabar esa habitación y la que había justo al lado, que era poco más que un pequeño vestíbulo hasta la entrada principal.

—Vayamos al dormitorio de la ciudadana Destez —sugirió—. Está arriba, ¿no es cierto?

—Sí —el pecho de Célie estaba contraído, con el aliento contenido en la garganta.

Seguro que Amandine no había escondido a Georges ahí, ¿verdad que no? ¿No sería una trampa por partida doble? No debía estar pensando con demasiada claridad, si se imaginaba una cosa así. Georges no se conocía la casa. Georges llevaba escondiéndose por los sitios mucho antes de que ella o Amandine hubiesen llegado.

Siguió a Célie arriba y empujó la puerta para abrirla.

Ella aguantó la respiración.

Estaba vacía.

Menou se comportó con la misma diligencia de antes. Observó la cara de él al registrar la cama, palpó el colchón y la manta, levantó la almohada. Luego se incorporó y buscó en la cómoda de Amandine, sacando las piezas de ropa una tras otra, pasando los dedos por encima. Vio que la expresión de su cara cambiaba cuando los finos encajes tocaron su piel. Eran femeninos, delicados, una extravagancia heredada de días pasados, cuando Amandine todavía era una dama de la pequeña nobleza; cuando esta todavía existía. Era un pensamiento extraordinario recordar que hacía solo cinco años esas cosas se llevaban. En tan poco tiempo, su mundo había cambiado completamente, lo mismo que el de la mitad de Francia, si no más. Solo para los más pobres, para los que el cambio significaba únicamente beneficios, no había cambiado: todavía pasaban hambre y frío, eran los desposeídos, como las turbas de Marat en St. Antoine y en lugares parecidos. Era una ironía de la vida que ahora hubiera tantos.

Contempló a Menou mientras ponía cada cosa en su sitio otra vez. En su cara no se podía leer si estaba decepcionado o no por no haber encontrado el cuchillo entre la ropa. Habría significado el fin del caso, y al mismo tiempo habría aclarado sus sospechas sobre la lealtad de Amandine.

Y aún así, si ella intentaba ocultar el homicidio, algo dentro de él se habría sentido desilusionado y dolorido. Célie lo sabía con certeza.

Se alzó. Sus ojos se cruzaron brevemente y él apartó la vista. Por primera vez ella, y no él, era testigo de las emociones del otro.

—Ahora, el dormitorio de St. Felix —le indicó, y se dirigió a la puerta sin volver a mirar, con la espalda rígida, consciente de si mismo.

Ella salió y le indicó el camino. No dudó, aunque su mente iba a toda prisa, llena de imaginaciones. ¿Amandine habría llevado a Georges allí? Sería una extraña ironía. Puede que hubiese hecho la conexión sin darse cuenta, automáticamente. Había amado a St. Felix y amaba a Georges. Era el tipo de reacciones que uno tenía cuando el cerebro estaba cegado por el dolor.

Menou iba detrás de ella. Lo vería todo. No estaba nada contento. En esta casa había un problema que no había resuelto y le remordía la conciencia.

Célie abrió la puerta con el corazón desbocado. El dormitorio estaba vacío.

Estaba todo muy ordenado, como si St. Felix lo hubiera dejado listo para marcharse. Sus pocas posesiones expuestas en un único estante, mayoritariamente libros y un reloj pequeño. Observó con un respingo de sorpresa la única cosa que faltaba desde la vez que estuvo ahí y le habló de Jean-Pierre: una miniatura, el retrato de una mujer con una mirada amplia y unos labios suaves, el cabello oscuro que le caía a un lado del frágil cuello, como si la hubiesen pillado desprevenida, sin esperar que el artista fuera a inmovilizar ese momento.

Célie sintió un dolor repentino, una mezcla de pérdida y resentimiento. Debía de ser su mujer, cuya muerte le había dejado tan desolado, la mujer a la que Amandine no podía sustituir. Si jamás la amó, nunca lo sabría, sería para siempre un sueño. Y esa mujer, cuyo rostro era tan particular, tan lleno de emoción, también había muerto.

Leyó las cubiertas de los libros. Menou también estaba de pie delante de los libros, leía los títulos. Había una copia de la *Divina Comedia* de Dante, libros de Voltaire, unos cuantos volúmenes de poesía, el *Quijote* de Cervantes, una traducción de Shakespeare. Nada de Rosseau.

Menou no dijo una palabra. Se alejó del estante y empezó a rebuscar en el cuarto: la cama, la cómoda de la ropa, una silla.

La primera impresión de Célie fue que el dormitorio era muy impersonal, porque había tan pocas cosas de St. Felix. Sin embargo, ahí de pie, observando a Menou, empezó a verlo de otra manera. El vacío, la ausencia de posesiones materiales, los espacios limpios, formaban parte del carácter de St. Felix, esa cualidad tan elusiva de su naturaleza. Hablaba de sus sueños y decía que todo lo que se había traído, aparte de la ropa, eran unos libros, un retrato y un reloj.

Dentro de los cajones, la ropa estaba bien ordenada, no había ninguna pieza arrugada ni en mal estado. Había pocas cosas, pero de mucha calidad. Menou también se dio cuenta al inspeccionarlas para buscar el cuchillo, las sacaba, las agitaba y las volvía a doblar, pasaba las manos sobre las telas, la lana y el suave algodón, aunque los colores estaban desvaídos. A primera vista parecían las ropas de un artesano si no fuera por la gracia de su corte, mejor que el del uniforme de Menou, y seguramente más cálidas y cómodas.

Menou no encontró el cuchillo ni nada relacionado con la muerte de Bernave o del trabajo que hacía para la Comuna. Todo lo que descubrió fue algo más de la gracia y la templanza del carácter de St. Felix, y seguramente pudo adivinar el sufrimiento que llevaba dentro. Era el cuarto de un hombre que ya no tenía esperanzas ni pasión, solo recuerdos.

¿Se convertiría ella en alguien así si encontraban a Georges y se lo llevaban para ejecutarlo? ¿Se convertiría en alguien cuyo corazón residía en el pasado?

Menou no dijo nada al salir de la habitación. No necesitaba justificar su registro ni quejarse por no haber encontrado nada útil. Simplemente siguió hasta la próxima puerta.

—¿Este cuarto de quién es? —le preguntó.

—De Fernand y Marie-Jeanne —le respondió Célie—. Es su dormitorio y su sala de estar. También tienen una pequeña cocina dentro. Y además están las habitaciones de los niños.

—¡El ciudadano Bernave fue muy bueno con ellos! —exclamó rápidamente.

—Sí —admitió ella—, lo era.

Se preguntó si ellos le estarían agradecidos.

Menou registró esas habitaciones a fondo, mientras hablaba con los niños. El pequeño Antoine, de tres años, le miraba con curiosidad, pero Virginie, de seis, se mostraba resentida, pues ya era lo suficientemente mayor para reconocer a un intruso.

—Aquí no tenemos nada —le dijo la pequeña con el ceño fruncido—. Ya lo miró el otro día.

Menou no se detuvo.

—¿A ti te gustaba tu abuelo? —le preguntó con naturalidad.

Ella le miró extrañada.

—Pues claro.

—¿Y el ciudadano St. Felix?

—Sí. A veces hablaba conmigo. Nunca se enfadaba si llorábamos —no miró a Antoine, que observaba a Menou muy serio—. Salía mucho. Y también el abuelo —añadió—. Siempre estaba trabajando.

—¿Qué trabajo hacía?

—No sé —echó un vistazo a Célie.

—¿Estabas aquí arriba la noche que mataron a tu abuelo? —preguntó Menou, curioso.

Su tono parecía denotar que la pregunta no era muy importante.

—Sí.

Alzó la vista hacia ella desde donde estaba, por encima de una cómoda de ropa.

—¿Estabas despierta?

—Sí —asintió—. Se oían muchos ruidos y gritos en la calle. Los hombres se peleaban. Otra vez. Creo que entraron en casa.

—¿Tenías miedo? —le preguntó.

Otra vez asintió con la cabeza, mirándole fijamente todo el tiempo.

—¿Y tu mamá vino a ver cómo estabas?

—Sí.

—¿Y no vino nadie más? ¿Ninguna otra persona?

—No.

—¿Estás segura?

—Sí.

Menou esbozó una débil sonrisa. A lo mejor creía las palabras de la niña, pero revisó todos los armarios y cajones, deshizo las camas.

Después se fueron al piso de más arriba, a las habitaciones de Monsieur y Madame Lacoste. Menou no pareció sorprendido de no encontrar nada.

Célie estaba aterrada. Estaban casi en el ático de la casa. Más arriba ya no había habitaciones, solo la suya. Si Amandine había llevado a Georges hacia el tejado, era únicamente cuestión de minutos encontrarle. Tenía que hacer algo para desviar a Menou. ¿Pero qué? Él ya sospechaba que escondían algo para proteger a Amandine.

¿Qué habría hecho Madame de Staël? Se habría mostrado simpática, encantadora, elocuente, incuso habría flirteado un poco.

Pero Madame de Staël era sofisticada, la mejor conversadora de Francia, ¡puede que de toda Europa! Había estudiado literatura, política y filosofía, ¡tenía discusiones acaloradas con las mejores mentes de la época! Célie sabía conversar, ¡sus padres eran girondinos! Pero era solo una pose vacía, ¡eran las personas de la tierra con menos cerebro! Si hubieran aprendido a reírse, se habrían dado cuenta de su propia incoherencia, pero nunca lo intentaron.

¡Y ella no tenía ni idea de cómo flirtear! ¿Cómo podía mostrarse coqueta, divertida, cuando todo cuanto le importaba en el mundo estaba en la balanza?

Quizá Georges estaba al otro lado de la puerta. ¡Su vida podía depender de lo que ella hiciera o dejara de hacer! ¿Y si estaba en el cuarto de Célie? ¿O abajo, en los aposentos de Bernave? ¡Si pudiera leer la mente de Amandine y saber qué había hecho!

—¿Qué le pasa, ciudadana? —le preguntó Menou, que la escrutó con las cejas fruncidas.

Ella le sonrió con extrema dulzura; intentaba mostrarse sincera, pero su corazón la ahogaba y los músculos agarrotados la aprisionaban.

—Supongo que tengo miedo de que encuentre el cuchillo —mintió— y de que sospeche que uno de nosotros lo ha escondido para proteger a St. Felix.

Cogió una bocanada de aire.

—Pero si no lo encuentra, entonces no parará de buscarlo y nunca lo sabremos. No estoy muy segura de que quiera o no quiera.

Él la miró muy fijamente, casi sin pestañear. Durante unos segundos fue como si se entendieran a la perfección.

—Ya entiendo —admitió, y se dio la vuelta para abrir la puerta del dormitorio de Madame Lacoste.

Célie estaba de pie detrás de él, la boca seca y un nudo en el estómago.

No había nadie dentro. Se sintió rebosante de alivio. Le sobrevino como una ola y le hizo sentir vértigo. ¿Pero dónde estaba? Seguro que Amandine no había sido tan descuidada, o tan atrevida, como para llevarlo al cuarto de Célie.

¿O quizá había esperado que él huyera por los tejados, con los hombres de Menou en la calle? Con todo aquel griterío y los tiros, era imposible que pudiera llegar a su casa. ¡Aquello era mucho más que jugarse la vida, cualquiera lo sabía!

¿Qué habría hecho ahora Madame de Staël?

Entonces, de repente se le ocurrió una idea: ser audaz. Puede que fuera una locura. Pero, por otro lado, podía ser su única oportunidad.

—Ciudadano Menou...

—¿Sí?

—Perdone. Tengo que dejarle un momento, necesito ir a...

—Por supuesto —le dijo sin darse la vuelta mientras revolvía el armario de la ropa de casa.

—Gracias —salió tan aprisa como pudo por si él cambiaba de opinión y decidiera seguirla. Estaba claro que ella podía cambiar el cuchillo de sitio, y seguro que él se daba cuenta de eso.

Le oyó levantarse. ¡Iba a ir con ella! Se quedó helada. Se le aflojaban las rodillas. Solo tenía una oportunidad para acertar. ¿Dónde habría escondido a Georges? Quedaban dos sitios. Su habitación y la de Bernave. ¿Cuál? Su cuarto era pequeño. No había ni un rincón donde esconderse. Tampoco lo había en las de Bernave. ¿Cuál? ¡Tenía que decidirlo ya! Estaba en las escaleras, arriba o abajo.

No había ningún baño arriba.

Tenía que ir abajo. Si Georges estaba en su cuarto, convencería a Menou de que era su amante y que le había ocultado ahí. A lo mejor él la creería. Era una situación un poco cómica, ¡como una broma que le hacían!

Estaba bajando las escaleras. Menou iba detrás de ella. Ahora no podía parar, ya se había puesto en un compromiso. Notó que apenas podía respirar. Llevaba a Menou directamente hacia Georges.

Al menos había un pequeño baño en los aposentos de Bernave. No quedaría como una mentirosa. Cruzó el vestíbulo y se quedó parada delante de la puerta. Se dio la vuelta de cara a Menou.

—Si me permite un momento de intimidad, ciudadano. Me podrá registrar cuando salga. No voy a llevar el cuchillo encima, se lo prometo. Lo mismo que usted, no tengo ni idea de dónde está.

Él asintió con la cabeza.

—Espero que sea verdad, ciudadana. No me dará ninguna satisfacción encontrarla protegiendo al ciudadano St. Felix... o a la ciudadana Destez.

Se esforzó en sonreírle, se dio la vuelta y abrió la puerta de los aposentos de Bernave.

Entró y cerró tras de si, antes de levantar la vista. Al principio no vio a Georges. Estaba de pie, a la sombra de la librería. La miraba con la cara quieta, blanco, los ojos abiertos y totalmente negros.

Cruzó inmediatamente la estancia hasta donde estaba él.

—Menou esta fuera, en la puerta —le susurró—. He venido para ir al servicio. Cuando registre la habitación, no encontrarás ningún lugar donde esconderte. Solo tenemos que ser decididos.

Ignoró su mirada de horror, la rigidez de su cuerpo.

—Bernave reparaba los libros él mismo cuando se estropeaban o se rompían —le dijo muy deprisa, en voz muy baja, estaba a pocos centímetros de él—. Coge algunos y rómpeles el lomo, rápido. Encontrarás las herramientas en el segundo cajón del despacho.

Instintivamente le hizo un gesto.

—No está cerrado. Cuando venga, diremos que eres el que los repara. Te he mandado venir para que los arregles y los podamos vender a buen precio. Sigue trabajando. Si encuentras sus anteojos, póntelos. Al menos te taparán un poco los ojos.

Lo miró para ver si la entendía. Era demasiado tarde para saber si estaba de acuerdo o no.

Él asintió con la cabeza, devolviéndole la mirada, y al darse cuenta de que Menou podía abrir la puerta en cualquier momento, se acercó al despacho y abrió el cajón.

Célie fue al servicio, lo usó y volvió a salir. Georges tenía las herramientas encima del despacho y los anteojos sobre la nariz.

—Rompe los libros —le musitó—, ¡pero no muchos!

Luego salió por la puerta.

Menou estaba fuera.

—Gracias —le dijo con soltura.

—Lo siento, ciudadana —se disculpó, y la registró a conciencia.

Parecía contento de no haber encontrado nada.

Ella le miró directamente a los ojos.

—¿Desea inspeccionar mi cuarto ahora?

—Sí, cuando haya terminado con el dormitorio de los Lacoste.

Él la siguió escaleras arriba, terminó con el dormitorio de los padres de Fernand y luego fue al de ella. No encontró ningún cuchillo. Al final, volvieron a los aposentos de Bernave.

—Tiene que estar aquí —exclamó con una mueca—. ¡Este hombre tiene nervios de acero, ya lo puedo asegurar! ¿O esta mujer? ¡Mata a Bernave y esconde el cuchillo en su habitación!

Abrió la puerta y se detuvo de repente.

Georges levantó la vista de la mesa. Los anteojos reflejaban la luz de la lámpara que había encendido y parecía distinto. Los libros estaban esparcidos a su alrededor y tenía el cuchillo, la cola, el papel y la tela a mano.

—¿Quién es usted? —le exigió Menou, sorprendido.

—Buenos días, ciudadano —respondió Georges—. Soy el ciudadano Abbas, reparo libros y los religo. La ciudadana me pidió que arreglara estos para poderlos vender a buen precio. Me ha parecido entender que el propietario falleció recientemente y sus herederos no desean conservar los libros.

—¿Cuánto tiempo hace que está aquí? —Menou parecía confuso—. ¡No le vi entrar!

—Ni yo a usted —le respondió Georges. Usted ya debía estar aquí cuando llegué. Cobro por libro, no por hora, pero llegué hace unos veinte minutos, yo diría.

—Ya veo. ¿Hay muchos libros estropeados? —Menou aún dudaba—. Me sorprende que Bernave los dejara en mal estado. Me dio la impresión de que era un hombre cuidadoso que amaba sus libros.

—En efecto —admitió Georges—. Pero un coleccionista como él compra libros que están en mal estado y los hace reparar para venderlos después.

Menou nunca había tenido libros.

—Sí... supongo que sí —accedió—. Bien, siento haberle molestado, ciudadano, pero tengo que registrar este despacho.

—Por supuesto —dijo Georges bajando la cabeza.

—¡Esto incluye la mesa!

Georges se levantó obedientemente y se apartó. Menou empezó a abrir los cajones y a revisarlos metódicamente, pero su cara estaba alterada y era evidente que estaba reflexionando sobre algo con detenimiento.

Célie no miró a Georges. El silencio llenaba el aire. El corazón de Célie iba a toda prisa y una fina capa de sudor le cubría todo el cuerpo, aunque estuviera temblando.

—¿Dónde vive, ciudadano Abbas? —le preguntó Menou sin girarse—. ¿Tiene una tienda?

Georges apenas dudó.

—En la Rue des Agustins. Antes sí tenía una, pero ya no me la puedo permitir en estos días. Trabajo para otra gente.

Menou terminó de registrar el despacho y se acercó a la librería.

El invento era peligroso. Si Menou preguntaba a cualquiera de sus hombres descubriría que Georges no había llegado hacía veinte minutos. Si hubiese estado ahí antes de que Menou llegara, Célie se lo habría dicho. Si Menou hablaba con algún otro habitante de la casa, incluso con Amandine, este no sabría como seguir la historia de Célie. Tenía que distraerle antes de que empezara a sospechar. ¿Qué le haría sospechar? ¿Se interesaría Menou por quién era Georges y por qué había venido?

El cuchillo. Pero no tenía ni idea de dónde estaba, si es que estaba allí.

¡Tenía que decir algo, en ese momento!

—Ciudadano Menou, he estado pensando mucho sobre lo que pasó.

—Es natural —no levantó la vista.

—Sobre los mensajes que Bernave me encargaba llevar.

Él continuaba sacando los libros de las estanterías y los dejaba en el suelo para poder ver qué había detrás. ¿Se podía imaginar que ella acababa de esconder el cuchillo?

—Sí —dijo con un tono un poco demasiado alto—. Sí —debía mostrarse decidida, no asustada—. Si el ciudadano St. Felix le mató, debía de tener una razón muy importante. No era estúpido, y nunca nos pareció que fuera violento, para nada. A menudo le provocaban, pero nunca perdía los nervios.

Esta vez Menou sí se dio la vuelta.

—¿Qué está intentando decirme, ciudadana?

Tenía que continuar, y poco a poco la idea iba tomando forma en su mente. Era muy arriesgado, pero, por encima de todo, más importante que la reputación de St. Felix o de Bernave era la conciencia de que Georges estaba ahí, a unos pasos, con la cabeza inclinada sobre los libros, intentando parecer ocupado al arreglarlos. Sus dedos no estaban acostumbrados a esos trabajos.

Ella respiró profundamente.

—Lo que quiero decirle es que solamente puedo imaginarme al ciudadano St. Felix cometiendo ese acto si hubiera descubierto que Bernave no era el revolucionario que afirmaba ser, trabajador de la Comuna, sino un doble espía que en realidad trabajara para los realistas.

Ahora sí que captó la atención de Menou. Su cuerpo se había tensado y el ritmo de su respiración había cambiado.

—¿Por qué creería eso? —le preguntó, con la frente arrugada.

—Siempre enviaba a St. Felix a Marat y a la Comuna, pero a los realistas iba él mismo —respondió, inventaba a medida que iba hablando, desesperadamente consciente de que Georges estaba escuchando con gran asombro, sus manos se habían quedado quietas sobre el papel.

—A nadie confiaba sus nombres —continuó—. Ni tan solo los escribía.

Sí lo había hecho, pero estaba segura de que había destruido los documentos que no eran de conocimiento público.

—¡Investigue si algo bueno trascendió de la información que dio a la Comuna, ciudadano Menou! Puede que el ciudadano St. Felix se diera cuenta de que le estaba utilizando. Era un republicano apasionado. Amaba los principios de la revolución —su voz iba ganando convicción—. Amaba la libertad y la fraternidad. Habría matado para evitar que algún realista tramara poner en el trono al rey o al conde de Artois.

Su expresión se volvió más animada, alentada. No tenía nada que perder, ya se había lanzado al vacío en un salto desesperado. No se atrevía a mirar a Georges. Otra vez movía las manos, estiraba la tela, aplanaba el papel, esparcía la cola con pulcritud.

Menou la juzgaba con intensidad, la búsqueda del cuchillo totalmente olvidada.

—Si restauran al rey en el trono —siguió—, perderemos todo lo que hemos conseguido. Nunca podríamos confiar en él. Ya nos lo ha demostrado en el pasado, una y otra vez. Solo escucha al último que tiene algo que decirle.

Menou no dijo nada durante unos segundos.

Georges continuaba manoseando el libro con la cabeza gacha, movía los dedos con lentitud y cuidado. Seguramente intentaba no hacer ningún ruido.

Célie se acercó premeditadamente al despacho y abrió el cajón del dinero. Estaba tan cerca de Georges, que su manga rozaba el hombro de él. Podía sentir su calor, el olor de su piel. El dinero estaba en el mismo lugar donde lo había visto. Tomó un *louis* y unos cuantos *sous* y se dio la vuelta hacia Georges.

—Gracias, ciudadano Abbas, por su trabajo. Creo que sería más conveniente que viniera en otro momento. Cuando hayamos encontrado a un comprador, repararemos los que faltan. Que tenga un buen día.

Georges contempló el dinero.

—Es lo que habíamos acordado, ¿verdad? —dijo ella, tragando con dificultad.

—Sí, gracias —recogió la cola, los cuchillos y los papeles en la maleta de Bernave y se levantó de la silla—. Ya sabe donde encontrarme.

—Sí, por supuesto. Buenos días, ciudadano —no debía parecer que tenía mucha prisa. Menou no podía escuchar nada distinto en su voz.

—Buenos días —farfulló.

Ella no dijo nada más. ¡Qué bien que hubiese pensado en llevarse la maleta consigo!

Él la miró un segundo más, cogió la maleta y salió por la puerta, cerrándola suavemente detrás de sí.

No podía parecer que escuchaba si la guardia le paraba y le preguntaba quién era. Quería pensar que saldría a la calle y estaría libre. Cualquier otro pensamiento era insoportable. Se concentraría en Menou, como si él fuera todo lo que importaba.

—Eso explicaría muchas cosas —dijo con un pequeño temblor en la voz; quizá Menou no lo había notado, había sido muy débil.

—No explicaría por qué simplemente no se lo contó a alguien, en vez de matarlo —dijo Menou secamente.

—Sí lo explicaría —ella le rebatió—. Si Bernave iba a la guillotina como un traidor, la casa sería confiscada y nos quedaríamos todos en la calle. St. Felix no nos habría hecho esto, especialmente a Marie-Jeanne y a los niños. No era ese tipo de persona. Sería como un crimen.

Él la miraba con firmeza, con ojos pensativos.

Ella esperó.

—Sabe usted, ciudadana, creo que es posible que tenga razón —dijo después de un rato—. Eso explicaría muchas cosas. Pero preferiría que St. Felix no hubiese huido. Si nos hubiera expuesto sus razones... —su voz se debilitó, se dio cuenta de que no había manera de remediarlo—. No, supongo que no. La casa habría sido requisada de todas formas. Y hoy en día no se puede confiar en los veredictos de la justicia.

Se sonrojó un poco, como si supiera que no debía haber manifestado esa opinión, no en voz alta.

—Yo entiendo que tuviera miedo —dijo Célie suavemente—. Para ser sincera, creo que todos tenemos un poco. Son unos tiempos tan inciertos.

—No he encontrado el cuchillo —señaló él.

—Ya. Pero si Amandine le ayudó entonces, ¿es un pecado tan grande?

—Quizá no —suspiró él—. Quizá tampoco importe tanto. La vida no es siempre ordenada, no debo permitir que mi vanidad me haga creer que puedo encontrarlo todo. Gracias por su ayuda, ciudadana Laurent.

—De nada, ciudadano Menou.

Ella abrió la puerta y la sujetó abierta para él mientras salía. Luego, con las piernas temblorosas y la boca seca, mareada por el alivio que sentía, salió detrás de él.

Capítulo XIII

Célie siguió a Menou hasta la cocina, donde el resto de la familia estaba a punto de empezar una cena demorada demasiado tiempo. Todos se quedaron mirando a Menou al entrar, con la pregunta en sus ojos.

—No —pronunció secamente—. No encontré el cuchillo. No sé qué se hizo con él.

—¿Pero todavía importa? —preguntó Monsieur Lacoste, que cortaba el pan a trozos sobre su plato. Eso era todo lo que había para cenar, junto con un par de cebollas y un poco de queso. Amandine estaba demasiado destrozada por la pena y el desánimo para cocinar, y ni Marie-Jeanne podía consolarla para que se preocupara un poco por su tarea. Estaba sentada en la mesa con sus dos hijos al lado, la pequeña dormía en lo que había sido la cesta de la leña y que ahora, cubierta con una manta, servía perfectamente como cuna.

Un golpe en la puerta trasera ahorró la respuesta a Menou. Él se acercó con grandes zancadas y la abrió de repente. Un hombre de mediana edad estaba de pie en el peldaño. No era muy alto, bastante robusto. Su pelo blanco le caía por la cara y estaba un poco pálido. Tenía una larga nariz y ojos azul claro. Su ropa tenía un buen corte y había sido bonita, pero el tiempo y el uso la habían dejado en un estado de deterioro general.

Todos se dieron la vuelta para verle, en especial Virginie, con ojos muy abiertos.

—Disculpe —le dijo el hombre a Menou muy educadamente—. ¿Está la ciudadana Laurent en casa?

—¿Quién es usted? —le exigió Menou demasiado bruscamente.

La sombra de una sonrisa pasó por la cara del hombre y luego desapareció.

—El ciudadano Lejeune, pero puede que no sepa mi nombre. ¿Tengo permiso para hablar con ella?

Menou titubeó. No tenía ninguna razón para negárselo, ni quizá la suficiente autoridad, ahora que St. Felix había muerto, pero aún tenía sospechas.

Célie no tenía ni idea de quién era aquel hombre ni qué deseaba de ella, pero no quería que se estuviera de pie bajo la lluvia. Parecía cansado, y profundas líneas surcaban su rostro enfermizo. Ella se acercó a la altura de Menou.

—Entre, ciudadano —le invitó—. Al menos quédese aquí dentro mientras el ciudadano Menou se lo piensa.

—Gracias, ciudadana —aceptó, entró y dejó de lado a Menou con una seguridad que sorprendió a Célie.

Tenía algo que le hacía diferente, parecía dispuesto a que se lo negaran. Iba vestido como si hubiera sido un mercader o un abogado que pasara una mala época y se viera obligado a mendigar. De todas maneras, en él había una dignidad que lo distinguía de los demás hombres, incluso ahí en la cocina, mientras esperaba que la guardia nacional le concediera o denegara el permiso para hablar con la lavandera. Seguramente antes era un caballero, hasta puede que un aristócrata. A lo mejor era amigo de Bernave, pero el nombre Lejeune no le sonaba de nada. No recordaba haberlo oído antes.

—Yo soy la ciudadana Laurent —le dijo—. Parece que tiene frío. ¿Puedo ofrecerle algo? Solo tenemos cebollas, queso y un poco de café.

—Gracias, ciudadana —inclinó la cabeza, y ella percibió lo blanquecina que estaba su piel—. Quisiera ofrecerle mis más sentidas condolencias por la muerte del ciudadano Bernave —continuó—. Me apenó mucho oírlo por casualidad en la calle.

Virginie todavía estaba mirándole absorta, con los labios entreabiertos.

—¿Qué es lo que quiere de la ciudadana Laurent? —Menou le preguntó secamente—. Ha habido otra muerte en esta casa y no es momento de molestarles con cosas de poca importancia.

—¿Otra muerte? —dijo Lejeune en voz baja, una nota de sorpresa—. Siento mucho enterarme de eso. Les acompaño en el sentimiento.

Virginie se acercó un poco más a su madre.

Fernand la miró, luego a Lejeune.

Célie se acercó al fogón para servirle una taza de café a Lejeune. Era un café flojo, con poco sabor y todavía menos aroma, pero como mínimo estaba caliente. Se lo llevó y él lo aceptó. Cogió la taza con una sonrisa y se calentó las manos. Ella vio que estaban azules por el frío. Se volvió hacia Menou.

—El ciudadano Bernave solicitó mis servicios como sastre para modificar el abrigo de un caballero que tiene que irse de París... para cambiar de aires...

—Pero pidió hablar con la ciudadana Laurent —le señaló Menou.

—¡Y usted ya sabía que Bernave había muerto! —añadió Fernand.

—La ciudadana Laurent es la lavandera, ¿verdad? —preguntó Lejeune humildemente—. Me imaginé que era ella la que estaba al cargo de estas cosas.

—Supongo que sí —concedió Menou—, pero usted dijo que fue Bernave el que solicitó sus servicios, y ahora ya no los necesitará.

Fernand también examinaba al hombre con los ojos entornados, confundido.

—No era para él —dijo Lejeune poco a poco, claramente incómodo por el tema, pero sin intención de dejarse avasallar—. Deseaba saber si ese caballero todavía necesitaba que le hicieran el arreglo.

Estaba muy blanco y parecía agotado, como si hubiese andado kilómetros para llegar en medio del frío y sin comer.

Quizá necesitaba el trabajo desesperadamente. Célie sintió una punzada de lástima por él. Si Bernave le había ofrecido el trabajo, ella intentaría que su deseo se cumpliera. El pobre hombre parecía estar al borde de la desesperación. ¿Pero cómo podía aceptarlo en nombre de Bernave? No tenía ni idea de qué estaba hablando, o de quién era el hombre que quería el arreglo en su abrigo. Intentó recordar si había alguna nota entre los documentos de Bernave. ¿Pero por qué debía estar ahí, si solo era un servicio para un amigo?

—¿Cuál era el nombre de ese caballero? —le preguntó Célie.

Menou la miró, luego a Lejeune, esperaba.

Lejeune titubeó. Parecía extrañamente indeciso.

—¿Cuál era su nombre? —repitió Fernand con mayor dureza—. A lo mejor encontramos algo si buscamos entre los papeles de Bernave.

Lejeune se agarraba con tanta fuerza a la taza que los nudillos resaltaban, blancos.

—Tendré que mirar entre las notas —interrumpió Madame Lacoste, avanzando un paso—. Debía de ser un trato en privado, un gesto de amabilidad hacia un amigo. No encuentro ninguna nota que hable de un servicio de sastrería para arreglar un abrigo ni para quién puede ser. Pero me atrevo a decir que ese caballero aparecerá y preguntará —miró a Lejeune—. Quizá al saber de la muerte de Bernave ha dejado un tiempo considerable antes de venir a decirnos algo.

—Yo creía que... que el asunto... era urgente —tartamudeó—. Seguramente lo entendí mal.

Miró a Célie, implorando su ayuda, pero ella no tenía ni idea de cómo ayudarle. No tenía dinero para ofrecerle algún otro encargo. Ella misma se cosía su propia ropa, era parte de su trabajo. Y en esta casa nadie se podía permitir los servicios de un sastre, ni se necesitaba ahora.

—Lo siento... ciudadano.

—Por supuesto —bajó la cabeza levemente. Era un gesto grácil, anticuado—. Ya lo entiendo. Una persona muere y se tiene que cambiar lo que se había planeado —dejó la taza encima de la mesa y se dio la vuelta para marcharse, con los hombros abatidos por la derrota.

Las palabras de él resonaron en su cabeza: ¡se tiene que cambiar lo que se había planeado!

Era un hombre de mediana edad, tirando a corpulento, no muy alto. Se había fijado en sus ojos más que en su nariz o su boca, la mandíbula prominente. Podría ser que...

—¡Ciudadano Lejeune!

Él se dio la vuelta lentamente.

¿Se arriesgaría? Georges le dijo que había encontrado a otra persona, que no era perfecta, pero sí mejor que nada. Ella estaba contemplando al hombre perfecto en ese preciso instante. Todo dependía de eso. Tragó aire, sentía el latido de su corazón desbocado. Se acordó de los nombres en los salvoconductos que había encontrado en el despacho de Bernave.

—Me parece que el ciudadano Bernave sí me comentó algo de eso. ¿Podría ser... —apenas podía respirar— ...para el ciudadano Briard?

Todos los ojos estaban puestos en ella, incluso Menou, pero no le pareció que él lo reconociera, ni un destello de comprensión.

Lejeune la miró con total serenidad, sus ojos de azul claro brillantes y despiertos otra vez.

—Sí, ciudadana. Creo que ese era el nombre. ¿Sabe usted si el ciudadano Briard todavía tiene planes de marcharse de la ciudad?

—Sí —respondió con más firmeza de la que quería—. Yo... eso creo.

Rezó para que él entendiera por qué ella estaba dudando. No quería que pareciera que sabía más cosas de las que podía explicar. Todavía estaban todos mirándola. Notaba como les escuchaban, valorando lo que decía y especulando qué era lo que significaba en realidad.

—¿Tú sabes quién es Briard? —le preguntó Fernand, con la frente arrugada.

Estaba atrapada. Si decía que no, parecería que mentía, porque acababa de decir que se había acordado. Si decía que sí, le harían preguntas, y no sabía nada de nada. Si se lo inventaba, al menos Madame lo sabría y sospecharía de ella.

Ellos estaban ahí, esperando, examinándola.

Menou también tenía el ceño fruncido.

—Yo... oí al ciudadano Bernave hablar de él —dijo con una nota extraña—. No sé qué pasaba, pero sé que era importante para él.

—Pero acabas de decir que tenía planes para marcharse de la ciudad —le señaló Fernand. La sospecha brillaba en sus ojos.

¡Célie deseaba ansiosamente que alguien la sacara de esa situación, la rescatara, dijera algo! ¡Cualquier cosa! Pero Amandine tenía la cara cenicienta, demasiado absorta en su dolor para pensar, y menos para ayudarla. Y St. Felix estaba muerto.

Se tendría que despabilar sola. Al menos había conseguido que Georges escapara. Tal vez ahora, al final, cuando ya no tenía importancia, había conseguido su deseo de ser tan valiente, encantadora y aguda como Madame de Staël.

Se volvió y miró directamente a Fernand.

—¿Por qué debería cambiar sus planes, si tenía pensado marchar? Yo solo sé lo que al ciudadano Bernave le importaba, que era un hombre que estaba por la revolución, por la igualdad entre las personas, por la libertad de todos para desarrollar nuestros talentos y mejorar nuestras vidas y por una justicia igualitaria. Quería terminar con el hambre y el miedo y todo ese dolor innecesario. ¿Verdad que sí, ciudadano Menou?

—Es cierto —admitió Menou, la ansiedad iba desapareciendo de su rostro—. Era un gran hombre. Si el ciudadano Briard es un amigo suyo y él deseaba ayudarle, debemos hacer cumplir sus deseos. Ha hecho bien, ciudadana.

Había un rastro de admiración en la voz de Menou. Pero él no podía ni imaginar la ironía de la situación.

—Gracias —le dijo con recato sin mirarle a los ojos y volvió hacia Lejeune—. Ya le diré algo del abrigo y de... del ciudadano Briard, y le haré saber qué es exactamente lo que hace falta. ¿Dónde le puedo dejar el mensaje?

—Yo voy y vengo —le contestó—. Ya no tengo mi tienda. Hay una mujer que vende café en la esquina de la Rue Mazarine con la Rue Dauphine. Si se lo deja dicho, ella me avisará.

—Eso haré.

Él sonrió y se dio la vuelta otra vez para irse.

—¡Ciudadano!

Se giró.

—Gracias... por venir.

Qué absurdo. Iba a entregar su vida por su gente, ni tan solo en la guillotina, sino para que una multitud rabiosa le despedazara, y ella le decía «Gracias por venir», como si fuera un acto de cortesía. ¿Pero qué otra cosa podía decirle, delante de los demás?

—No es nada —dijo en voz baja, abrió la puerta y emergió al patio, estava lloviendo.

Menou se fue unos instantes después.

Cuando se hubo marchado, ellos se pusieron a preparar la cena. Fernand estaba muy callado, apenas hablaba con nadie. Monsieur Lacoste comentaba los trozos de noticias que había oído, lo tranquilos que estarían ahora que podían entrar y salir a sus anchas.

—Siento mucho lo del ciudadano St. Felix —añadió, y en su voz había una sinceridad que Célie no podía ignorar.

Nadie respondió.

Célie estaba deseosa de subir al cuarto de St. Felix y buscar los salvoconductos. Él era quien los tenía y, sin esos documentos, haber encontrado a Briard, Lejeune o quien quiera que fuera ese hombre en realidad no serviría de nada. Había observado a Menou registrar la casa buscando el cuchillo sin éxito. En especial se había fijado en sus movimientos mientras buscaba en la cómoda de St. Felix, bajo la cama, en el estante lleno de libros, donde podían estar entre las páginas, pero un cuchillo no.

Miró al otro lado de la mesa a Amandine. Parecía un fantasma, como si su espíritu hubiera abandonado el cuerpo y no quedara más que una carcasa animada por la voluntad, pero sin corazón ni esperanza. Célie deseaba poder consolarla, pero ¿qué podía decirle? Quizá luego, después de mañana, cuando no se tuvieran que preocupar más por ser valientes, podría contarle lo que Renoir le dijo de Bernave. Entonces tal vez comprendería por qué St. Felix había clavado el cuchillo en la espalda de Bernave, en vez de en la espalda del rey, y todo lo que había perdido en ese acto. No era un acto noble, ni sensato, ni valiente... pero era comprensible. Amandine, de entre todas las personas, era compasiva. Ella lo entendería enseguida y le perdonaría.

Célie no podía seguir sentada. Excusándose, se levantó y subió al cuarto de St. Felix. Cerró la puerta y se quedó de pie, pensando: ¿en qué libro habría escondido los salvoconductos? Debía imaginarse la posibilidad de que Menou le arrestara. Por eso había huido. ¿Tuvo tiempo para acordarse de los salvoconductos? ¿Estaba aterrorizado? Pero Menou podía haber registrado el dormitorio antes de eso. Debía haberlos escondido en un lugar seguro desde el comienzo.

Dio una ojeada a la estancia desnuda. Tenía tan poco de la esencia de ese hombre. Se acordó que lo mismo había pensado cuando estuvo ahí con Menou. Nada personal, a excepción de los libros.

Había una docena. Había llegado al penúltimo y empezaba a desesperar, cuando escuchó un ruido en la puerta y quedó helada.

Era Amandine, con ojos acusadores.

—Estoy buscando los salvoconductos —murmuró molesta—. ¡No podemos hacer nada sin ellos!

—¡Oh... ! —los hombros de Amandine se relajaron—. Ya entiendo. ¿Los has encontrado?

—No —respondió y zarandeó el libro.

No cayó ningún papel de dentro. Lo devolvió a su sitio y cogió el último, la traducción de Dante, y lo hojeó, luego lo sujetó por los extremos de las cubiertas y lo sacudió. Nada. Le invadió el desencanto. ¡Se los debía haber llevado encima! No podía saber que le iban a disparar.

Muy a su pesar, se le llenaron los ojos de las lágrimas.

—No están aquí —tragó saliva, lo puso en su sitio y escondió la cara. Se pasó la mano por las mejillas para secarse las lágrimas. A Amandine no le convenía nada verla llorar.

—Tengo que ir a decírselo a Georges. Tal vez pueda hacer algo. Yo no sé qué más puedo hacer.

—Le diré a Madame que has salido a por algo —dijo Amandine simplemente—. Queso... no sé...

—Gracias —Célie se puso de cara a Amandine y se esforzó en sonreír un instante—. Gracias. Veré si también encuentro jabón... cebollas... ¡o lo que sea!

La lluvia había cesado finalmente. En el cielo aparecían retazos de azul, y algunos destellos de sol se reflejaban sobre la acera y danzaban sobre la superficie de los charcos. Pero el viento todavía soplaba con fuerza y servía de excusa para andar rápido por la calle, sin mirar a izquierda ni a derecha. La cara de Célie estaba oculta, lo suficiente para que nadie la reconociera cuando dobló la esquina del pasaje, a menos que vieran un reflejo de su pelo claro. Hacía demasiado frío para pasearse, y dentro de poco la luz habría desaparecido. Mañana por la mañana el rey moriría. Esta noche todos tendrían algo en qué pensar, temer o celebrar. Los cafés estaban llenos. La gente hablaba, bebía, gesticulaba enérgicamente y hacía predicciones, promesas, amenazas. Se podía oler el miedo en el aire.

El sol brillaba dorando los tejados, y las sombras eran negras cuando Célie llegó al piso. Subió las escaleras, tanteando el camino en la penumbra, y al llegar arriba llamó a la puerta.

Georges abrió, la vela encima de la mesa detrás de él daba tan poca luz que le reconoció por el perfil de la cabeza.

—¿Célie? —la voz más aguda por la sorpresa, a la vez placer e inquietud—. ¿Qué pasa?

Dio un paso atrás para que ella entrara en la buhardilla.

Cerró la puerta detrás de si.

—¡Briard ha venido a casa!

Se quedó quieto, dio la vuelta muy lentamente con los ojos agrandados.

Ella le observó concienzudamente, observando el mínimo cambio de expresión o movimiento de su cuerpo.

—Precisamente después de que te marcharas —continuó—. Fue muy discreto, pasó un siglo antes de darme cuenta de quién era. Pero en realidad se parecía al rey. Será perfecto.

Titubeó.

—¿Qué?

La voz de Georges se quebró con una emoción que ella no podía descifrar, pero era tan intensa que le hacía temblar de la cabeza a los pies. No veía sus rasgos bajo la luz tan tenue.

—Me cayó bien —dijo ella muy flojito—. Ya sé que es una tontería. Solo hablé con él unos minutos, pero me duele pensar lo que sufrirá. Y él ya lo sabe.

Quería que Georges lo entendiera. Él no dijo nada, porque no había nada que decir.

—Pero no tenemos los salvoconductos —se apresuró a explicarle, antes de que él se hiciera ilusiones, destrozada por tener que darle esas malas noticias—. Busqué en todos los rincones del cuarto de St. Felix, incluso después de que Menou se fuera, pero no estaban allí. Debió llevárselos para que no los encontrasen. Necesitamos esos documentos para sacar al rey de París, para pasar las secciones líderes, si están todavía de servicio. Van a mandar a cada hombre disponible en las secciones detrás del rey, en todas direcciones.

—Yo sé lo que ha pasado con los salvoconductos. St. Felix se los llevó al huir de casa. Ya no existen —su tono era distinto ahora, había un entusiasmo, incluso una oleada de alegría que no podía esconder—. Puede que nos escabullamos en medio del barullo, pero lo dudo —continuó con más énfasis—. La cabeza de alguien ha de llenar la cesta y no será fácil sustituir a rey. Todos los que se marchen de París serán considerados sospechosos, especialmente los hombres mayores y gordos, los caballeros que parezcan enfermos y asustados.

Parecía que no había solución. Célie tenía frío en esa buhardilla lúgubre iluminada por las últimas luces del día invernal, que se iba apagando sobre los tejados y que apenas llegaba a la ventana. No se oía ningún sonido ahí arriba, solo el crujir de la madera que se asentaba y un finísimo hilo de viento. Estaban alejados del bullicio y de las disputas de la calle, aunque no de la desesperación, y menos aún del hambre.

—¿Quién nos podrá conseguir esos documentos ahora? —preguntó sosegadamente—. ¿Podemos falsificarlos nosotros mismos? ¿Tienen que ser perfectos?

Su respuesta fue inmediata, con un toque de divertimento.

—Sí. Tienen que ser auténticos, una firma verdadera que nadie se atreva a discutir.

—¡Bueno, no se lo pediremos a Robespierre! —dijo secamente—. Ese sospecha de todo el mundo. Haría mil preguntas, querría saber todos los detalles y luego diría que no.

Se acordaba de su pequeña cara, venenosa, la vehemencia que la consumía.

—Está obsesionado con purificarlo todo. Y no parará hasta acabar con todos, a menos que alguien le detenga. ¡Siempre habla de «la virtud del pueblo», pero a veces me pregunto si se da cuenta de que la gente real, de verdad, existe; si reconoce que tenemos sentimientos que nos duelen o nos decepcionan y que son importantes!

Al recordar la cara de Monsieur Lacoste, sintió una intensa punzada de furia, tan violenta que le revolvió las entrañas; Lacoste, con su fe ciega, todas sus esperanzas volcadas en un hombre que no le reconocía, ni a él ni a nadie como él, individuos de carne y hueso que sangraban y que tenían sueños que realizar.

—¡Y pedírselo a Marat, ni lo pienses! —añadió—. Todo lo que piensa es en la sangre, ríos de sangre, mares. Lo único que le preocupa son los comuneros, y ellos solo piensan en sus platos vacíos.

—No tienen la culpa, pobre gente —respondió Georges con una súbita compasión—. Se lo pediremos a Danton. Aún es el más cuerdo, lo más parecido a un hombre corriente. Es un hombre accesible, y ahí reside la diferencia. Un patriota, no un enamorado de los sueños, sino de la realidad. Ese es el problema de los demás.

Señaló la silla y ella se sentó. Él hizo lo mismo en el colchón que estaba frente a ella. Sus labios esbozaron una sonrisa.

—¿Has leído a Rousseau, Célie?

Ella dudó. ¿Debía decirle la verdad? Sus padres lo recitaban y tomaban sus textos como si fuera un profeta iluminado, y ella lo había rechazado con antipatía, echándole la culpa de las obsesiones de sus padres. Aunque Madame de Staël y sus amigos hablaban de él a menudo con respeto, no habían conseguido cambiar su determinación de no leer nunca nada que hubiera escrito.

Sabía que todos apreciaban la amplitud de miras de sus ideas, su originalidad y su sensibilidad. Incluso los que no estaban de acuerdo sabían algo de su pensamiento. La mitad de los sueños de la revolución se habían encendido por su idealismo, la creencia en un mundo mejor basado en la noble e innata naturaleza del hombre, si era educado de manera correcta y liberado de la opresión y la injusticia. Había oído decir que Robespierre le admiraba fanáticamente, como tantos otros de los líderes revolucionarios, a excepción de Danton.

Georges no estaría muy orgulloso de esa testarudez infantil, y su desaprobación le dolería interiormente. Ya le había demostrado que poseía valor, lealtad, imaginación, que era rápida de reacciones. Pero eso no la liberaba de la necesidad de afecto, para la que no veía final. El dolor sería más profundo si él la consideraba ignorante o estúpida, o si sabía que se esforzaba demasiado.

—No has leído nada —la voz de él le cortó el curso de sus pensamientos.

El rubor le tiñó las mejillas. Tendría que haber sido sincera. Estaba furiosa con ella misma. ¡Qué tontería!

—No —le contestó enseguida—. Estaba pensando en las cosas que he oído decir a la gente sobre él. Supongo que debería leer algo, para entender lo que está pasando, pero siempre he creído que no me gustaría.

—¡Estoy convencido de que sí! —dijo con una explosión de humor, la risa había invadido sus ojos en un intento desesperado de trivialidad alejada de la realidad.

—Tú tienes demasiada experiencia del mundo para que te convenzan esos que van por la vida enamorándose del espíritu de otros —continuó Georges, su voz cargada de escarnio—. Quejándose y discutiendo, sintiendo lástima mutua, pero sin alcanzar nunca algo tan natural como tocar al otro.

Eso no era lo que ella pensaba que era enamorarse. El amor es gozo que se abalanza sin control, el corazón te ahoga, la sensación de no ser correspondido parece el infierno. Es lo que te da coraje para hacer lo imposible, convierte las cosas más corrientes en algo mágico y convierte a la otra persona en algo tan querido que, si está en peligro, te quedas aterrorizado. Por encima de todo significa contacto, aunque solo sea en sueños.

¡Pero no quería que él supiera que pensaba así!

Él contemplaba su cara.

—Mucha gente está descontenta de su trabajo, sin saber exactamente por qué —continuó, su voz cargada de burla y sorpresa—. Todos tienen el alma hambrienta, pero nadie tiene la inteligencia o el instinto físico necesarios para reconocer que el amor, su poder y su alegría, su dolor y su dulzura, su absurdidad, son la respuesta.

Era la primera vez que le oía hablar de amor. Tenía miedo de lo que le diría, pero no podía admitirlo. Necesitaba saber más, fuera lo que fuese. La impresión que tenía de Rousseau era la de una emoción que no comprendía, y además no compartía.

—Yo creía que todo el mundo se enamoraba —le cuestionó, intentaba mantener la voz serena, la urgencia y la emoción alejadas de sus ojos.

Él lo ignoró con un ademán desdeñoso.

—No el amor de verdad, el que es dar y recibir, el que proporciona satisfacción; solo una angustia que siempre va, pero que nunca llega —seguía mirándola intensamente—. Da igual, cada vez que están a punto de hacer algo, se quedan parados y filosofan durante páginas y más páginas.

—¿No será porque es un filósofo? —le preguntó mientras sentía que se expandía un calor dentro de ella.

Se acordó de un admirador ardiente en el salón de Madame, que hablaba de la pureza de los personajes de Rousseau, su nobleza y su castidad. ¿Eso era lo que Georges veía en ellos? ¿Lo que admiraba?

—En los tratados, sí —le respondió encontrando sus ojos—, pero no en la vida real. ¿Qué sentido tiene saberlo todo, si no lo puedes experimentar? Siempre estás cocinando, pero nunca comes.

—Ah... ya lo entiendo.

—¿De verdad? —la tocó muy suavemente, tanto que apenas notó el roce de su mano en el brazo—. Lo entenderías si leyeras a Rousseau —su voz era dulce—. Pero, por favor, no pierdas el tiempo.

Su mente iba a toda prisa con pensamientos que ni se atrevía a considerar en ese momento, imaginando no al amante soñador de Rousseau, sino a Georges, impaciente, íntimo y real.

Ahora no tenían tiempo para eso. El tiempo era algo demasiado valioso, que se gastaba. Se esforzó en alejarlo.

—¿Tú crees que se lo podemos pedir a Danton? —volvió a la inmediatez del presente.

Tenían apenas doce horas y Georges estaba en lo cierto: sin los salvoconductos, no había posibilidades. Briard se habría sacrificado por nada.

—Supongo que la única forma es decirle la verdad —sugirió Célie.

Él fijó la vista en ella, sopesando su respuesta.

—La única —dijo finalmente—. No hay nadie más. Y de todas maneras lo adivinaría. Es más inteligente que no parezca que le queremos engañar. Iré yo mismo... ahora.

Se levantó.

—¡No! —dijo ella de repente, alargó el brazo y cogió su muñeca instintivamente—. Mejor voy yo. Danton sabrá quién eres. Te podrían detener incluso antes de que tuvieras la oportunidad de contarle toda la historia... las razones... la verdad.

—¿Sabes dónde vive?

Estaba de pie a su lado.

—¡Claro que lo sé! ¡Todo el mundo sabe dónde vive Danton!

Georges parpadeó, los labios tensos. Detestaba tener que enviarla a otro encargo otra vez. Cuando le ayudó a salir de casa de Bernave, en el Boulevard St-Germain, había demostrado mucho valor, que podía ser tan lista y tan valiente como quisiera, pero aquella otra misión podía poner en juego su libertad.

Ella se volvió hacia la puerta. No quería darle más tiempo para que se lo discutiera, ni quería perder el impulso.

—¡Ve con cuidado! —la avisó, se le veía asustado.

Ella ya sabía, por la manera de coger aire rápidamente, por su voz, lo que iba a decirle. No quería oírlo. Solo haría las cosas más difíciles. Abrió la puerta.

—Siempre voy con cuidado.

Le sonrió fugazmente y se marchó.

Eran poco más de las nueve cuando Célie llegó a la Cour du Commerce, donde la casa de Danton. La noche era fresca, la débil luz de la luna refulgía en los tejados helados, que reflejaban su palidez, y las sombras de abajo eran muy oscuras. El corazón le latía tan fuerte que lo sentía en la garganta, el estómago revuelto, se estaba mareando. Tenía miedo de Danton, de su gran poder. Era como enfrentarse a una gran fuerza de la naturaleza, impredecible, capaz de destruirlo todo. Si le juzgaba mal, podían arrestarla y la mandarían a la guillotina, ¡la misma mañana que el rey!

Y si le contaba a Danton demasiado, podría adivinar los preparativos y los arrestarían a todos: a Briard, a los asaltantes del carruaje del rey... a Georges.

Estaba delante de la puerta de la casa de Danton. Temblaba tanto que su propia respiración la ahogaba. Era el momento de decidirse. Una vez hubiera llamado, ya sería demasiado tarde. Adelante: vería a Danton para pedirle un salvoconducto para que el rey escapara. Arriesgaba su vida si todo iba mal. Sería inmediato, aquí mismo, en la casa de Danton. Nadie podría ayudarla. Nadie lo sabría hasta que sería demasiado tarde.

No les volvería a ver, ni a Amandine ni a Madame Lacoste. Se sorprendió al ver cuánto le gustaba Madame. Y no volvería a ver a Georges. No era suficiente haber demostrado que podía ser tan valiente como Madame de Staël. Creía que lo era, pero era solo el principio. ¡Quería mucho más que eso! Quería amar con todo su corazón, su mente y su pasión, sentirlo todo, la alegría, incluso el dolor.

Aunque Georges nunca la hubiera visto bajo esa perspectiva —nunca como algo más que una amiga, una aliada en la causa—, intentarlo y fallar habría sido mejor que no intentarlo, ¡mucho mejor!

Pensó en los carros de los condenados y en la guillotina. ¿Sería rápido? ¿Podría enfrentarse a eso con valor, lo mismo que tantas otras personas? ¿O se humillaría a si misma y les obligaría a tenerla que llevar?

Se quedó parada en el escalón, temblando.

¿Ella creía en Dios? ¿Había algo más allá de la angustia, de ese dolor cegador, excepto el olvido? ¿Dejaría de existir? ¿Todo el amor, la pasión y la esperanza, al final no eran nada? ¿La humanidad se había engañado con ilusiones a lo largo de los siglos? Si hubiera un cielo donde Georges y ella volvieran a encontrarse, también con Jean-Pierre... todo este gran e imposible proyecto habría valido la pena.

Bernave lo creía. Lo recordaba diciendo que deseaba que el rey volviera, porque significaba que un día también la Iglesia volvería; el retorno de los sacramentos, el perdón y la esperanza que proporcionaba la creencia en lo sagrado.

¡Pero tantas cosas que él había dicho resultaron ser mentiras! ¿Qué había de esa niña en Vincennes?

Si ahora se daba la vuelta y echaba a correr, ¿qué quedaría que valiera la pena? Nada. La cobardía era una especie de traición a si misma con la que tendría que vivir el resto de su vida, cada día, cada noche.

Llamó a la puerta y al instante deseó no haberlo hecho.

Era demasiado tarde para salir corriendo. La puerta se abrió de inmediato, una mujer de su misma edad, con una cara dulce y hermosa, llena de sombras como si una gran tragedia la amenazara. Miraba a Célie inquisitivamente.

Todavía estaba a tiempo de escapar, inventar una mentira. Sin embargo, Célie habló con una voz ligeramente ronca.

—Vengo a pedirle un favor al ciudadano Danton. Es muy importante para mí y, además, es urgente, si no, no les habría molestado en casa en este momento —intentó sonreír, pero se notaba la cara rígida.

Gabrielle Danton esbozó una sonrisa.

—Tiene suerte, ciudadana. Está en casa. Por favor, pase —le abrió la puerta.

Célie entró y enseguida se dio cuenta de la calidez de la casa, esa clase de resplandor que crea una mujer que ama su casa y su familia, y que se alegra de poder cuidar de ellos. Estaba decorada con cosas sencillas, pero agradables a la vista: cojines bordados, una jarra pintada. La fragancia de hierbas aromáticas y de verduras llenaba el aire, se oía la risa de unos niños en la habitación de al lado. Era como Georges le había contado, una isla de cordura sorprendente en medio de un mundo terriblemente enloquecido.

Siguió a Gabrielle a la sala interior, donde había un fuego que ardía en el hogar. Danton estaba cómodamente sentado en la silla mayor, con las rodillas separadas y una sonrisa en medio de su cara enorme, grotesca. Nunca había estado tan cerca de él. Era más joven de lo que pensaba, poco más de treinta años. Su cabeza estaba cubierta por una mata de pelo, la piel marcada por la viruela y todo tipo de cicatrices de las travesuras propias de una infancia en el campo. Era tan corpulento que parecía que la ropa que llevaba iba a reventar, pero a la vez no había nada amenazador en él. Estaba en casa, y la felicidad que sentía flotaba en el aire.

—Esta ciudadana quiere pedirte un favor —le dijo Gabrielle—. Dice que es urgente y que es muy importante para ella.

—Pasa, ciudadana —exclamó Danton expresivamente.

Se levantó, y con un gesto le señaló una silla para que se sentara. Le dio las gracias a su mujer con una sonrisa que suavizaba su expresión, más dulce que cualquier palabra.

Gabrielle le respondió con otra sonrisa, se excusó y volvió a la cocina, donde canturreaba tranquilamente, se recogió un mechón de cabello suelto y lo sujetó con las horquillas.

Célie se sentó junto al fuego. El recuerdo de la guerra, de soldados enemigos que irrumpían en las casas, robaban y destrozaban todo, era obsceno. Ningún precio sería poco para preservar la decencia de una vida así.

Danton esperaba, observándola con curiosidad. Tenía que empezar. Era un momento arriesgado, o lo perdía todo, o lo ganaba. Le había estado dando vueltas en la cabeza, imaginaba la escena, lo que ella diría, lo que él respondería, los argumentos que le expondría. Nada le parecía lo bastante adecuado. Pero tenía que hablar.

—He estado escuchando atentamente todo lo que la gente viene diciendo últimamente —tenía la voz ronca, a veces se le escapaba un tono más agudo por el miedo.

Se cogió las manos encima de la falda para evitar que le temblaran, hasta que se clavó las uñas en las palmas.

—En la Convención, en el club jacobino y en las calles.

Él la miraba directamente a los ojos, esperaba que ella le dijera lo que deseaba en realidad.

Célie tragó saliva y levantó la vista para mirarle a los ojos. En ese preciso instante comprendió que debía ser sincera. Si no, él no la creería.

—Tengo miedo de la guerra, ciudadano Danton. Si nos invaden las monarquías que hay a nuestro alrededor, perderemos todo lo que hemos conseguido con la revolución. Arrasarán con todo y volveremos a las viejas creencias, puede que sea aún peor, y, además, serán extranjeras. ¡No serán ni franceses!

Él adelantó su cuerpo.

—Ya lo sé, ciudadana. Soy muy consciente de los peligros, ¡créeme! Amo Francia como el que más —en su rostro había pasión mientras pronunciaba esas palabras, una urgencia y un afecto que lo dejaban fuera de cualquier duda—. Lucharemos para defenderla... y moriremos por ella, si es necesario. No podemos hacer nada más.

—¡Sí podemos! —intervino Célie, de repente en ella no había ningún rastro de duda—. Si esperamos a ejecutar al rey cuando seamos más fuertes, entonces...

Una sombra de tristeza atravesó la cara de Danton.

—Yo no puedo cambiarlo, ciudadana. Si hubiera alguna posibilidad de alterar la decisión, ya lo habría intentado. Dijiste que tú misma escuchaste a la gente en la Convención, seguro que ya lo debes saber.

—Sé que no se podía cambiar con palabras razonables —admitió.

Los ojos de Danton se agrandaron, pero no la interrumpió, esperó a que ella acabara de comunicar su declaración.

Ahora era el momento. Era demasiado tarde para acobardarse. Cogió una bocanada de aire.

—Si el rey no llegara al patíbulo... si desapareciera del carruaje durante el trayecto entre la prisión y la plaza de la Revolución... —ella vio el asombro en su cara, la incredulidad en aumento. ¿La arrestaría ahora? Intentó hablar más claro y con más intensidad—. ¡Podemos hacerlo! Entonces, ni Inglaterra ni España se sentirían provocados a declararnos la guerra —acercó el cuerpo hacia él y le habló en voz baja—. ¡Tendríamos un poco más de tiempo para restablecer la paz y demostraríamos al mundo que nos podemos gobernar solos, sin rey ni Iglesia, que podemos hacerlo mejor! Podríamos administrar justicia, mantener el orden, alimentar al pueblo como cualquier otro país. ¡Pero no lo creerán hasta que no lo vean!

Paró de repente para escudriñar la cara de Danton y ver si reflejaba ira o comprensión.

—Eres muy valiente, ciudadana. Eso sí que lo puedo asegurar —su tono era bajo, cargado de sorpresa—. ¿Qué te hace pensar que una cosa así es posible?

Era la pregunta que había temido que le haría. Pero si no se la hubiera hecho, habría pensado que era un necio.

—Muchas personas se dan cuenta de esos peligros lo mismo que yo —le respondió—. Arriesgarán su vida, algunos incluso sabiendo que no tienen ninguna posibilidad de sobrevivir aunque salga bien.

Pensó en Briard y siguió con un nudo en la garganta.

—Aman Francia. Aman a nuestro pueblo, quieren todo lo que la revolución nos ha aportado, todo lo que hemos conseguido con el sacrificio de muchos. No quieren que nuestras casas sean invadidas por soldados austríacos, ni por los ingleses; nuestra tierra, nuestros campos y ciudades pisoteadas por ejércitos enemigos a los que ni les preocupa nuestro país ni lo aman.

Danton parpadeó y advirtió que había tocado su punto sensible. No añadió nada más. Que él respondiera a lo que ella le había manifestado. Ella vio la lucha de emociones en sus ojos.

—Te arriesgas mucho viniendo a decirme estas cosas, ciudadana —le dijo calmadamente—. Debes necesitar algo de mí que es vital para tu supervivencia ¿Qué es?

—Un salvoconducto para el ciudadano Briard que le permita salir de París y viajar en la dirección que él escoja.

—¿Briard? —repitió con la vista clavada en su rostro—. ¿Eso es todo? ¿Solo un salvoconducto para el ciudadano Briard?

—Sí. Joseph Briard.

—¿Le busca la Comuna?

—No. Es un hombre normal y corriente, que está enfermo y quiere marcharse de París y viajar.

Él soltó el aire muy lentamente.

—Ya entiendo. ¿Y crees que podría ser que detuvieran el carruaje de ese Joseph Briard y que mi nombre en el salvoconducto evitaría que lo arrestaran?

—Sí. Nadie dudaría de la firma auténtica del ciudadano Danton —dijo con seguridad.

Se atrevía a tener esperanzas. Sentía casi como si se estuviera ahogando, como si se debatiera entre la vida y la muerte, entre la luz y la oscuridad.

Ahora dependía de él tomar una decisión. La miró con una leve sonrisa en la boca.

—¿Supongo que el ciudadano Briard es un comerciante corriente, un hombre de mediana edad que tiene algún tipo de negocio entre la ciudad y el campo? —su mirada era firme—. La clase de negocio a la que se habría dedicado el rey si la fortuna lo hubiese colocado en otro lugar más adecuado, que en el trono de Francia.

Ella tragó saliva y asintió con la cabeza.

En la estancia reinaba el silencio más absoluto, solo se oía el crepitar del fuego. En la cocina, Gabrielle tapaba la olla, y el sonido metálico que hizo flotó en el aire inmóvil.

—Si el ciudadano Briard no pudiera salir —dijo Célie en apenas un murmullo—, entonces el salvoconducto se destruiría. En caso de que cayera en manos equivocadas.

Le observó.

—Yo tengo tanto coraje como tú, ciudadana —le respondió suavemente—, y amo Francia de la misma manera. Firmaré el salvoconducto.

Célie sintió que el calor la invadía como si hubiera estado de cara al fuego. El alivio era como una marea que lo envolvía todo.

—Gracias, ciudadano Danton —le respondió—. Pocas personas sabrán lo que le debemos.

Aunque su sonrisa era sincera, su cara parecía una gárgola.

—¡Dios mío, espero que no! No podemos hacer más que mirar adelante, ciudadana. ¡Hagámoslo con el corazón! Al diablo con nuestros enemigos.

—¡Al diablo con ellos!

Cogió el salvoconducto y se lo escondió en el corpiño. Luego se dirigió directamente a la Rue Mazarine para localizar a la mujer que vendía café y preguntó por el ciudadano Briard. Diez minutos después estaba en una pequeña habitación que daba a un patio y Briard, todavía más pálido que antes, aceptaba el salvoconducto con respeto reverente.

—Es usted muy valiente, ciudadana —le dijo muy serio—. El ciudadano Bernave hablaba muy bien de usted, pero su coraje le habría sorprendido incluso a él, estoy convencido. Que Dios la acompañe.

Le pareció muy tierno. Tan solo un día antes, incluso una hora antes, ella habría rechazado esa idea. Ahora era la mejor cosa que le podían decir. Habían emprendido una peligrosa y desesperada aventura. Necesitaba creer en un poder mayor que el suyo, en una justicia superior y un perdón más benevolente.

—Y a usted también, ciudadano —le contestó desde el fondo del corazón.

Jean-Paul Marat salió de su casa en la Rue de l'École-de-Médicine, cruzó el patio y salió bajo el arco hacia la calle. Se le unieron dos hombres que llevaban unas ropas harapientas y sucias como las que él mismo vestía. Le acompañaban para protegerle, salvaguardarle de cualquier posible ataque. Tenían la típica cara rojiza y de ojos hundidos propia de los trabajadores de las curtidurías del Faubourg St-Antoine. Los años de exposición a los duros ácidos y al álcali les había quemado el rostro; el hambre y la enfermedad habían convertido su corazón en pura voracidad, lo mismo que sus expresiones.

Siguieron a Marat unos pasos por detrás, en silencio. No era necesario intercambiar saludos, ya que se entendían entre ellos y tenían el mismo propósito. La apariencia no significaba nada, quizá el pañuelo rojo que llevaban los tres sí importaba. Solamente eso ya tenía un significado, era un símbolo de lealtad a la Comuna, pero el resto era irrelevante. No parecían darse cuenta del olor a suciedad, porque formaba parte de sus vidas, como la claridad y la oscuridad. El olor agrio a enfermedad era particular de Marat, la carne que se pudría a causa del terrible contagio, pero tenían demasiado tacto, o demasiado miedo, para mencionarlo. Puede que estuvieran demasiado acostumbrados al olor penetrante de las curtidurías para notar otro hedor.

Mañana por la mañana, Luis Capeto sería conducido a la muerte y sería el inicio de una nueva era. Después se tendrían que librar de los girondinos, estaba claro. No eran más que una molestia, un puñado de idiotas teatreros que se interponían en su objetivo. Marat era el cerebro y el centro de la Comuna. Cualquier cosa importante que ocurría giraba a su alrededor. Muy pronto, nada en absoluto le detendría.

Hacía frío y viento en la calle. La lluvia había cesado. Unas pocas estrellas brillaban en el cielo, con un fulgor apagado, y se estaba formando una fina capa de hielo sobre las piedras que hacía más difícil andar. Marat caminaba de un modo curioso, torcido, medio saltando, medio arrastrando los pies, como una rana gigantesca, porque los herpes supurantes que le cubrían el cuerpo también se le habían esparcido entre las piernas y le producían un dolor agonizante. A veces no podía evitar aullar de dolor. Los baños de vinagre le calmaban un poco, pero solo durante un tiempo.

Creyó que alguien le seguía. Se oían unos pasos al mismo ritmo que los suyos, todo el rato, unos quince metros detrás de él. No tenía miedo, solamente sentía curiosidad. Si intentaba algo, el hombre que llevaba al lado lo despacharía instantáneamente.

Se dirigían a la Rue St-Honoré por el río, hacia la Convención. Había mucha luz en las calles gracias a las ventanas de casas y tiendas, el resplandor ocasional de alguna antorcha de los soldados y, de tanto en cuanto, un carruaje con faroles. Si se daba la vuelta, desde luego descubriría quién le seguía, pero no quería hacerlo. Seguramente era alguien que iba en su misma dirección. Había muchísima gente en la calle esa noche. El nerviosismo flotaba en el aire, una especie de sensación aguda, un desasosiego, como si estuvieran contando las horas hasta llegar al amanecer, cuando triunfaría el último gran acto que acabaría con la tiranía.

Estaban cruzando el río. El agua bajaba oscura y ruidosa a través de las arcadas del puente. La oía lamiendo la piedra, cómo se revolvía y se hundía el frío hielo bajo la corriente helada, brillante, que reflejaba las antorchas de la otra orilla, fuego rojo que danzaba sobre plomo fundido.

La masa negra del Louvre se recortaba contra el cielo opaco de la noche. Marat y sus compañeros torcieron a la izquierda. Pasó un grupo de media docena de guardias nacionales con antorchas flameantes.

—¡Buenas noches, ciudadano Marat! —exclamó el jefe, que saludó posando la mano sobre el sombrero.

Marat le mandó un saludo de respuesta con la mano, como si reconociera su presencia sin demasiadas ceremonias, y continuó su camino.

Adelantaron a un grupo de hombres muy bien vestidos, prósperos y rollizos. Ellos también le reconocieron. Aunque no vieran su cara con claridad bajo la luz de las antorchas, era inequívoco su porte con andares de cangrejo.

Uno de ellos continuó hablando, como si no le hubiera visto y con la mirada desviada hacia el otro lado.

El cuerpo de Marat se tensó. Le habían insultado tan a menudo durante años de rechazo salvaje, que enseguida lo percibía. Lo reconocía demasiado bien para equivocarse.

Los hombres se apiñaron, en su afán por evitar a Marat, y uno de ellos se rascó contra la pared de la casa por donde pasaba, sin importarle si se hacía daño. Otro de ellos rió nervioso y acabó tosiendo.

El hombre que había empezado a hablar cambió de idea. Forzó una sonrisa, demasiado amplia, mostrando toda la dentadura en la penumbra.

—¡Buenas noches, ciudadano Marat! —dijo en voz alta con el timbre más agudo al final.

Marat no dijo nada, pero se quedó quieto.

—Una noche fría —siguió hablando el hombre.

Marat le miró directamente a los ojos.

El hombre agitaba las aletas de la nariz al sentir el hedor. Marat podía leer el miedo. Respiraba tan deprisa que se ahogaba en su propia saliva.

—¡Viva la República! —giró sobre sus talones y corrió calle abajo para colarse en una callejuela y desaparecer.

Marat sabía que no tenía ninguna intención de ir por allí. Esa callejuela no tenía salida. Sus compañeros se apresuraron a seguirle.

Marat acabó el trayecto erguido, con tanta dignidad como pudo, pero en su aire había menosprecio. Sabía que las palabras que le decían expresaban miedo, no sinceridad, y les despreciaba por eso.

Ya había visto antes esa tensión en la cara de las personas: el halago hipócrita, el acuerdo indiferente, los ojos que odiaban cruzarse con los suyos y que a la vez no osaban apartarse. A veces se preguntaba si algo de lo que le decían era cierto. Era agotador vivir entre tanto terror y tantas mentiras, evasión, ese estado constante al borde de la histeria.

Por eso adoraba a su amante, Simone Evrard. Ella no tenía ninguna ambición ni opinión política. Ella veía su lado más humano y hermoso, no al médico, ni al escritor, ni al vengador de los oprimidos, ni al político demagogo, el terror de los girondinos, sino a un hombre con pasiones y flaquezas como cualquier otro.

Se estaban acercando a la Convención y se oía más bullicio en la calle. El viento enarbolaba el humo de las cuatro antorchas, y ese olor penetrante a brea impregnaba la garganta, pero no era desagradable.

Marat dio la vuelta y entró por el portal del edificio de la Convención. Sus dos matones le siguieron muy de cerca, aunque ahora ya estaba a salvo. Casi todos los diputados estaban reunidos debatiendo, borrachos de escuchar sus propias voces, como era habitual, profundamente sumidos en la lucha por el poder dentro de sus propias facciones.

El hombre que le seguía por la calle también entró, algo indeciso, inseguro de si podía estar ahí o no. ¡Eso quería decir que sí estaba siguiendo a Marat!

¿Pero por qué? No había razón para sospechar que hubiera algún problema. Posiblemente era otro ciudadano impaciente por escuchar el debate y compartir ese momento histórico.

Un hombre grueso con poco pelo se acercó a Marat, anhelante, sus ojos brillaban bajo la luz de las antorchas.

—Ciudadano Marat —le dijo ansioso—. Le ruego un minuto o dos de su tiempo, si fuera tan amable.

Las palabras eran absolutamente ridículas, Marat nunca había sido amable en su vida. La rabia creció dentro de él, le quemaba como la lava, calcinando todo lo que tocaba.

—¿Qué quieres? —le preguntó.

Su voz era áspera y sonaba a una extraña mezcla de acentos. No podía olvidar que su padre era suizo y su madre era sarda. Sabía leer y escribir en inglés, italiano, holandés y alemán y, por supuesto, también en francés.

—Ciudadano Aulard —se presentó el hombre.

Marat estaba impaciente. Gesticuló bruscamente con las manos, los dedos cortando el aire, pasaba el peso de un pie a otro.

—¿Qué quieres? —repitió.

—Su consejo, ciudadano —respondió Aulard.

En su voz había un timbre de seguridad. Si tenía miedo, lo ocultaba muy bien.

—La mayoría de los hombres cultos han volado de París, como si fueran culpables y tuvieran algo que temer —se encogió de hombros—. Y, ¿quién sabe? Quizá tenían razón.

Vio como la furia de Marat iba en aumento.

—Pero nos hemos quedado sin hombres de conocimiento, hombres leídos, con una mente inventiva y sutil en las ciencias.

En contra de su voluntad, Marat estaba atrapado.

Aulard lo reconoció. Sabía que sus elogios habían surtido efecto. Marat ya no tenía sed de poder, esa ya estaba saciada, pero nada podía calmar su hambre de gloria, del reconocimiento que creía que le habían negado toda su vida. Había publicado volúmenes de escritos sobre los temas más variados, óptica, electricidad y la naturaleza del alma humana. La Academia Francesa los ignoró todos categóricamente. Pero él tendría su venganza. A partir de mañana haría lo que más le apeteciera.

—¿Qué es lo que puedo hacer por ti? —le preguntó a Aulard cuando por fin se tranquilizó.

La sombra de una sonrisa tocó los labios de Aulard.

—Tengo un plan para empezar un tratamiento con los soldados de nuestro ejército que han sufrido amputaciones en la batalla —le respondió—, pero no puedo convencer a los médicos de la Escuela de Medicina para que me escuchen. Son cerrados de miras...

Marat asintió con la cabeza.

Aulard sabía que había captado toda su atención, incluso su comprensión. Había sido muy fácil. Era como ofrecerle caramelos a un niño hambriento. Con todo su poder y su furia, Marat era todavía vulnerable, su dolor estaba expuesto al desnudo.

¿Marat vulnerable?

Dominaba la Comuna a través del terror y la Comuna era la que gobernaba París en realidad y, por tanto, también Francia. Marat levantaba la mano y mandaba a quien le pareciera a la guillotina.

—No han aprendido nada ni han ideado nada nuevo en los últimos veinte años —continuó Aulard.

Sabía exactamente qué debía decirle. Seguramente había investigado acerca de la carrera de Marat. Conocía los interminables trabajos que había publicado, se imaginaba a Marat encorvado sobre su escritorio, redactando textos a la luz de las velas durante dieciocho o veinte horas al día, viviendo con lo mínimo, esforzándose hasta la extenuación en ser reconocido, explorando cada vía de conocimiento a la que podía aspirar, y siempre le excluían. De su pluma había salido volumen tras volumen, cada uno de ellos ridiculizado y repudiado.

Había subsistido ganándose la vida como médico en lugares tan diversos como en casa del conde de Artois y en la población de Pimlico, en las afueras de Londres. Siempre impulsado por la pasión de que se reconociera su genialidad. La derrota le había vuelto amargo, provocado disputas, despidos y, al final, persecución cuando se alió con los desesperados, los hambrientos y los desposeídos. Su rabia intensa y abrasadora por la miseria de esa gente era su propio dolor por el rechazo sufrido.

Pero todo eso había terminado. Nadie volvería a despreciarle.

Por el rabillo del ojo vio al hombre que le venía siguiendo por la calle: un tipo de unos treinta años, un hombre muy corriente, con el cabello castaño e indumentaria de trabajador, muy gastada.

—Su opinión médica tiene más peso entre ellos que la mía —Aulard le convencía—. Si pudiera considerar un instante mis planes, ciudadano, y fuera capaz de recomendarlos, entonces los demás también se los tomarían en serio.

—Déjame verlos —accedió Marat—. Tráemelos a casa mañana.

—Gracias, ciudadano —dijo Aulard entusiasmado—. Su ayuda lo es todo para mí… y para esos pobres hombres que han sufrido en sus carnes por patriotismo.

Su cara estaba radiante por la perspectiva de victoria, su sonrisa más amplia, los hombros relajados.

El hombre del cabello castaño se acercó hasta casi la altura del codo de Marat.

—¿Será gratis para los buenos ciudadanos que han ofrecido sus servicios aquí en París? —preguntó.

Aulard le miró fijamente.

—¿Y tú quién eres? —le exigió enfadado—. ¡Estoy hablando con el ciudadano Marat! ¿Cómo te atreves a interrumpir? El ciudadano Marat no quiere saber tu opinión.

—Fernand Lacoste. ¿Por qué le importa saber quién soy?

Aulard se volvió hacia él.

—¡Espera! —saltó Marat alzando la mano, y se volvió hacia Aulard—. ¿Será gratuito? ¿O te vas a hacer rico, ganarás dinero y fama?

—Solo quiero el bienestar de mis conciudadanos que han sido heridos en su lucha por la libertad —respondió Aulard sentenciosamente.

A Marat no le tomaban el pelo dos veces.

—¡Muy bien! Llévaselo al ejército. Si ellos pueden recomendarlo, a mí ya no me necesitarás. Ve y díselo a Pache —no sabía cómo había pasado, pero tenía el presentimiento de que le habían utilizado.

Aulard había tenido suerte de salir ileso. Se volvió hacia Fernand.

—¡No olvidaré su interrupción, ciudadano! —escupió las palabras.

—Lo que debes olvidar es que viniste a contármelo —le rebatió Marat—. No me gusta que me utilicen, ciudadano Aulard.

Aulard se quedó blanco, inmóvil durante unos momentos, giró sobre sus talones y se marchó deprisa. Marat se quedó solo en el pasillo con Fernand Lacoste.

El hombre estaba nervioso, angustiado. Vislumbró a Marat como si estuviera en trance.

—¿Qué te pasa, ciudadano? —Marat hablaba muy flojito, su voz era apenas un siseo—. Me has venido siguiendo desde los Cordeliers. ¿Qué quieres?

Lacoste se puso pálido, pero no se echó atrás. Se humedeció los labios.

—Algo va mal —le dijo agitando la cabeza ligeramente, el ceño fruncido—. No sé qué es, pero debe tener algo que ver con el rey.

—El ciudadano Capeto —le corrigió Marat, pero no le dio importancia.

Sabía que no se debían ignorar los rumores, los cotilleos. Personas como ese hombre eran los ojos y las orejas de la revolución.

—El ciudadano Capeto —repitió Lacoste obedientemente—. Vivo en el Boulevard St-Germain, en una casa grande. Pertenecía al ciudadano Victor Bernave —hablaba muy deprisa, casi farfullaba. Quería contárselo todo, pero temía perder la atención de Marat.

Marat lo sabía y esperó. Seguramente no sería nada, pero podía ser importante.

—Pero le asesinaron —continuó Lacoste—. Ahora es de mi esposa.

Estaba claramente incómodo. Había dicho algo que no tenía intención de manifestar. Marat podía verlo en sus ojos.

—¿Qué tiene eso que ver con el ciudadano Capeto? —le preguntó.

A pesar de su nerviosismo, Lacoste no bajó la mirada ni un milímetro.

—Algo estaba pasando en esa casa ya hace tiempo, antes de que mataran a Bernave. Pensaba que eran cosas de dinero. Tenía negocios de telas y le iba bien. Había gente que iba y venía a traer encargos a todas horas. Hoy vino un hombre por la puerta de atrás, contando no sé qué historia sobre que era sastre y que Bernave le había encargado retocar un abrigo para no sé quien, y que esperaba que le dieran el trabajo ahora, aunque Bernave hubiera muerto.

Marat empezaba a perder la paciencia. Era tedioso y no tenía ninguna relevancia.

—Mi hija le miraba como si no pudiera quitarle los ojos de encima —continuó Lacoste—. Tiene seis años. Después le pregunté por qué. ¡Luego me di cuenta!

—¿De qué? ¡Todavía no me has dicho nada que tenga sentido! —explotó Marat.

—¡El rey! ¡El ciudadano Capeto! —respondió Lacoste con urgencia—. ¡Ese hombre era clavado a él! Y venía a retocar un abrigo para un hombre que se iba de París uno de estos días. No sé lo que significa, ciudadano Marat, pero me pareció que tenía que saberlo.

Las ideas se arremolinaban en la cabeza de Marat. Así que al final iba a resultar que ese hombre no era un loco. Un hombre de mediana edad que se parecía a Luis Capeto, gente que hacía planes y proyectos, que iban y venían a todas horas. Victor Bernave era un hombre astuto, escurridizo, no se podía confiar en él. Mejor que estuviera muerto.

—Has hecho muy bien en venir a contármelo, ciudadano —dijo Marat esforzándose por ser amable—. ¿A quién más se lo has contado?

—¡A nadie!—exclamó Lacoste con sentimiento—. ¿Quién más podría hacer lo que es mejor para el pueblo?

—Nadie —admitió Marat.

Perfecto. Si nadie más lo sabía y había alguna trama, como parecía ser el caso, él mismo la desenmascararía. Utilizaría a los hombres de la comuna, gente de su confianza. Los girondinos eran unos inútiles. Discutirían entre ellos y no llegarían a ningún acuerdo, como siempre. Estarían demasiado ocupados en obtener una victoria personal antes que en tomar una decisión... como una sala de damiselas asustadas correteando y topando entre ellas cuando alguien gritaba «¡Fuego!».

Danton no era nada mejor. Era codicioso e indeciso. ¡Hasta había intentado salvar la vida del rey en octubre! Era un zopenco, ¡un bufón! Tenía la revolución en los labios, pero no en el corazón.

Y Robespierre no tenía corazón en absoluto, ese gusano de hielo. Todo lo que quería era obtener más gloria para si mismo, aprovechar la situación para subir otro escalón más arriba en la escalera del poder.

Marat idearía una solución él solo. No confiaría en ninguno de ellos, en nadie más.

—¿Qué más has visto? —le preguntó a Lacoste—. ¿Quién viene a tu casa? ¿Quién sale? ¿Qué es lo que has oído?

Los ojos de Lacoste se agrandaron.

—¿Entonces cree que es verdad? —con voz temerosa.

—¡Tal vez! —contestó bruscamente.

No quería que Lacoste pensara que era trascendental, que se diera humos de exagerada importancia. Marat le clavó una mirada feroz, ardiente.

Lacoste le contó todo lo que se le ocurrió o que recordaba obedientemente, como un alumno que repetía una lección.

—Gracias —dijo asintiendo cuando Fernand hubo terminado—. ¡No le digas nada a nadie! Has hecho lo correcto. Ahora ve a casa y guarda silencio.

—Sí, ciudadano Marat —le prometió Fernand.

Al ver que Marat le daba permiso para marcharse, giró sobre sus talones y huyó.

Marat entró en la sala de la Convención, su mente bullía con mil ideas. No se dirigió a los asientos de los diputados, sino al balcón frontal, donde los espectadores se juntaban a ver y escuchar los parlamentos.

¿Quién tendría suficiente valor e inteligencia para planear el rescate del rey de las fauces de la guillotina? Los realistas seguro que no. No había ni uno que tuviera la fuerza necesaria. Estaban demasiado ocupados cuidando de su propio pellejo y de su fortuna, buscando un nido en Inglaterra o Austria, o donde fuera que creyeran que tendrían la mejor oportunidad de vivir un exilio acomodado.

Marat contempló el círculo de asientos que se ensanchaba en filas y la tribuna, con sus dos cortos tramos de peldaños de madera, para subir por un lado y bajar por el otro.

El personal a su alrededor se daba codazos para alejarse de él, por respeto o por el mal olor.

¿Entonces quién era? Por su cabeza discurrían todas las posibilidades, pensaba en los ambiciosos, los insatisfechos, en aquellos que no tenían muy clara su lealtad.

Tenía que ser más de una persona. Solo un grupo podía jugársela por una cosa así. Pero habría un líder, siempre había uno, astuto, sin escrúpulos con la audacia necesaria para idear el rescate del rey casi al pie mismo del patíbulo.

¡Un tipo maquinador, como ese demonio de Bernave! Nunca había sabido qué pensaba o qué quería decir.

Solo que había muerto... asesinado, según parecía. ¡Ahora sí que resultaba ciertamente interesante! Investigaría un poco más ese asunto.

Los diputados estaban divididos no según la región que representaban, sino de derecha a izquierda, dependiendo de la posición de sus opiniones políticas. Los más conservadores estaban a la derecha, los más revolucionarios y rebeldes, a la izquierda. La gran masa indecisa dominaba el centro, conocido como la Montaña.

Marat echó una ojeada por si reconocía alguna cara y vio a Barbaroux. Su hermoso perfil era inconfundible. Alguien le había dicho una vez que era noble y muy romano. Ahora siempre estaba apoyado hacia atrás para exponerlo mejor. ¡Estúpido! Si su oratoria afuera tan bonita como su cara, aún podrían haber conseguido algo.

Brissot parecía intimidado y desconcertado, como un hombre que montaba un caballo que conocía perfectamente bien, pero al que no tenía la fortaleza para cabalgar y que, finalmente, no tendría otra salida que aferrarse para salvar la vida y dejarse llevar donde el caballo quisiera. Marat le despreciaba, les despreciaba a todos. Idiotas, eran pura pose, todos juntos.

Ya les enseñaría, mañana, si había una trama para salvar al rey. Él, Marat, sería el único que lo descubriría.

Buscaba a Danton, pero no le vio. Era fácil distinguirle al instante, incluso entre esa multitud. A Robespierre le vio enseguida. La luz se reflejaba en el blanco de su pelo empolvado y en el movimiento de sus pequeñas manos que revoloteaban. Le susurraba a alguien al oído. Pequeño cerdo amanerado. ¡Afirmaba amar a la gente, y su naricilla se arrugaba de asco si alguien se le acercaba! ¡Hipócrita!

Y luego estaba Saint-Just, sentado, inmóvil como una roca. Podrían tomarlo por la estatua de una tumba. ¡Quizá si lo fuera estaría mejor! Ese era su lugar, el cementerio.

El debate se estaba volviendo desganado y sin emoción. Entonces se oyó el rumor de un movimiento. La gente se ponía más erguida. Algunos estiraban el cuello. Miraban hacia arriba. Le habían visto. Sonrió. Él no se daba cuenta de lo grotesco que era ese gesto, con su boca ancha y colgante.

Mañana, a esta hora, dejaría caer la bomba: que se había tramado un intento de rescatar al rey, que él había desenmascarado de manera brillante. Eso haría que se fijaran en él, no solo ahí, sino en todo París, ¡en toda Francia! Sería el fin de los girondinos. ¡Esta vez ese pequeño engreído de Robespierre no sería el héroe! ¡Le ignorarían, y él odiaba que le ignoraran! Marat ensanchó aún más su sonrisa.

A su lado un hombre se alejó unos pasos. Otro frunció la nariz y se la tapó con un pañuelo.

Un diputado bajito se alzó enseguida y se escurrió hasta la tribuna. Poco antes de llegar ya estaba hablando de la nueva era gloriosa nacida de la sangre. Sus ojos continuaban mirando a Marat.

Marat asintió con la cabeza.

El diputado habló de la inminente muerte del rey y del maravilloso día que eso significaba: el nacimiento de la República, la libertad y la justicia para todos.

Marat echó un vistazo a los girondinos para ver si alguno de ellos tenía valor para rebatirle con lo que Marat sabía que eran sus propias ideas.

Parecían deshechos, avergonzados, jugueteaban con las manos, pero nadie se atrevió a levantarse para manifestarse. ¡Cobardes! Era exactamente lo que esperaba de ellos.

Otro diputado hizo una pregunta sobre la guerra en Prusia y si había alguna manera de evitar la escalada. Mostró una chispa de valor, pero nadie respondió.

Brissot se volvió hacia Vergniaud, el portavoz de los girondinos, que estaba a su lado, y por un instante a Marat le pareció que se levantaría, pero no lo hizo.

Marat vigilaba aquel mar de caras que tenía debajo: los girondinos, en los que se habían puesto tantas esperanzas, ¡su seriedad, su virtud, sus nobles ideales! Se agrupaban en corros. Se podía percibir, solo por la manera en que se colocaban, quién había discutido con quién, quién se sentía insultado o con su honor mancillado. ¡Sería gracioso que el futuro de Francia no dependiera de ellos! Aspiraban a alcanzar la dignidad de los senadores de la antigua Roma. Hablaban sin parar y escribían tratados horribles. Roland era el peor de todos: un hombre infeliz, amargado, con pretensiones literarias que quedaban más allá de su alcance. Decían que sus memorandos eran los más completos que se habían escrito. Él se lo tomó como un cumplido. No lo era. Eran tan pesados que podían atragantar a un caballo.

Todos tenían sueños de inmortalidad literaria y sus escritos no se podían ni leer. Exasperaban a Bernave. Marat se acordó en ese momento. A veces se divertía con ellos y, aún así, la tragedia y la ironía se sentían en su voz, bajo la risa. Se preocupaba demasiado.

Marat también se preocupaba. Sabía lo que significaba ser pobre y estar cansado, que se rían de ti y te excluyan, tener hambre, frío y miedo, y ni un arma con la que luchar. ¡Recordaba cuando el Marqués de La Fayette había mandado tres mil soldados a los Cordeliers para que le cazaran como a una rata! Y no lo consiguió.

¿Y dónde estaba La Fayette ahora? ¡Se había pasado al bando austríaco!

Mañana Marat pondría el sello final a su gloria y se tomarían los pasos irrevocables hacia una nueva era. Pero tenían que hacerlo de la siguiente manera: a través de los hombres de la Comuna, no por medio de esos charlatanes ineficaces de la Convención. Ya no le quedaba más paciencia para aguantarlos. Fuera lo que fuese que hubieran tramado, tanto si lo había preparado Bernave como otra persona, sucedería entre la prisión del Temple y los escalones de subida a la guillotina.

¡Por eso Bernave le había contado el intento de rescate en el Temple de los realistas! ¡Lo había organizado exquisitamente! No podía salir bien. ¡Lo hizo para proteger su propio plan!

Se dio la vuelta y, a empujones, salió otra vez al pasillo. Tenía que darse prisa. El dolor de las llagas era agonizante, pero ahora no podía dedicarle ni un segundo. Ya lo había soportado todo en el pasado: hambre, frío, enfermedad, persecución. Solo un poco más y los frutos de ese esfuerzo serían suyos. Toda la gloria del mundo.

Al pasar no se dio cuenta de que los hombres se apartaban deprisa, le dejaban espacio, las caras tensas por el terror, las manos cubriéndose la nariz.

Capítulo XIV

Célie se levantó temprano. La noche anterior, después de ponerse en contacto con Briard, regresó a casa de Georges para contarle cómo se había desarrollado el encuentro. Lo encontró en el pasaje, fuera del edificio donde vivía, de pie, tembloroso, oculto entre la densa sombra que proyectaba la pared.

La guardia nacional se estaba acercando demasiado y ya había llegado la hora de irse de allí. Se esperaba solamente para decírselo a Célie. Incluso mientras estaban de pie bajo los aleros, habían oído el alboroto de pasos y el reflejo rojizo de las antorchas en la ventana justo encima de ellos.

Se había quedado incluso más rato del que era prudente junto a Célie.

—¡Corre! —musitó asustada por si le encontraban—. Yo les detendré un momento. A mí no me buscan.

Él vaciló.

—¡Corre! —levantó las manos para empujarle.

Georges la cogió por los brazos, acercándola a él. Ella todavía recordaba la dulzura penetrante del olor de su piel y de su cabello, el roce de sus labios con los de ella. Y luego se fue. Al instante aparecieron las antorchas, con destellos rojos y amarillos, y media docena de guardias entraron en el pasaje, la humareda formando remolinos alrededor de ellos.

Célie había dado un paso adelante, con la cabeza alta, la mirada y la voz tranquilas. Debía tener alguna buena mentira preparada.

—¿Qué estás haciendo a estas horas en la calle, ciudadana? —le exigió el cabecilla del grupo, receloso—. ¡Deberías estar durmiendo en la cama!

—Ya sé que debería, ciudadano —le dijo recatadamente; luego levantó los ojos y le miró con una sonrisa—, pero aquí hay otra cama más caliente que me gusta más.

Al principio pareció que el guardia iba a reprobarla, pero en vez de eso no pudo evitar esbozar una sonrisa de respuesta.

Uno de ellos se había echado a reír.

—¡Va, vete a casa, pícara! —le soltó el jefe con elegancia, haciéndole un gesto con el brazo para que se marchara—. Es peligroso andarse por ahí. Los forajidos, los enemigos de la revolución, recorren las calles.

Habría deseado contradecirle, pero era más sensato no hacerlo. Al cruzarte con alguien desconocido nunca sabías a ciencia cierta a quién era leal.

—Lo haré —prometió—. Buenas noches, ciudadanos.

No sabía si Georges había huido lejos, ni estaba segura de que hubiera conseguido escabullirse. Se fue a dormir y cayó rendida, exhausta; fue una noche irregular, interrumpida por terribles pesadillas en las que la empujaban por todas partes, obligada a mirar cómo ejecutaban a alguien sin poder hacer nada. Al principio le pareció que era el rey, pero luego, cuando observó más atentamente, vio con horror que se trataba de Georges.

Ya era hora de levantarse. Por fin había llegado el 21 de enero. Se habían terminado las esperas, las oportunidades de cambiar las cosas. Iría con los demás a asaltar el carruaje, para gritar con fuerza y empujar, para ayudar a dar el cambiazo.

Ese día no pidió permiso a nadie para salir de casa. Simplemente se fue, caminó al lado del río, en medio de la niebla espesa y silenciosa, hasta llegar al Pont St-Michel, pasado el Palacio de Justicia, y entonces cruzó el río. Se encaminó hacia el este hasta llegar al Hôtel de la Ville, luego siguió a lo largo de la Rue de Temple hasta la prisión, al final de la calle, donde retenían al rey y a su familia. La torre se alzaba monumentalmente en la distancia, con sus cuatro pináculos puntiagudos resaltando delante del fondo gris del cielo.

Célie bajó la cabeza y se adentró en el viento ligero, que soplaba con una brizna de hielo. Parecía lo más acorde con el espanto y la anticipación que le encogían su estómago.

Había llegado el momento. Ya era demasiado tarde para hacer cambio de planes o tomar decisiones. Habían apostado a por todas: ganarían o perderían. Dentro de una hora más o menos ya se habría acabado. El rey estaría saliendo de la ciudad o subiendo las escaleras de la guillotina, a un instante de lo que la eternidad le aguardaba: Dios... o el olvido.

Las calles no estaban llenas todavía. La gente estaría repartida a lo largo de la ruta del último trayecto del rey por su ciudad, o en el Palacio de la Revolución, al lado del patíbulo, buscando el mejor sitio para ser testigos de ese acto definitivo.

Reparó en las caras de la gente que rondaba por ahí, con expresiones de frío y hambre pero cargadas de inquietud. Había una especie de energía nerviosa en el aire como si estuvieran al borde de algo nuevo y lleno de promesas. ¿Tenían alguna noción de lo que iban a ver en realidad? Esta no era una ejecución cualquiera, la de un hombre rechoncho y vulgar al que mandaban de la vida a la muerte en cuestión de minutos. Significaba el paso de una era a otra, con todo lo bueno y lo horrible, lo estúpido y lo corrupto.

¿Tenían la más remota idea de lo que acontecería mañana y los días siguientes? ¿Sabían cómo sería la guerra, cómo era de verdad: el miedo constante, noche y día, el hambre y la marcha de los soldados enemigos por las calles, la pérdida de los seres queridos, a quienes nunca sabrían qué les había sucedido, si su muerte había sido dolorosa o rápida?

Casi había llegado al Temple. Su torre se perfilaba encima de ella, enorme y oscura en medio de la niebla a la deriva. Encontró a un anciano que caminaba delante de ella con la cabeza descubierta, el pelo blanco pegado a la cabeza. El hombre enderezó los hombros y examinó las rejas de la entrada de la prisión. Su piel estaba enrojecida por el frío, pero sus ojos borrosos no dejaban de mirar el portal fijamente. No era necesario que le dijeran a Célie que era un monárquico y que probablemente sería también católico. Se veía en la serena desesperación de sus rasgos escarpados y su orgullo inquebrantable. Había acudido solo a contemplar el fin del mundo que le había visto crecer, desmontado pieza por pieza, todas las viejas ideas con las que había vivido y amado, ridiculizadas, negadas y en último lugar destrozadas. Seguramente creía que Dios le había garantizado a Luis XVI el trono de Francia para que gobernara por derecho divino, así que lo que iba a suceder no era solamente un regicidio, era además una blasfemia.

Esperaba que el anciano sería capaz de disimularlo. Si no, lo considerarían una ofensa pública y era muy probable que se burlaran de él e incluso que acabaran arrestándole. Puede que a él ni le importara, ¿quizá le enorgullecía que le acusaran de semejante lealtad?

Si tenía que ser sincera consigo misma, le admiraba por eso. Era una estupidez, por supuesto. Si le detenían sería otra muerte sin sentido, pero el valor de creer en algo con semejante integridad era un objetivo en si mismo.

En las calles que confluían con la plaza de la Revolución los soldados estaban alineados en filas con sus uniformes blancos y azules, sus escarapelas tricolores, pero la escena parecía excepcionalmente falta de vida. Las ventanas y postigos cerrados por orden de la Comuna y la niebla parecían amortajarlo todo.

Célie se preguntaba si Menou estaría por ahí y lo que sentiría, sin duda algo más complejo que una simple alegría por la victoria republicana, el triunfo final del hombre común sobre el rey. Sería la última cosa que celebrarían durante mucho tiempo. Si ella, Georges y Briard fallaban, entonces dentro de unas semanas la Convención tendría una guerra entre manos. Era un momento de grandes promesas, pero pronto, cuando consiguieran el poder final, entonces tendrían que empezar a cumplir las promesas de paz, justicia y prosperidad sobre las que habían estado predicando durante tanto tiempo.

A su alrededor había montones de ciudadanos de pie, armados y preparados, que sujetaban picas y mosquetes. ¿Se quedarían ahí, o les dejarían marchar en tropel hasta la guillotina? El invento del diputado Joseph Ignace Guillotin, que lo ideó con la más compasiva de las intenciones, garantizaba una muerte tan rápida y poco dolorosa como fuera posible, para dejar atrás para siempre la tortura y la torpeza de la rueda o de la cuerda. Antes, solamente los aristócratas tenían acceso a la decapitación. Ahora estaba al alcance de cualquiera, de todos.

Notó un movimiento delante de ella, un murmullo de atención repentina. Las rejas del portal de la Torre del Temple se abrieron a cada lado de la pared. Un hombre apareció, con la piel de color ceniciento, panzudo, de estatura media. Andaba lentamente en dirección al carruaje grande y verde, parado sobre los adoquines. ¡Dios mío! ¡Se parecía tanto a Briard! Se le hizo un nudo en el estómago al darse cuenta. Casi esperaba cruzarse con los ojos azules de Briard, pero estaba demasiado lejos.

Delante de ella, el resuello del anciano quedó truncado cuando reprimió un sollozo.

Célie miraba a lo lejos. Nunca antes había visto al rey; caminaba muy despacio, como si necesitara toda su atención únicamente para poner un pie delante de otro sin caerse.

El rey se dio la vuelta dos veces para distinguir la torre de la prisión, y su desolación era evidente e inequívoca en cada una de las líneas de su cara y su cuerpo.

—Su mujer y sus hijos están ahí dentro —irrumpió alguien detrás de Célie—, pero también les pelaremos —carraspeó y escupió su menosprecio.

Una rabia repentina, sin sentido, hirvió dentro de Célie. No sentía ningún aprecio por el rey. No tenía más derecho a la vida o a la felicidad que cualquier otro ciudadano, y en verdad se había comportado como un necio, se lo había buscado hacía tiempo. Pero en ese momento, abatido por fin, era solamente un hombrecillo barrigudo que se despedía de su familia por última vez en su vida. Todo lo que podía sentir Célie era lástima y la vehemente necesidad en su interior de reconocerle un poco de dignidad.

Se dio la vuelta y observó al hombre que había hablado, pero él no la miraba y no se le ocurrió nada con que pudiera reprenderle, que despertara una pizca de humanidad en él.

El aire flotaba con una humedad condensada y un frío punzante. Temblaba de arriba abajo y no se sentía los pies. Aún faltaba mucho para abalanzarse y asaltar el carruaje; si pudiese, intentaría ser una de las que le diera un tirón a la puerta. Debía estar en guardia todo el tiempo, por si avistaba a Georges o a Briard.

El rey subió al carruaje verde acompañado de su «ciudadano ministro religioso», como se nombraba a los clérigos en esos días. Célie había oído decir que este era un irlandés llamado Henry Essex Edgeworth.

Dos guardias subieron, se sentaron frente a ellos y cerraron la puerta con un golpe seco. El carruaje comenzó a avanzar, precedido por un gran número de tamborileros que parecían dispuestos a hacer el mayor estruendo posible; si alguien lo suficientemente valiente hubiera gritado «¡Larga vida al rey!», los tambores habrían ahogado el sonido de sus palabras.

El anciano de pelo blanco comenzó a andar, siguiendo el traqueteo del coche del monarca, que arremetía contra la muchedumbre.

Célie fue detrás de él, daba empujones y codazos cuando la empujaban en otra dirección. Los adoquines estaban mojados y resbaladizos. Ahora se oía un gran tumulto: los pies que marchaban, los cascos de los caballos, los tambores, el griterío ocasional y los alaridos de la multitud.

En más de una ocasión, Célie pudo mirar dentro del carruaje por la ventana y vio al rey y al cura pasando el breviario, páginas adelante y atrás, se turnaban y cada uno recitaba una parte. Se percató de que el anciano también lo había podido ver porque le vio santiguarse imperceptiblemente, para que nadie pudiera identificar sus gestos. Le vino a la mente un inesperado recuerdo de Bernave y de su volumen de Thomas De Kempis. ¿Se habría aferrado al libro en los peores momentos de su vida?

Se preguntó si Marat estaría en algún lugar de la marcha, entre el gentío. ¿Habría venido a ser testigo del momento culminante de su poder? ¿Tenía la menor idea de lo que seguiría, tras la estela de destrucción? ¿Se imaginaba que sucedería un período de paz, que empezaría una época de prosperidad y justicia basada en ese acto público de humillación y venganza? No era una venganza por algo en concreto que el mismo Luis XVI hubiese hecho, sino por el sistema completamente corrupto, que finalmente se había colapsado. Seguro que ese hombrecillo solemne y gordinflón, que rezaba sus plegarias, era tan víctima como cualquier otro.

¿Y Robespierre? ¿Y su sed de sangre, que formaba parte de su ansiada «purificación del pueblo»? ¿También habría venido a admirarlo? Los rumores decían que nunca iba a las ejecuciones. La realidad física de la sangre y los cuerpos, del terror, la encontraba repulsiva. ¿Qué clase de hombre sentenciaba a muerte, pero no tenía el valor ineludible para enfrentarse a ella?

El carruaje se movía a paso regular, firme. ¿Dónde estaba Georges? ¡Tenía que llegar pronto! Cada segundo consumía un poco más del tiempo que les quedaba.

Célie no conocía a nadie de los que marchaban junto al carruaje, ni tan solo de vista. Buscó entre los rostros que la rodeaban, pero no encontró a Briard. El miedo le erizaba la piel. ¿Algo había ido mal? ¿Resultaría que al final Bernave les había delatado y les habían arrestado a todos menos a ella?

Se dio la vuelta, frenética. ¿Dónde estaban los demás? ¿Por qué no actuaban ahora, aprisa, antes de que fuera demasiado tarde y llegaran a la plaza de la Revolución?

El torrente de cuerpos la arrastraba, chocaban contra ella y la zarandeaban. No habría podido detenerse aunque lo intentara. Una fuerza regía a la multitud, algo que había en el aire. No podía hacer nada. Se daban sacudidas, gritaban, hombres y mujeres con las caras distorsionadas por la rabia, con los puños levantados. La empujaban hacia el centro de la calle y hacia el carruaje.

Alguien la cogió del brazo y la impulsó con fuerza hacia adelante. Ella intentó soltarse, revolviéndose con todas sus fuerzas.

—¡Adelante! —oyó la palabra precisa y clara.

¡La voz de Georges!

Con una inmensa sensación de desahogo, salvaje u ardiente, una alegría renovada y rebosante al saber que él estaba vivo, empujó hacia delante. Quedaban pocos metros para llegar al carruaje. Alguien alargó el brazo y tomó las riendas del primer caballo y lo detuvo. El clamor aumentó. Vio la blanca cabeza de Briard enfrente de ella.

Una mano se adelantó y aferró la puerta del carruaje.

—¡Muerte al rey! —alguien voceó, y los demás corearon el grito.

La puerta del otro lado estaba completamente abierta; la muchedumbre tiraba de los guardias arrastrándolos hacia fuera. La puerta delante de Célie se abrió de repente. Un vistazo rápido y fugaz de caras aterrorizadas. El clérigo gritó desesperado.

—¡En nombre de Dios! ¿No podéis esperar hasta que lleguemos al cadalso?

El rey estaba pasmado. Estaba tan cerca que podía verle la cara, la piel pálida, casi sin sangre.

La puerta del otro lado se cerró con un golpe fuerte.

Briard, cuyas ropas sencillas y oscuras eran parecidas a las del rey, ahora cubiertas con una tosca túnica marrón, trepó los escalones y se metió dentro. Cogió al rey por el brazo.

Detrás de Célie, el populacho blandía las picas y bastones amenazando a los guardias, que les ordenaban que se apartaran.

Briard se agachó y le dijo algo al rey. El clérigo miraba a un lado y a otro, su cara era una máscara de pánico.

Alrededor todo era bullicio y tumulto. El carruaje se movió un paso adelante, luego volvió a detenerse. Más arriba, en la calle, alguien disparó al aire y uno de los caballos se encabritó y se irguió sobre las dos patas traseras.

Dentro del carruaje, Briard intentaba despojarse de la túnica. Volvió a decirle algo al rey.

¡Venga! ¡Deprisa! Una impaciencia agonizante consumía a Célie.

Parecía que el tiempo se había parado.

El rey movía la cabeza de un lado a otro.

Alguien le dio un bandazo a Célie y perdió el equilibrio, cayó encima de una mujer corpulenta y las dos se sujetaron dando tropezones.

La puerta del carruaje estaba abierta de par en par, luego se cerró de golpe. Alguien se deslizó escalones abajo, un hombre pequeño y robusto con el pelo blanco y la cara macilenta.

Célie recuperó el equilibrio y se enderezó, miraba desesperada a su alrededor. El carruaje no se había movido. Georges estaba un par de metros más allá. Le habían quitado la gorra y su cabeza negra era claramente distinguible.

Entonces vio otra cara que le heló la sangre en las venas: una cara con la boca flácida, entreabierta y una mirada que sostenía la suya. El pañuelo rojo, grasiento, atado alrededor de la cabeza, que le sujetaba solo la mitad del pelo. Sonrió y levantó la mano a modo de señal.

En los extremos, el gentío empezó a empujar hacia dentro, violentamente, con una intención concreta. Se oían protestas a lo lejos. Silbó una ráfaga de disparos. El carruaje volvió a moverse un paso adelante y luego se paró.

Marat ordenó alguna cosa que se perdió entre el bullicio.

Sujetaban al hombre de pelo blanco como si estuviera demasiado débil para sostenerse por su propio pie. Estaba rodeado de hombres y mujeres vestidos de gris y de marrón, gente corriente, trabajadores y artesanos que cerraban filas alrededor del hombre e intentaban alejarse del carruaje. Pero los hombres que los cercaban, armados de pistolas, empujaban hacia dentro.

Célie se lanzó hacia la puerta del carruaje.

—¡Le sacaremos! —chilló, deseaba que Marat la oyera por encima del fragor—. ¡Le sacaremos!

Se agarró a la puerta del carruaje y la sacudió fuertemente. Un dolor insoportable atravesó su muñeca cuando unos dedos como garras la sujetaron, inmovilizándola.

Se dio la vuelta y vio la cara lasciva de Marat a solo medio metro.

El aire quedó atrapado en su garganta, el cuello tan rígido que no podía emitir ni un sonido, la voz estrangulada. Olía el agrio hedor de Marat incluso aquí, en plena calle, con el aire cargado de niebla, el olor a madera y cuero del carruaje y el sudor de los caballos asustados.

Ese instante duró una eternidad.

Sintió un peso detrás de ella que la arrastraba, y una voz al oído.

—¡Vuelve! No puedes hacer nada, el ciudadano Marat tiene razón... deja al rey para la guillotina. ¡La gente tiene derecho!

Era la voz de una mujer, insistente, cuyas manos la sujetaban con fuerza. ¡Madame Lacoste!

Marat pasaba la mirada de Célie a Madame.

¿Dónde estaba el rey... o Briard? Pero sobre todo, ¿dónde estaba Georges?

La tenaza de hierro de Marat se aflojó.

—¡Vamos! —la apremió Madame—. Es la ley de la gente. ¡Deja que sea lo que tenga que ser! —Se dirigió a Marat para hablarle—. Gracias, ciudadano, por evitar que esta mujer cometiera una estupidez. La muerte del rey nos pertenece a todos.

Marat la soltó.

—Sí, sí nos pertenece —se volvió hacia Célie—. Ve y contémplalo junto al pueblo, ciudadana.

El torrente de gente avanzó un poco y el carruaje verde reemprendió su camino hasta la plaza de la Revolución y la guillotina. ¿Quién viajaba dentro? ¿El rey o Briard? Si habían tenido suerte, sería Briard. Necesitaban que fuera Briard. De otra manera el país entero entraría en guerra dentro de meses, puede que tan solo semanas.

Pero los ojos se le humedecieron de lágrimas que luchaban por salir, y acto seguido le cayeron mejillas abajo. Deseaba que fuera el rey, y que Briard estuviera a salvo.

¿Por qué estaba allí Marat? ¡De modo que Bernave les había delatado! Desde el principio quería que los detuvieran pero en plena acción, no antes. El frío la invadió. Las lágrimas le ardían en los ojos.

Se volvió hacia Madame. La muchedumbre seguía andando, las dejaba atrás.

—¡Ven! —le dijo Madame con firmeza—. ¡Ya no puedes hacer nada más aquí!

Célie se quedó mirándola fijamente. ¿Cómo lo había sabido? ¡No podía ser casualidad! No, no podía ser. ¿Desde cuándo? ¿Lo había sabido siempre? Tenía ganas de reír... y de llorar.

—¡Vamos! —repitió Madame—. No debemos hacer nada que nos delate de ninguna manera. Ellos van a escribir la Historia. Es el fin del viejo mundo —se le apagó la voz—. No lo puedes evitar.

¿Dónde estaba Georges? ¿Se habría escapado? ¿Habría conseguido distraer la atención de Marat el tiempo suficiente?

Empezó a andar en el mismo sentido que la gente y el carruaje, Madame a su lado.

No podía evitar que le cayeran las lágrimas. ¿Por qué le importaba tanto que Bernave les hubiera traicionado? Hacia siglos que debía haber dejado de esperar alguna cosa de él, cuando descubrió la historia de esa niña a la que violó. ¿Alguien que fuera capaz de semejante acto podía poseer buen corazón?

Se iban quedando atrás, la multitud les avanzaba. El carruaje cada vez estaba más lejos. Madame apuraba a Célie para que continuara, tirando de ella por sobre los adoquines sucios. A pesar de todo Célie se apresuraba, aunque le dolían los pies y tenía las manos inertes.

Finalmente llegaron frente al Palacio de las Tullerías, y Célie vislumbró la desnuda máquina de ejecución, sus dos postes altos encima de la plataforma de madera, la gran hoja triangular suspendida en medio.

Eran las nueve y media. Había millares de personas, como si todo París hubiera acudido.

La muchedumbre inquieta las había llevado casi al frente del patíbulo.

De repente se hizo un silencio. El carruaje se aproximó a unos metros del patíbulo, los caballos se batían nerviosos y cambiaban el peso, estampando los cascos contra el suelo. Uno de los caballos echó la cabeza atrás, sus ojos rodaron al oler la sangre y el temor en el aire. La puerta del carruaje se abrió y un hombre bajó, las piernas firmes, la cara al frente. No era Briard. Célie lo adivinó en el momento en que lo vio moverse. Era el rey. Le habían ofrecido la libertad, aunque tan solo fuera huir, pero al precio de la vida de otro hombre. Lo rechazó por su nobleza, por agotamiento o por falta de fe en una salida, nunca lo sabrían.

Sanson y sus dos ayudantes se acercaron, no se oían sus pasos sobre la arena. Empezaron a retirarle la ropa, pero se los quitó de encima con una sacudida y se desabrochó los botones del abrigo él mismo. Luis XVI se desató el cuello y él mismo se abrió la camisa, sujetándola para que la nuca quedara expuesta. Apenas había terminado cuando le cogieron por los brazos.

Él se soltó de sus manos.

—¿Qué hacéis? —exclamó con la voz clara y fuerte en el aire húmedo.

—Le atamos las manos —respondió uno de ellos.

—¿Van a atarme? —el rey se volvió hacia el cura, con la voz llena de indignación.

Edgeworth agitó la cabeza.

—Señor —le dijo con suavidad—, entiendo que este es el último ultraje, otro más que evidencia la semejanza entre su majestad y nuestro Salvador: esta será su recompensa.

Célie dirigió la mirada hacia Madame Lacoste y vio la lástima en sus ojos; reconocía el final de lo bueno y lo malo que ya nunca se podría recuperar.

Le ataron los brazos a la espalda y luego Sanson le cortó el pelo al rey, dejando al descubierto la nuca desnuda y pálida.

Se alzó un murmullo procedente del populacho. Alguien chilló.

El rey empezó a andar, subió las escaleras del cadalso con dificultad, apoyándose en el clérigo para sostener el equilibrio, pero cuando llegó arriba se dirigió a la guillotina con paso firme y regular.

Se expandió un extenso rumor, se respiraba el silencio, todas las caras se volvieron hacia él.

Habló en voz alta, muy clara.

—Muero inocente de todos los crímenes que se me imputan. Perdono a aquellos que han provocado mi muerte y ruego que la sangre que vais a derramar nunca más sea necesaria en Francia.

Lo que iba a decir luego quedó ahogado por la orden de un oficial a caballo, y los quince tamborileros hicieron resonar un ritmo frenético.

Sanson y uno de sus ayudantes guiaron lentamente al rey hasta la báscula de la guillotina, donde habían tumbado y atado a tantos otros con anterioridad, y obedientemente Luis XVI de Francia apoyó el cuello en la luneta.

Sanson tiró de la cuerda. La hoja silbó fugaz al bajar entre los dos postes. Topó con el cuello del rey, pero se quedó encallada; era demasiado grueso y carnoso para hacer el trabajo de un solo corte. Era increíblemente espeluznante. El rey gritaba.

Célie se sintió desmayar por el horror.

Los ayudantes del verdugo se acercaron rápidamente y se apoyaron en la cuchilla, forzándola a bajar con su peso.

Célie sintió náuseas y apartó la vista. El hombre que había a su lado llevaba un jubón de piel de color óxido, típico de los artesanos, y tenía la cara sesgada de arrugas, pero por su rostro corrían lágrimas que le cegaban los ojos. Tenía la espalda muy erguida y la barbilla alta.

Por un instante Célie sintió una gran oleada de pena, de orgullo, una emoción salvaje parecida al triunfo porque el rey se había encarado a la muerte con una valentía que nadie podría arrebatarle; sentía un alivio sobrecogedor al saber que todo se había acabado y que ya no sufriría más. Despojado de su corona, para no hacer ya ni el bien ni el mal, separado de su familia, de su ropa y su cabello, era simplemente un ser humano cuyo cuello era demasiado recio para la expeditiva eficacia con la que el doctor Guillotin había ideado su instrumento mortal. La pena que sentía la revolvía como un cuchillo clavado.

Entonces, el silencio estalló de golpe en alboroto. Por toda la plaza irrumpió un grito, un eco que iba y volvía, «¡Viva la República! ¡Viva la Nación!». Lazaban los gorros al aire. La caballería agitaba los cascos en la punta de los sables. La gente empezó a arremeter alborotada para empapar pañuelos, trozos de papel o las propias manos en la sangre que se derramaba del cadalso.

Delante de Célie, un hombre se llevó el dedo mojado de sangre a los labios. Se volvió a su amigo.

—¡Está en su punto de sal! —dijo con una voz jovial, y ambos se echaron a reír.

Célie y Madame habían sido testigos de un gran momento de la historia. El resto era solo una salvajada. Juntas emprendieron el camino de regreso, embestidas entre el gentío, en dirección al río.

A Célie le dolían las piernas y tenía los pies hinchados. La niebla todavía era espesa, pegajosa y húmeda. Tenía suficiente dinero para pagar un par de tazas de café, si encontraban a alguien que vendiera. En realidad, pasaron de largo de la primera vendedora de café sin percatarse de su presencia. El dolor físico era minúsculo, comparado con la confusión y tristeza que la invadían. Habían arriesgado la vida para evitar un nuevo mundo que ya había llegado, y no lo habían conseguido.

No tenía la sensación de que hubiera llegado el nacimiento de algo nuevo ni de absolutamente nada que les ennobleciera, con la ejecución del rey; ni de grilletes abiertos ni de gente glorificada por una nueva libertad. La única cosa heroica en todo lo que había sucedido era el coraje del rey, la gran dignidad que mostró ante el populacho que ladraba. Reducido a un hombrecillo solitario, barrigudo, pálido, de pie en medio de la bruma, con el pelo trasquilado, aún así había representado lo más humano. Los que le reemplazarían tenían menos dignidad en su espíritu. Habían destruido a los falsos dioses y ahora parecía que se habían quedado sin ningún dios.

Capítulo XV

Soplaba un crudo frío procedente del río, por eso Célie se sentía más ligera a cada paso que las acercaba, a ella y a Madame, al Boulevard St-Germain, y casi sin querer aumentó el ritmo. Detrás de ellas todavía se oían cantos y aullidos de júbilo a medida que la noticia circulaba. El rey había muerto. ¡Viva la República! ¡Larga vida a la libertad y a la fraternidad!

¿Para qué valía la libertad si no erradicaban la injusticia, la violencia y el hambre? ¿Libertad para qué? Ya se habían liberado de la última limitación. Podían hacer todo lo que les pasara por la imaginación. No había un rey que gobernara el país, ni tampoco había aristocracia. Las leyes cambiaban cada día. Y, por encima de todo, no había Dios para refugiar a aquellos que el mundo no protegía, ni para castigar a los que eran demasiado poderosos, ni a los que vivían tan en secreto que escapaban de la sociedad. ¡En su ignorancia, habían abocado a Francia a un futuro absolutamente incierto!

Cuando Célie y Madame doblaron la esquina vieron que el Boulevard St-Germain estaba desierto. Por una vez, no había guardias nacionales paseándose por ahí y pudieron adentrarse en el patio sin tener que dar ninguna explicación.

Madame se dirigió a la cocina. Tampoco ahí había nadie. Si habían ido a ver la ejecución, Célie no lo sabía y Madame no lo dijo.

Madame cerró la puerta y se acercó al fogón, sus botas chirriaban levemente sobre la piedra. Puso otro tronco de leña y abanicó las brasas, vertió el agua de la jarra en el cazo y lo puso a hervir.

Célie tenía el cuello tenso de aguantarse las lágrimas, y parpadeó para evitar que le saltaran.

—Nunca antes había visto al rey —dijo—, solo en los retratos. Era tan... pequeño... tan normal y corriente —lo recordaba con una claridad extrema, dolorosa—. Pero cuando subió los escalones lo hizo casi sin ayuda, aunque le habían atado las manos y no podía mantener muy bien el equilibrio. No tembló ni tropezó.

—Sí, ya lo sé —le dijo Madame con suavidad—. Era un necio, pero nadie dijo jamás que fuera un cobarde. Además, tampoco sabía reinar... —su voz se quebró—, pero sí supo morir. Mejor de lo que ellos han sabido matarle.

Célie apartó la vista.

—Hemos actuado en nuestra contra, de un modo inmoral y mezquino, y eso me asusta.

—Debería asustarte —asintió Madame—. Ve y quítate esas ropas mojadas o vas a enfermar.

Célie vaciló. Puede que no tuviera otra oportunidad de hablar a solas con Madame. ¿Cuánto compartía ella con Madame?

—Gracias —le dijo en tono incómodo.

Durante el camino de vuelta no se habían dicho nada. La cabeza de Célie enloquecía de miedo por la vida de Georges. Marat se había precipitado tras él y Briard. No había modo de saber si les habían cogido ni qué pasaría si así fuera. No habían hecho nada ilegal, ¿pero eso importaba? ¿Cambiaba en algo las cosas?

Madame se encogió de hombros, todavía de espaldas a Célie. Era un gesto con el que reconocía el agradecimiento de Célie y a la vez le manifestaba que no deseaba hablar del tema.

¿Podía preguntarle Célie a Madame qué hacía ahí? Quería hacerlo, pero también tenía miedo.

—Ve a quitarte la ropa mojada —insistió Madame.

Célie obedeció desganadamente. Ahora que todo había terminado, se sentía terriblemente cansada y helada. Era extraño pensar que ya todo formaba parte del pasado. Ahora se le abría una especie de vacío sin nada por lo que luchar, por lo que temer. El plan de rescate había llenado su vida por completo. Todo lo demás giraba alrededor de eso. Hasta que no se cumpliera, nada más importaba. Ahora que ya se había resuelto, y les había salido mal, encontraba que ya no le quedaba nada.

De pie en su cuarto, con solo las enaguas, estaba buscando una blusa seca y un mantón cuando se oyó un golpecito en la puerta.

Esperó un instante.

—¿Sí?

Amandine entró y cerró la puerta tras de si. Tenía la cara mortecina y los ojos inexpresivos.

—¿Georges está bien? —preguntó secamente.

—No lo sé —respondió Célie—. El rey ha muerto. No quiso bajar del carruaje. Marat estaba ahí.

Amandine esbozó una sonrisa a medias, como si ya se hubiera imaginado que lo estaría.

—No, no quiero decir entre el populacho —la corrigió Célie—. Quiero decir delante mismo del carruaje. ¡En realidad, Marat me tocó!

No le contó cómo intentó distraerle el tiempo suficiente para que Georges y Briard pudieran escapar.

—Luego salió en busca de Georges, pero llevaba uno o dos minutos de retraso. La muchedumbre empujaba hacia dentro, intentaban adelantarse para ver qué sucedía. Tuvo que salir dando codazos, peleando.

—¿Y Georges?

—No lo sé —reiteró Célie.

Amandine bajó la mirada.

—Lo siento —murmuró Amandine.

Tenía la voz quebrada por las lágrimas.

Célie se acercó a ella, presurosa, la envolvió en sus brazos y la apretó con fuerza. Compartían el miedo, la pérdida, la desilusión y todo aquel tiempo de agotamiento constante.

Amandine finalmente rompió a llorar, su cuerpo se convulsionaba con violentos sollozos que la partían en dos, con el corazón completamente roto.

Célie no intentó detenerla. Estaba de pie en medio del frío cuarto, consciente solamente del dolor de Amandine y de su propio temor a que Georges también hubiera muerto. Y aunque estuviera vivo, tal vez no le vería nunca más.

Cuando finalmente Amandine se apartó, Célie se vistió con una blusa y se echó el mantón encima.

Amandine recobró la compostura y se sonó.

—Lo siento —se disculpó—. No puedo soportar pensar que St. Felix mató a Bernave, pero si lo hizo, debía tener una buena razón, una que era más importante que todo lo demás, o si no, no lo habría hecho. ¡Era un buen hombre... bueno de verdad!

Célie no iba a discutírselo, pero no estaba tan convencida. Aunque hubiera amado a la niña de Vincennes, incluso en el caso de que fuera su hermana, podía haber esperado a la ejecución del rey para vengarse de Bernave. Pero ahora no tenía ningún sentido decirlo. En vez de eso, le contó a Amandine en pocas palabras la historia que Renoir le había relatado.

—¡Doce años! —Amandine estaba horrorizada, la cara contraída por el sufrimiento—. ¿Y quién era? ¿Su hermana?

—No lo sé. ¡Ni tan solo sé si tiene alguna cosa que ver con St. Felix! Únicamente es una posibilidad. Renoir no sabía nada de la otra persona que andaba preguntando.

Los labios de Amandine se contrajeron.

—Debía de ser St. Felix. Si mató a Bernave fue por eso, o porque sabía que Bernave había revelado el plan. Cualquiera de las dos cosas podía ser una razón, ¡da igual cuál de las dos lo fuera en realidad!

Célie no se opuso a esa idea. Nada importaba ya. Estaba temblando de frío.

Amandine se dio cuenta.

—Vayamos abajo y te prepararé un poco de chocolate caliente —le dijo en voz baja—. Todavía me queda un poco. Seguro que ahora no hay nadie en la cocina. Te lo prepararé yo. Vamos.

Se dio la vuelta y abrió la puerta. Célie la siguió mansamente. Cualquier cosa caliente le sentaría bien, mucho mejor si era chocolate.

Amandine tenía razón, la cocina estaba vacía, pero Célie estaba a punto de terminarse el chocolate cuando advirtió un golpecito en la puerta de atrás. Al ir a abrir, Amandine se encontró con Menou. Tenía las mejillas sonrosadas por el aire helado y el pelo mojado y pegado a la cara.

A Célie le dio un vuelco el corazón. ¿Había venido por algo relacionado con Georges? ¡Ella o Amandine eran las únicas personas a las que él dejaría un mensaje!

—¿Qué pasa? —le exigió con la voz aguda y sofocada.

Él frunció el ceño, parecía ligeramente avergonzado, pero en su cara se leía una disculpa, más que una mala noticia. ¿Pero por qué se preocupaba por Georges, entonces?

Ella intentó decir algo otra vez, pero la voz no le salía de la garganta agarrotada.

—Hay cosas que todavía no puedo comprender —dijo Menou con un tono algo extraño, todavía con las mejillas coloradas; miró primero a Amandine, luego a Célie—. Lo siento, pero no estoy nada satisfecho con el caso de la muerte de Bernave.

La cara de Amandine se endureció, la irritación le quemaba los ojos.

—¿Y ahora qué importa? —dijo furiosa—. Usted disparó al ciudadano St. Felix. Ya no le puede hacer nada más. Está muerto. ¿Qué necesita demostrar?

Menou parecía profundamente afectado, y Célie se preguntó por un momento si era por el problema que le preocupaba o por el dolor que sentía Amandine. Recordaba los dedos de Menou tocando delicadamente los encajes de la ropa de Amandine, cuando había registrado los cajones en busca del arma.

—Necesito demostrar que fue realmente St. Felix quien mató a Bernave —le respondió—. Aunque sea para demostrármelo a mí mismo.

Amandine abrió los ojos exageradamente, la esperanza y la ira se debatían en su interior. Pero fue Célie la que habló.

—¿Quiere decirnos que cree que quizá no fue St. Felix? —se volvió hacia él—. ¡Pero de todas maneras le disparó!

—Yo no le disparé —la corrigió calmadamente Menou—. Una de las patrullas de la calle le disparó porque él se echó a correr. Si se hubiera detenido, no le habrían disparado.

Tenía la cara oscurecida por la conciencia del error y la tragedia.

—Me he estado preguntando si no huyó más bien porque tenía miedo, y no porque fuera forzosamente culpable. Quizá no tenía ninguna confianza en nuestros métodos, o en la justicia, y pensó que de cualquier manera le culparíamos.

Ni Célie ni Amandine dijeron nada. Cualquier cosa que dijeran podía implicar que no eran revolucionarias incondicionales.

—Nunca encontré el cuchillo —continuó Menou—. Subí al tejado. Fui con mis hombres y buscamos por todos los rincones. Y pregunté al vecindario, por si habían arrojado el arma en la ventana de otra casa. ¡Nadie se atrevería a ocultarlo, y menos aún cuando sabían que lo habían usado para matar a un amigo de Marat!

Nadie se lo discutió.

—Pero no miré bajo la teja que Monsieur Lacoste reparó —siguió Menou—. Y ahora quisiera hacerlo. Tiene que estar en algún sitio, y les aseguro que nadie lo sacó de la casa —miró a Amandine—. ¿Tiene algo con lo que pueda forzar la teja para levantarla? Monsieur Lacoste todavía no ha llegado y su cobertizo está cerrado. No quiero entrar a la fuerza, pero preferiría subir antes de que vuelva.

Amandine rebuscó en el cajón de la cocina.

—Tengo uno de sus viejos cinceles —le ofreció—. Está roto por el mango, pero le puede servir.

Se lo alcanzó.

—Gracias —Menou lo cogió de su mano con suavidad.

—Devuélvamelo —le dijo—. Lo utilizo para levantar la tapa del fogón.

—Por supuesto —asintió.

—Subiré con usted —exclamó Célie—. De todos modos va a necesitar ayuda, aunque solo sea para abrir la ventana. Se atranca.

Él fue a decir algo, pero cambió de opinión y le permitió que dirigiera sus pasos al subir.

Una vez en el ático, sujetó la ventana abierta mientras Célie saltaba afuera con mucho cuidado sobre las tejas resbaladizas, aferrándose con los dedos helados. Se arrastró con dificultad hasta la cresta, los pies le resbalaban bajo el peso de su cuerpo. Calculó a qué altura estaría la teja que habían arreglado, debía coincidir con el lugar donde estaba la gotera en el interior.

Menou iba detrás. Ella se dio cuenta de que si resbalaba, era muy probable que le arrastrara a él también. ¿Había pensado Menou en eso?

Paso a paso, él también alcanzó la cresta. La bruma se había levantado ligeramente y empezaba a llover otra vez. El agua de la lluvia se convertía en aguanieve. La afilada aguja en el tejado de la buhardilla era como una daga negra recortada contra el cielo apagado. Era ahí donde estaba la gotera, en el dormitorio.

—¡Aquí! —gritó Célie, buscaba la teja que había sido reparada más recientemente—. Tiene que estar por aquí.

Menou estaba casi a su lado con la cara salpicada de lluvia, los mechones de pelo le golpeaban la cabeza y la frente.

—Ya la veo —respondió—. Es esa, la que parece un poco más clara que las demás. Pero no sé cómo vamos a sacarla sin resquebrajarla, y no tenemos otra teja para poner en su lugar.

Célie temblaba de frío.

—¡Ese cuchillo tiene que estar en algún sitio! —insistió tenaz—. Alguien asesinó a Bernave. Tampoco estoy segura de que fuera St. Felix. De todas maneras, sea quien sea, ¡seguro que lo escondieron en algún rincón! Tenía la hoja ancha, casi cuadrada en la empuñadura, yo vi la herida.

—¿Como la pica de una bayoneta? —concluyó Menou.

Ella giró la cabeza, volviéndose hacia él.

—¡Sí!

Célie sostenía la empuñadura del cincel roto en la mano.

—¿O como esto? —dijo Menou blandamente, señalando la herramienta.

Ella reparó en el objeto que sujetaba, luego clavó la mirada en Menou.

—¡Sí... solo que esta está rota! Y usted ha mirado en todos los cajones y cajas de herramientas... las pinturas, los barnices y todo lo demás...

Él no decía ni una sola palabra, concentrado como estaba en sus propios pensamientos.

Cada segundo que pasaba el frío era más intenso. En las tejas se iban acumulando los fragmentos de hielo con un sonido amortiguado. Pronto estaría demasiado helada para sujetarse con las manos. El viento soplaba con más fuerza y las nubes se escurrían pasando cerca de la aguja negra del remate. Había un desnivel de caída vertical hasta el fondo del pasaje.

Entonces, una idea se formó claramente en la cabeza de Célie.

—¡Ahí está! —exclamó mientras le castañeaban los dientes, y señaló con la cabeza.

—¿Qué?

—¡La aguja! —contestó decidida—. ¡Es distinta a las demás! Si le arrancamos la pintura... ¡es la hoja de un cincel! ¡Fíjese! ¡El cuchillo nunca había estado bajo la teja, estaba aquí mismo, delante de nuestras narices!

Menou se quedó petrificado durante un momento y luego, muy despacio, se acercó al tejado de la claraboya. Ella aguantó la respiración, con el cuerpo trémulo, mientras Menou se desplazaba hasta un metro de distancia de la aguja y luego de vuelta hasta donde ella estaba.

Leyó la respuesta en su cara antes de que él dijera palabra alguna.

—¡Tiene razón! —exclamó, y al tiritar se oían sus dientes que repicaban—. ¡Bajemos antes de que caigamos los dos!

Él enfiló hacia la ventana del ático y la ayudó a entrar. La miró fijamente. Ella le devolvió la mirada. St. Felix estaba muerto: nada cambiaría eso ahora, ni lo haría menos doloroso. Pero Amandine tenía derecho a saber que era inocente. Esos pensamientos pasaron de uno a otro sin mediar palabras.

—¿Por el bien de Amandine? —le propuso—. Es una manera terrible de perder a alguien por quien sientes tanto aprecio. Pero al menos así podrá mantener sus sueños.

Menou movió la cabeza en un gesto afirmativo.

—Y los sueños son preciosos. Se conservan toda la vida y, a veces, son lo único que tenemos.

Amandine estaba aún en la cocina. Se giró de pie al lado del fogón.

Célie habló antes de que pudiera hacerlo Menou.

—Amandine, hemos encontrado la prueba de que no fue St. Felix. Huyó solamente porque sabía que iban tras él y no tenía defensa.

Amandine alzó la cabeza y lentamente se volvió hacia Menou, con los ojos enrojecidos. Su mirada pasaba del uno al otro. Cuando abrió la boca, su voz sonó ronca.

—¿Qué?

—Un cincel —le respondió—. Lo habían colocado en la aguja del tejado, donde se había roto. Después de pintarlo se parecía mucho a los demás pináculos.

Amandine miraba a Célie, luego a Menou, las emociones se acumulaban dentro de ella con tanta intensidad y confusión que no encontraba las palabras adecuadas para expresarse.

El silencio se quebró por una llamada en la puerta trasera. Menou se acercó y la abrió. Un hombre de mediana edad, vestido con ropas marrones, estaba de pie en el peldaño, el pelo blanco se le pegaba a la cabeza, sus ojos azules parecían amables.

El corazón de Célie dio un vuelco.

Pasaron unos segundos antes de que Menou le reconociera.

—¿Ciudadano Lejeune? ¿Qué podemos hacer ahora por usted?

Briard miró por encima de Menou a Célie.

—Solo quería agradecerles su amabilidad y decirles que yo mismo hablé con el caballero. Al final decidió quedarse en París. Creo que le pareció que si se iba causaría muchos problemas a demasiada gente.

—De... de acuerdo —tartamudeó Célie—. Gracias por venir a comunicárlo. Y...

¿Cómo podía averiguar algo sobre Georges?

Briard sonrió.

—Gracias a su gentileza encontré a otro cliente, en una zona bastante insalubre en St-Antoine, pero es un caballero bastante agradable. Gracias por ofrecerme su amistad.

¡St-Antoine! Ahora sabía dónde estaba, además de que estaba vivo. Se dio cuenta de que sonreía distraída, atontada.

Quería abrazar a Briard, pero no podía, sería una ridiculez y probablemente se sentiría ofendido.

—¡Gracias! Quiero decir... de nada, ciudadano.

Estaba a punto de responderle cuando entró Fernand por la otra puerta. Llevaba la ropa seca, pero su pelo estaba todavía mojado y le goteaba por la frente. Monsieur y Madame Lacoste entraron inmediatamente después. Tal vez habían oído voces en la cocina, pero lo más probable era que hubieran bajado esperando tomar un café o un chocolate caliente. Monsieur y Madame escudriñaron a Menou.

—¿Qué está haciendo usted aquí? —le exigió Monsieur Lacoste—. Todo ha terminado. Váyase a mantener el orden en las calles.

Madame miraba más allá, a Fernand, que contemplaba a Briard con la boca abierta.

—Yo pensaba que... —empezó Fernand, que luego buscó a Célie. Iba a decir algo más, pero se mordió la lengua.

—Usted pensaba que este hombre tenía la desgracia de parecerse muchísimo al fallecido ciudadano Capeto —dijo Célie con las palabras que le faltaban a él, forzándolas a salir entre dientes—. Y así es. Pero ahora que el ciudadano Capeto ha muerto, ¿no importa demasiado, verdad?

Clavó su mirada en los ojos de él, estoicamente, y en ellos vio reflejado que había sido él, y no Bernave, el que le había descubierto el plan a Marat.

Quizá él reconociera en la cara de Célie que lo había adivinado, porque empalideció y apartó la vista.

Célie se dirigió otra vez a Briard.

—Gracias, ciudadano Lejeune. No le entretendremos más tiempo. Buenos días.

Él entendió. Le hizo una leve inclinación de cabeza.

—Buenos días, ciudadana.

Madame contempló a Célie, pero sus ojos no delataban nada.

—Y bien, ¿qué hace usted aquí? —dijo Monsieur Lacoste dirigiéndose otra vez a Menou.

Pero fue Amandine la que respondió, con su voz agitada por una incontrolada furia.

—¡Quiere justicia, ciudadano Lacoste! Como todos.

—Por supuesto —suspiró Lacoste, frunciendo la frente—. ¿La muerte del rey y el inicio de la nueva República no le parece suficiente por un día?

—No. Lo que yo quiero es que se haga justicia con el ciudadano St. Felix —Amandine temblaba—. Quiero que su nombre quede limpio del asesinato de Bernave. ¡Y quiero que usted responda por su muerte!

Esta vez todos se quedaron de piedra, la miraban sin comprender nada.

—¿Yo? Yo no tuve nada que ver con la muerte de St. Felix —y señaló a Menou con un brusco movimiento de mano—. Este hombre le disparó, supongo que porque él huyó.

Amandine, con la respiración entrecortada, parecía que se ahogaba.

—¡Huyó porque sabía que Menou pensaba que él había matado a Bernave y no podía demostrar su inocencia! ¡Pero usted sí lo hubiese podido aclarar!

Fernand se giró hacia su padre.

Marie-Jeanne estaba de pie en medio de la puerta, atraída por la disputa.

Madame no apartaba los ojos de Amandine.

—¿Qué quiere decir? —preguntó Fernand, y luego miró a Menou—. ¿Usted empezó todo esto?

—Puede que sí —admitió Menou—. Verá, yo sé lo que pasó y sé el porqué. Solamente quería encontrar el arma. La busqué muchas veces sin ningún resultado satisfactorio, pero tenía que estar aquí.

Monsieur Lacoste había perdido el color, pero no se amilanó.

—¿Está acusando a mi padre? —Fernand se acercó un paso más—. ¡Esto es ridículo! ¿Por qué iba a hacerle daño a Bernave?

—¡Porque descubrió que Bernave era un espía de los realistas, no de la Comuna! —estalló Amandine. Tenía los labios secos y dos manchas rojas le coloreaban las mejillas, encendidas por la rabia—. Ninguno de ustedes podía informar de esto o habrían perdido la casa.

Menou movió la cabeza con las cejas juntas. Su voz, cuando habló, era increíblemente dulce.

—Fue muy astuto y bastante deliberado. Primero el ciudadano Lacoste hizo correr el rumor de que en esta casa se aprovisionaban alimentos; así, en algún momento el populacho se rebelaría y asaltaría la casa —alzó una mano para acallar a Fernand, que iba a interrumpirle—. Todo funcionaba a la perfección y habría parecido otro incidente que acababa en tragedia, pero el ciudadano Bernave era más valiente de lo que el ciudadano Lacoste había previsto y los asaltantes se retiraron al verse desafiados.

Amandine estaba muy agitada, con los puños cerrados con fuerza a cada lado de su cuerpo.

Menou la miró y prosiguió.

—Usted se precipitó —le dijo a Monsieur Lacoste—. Tal vez tuviera miedo de que volvieran con las antorchas. No había ningún alborotador detrás de Bernave cuando le apuñaló. Me di cuenta de eso enseguida, y de que no le podían haber disparado los soldados de la calle. Pero creí que le habían herido con un cuchillo. Nunca pensé en un cincel... hasta que hoy lo encontré.

Reinaba un silencio sepulcral en la cocina. El repicar de la lluvia era calmoso y apacible, atenuaba los demás sonidos.

—En el tejado —dijo Menou calmadamente, con una nota de admiración en su voz—. No debajo de la teja. Primero lo pensé. Fue muy hábil de su parte, dejar la teja suelta para tener una excusa y subir al tejado. No tenía nada que ver con la teja... sino con la aguja. Pintada de negro, a la vista de todo el mundo y a la vez escondida.

Fernand tragó saliva.

—Bueno, si Bernave estaba tramando algo contra la Comuna, ¡merecía morir! Mi padre es un héroe, no un criminal. Debería estarle agradecido, no venir aquí a arrestarle.

—No le estoy arrestando —aclaró Menou—. No tengo ninguna intención de hacerlo —levantó la mano brevemente y señaló a su alrededor—. Como puede ver, vine solo. ¡Pero el ciudadano Lacoste no mató a Bernave porque traicionara a la

Comuna! —miró a Monsieur desapasionadamente—. Usted hizo indagaciones acerca de Bernave, interrogó a mucha gente. No sé dónde encontró el hilo de la historia, y ahora ya no importa. Pero algo de eso oí. Yo quería saber quién investigaba a Bernave y por qué.

Monsieur Lacoste sostuvo su mirada.

—Yo también fui a Vincennes —continuó Menou—. Inspeccioné los registros y los leí. Si hubiese estado en su lugar, tal vez habría hecho lo mismo. Pero no hizo bien en dejar que St. Felix cargara con las culpas —su voz se apagó—. Desearía pensar que yo, en su lugar, no lo habría hecho.

—¿Por qué? —increpó Amandine, con la voz algo quebrada—. ¿Por qué mató a Bernave? ¿Qué podía ser tan importante para que valiera la pena dejar morir a St. Felix?

Todos se volvieron a mirar a Monsieur Lacoste.

Él contemplaba a Amandine con los hombros encogidos, la cabeza caída. Cuando habló, su voz estaba cargada de un tremendo rencor que se extendía hasta el rostro, y su cuerpo entero parecía agitarse.

—¡Era malvado! —escupió las palabras entre los dientes—. Irremediablemente malvado, y merecía morir. Lo único de lo que me arrepiento es de haberlo matado solo una vez. Si hubiese podido, le habría clavado el cuchillo una docena de veces, un centenar, y disfrutaría viéndole agonizar. ¡Desearía haber visto su cara cuando le maté y que él entendiera el motivo!

—¿Qué está diciendo? —Marie-Jeanne preguntó desesperadamente—. ¡Todo eso son barbaridades!

—Lo siento —dijo Monsieur Lacoste, y por un momento su cara se relajó como si realmente lo sintiera—, pero tú no le conocías como yo. No podías. Desearía que no hubieses descubierto esta historia, ¡échales la culpa a Amandine y a Menou con sus investigaciones!

—¿Qué? —Marie-Jeanne estaba totalmente confundida—. ¿Qué sabe usted que no sepamos nosotros? ¿Cómo lo ha podido averiguar?

Lacoste sacudía la cabeza de un lado a otro, sus ojos rebosantes de dolor.

—Antes de que tú nacieras, antes incluso de que Fernand naciera, Bernave violó a una niña de doce años —la miraba con el rostro macilento—. Lo siento mucho, pero es la verdad. Estuvo doce años en la cárcel por ese crimen, donde le torturaron hasta casi matarle, pero para mí él nunca pagó su culpa.

Se le quebró la voz, contenía las lágrimas.

—¡Porque esa niña es hoy mi esposa! Y la abandonó con un hijo: tú, Fernand. Su familia la expulsó de su vida, ¡del círculo social en el que había nacido! Yo la conocí y me casé con ella cuando tenía quince años, estaba sola en el mundo y medio muerta de hambre.

Miró a lo lejos, en sus labios una mueca de repulsión.

—Y aún más, Marie-Jeanne: ¡tú eres su hija y Fernand su hijo! Piénsalo bien. Permitió vuestro matrimonio, un crimen obsceno y contra natura, ¡y lo dejó pasar como si nada en vez de confesarlo!

Marie-Jeanne agitaba las manos como si quisiera alejar todo lo que estaba oyendo, a él y a la monstruosa verdad que le estaba contando.

—¡No! ¡No es posible! ¿Cómo lo ha descubierto? —negó con la cabeza—. ¡Está equivocado! ¡Tiene que estarlo!

—¡No estoy equivocado! —ni en su voz ni en sus ojos había la menor duda; la pasión del odio le quemaba por dentro sin control—. Empecé a sospechar de él con los realistas y la Comuna, siempre enviando a St. Felix, porque lo trataba cruelmente, encargándole los peores trabajos, los más sucios, y St. Felix lo aceptaba. Conocí a otras personas de Vincennes. Me lo contaron. No había ninguna duda, no te tortures queriendo entender algo. Era un hombre cruel, en su alma y en su corazón —atravesó el aire con el brazo en un movimiento cortante—. ¡Reniega de él y olvídale!

Marie-Jeanne parecía totalmente abatida y desorientada, encorvaba su cuerpo para protegerse de lo que oía.

Fernand dio un paso adelante para abrazarla, pero se detuvo. Él también estaba destrozado. Con un solo descubrimiento, su vida entera había sido despedazada y hecha añicos. Parecía debilitado, como si le hubiesen dado una paliza.

—Actuaste correctamente, papá —dijo con un tono extraño—. De haberlo sabido, yo mismo le habría matado.

Se giró hacia su madre, y en su mirada había asombro y lástima. Iba a decir algo, pero cambió de idea antes de que las palabras alcanzaran su boca. ¿Qué podía decirle a su madre, que le dio a luz soportando la desgracia de una violación y se vio obligada a vivir en casa de su atacante? Las lágrimas empezaron a rodar mejillas abajo.

—¡Dios, desearía haberle matado yo mismo! —las palabras se le atragantaban en la garganta—. ¡Y no hubiese sido solo una puñalada en el corazón!

Amandine se cubrió la cara con las manos, luego miró a Lacoste muy despacio.

—Entiendo por qué le mató —pronunció las palabras una a una—. No puedo culparle por eso. Nadie podría. Era malvado como usted dice, ¡una bestia! Aunque no puedo perdonarle que acusaran a St. Felix por su culpa.

Madame levantó la cabeza, su cara era una máscara imperturbable, solo sus ojos ardían. Cuando habló, en su voz se notaba el dolor y la pasión de toda una vida.

—Solo que mataste al hombre equivocado, François. No fue Bernave quien me violó.

Un silencio paralizante invadió la estancia

—Estaba oscuro —continuó—, yo estaba aterrorizada y dolorida. Mi familia no quería saber nada de mí. La Iglesia me acogió durante un tiempo. Pero no podía seguir allí y cuidar de mi hijo. Fue más tarde, cuando volví a encontrarme con ese hombre, que le reconocí. Entonces, Bernave ya había sido juzgado y condenado. Intenté hablar con la madre superiora, pero no quiso escucharme. Nadie quiso saber la verdad...

—¡Él lo confesó! —la cortó Lacoste—. ¡No sabes lo que estás diciendo! ¡Eras solo una niña! No sabías nada.

Ella le miró llena de angustia.

—¡Ya sé que él confesó!

Volvió a hablar muy lentamente, como si le arrancaran las palabras.

—Dos hombres que amaban a la misma mujer: aunque yo preferí al otro, ¡al que me violó! Y Bernave me amaba tanto que admitió la culpa del otro ¡para que pudiera quedar en libertad y casarse conmigo!

—¡Madre de Dios! —exhaló Fernand con dolor agonizante.

—Eso no es cierto —dijo Lacoste bruscamente, pero al pronunciar las palabras vio en el rostro de Madame que sí lo era.

El horror en el rostro de ella lo dejaba claro, una desazón más allá de lo alcanzable, de lo que se podía comprender o tocar.

—¿Quién fue, entonces? —gritó—. ¿Quién fue? ¿Quién te hizo eso?

Todos miraron a Madame.

Célie sintió un frío repentino, un desfallecimiento que le venía de dentro. Por lo que vio en los ojos de Madame supo que la respuesta era algo terrible, casi insoportable.

—Jacques St. Felix —respondió Madame con una rabia tan intensa que pareció que abrasaba el aire.

Lacoste se quedó sin palabras.

Amandine ahogó un grito que murió dentro de ella.

Fue Célie la que rompió el silencio.

—¿Entonces por qué St. Felix, pudiendo ir a cualquier otro lugar del mundo, vino a casa de Bernave? —preguntó en un susurro—. ¿Y por qué, en nombre de Dios, Bernave le dejó entrar? ¡St. Felix debía saber que, entre todos los hombres, Bernave era el único que nunca podría perdonarle!

—Te equivocas —Madame aguantó su mirada sin pestañear, su voz era solo un murmullo—. Precisamente por eso vino. Laura había muerto y St. Felix se dio cuenta, cuando era demasiado tarde, de lo que su pecado había hecho de él. Ansiaba estar junto a Laura en alguna especie de cielo, pero había condenado su alma. Quería ganarse algún resquicio de perdón. Estaba desesperado.

—¿Y Bernave... ? —dijo Célie muy flojito.

Toda la furia desapareció del rostro de Madame, empañada por una luz radiante, apasionada y extraña.

—Bernave le perdonó —contestó con un hilo de voz, apenas si podían oírla—. Le permitió a St. Felix ganarse la redención al darle los peores trabajos, los más difíciles, los más sórdidos o peligrosos. Si le hubieran matado, a St. Felix no le habría importado. En realidad, creo que hasta lo deseaba, solo que al final le faltó el valor necesario, igual que en el pasado. Cuando llegó el momento, huyó.

Miró a Amandine con una pena inexpresable.

—Lo siento. Tenía inteligencia, talento y grandes sueños, pero no era el hombre que tú creías. Victor Bernave sí lo era. Era el hombre más noble que jamás he conocido.

Se volvió muy despacio a Fernand.

—Desearía que él hubiese sido tu padre, pero no lo era, solo lo fue en parte porque su dinero pagó tu comida y tu ropa cuando me rechazó primero mi familia y luego la Iglesia... antes de conocer a François. Él me dio todo lo que tenía, antes del juicio. La ley creyó oportuno dejarlo así. Creían que así me compensaban, pero nunca supieron que fue por compasión.

Fernand la miraba fijamente, intuía la verdad.

—Le amabas, ¿verdad?

No habría tenido sentido negarlo. La respuesta estaba escrita en su rostro, la transformaba de una manera que borraba los años pasados, y así pudieron contemplar a la mujer que había sido tiempo atrás: hermosa, apasionada y desolada.

Célie se dirigió a Monsieur Lacoste.

Él intentaba decir algo, pero el torrente de emociones en su interior era demasiado grande y demasiado sobrecogedor para expresarlo con palabras. Lo envolvió una oscuridad, como una herida que lo engullía.

Amandine también se enfrentaba a una desilusión tan feroz que destruía todo lo que pensaba o decía. Estaba de pie, totalmente quieta, pero se percibía en ella un leve balanceo, solo para demostrar que su cuerpo estaba presente, pero que la voluntad de vivir, de estar, la había abandonado.

Menou reconocía el dolor de ella con una calidez franca y temerosa, pero sabía muy bien que no debía hablar ahora.

Monsieur Lacoste se tambaleó hasta la puerta y salió; unos segundos más tarde oyeron la puerta exterior cerrarse de golpe y el eco de sus pasos cruzando el patio.

—Volverá —dijo Marie-Jeanne titubeante.

Madame Lacoste levantó la cabeza.

—No, no volverá —respondió—. Ahora no, y puede que no vuelva nunca más.

Fernand estaba de pie, indefenso, se volvió a Amandine, a su madre, luego a Célie.

—¿Qué haremos? —imploró.

—Nada —le contestó Madame, alzándose despacio, como si estuviera levantando un peso enorme.

Se acercó a Amandine y la abrazó delicadamente.

—He perdido al hombre que amaba, a manos de la muerte. Y al hombre con el que me casé, le he perdido en un abismo de culpa del que nunca saldrá. Tú has perdido al hombre que amabas a manos de la realidad. Nunca existió. Lo siento con todo mi corazón.

Posó su mano sobre el oscuro cabello de Amandine, en un gesto de inmensa compasión, como si estuviera acariciando a un niño herido.

Entonces miró a Célie por encima de Amandine.

—Tú tienes valor de sobras para arriesgarlo todo por tus creencias. Te he observado. Amas a Coigny. No te lo niegues a ti misma por más tiempo ni pierdas la única cosa que realmente deseas. No vivas en el pasado, ni esperes demasiado del futuro. Has sobrevivido para poner a prueba finalmente lo mejor que hay en ti. Consérvalo como algo sagrado. No lo desperdicies.

Luego miró a Menou y otra vez a Célie.

—Márchate ahora que puedes hacerlo con seguridad. No sé qué hará François. No tiene nada que perder, ni Dios al que encomendarse. Yo cuidaré de Amandine.

Célie vacilaba.

—Vete —le ordenó Madame—. Nadie sabe lo que nos traerá el mañana. El rey ha muerto y estamos al borde del caos. Creo que caeremos de cabeza en el desorden. Habrá guerra, hambre, más violencia. Aférrate a lo que amas. No lo sueltes nunca. Coge comida y el dinero que Bernave dejó en su escritorio. Él te apreciaba. Se alegraría si supiera que tú lo tomas.

Célie miró a Marie-Jeanne.

Marie-Jeanne asintió con la cabeza, los ojos húmedos por las lágrimas.

—Gracias —susurró Célie.

En unos instantes había reunido sus enseres y algunos alimentos. Se acercó a Amandine, le dio un beso en la mejilla, les dio la espalda y se alejó. Tomó una profunda bocanada de aire y se echó a correr, sus pies casi no tocaban el suelo.

No habían conseguido salvar al rey y ahora Francia se precipitaría hacia una guerra civil, probablemente entraría en conflicto con Inglaterra, además de España, pero mientras iba por las calles mojadas, un único pensamiento palpitaba en la cabeza de Célie. La culpa, el menosprecio hacia si misma habían desaparecido. Se habían desvanecido como algo ya olvidado, que le dejaba un espacio de libertad luminosa para amar y ser amada.

Subió los escalones de la casa del Faubourg St-Antoine y abrió la puerta de par en par. Georges estaba ahí, agachado delante del fuego. Se dio la vuelta y se puso de pie. Entonces la reconoció y su cara se llenó de alegría.

Ella soltó la bolsa dejándola caer al suelo y se fundió entre sus brazos, estrechándole tan intensamente como le era posible, aferrándose a él con todas sus fuerzas.

Sus brazos la envolvieron. Bajó la cabeza y la besó en las mejillas, luego los ojos, después la boca. Ella le respondió con una certeza absoluta, comprendiendo exactamente lo que quería decir Madame Lacoste, y lo haría, le amaría con toda la pasión de su ser. No tenía ni idea de a dónde irían ni de qué les pasaría, pero estaría junto a él, con el corazón puro, eso era todo lo que necesitaba. Un canto de felicidad invadió su alma y la elevó hasta la cumbre, por encima de todo lo demás.

novela histórica

Un best-séller que conjuga realidad y ficción con asombrosa maestría.

15 ediciones
Traducido a 8 idiomas.

Best-séller internacional

ISBN: 84-935097-1-X

Una novela apasionante que describe la relación entre Leonardo da Vinci y la Sábana Santa, la más inquietante reliquia de la Cristiandad. Una trepidante historia que comienza cuando César Borgia encarga a Leonardo da Vinci una enigmática obra que, durante siglos, ocultará la verdadera historia de la Sábana Santa.

ISBN: 84-935097-2-8

ISBN: 84-935097-0-1

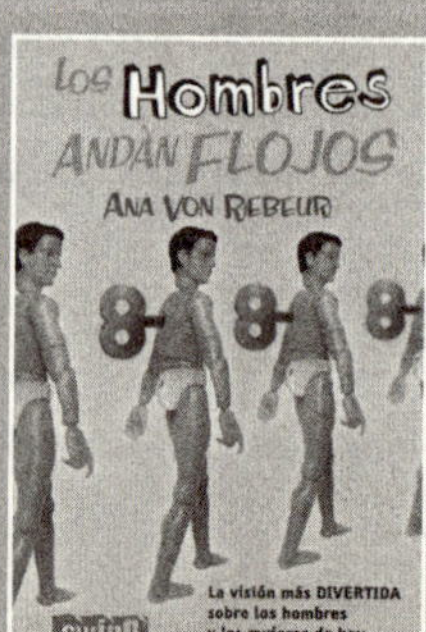

ISBN: 84-935097-3-6